王成金　山东省沂水人，中国科学院地理科学与资源研究所研究员，博士生导师。2002 年获人文地理学硕士学位，2005 年获人文地理学博士学位，2005 ～ 2008 年做博士后工作，2008 年至今在中国科学院地理科学与资源研究所任职，2013 年在美国路易斯安那州立大学访问交流。长期以来，主要从事经济地理学与区域发展的研究工作，主要研究领域为交通地理与工业地理学，尤其是在港口物流、工业地理与区域规划等方面有着浓厚的研究兴趣。曾主持国家自然科学基金委员会、地方政府等资助的多项研究项目，在 *Journal of Transport Geography*、*Social and Economic Geography*、《地理学报》、《自然资源学报》等国内外重要杂志上发表学术论文80多篇，独立出版著作3部：《集装箱港口网络形成演化与发展机制》、《物流企业的空间网络模式与组织机理》、《老工业城市调整改造的理论与实践》，参编著作10多部。

The author

　　Chengjin Wang is a professor in the Institute of Geographical Sciences and Natural Resources Research, the Chinese Academy of Sciences. He earned his B.S in 2002 and Ph.D. in human geography in 2005. His research focuses on transportation geography and industrial geography, especially the development of seaports and seaport systems and the old industrial city. His research has been funded by several projects from the National Natural Science Foundation of China. He has published over 80 papers. In addition to this book, he is also the author of the book *"Evolution and Development of Container Ports Network and Dynamic Mechanism"* published in 2010, *"Spatial Network Mode of Logistics Company and Organization Mechanism"* published in 2012, and the book *"Theory and Practice about the Transformation of the Old Industrial City"* published in 2019 by Science Press.

国家自然科学基金项目
"港口运输职能分异及与腹地工业的联动机制"（批准号：41571113）成果
中国科学院战略性先导科技专项（A 类）子课题
"基础设施连通性评估及其空间优化模拟研究"（批准号：XDA20010101）

交 通 运 输 地 理 与 区 域 发 展

港口运输与腹地产业发展

王成金　著

科学出版社
北　京

内 容 简 介

本书综合交通地理学与工业地理学的研究理念与方法，分析港口运输职能分异与腹地工业发展，尤其着重分析港口运输与重化企业的联动模式及机制。重点以港口为研究对象，量化判别港口运输职能分异的空间特征，总结其演变规律；考察各种专业化运输职能的演变路径，重点基于供需路径考察其区域差异与地域关系；刻画各类腹地重化企业的发展格局与演变规律，考察其供应链网络及变化；从多个视角凝练港口与腹地工业发展，尤其在重化企业与资源调拨的联动模式方面，揭示两者之间的联动机制。在此基础上，科学认知港口发展的多元化动力机制，丰富交通地理学的理论与方法，探索交通地理与产业地理、企业地理互动研究的理论范式，为中国港口运输职能优化与腹地重化企业布局调整提供科学指导。

本书可为相关领域的学者和规划工作者，以及交通部门或工业部门的管理决策者提供参考。

审图号：GS（2020）783 号

图书在版编目（CIP）数据

港口运输与腹地产业发展 / 王成金著 . —北京：科学出版社，2020.6
ISBN 978-7-03-060339-5

Ⅰ . ①港… Ⅱ . ①王… Ⅲ . ①港口经济—经济发展—研究—中国
Ⅳ . ① F552.3

中国版本图书馆 CIP 数据核字 (2018) 第 298830 号

责任编辑：刘 超 / 责任校对：樊雅琼
责任印制：吴兆东 / 封面设计：李姗姗

科 学 出 版 社 出版
北京东黄城根北街 16 号
邮政编码：100717
http://www.sciencep.com
北京虎彩文化传播有限公司 印刷
科学出版社发行 各地新华书店经销

*

2020 年 6 月第 一 版 开本：720×1000 1/16
2020 年 6 月第一次印刷 印张：28 插页：2
字数：570 000
定价：288.00 元
（如有印装质量问题，我社负责调换）

序　一

这是五年来我第三次为王成金研究员的著作写序，他每次出版著作都跑来找我写序。2012 年，我为他的著作《集装箱港口网络形成演化与发展机制》写序，2014 年为第二本著作《物流企业的空间网络模式与组织机理》写序，今年为他的著作《港口运输与腹地产业发展》写序。目前，他已进入不惑之年，五年内连续三次为他的著作写序，我颇感欣慰。这既是对王成金研究员勤奋努力、持续研究、成果产出的肯定，同时是我对后辈晚生的鼓励与鞭策。

港口一直是区域发展乃至国土开发的重要引擎，并成为工业布局与企业区位选择的重要因子。我在年轻时代就从事工业地理的研究，重视工业企业布局与交通运输的关系机制。早在 1992 年我主持开展河北省王滩地区的国土开发研究，充分关注到工业布局与港口的关系机制，以"大型港口—钢铁工业基地"为目标进行王滩地区综合开发，力图建立临港大型工业地域综合体。虽然该规划未能按期执行，但 21 世纪以来首钢集团搬迁与曹妃甸港口的建设，验证了当时我对该地区"港口—工业综合体"发展模式的判断。相关的内容在王成金研究员的著作中也得到了论述。但不能否认的是几年来，学术界中对运输与工业的关系模式的研究越来越少，但令人欣慰的是该著作对港口与工业企业的物流关系模式进行了细致充分论述，弥补了近年来经济地理的研究缺陷。

工业地理是经济地理研究的核心，也是长期以来备受关注的领域。老一辈经济地理学者，都非常重视工业地理与工业技术经济的研究。1990 年，我与李文彦、陈汉欣、陈航等同志联合出版了《中国工业地理》，对 20 世纪 80 年代末期的工业地理进行了分析，包括能源工业、冶金工业、化学工业、建筑材料和森林工业、机械工业、纺织工业、轻工业。在近几年的经济地理研究中，许多学者关注产业的研究，重视产值数据的空间分析，但对于工业地理的研究日渐减少涉足。令我欣慰的是，该著作集成了交通地理学与工业地理学的研究理念与方法，将港口与区域发展特别是腹地的重化企业布局相结合，对中国的煤炭基地、火电企业、钢铁企业、石油炼化企业等主要原材料企业进行了深入分析，揭示了其布局格局、区位选择机制与物流链模式，实现了运输与工业的集成研究，对目前的工业地理研究有所补充。

随着经济全球化的推进与全球生产网络的构建，港口开始在全球贸易网络与供应链中发挥更为重要的作用。尤其是随着中国工业化进程的快速推进，重化产业迅速发展，原燃料供应日益成为影响国家经济安全的重要问题。铁矿石、铝土矿、原油与石油产品、煤炭等战略性物资的供应与运输安全不仅影响国内工业体系的构建与布局，而且对港口建设与运输职能的塑造发挥了重大作用。王成金研究员在该著作中系统论述了中国铁矿石、煤炭、石油等战略性物资的港口运输格局与海向贸易网络，揭示了中国战略性物资的国际贸易运输网络与运输路径。在中国积极推动"一带一路"倡议的背景下，相关研究为中国加强"二十一世纪海上丝绸之路"的建设提供了重要指导。

值得关注的亮点之一是这部著作对经济基础理论问题的探讨。我曾在 1988 年出版了《区位论及区域研究方法》，对区位论的基础理论与空间模式、空间结构理论等内容进行分析。随着学者们工作任务的日益增多，基础理论研究越来越少，而这部著作则瞄准了部分基础理论，考察了区位论、供应链与物流组织等基础理论问题，分析区位模式的最新变化，这有助于丰富完善经济地理学的经典理论。

在经济地理研究团队中，作为负责交通地理研究的骨干成员，近几年来，王成金研究员先后参与了我主持的一系列项目，包括中国科学院重点部署项目、院士咨询项目。围绕着交通建设超前、渤海通道、经济增长、信息网络等若干主题，承担了咨询报告撰写、著作编写、研究报告等一系列的工作，充分发挥了他坚实的交通地理专业技能，保障了这些项目的顺利开展与成果的高质量产出。

作为一名优秀的经济地理工作者，不但要在学术上不断探索创新，积累出版更多的学术成果，而且要紧密结合国家的重大战略需求与地方发展需求，积极开展各类咨询研究和实践工作，为国家建设贡献更多的力量。作为一名经济地理研究的前辈，我希望王成金研究员一如既往地坚持学术研究，继续做出更多令大家惊喜的科研成果。

陆大道

2019 年 10 月 15 日于北京奥运村科技园区

港口运输与腹地产业发展

序 二

港口地理是交通地理学一个重要的分支学科，始终是国内外交通地理学者的研究重点。港口作为大型的基础设施，不但是区域发展的门户，也是区域空间结构乃至国土开发的重要支撑力量。在我过去30多年的研究工作中，一直高度重视港口与航运的地理研究，并在相关论文和著作中给予理论分析和实证研究。在近几年的工作中，尤其是在我主持的战略环评与区域规划等若干研究工作中，发现重化产业发展和重化企业布局已成为区域发展的重要影响因子，港口建设与航运贸易成为区域发展的重要引擎，大量的临港工业区在沿海、沿江、沿河地区纷纷建设发展，许多地方政府谋求重化企业布局以拉动港口建设与区域增长，深刻影响了传统的国土开发格局与区域发展机制，港口与重化企业的物流组织关系也成为经济地理学的重要研究议题。王成金研究员的著作以港口和腹地重化企业的关系模式为主题，开展细致研究，符合当前的理论研究趋势与区域发展实践需求。

王成金研究员新著的这本书综合集成了交通地理学与工业地理学的研究理念与方法，分析了港口运输与腹地工业发展尤其重化企业的联动模式，量化判别了港口运输职能分异的空间特征，考察了各种专业化运输职能的演变路径，基于供需路径考察其区域差异与地域关系；刻画各类重化企业的发展格局与供应链网络变化，从多个视角凝练港口与腹地重化企业、资源调拨的联动模式。该著作的理论性与实践性都比较强，有大量的数据分析，相关结论有助于人们科学认知港口发展的多元化动力机制，丰富了交通地理学的理论与方法，能够为中国港口运输职能优化提供科学指导。

对于团队成员的培养，我一直坚持交通地理与区域发展两条腿走路，不能就交通论交通，交通地理研究必须要与产业布局、经济发展、城镇体系、旅游活动等领域紧密相结合，从运输需求的源头探求交通网络与运输组织的深层次机制。近年来，王成金研究员的学术研究重点聚焦在两个领域：一是他长期坚持的交通地理学，重点从事港口地理、高速公路与现代物流的研究。二是区域发展中的问题区域，重点是老工业基地与老工业区、资源型城市、产业衰退地区及单一结构地区的可持续发展研究。他不但在两个领域开展学术研究，而且将两个领域相结合，将交通地理学与工业地理学两个学科相结合，开展融合集成研究。该书就是这种研究思维的具体体系，探索交通地理与产业地理、企业地理互动研究的理论范式。

我从20世纪80年代中期进入中国科学院地理科学与资源研究所以来，一直坚持从事交通地理与区域发展的研究工作，先后经历了交通地理研究团队不断重组的过程。经过30多年尤其是21世纪以来青年学者们的持续研究，交通地理的学术成果不断丰富，形成了覆盖铁路、公路、港口、机场等各种交通方式的系统化研究，包括基础理论、实证研究、数学方法与技术手段。2010年开始，我带领的研究团队开始策划学术著作出版，聚焦交通地理学，形成丛书"交通运输地理与区域发展"。2012年，我出版了《基础设施与经济社会空间组织》，王成金研究员出版了《集装箱港口网络形成演化与发展机制》，奠定了该丛书的基础；2013年本人出版了《功效空间组织机理与空间福利研究》，2014年王成金研究员出版了《物流企业的空间网络模式与组织机理》，形成了丛书的规模。时隔三年，王成金研究员又出版这部著作《港口运输与腹地产业发展》。经过过去几年的努力，该丛书形成了规模和系列化，汇集了交通地理团队的研究心血。

21世纪初，经友人推荐，认识了当时还是硕士生的王成金，转瞬已近20年。从他进入地理资源所从事博士后研究，到入职工作，到成为一名研究员，一路见证了他的快速成长。在此过程中，既看到了他的勤奋刻苦，也看到了他的坚持不懈。很欣慰他始终如一地坚持交通地理的研究领域。希望王成金研究员继续坚持勤奋努力，出版更多的学术著作与论文，为经济地理研究添砖加瓦。

金凤君

2019年10月9日于北京奥运村科技园区

前　言

一、港口研究过程与趋势

港口作为大型基础设施，是贸易活动开展和各区域发展的门户，成为区域乃至国家空间结构的基本支撑和重塑力量，对区域或国家的发展具有战略性意义。以港口为研究对象的港口地理成为交通地理学的主要分支学科，长期以来，学者们基于各种需求，从不同视角对港口及港口体系开展各类研究，奠定了港口地理的理论体系、研究方法及技术手段。

任何学科的理论研究轨迹都不可能是线性的，研究路线图往往是趋于更加复杂的。港口的地理研究始于 20 世纪 50 年代初，1952 年 Morgan 出版了《港口与港湾》，结合地理环境对港口发展进行论述，开创了港口的地理学研究。50 年代以来，港口地理学的研究体系随着时代变迁不断演进，在不同时期的社会经济环境下，学者们开展与当时社会经济需求相适应的各类研究，这促使港口地理的研究重点不断转换，研究范畴不断扩展，研究内容不断深化，技术方法日益完善。从内容体系来看，港口地理学基本形成了由理论、实证、方法与技术组成的、比较完善的研究体系。其中，研究内容形成了港口、港口体系、航运网络、经济腹地和影响因素的范围体系，内容结构上形成了空间布局与特征、功能结构与空间形态、演化过程与发展机制、管理体制与管制的体系，形成海向和陆向两个研究路径。

从时间路径来看，不同历史时期，港口地理学研究形成了不同的研究主题或焦点。20 世纪 50 年代之前，学者们重视港口与国际贸易往来的支撑关系；60～70 年代，国外港口地理的研究重点是港口区位选择及港口与重化企业、腹地资源的运输组织，重视港口与工业发展的互动模式。80 年代以来，学者们将研究重点转移到集装箱航运，关注集装箱港口布局与竞争、集装箱航线与码头企业网络等，主导了 30 多年的港口地理研究，集中了该时期的主要文献。近年来，交通地理学者再度关注港口的大宗货物运输，重视煤炭、铁矿石、石油等专业化运输职能，探讨港口综合性或专业化水平及多元化运输职能与腹地工业结构的关系机制，虽然关注点有所不同，但港口地理的研究焦点形成了回归。

从研究需求来看，某一国家或地区的工业化、城镇化、绿色化等发展形态与港口的作用与角色存在某些对应关系。20 世纪 60～80 年代，港口地理研究重视港口与腹地工业化的关系，关注港口在腹地工业产品输出、资源调拨等方面的作用；90 年代以来，港口地理研究重视港口与贸易全球化的关系，关注港口对腹地加工贸易、全球贸易交流的支撑作用。近几年来，随着部分发达国家的制造业回归与再工业化战略的实施，以及中国新型工业化的快速推动，港口地理的研究重点再度转移到港口与工业化的关系模式。值得关注的是，在近十多年来的国外和当前的中国，城镇化的快速推动促使滨海城市日益扩大，港口城市职能日益完善、品质日益提高，许多学者关注港城关系，重视城区老港区的城市化改造与休闲商务职能的开发。未来，随着生态文明的建设，港口地理的研究更加重视港口与绿色化的关系，包括港口的节能改造、污染治理、临港产业升级、港城关系再塑等。

二、自然基金申请与资助

本书在研究和撰写过程中，得到国家自然科学基金委员会和相关部门的大力资助，属于系列项目的主要成果产出，也是作者学术研究长期积累的成果。

2005 年，作者申请了博士后基金项目：“国际集装箱枢纽港的形成演化机理及中国启示”，开始开展港口集装箱运输职能的地理学研究。2008 年，作者申请了国家自然基金项目：“基于城际物流我国城市关联系统的实证研究”，开始研究煤炭、集装箱的城际交流系统，考察产业基地、煤炭基地与港口的空间关系。2011 年，作者获批了国家自然基金项目：“港航企业的物流网络整合及对港口体系的影响机制”，对航运企业、码头企业的资源整合进行深入分析，探索港口集装箱运输职能与腹地的物流模式，考察适箱货物对港口发展的影响机制。

2015 年，作者获批了国家自然科学基金项目：“港口运输职能分异及与腹地工业的联动机制”（批准号：41571113）。这一项目主要是从各种尺度，分析港口运输职能分异与腹地工业发展尤其是重化企业的联动模式与发展机制。在该项目的资助下，作者按照“港口总体职能分异→腹地工业化”“港口运输职能结构→腹地产业结构”“港口专业化职能→腹地重化企业”“布局距离模式→物流链模式→供应链模式”等研究路径，对港口运输职能结构量化识别，总结其特征与演变规律；刻画腹地重化工业结构尤其是重化企业的发展格局与演变规律，考察其供应链网络及变化，从距离、物流组织等多个视角，凝练港口与腹地工业尤其是重化企业、资源调拨的联动模式。特别是，本书的研究对港口专业化运输职能进行细致分析，包括煤炭、铁矿石、石油、林木、粮食等专业化职能，考察其演变路径及与腹地煤炭基地、火电企业、钢铁企业、石化企业、森林基地和粮食基地之间的物流组织模式。

同时，作者还参与了各类区域规划的研究与编制，承担交通基础设施与物流

港口运输与腹地产业发展

组织的研究。这些区域规划工作涉及东北地区、西部地区、中部地区、长江经济带、中蒙俄经济走廊、西江流域、长江三角洲、北部湾经济区、环渤海地区等地区，对各区域的重化产业与重化企业（包括钢铁、石油化工、火电等）布局、沿海港口与内河港口布局及专业化运输职能，以及重化企业供应链物流与港口的互动关系有着较好的科学认知。

基于上述研究基础和项目资助，按照著作的撰写框架，对研究成果进行系统化的整理和凝练提升，最终形成了本书。

三、港口研究延续与新需求

长期以来，作者关注港航物流资源整合对港口体系的影响机制，探讨港口的集装箱运输职能，重点从集装箱物流链的角度考察单体港口与港口体系的发展机制。在研究过程中，作者发现港口发展的机制不仅是腹地适箱货物与国际贸易的驱动，腹地工业结构尤其重化工业原燃料供应与资源调拨对港口的影响更大，更能塑造港口的运输职能结构及港口空间体系与规模结构。鉴于此，作者着眼于"类型分异"的视角，将研究内容拓展到港口运输职能分异及与腹地产业结构、重化工业的互动关系。由此，本书是对过去10年港口研究的延续。

依托上述国家基金及其他各类项目，作者对中国与世界港口集装箱运输及航运网络的格局、演化规律及与腹地的关系机制进行了分析，围绕港口集装箱运输职能，形成专著《集装箱港口网络形成演化与发展机制》。该著作是前期研究从"集装箱运输职能"向"多元化运输职能"的转变，拓展到铁矿石、石油、煤炭、林木、粮食、临港工业等多种运输职能。

同时依托上述自然基金及其他项目，作者对港口与腹地的物流网络、空间流进行了系统化研究，包括集装箱流、客流、货流、煤炭流等空间流。本书是前期研究从"港口 ↔ 腹地铁路流"向"港口 ↔ 腹地供应链联系"的转变，更加重视港口与腹地产业尤其重化企业之间的供应链关系、物流组织。

本书是前期研究从"单一煤炭运输职能"向"多元专业化运输职能"的转变。2006年作者启动了煤炭运输网络的学术研究，对中国地区间的煤炭流、港口煤炭运输网络与进出口煤炭进行了分析，在研究港口运输职能、大宗货物运输与腹地工业的联动机制等方面积累了一定理论与方法。

作者及所带领的研究团队作为重要的支撑力量，参与了《全国沿海港口布局规划（修编）》的前期专题研究，对铁矿石、石油、粮食、集装箱、煤炭等专业化运输系统进行了深入分析，同时结合所指导的学士、硕士学位论文，围绕港口专业化运输职能，系统化布局了相关的研究内容。

四、研究内容与关系

基于"港口职能↔腹地产业"的对偶视角，按照"港口职能分异→专业化职能→腹地重化工业→联动模式→发展机理"的主线，从不同尺度，分析港口运输职能的空间分异，考察其演变规律，重点解析专业化职能及演变与区域差异；探讨腹地工业布局尤其重化企业的发展路径与演变规律，考察其供应链网络及变化；从多个视角揭示港口运输职能分异与腹地重化企业、资源调拨的联动模式与发展机理*。

本书共分为十三章，核心内容主要分为四部分。

第一章至第六章，港口运输职能的基础理论部分，重点阐述本书的理论框架与实证分析。第一章为绪论，主要介绍本书的研究背景与意义，评述国内外研究现状与进展，交代研究尺度与样本。第二章为港口运输职能的理论基础，重点界定研究范畴，包括概念术语、基础理论与模型、基本关系，构建本书的理论框架。第三章为港口码头设施建设与布局，重点从吞吐能力、总体设施、专业化设施的角度，分析港口设施的建设过程、地域特征及演变规律。第四章为全国港口运输职能宏观结构，介绍港口运输职能结构发展路径，从全国、区域尺度，分析中国港口宏观特征与整体职能结构，进行对比研究与演化规律总结。第五章为区域港群运输职能发展路径，介绍港口运输职能识别与分异，判别各港口的综合性与专业化水平，探讨空间分异与地域特征，划分若干类型，分析具体案例的运输职能分布。第六章为单体港口运输职能识别与演化，介绍港口运输职能结构的演化路径，从区域和单体港口尺度，考察港口运输职能结构的演化规律，分析具体案例的港口运输职能演化特征。

第七章，腹地重化企业与港口物流组织的研究。本部分重点阐述中国工业化路径与工业经济分布，识别重点产业基地与专业化工业基地，分析重化企业的生产组织特性、原燃料供应网络与区位选择模式及变化，刻画重化工业分布与港口的距离关系、原燃料供应网络与港口的物流关系，凝练两者的空间关系，揭示两者的海陆物流网络组织模式。

第八章至第十二章，港口专业化职能与腹地重化企业的联动模式研究。基于供需路径，本部分重点对港口专业化运输职能进行深入分析，包括煤炭、铁矿石、原油、林木与粮食等大宗货物，考察专业化职能与腹地重化企业、资源调拨的空间关系，总结空间模式。第八章为港口煤炭运输与煤电企业布局，重点分析港口的煤炭运输职能与煤炭基地、火电企业分布的关系，考察生产基地 – 港口 – 火电

* 本书中有关中国数据均不包含港澳台数据。

港口运输与腹地产业发展

企业的煤炭物流网络模式。第九章为港口铁矿石运输与腹地钢铁企业，重点分析港口的铁矿石运输职能及变化，探讨钢铁企业布局与供应链网络变化，总结港口与钢铁企业的关系模式。第十章，港口原油运输与腹地石化企业，重点分析港口的石油运输职能及变化，研究腹地石化企业布局及供应链网络变化，考察港口与石化企业的关系模式。第十一章，港口其他运输职能与腹地发展，以林木、粮食为突破口分析专业化职能与腹地森林资源、农业基地的物流模式，分析临港工业与港口的关系模式，考察城市化、社会需求与港口新生职能的关系。第十二章，港口运输职能分布及演化案例，介绍了天津港与上海港的运输职能分布。

第十三章，港口职能与腹地互动的形成机理。本部分对港口运输职能分异及与腹地工业的关联模式进行机理机制的解释，重点从经济发展与改革开放、区域资源禀赋、港口规划与区域规划、产业政策、港口条件等角度，考察两者联动模式的形成与发展机理。

五、研究特色与创新

本书的研究特色和创新主要表现为三方面。

1. 从腹地工业角度分析港口发展的多元化动力机制

20世纪80年代以来，随着国际贸易的快速发展，交通地理学者关注集装箱港口的研究，注重从适箱货物的角度探讨港口发展的动力机制，但忽视了腹地重化企业与资源调拨的驱动机制。本著作紧紧围绕"港口运输职能分异是腹地工业结构的缩影"的要点，从腹地工业尤其是重化企业与资源调拨的角度，深入分析了港口运输职能分异与腹地产业的空间关系及演变规律，从多个视角考察了两者之间的联动模式，揭示了腹地对港口发展的多元化机制，丰富了港口地理的理论和方法。

2. 探索交通地理与工业地理、企业地理融合研究的范式

长期以来，区位论研究重视运输成本在企业区位选择中的作用，但20世纪90年代以来交通地理很少与产业布局、企业区位进行主动融合研究。本书融合了交通地理、工业地理与企业地理的理论理念与研究方法，从产业和企业两个层次，深入探讨港口运输职能分异与腹地工业布局、资源调拨的空间关系，凝练两者联动模式与形成机理，这拓展了传统区位论的科学内涵，丰富了经济地理学的研究范式。

3. 有助于科学认知港口发展专业化运输职能的理性道路

理论研究最终要回归到实践应用。本书在各类基金的资助下，努力揭示港口发展机制的基础理论与空间模式。在中国多数港口纷纷加强专业化泊位建设、形成运输职能重复交叠、甚至恶性竞争的背景下，本书考察了港口运输职能的时序规律与发展机理，有助于深入认知腹地重化工业对港口发展的动力机制，协调区域内部及相邻港口间的运输职能关系，优化布局和建设各类专业化码头泊位，为中国港口体系的布局调整和运输职能优化、集疏运系统构建提供科学借鉴。同时，本书构建了连接港口、工业基地与海外市场的供应链网络，为腹地新型工业化提供科学支撑，为重化企业的布局调整提供指导。

港口运输与腹地产业发展

目　录

第一章

绪　论

第一节　研究背景

一、港口运输与腹地产业结构的理论关系

港口不仅是水陆物流交汇的交通枢纽和地区的基础资源，也是腹地产业供应链的重要环节，是区域经济和贸易活动的关键载体，由此成为国民经济和区域发展的重要部分。从属性上来讲，港口是一种交通基础设施，是具有水陆联运条件的大型设施设备，供船舶安全进出、停泊并从事相关活动的枢纽型交通节点。但港口的形成和发展不是自身区位的内生需求，虽然其与一定的自然地理位置有关，但更多是周边地区的发展需求，更重要的是为特定目的（主要是经济目的）而标定设置的空间组织地域，对外提供服务始终是港口发展的核心任务。因此，港口不是一个单纯的地理位置范畴，而是一个区域的范畴，甚至是一个拥有空间网络内涵的地理概念，成为区域乃至国家空间结构的基本支撑和重塑力量。

港口与腹地是一种空间对偶组合：门户↔腹地，两者之间存在着相互依存、相互作用的关系，形成互为驱动力的空间系统。腹地是由港口出港客货的来源地和进港客货的目的地共同组成的空间地域，是港口赖以生存和发展的基础。港口作为区域的门户，其基本功能是为腹地经济发展提供运输服务，是腹地与其他区域尤其是国际区域之间联系"流"的集汇点，包括物流、客流、商流、资金流及信息流，其"流"的规模和方向及内涵反映了腹地发展的类型及外向性和联系方向。港口不仅为腹地提供运输服务，而且是区域经济和贸易发展的催化剂，带来物流、工业等相关产业的发展。腹地为港口发展提供支持和保障，腹地的产业类型与资源禀赋决定了各企业原料、燃料、半成品及产品的类型与规模，由此决定了腹地运输需求的类型、构成及空间方向。腹地产业结构尤其是工业结构、资源结构与邻近港口的运输职能结构形成了内在的耦合关系，互为映照。腹地建立一定的产业结构后，对其运行的资源条件做出了质的选择和量的规定，从而影响港

口的发展方向与职能结构，港口成为腹地工业发展的供应链环节和产品资源运输集散的枢纽。腹地资源禀赋决定港口输出货物的种类和规模，腹地资源种类越多、数量越大，港口输出货物的种类和规模往往更加多元化与规模化；腹地经济状况决定经济运行所需的原材料、燃料等要素的种类与数量，影响港口的货源喂给，包括货源种类和规模，腹地工业结构越复杂，港口运输职能越多元化与综合化。港口运输职能结构的变化反映了腹地经济和产业结构演变的方向、路径及规律，因此港口运输职能结构的多元化及演变路径，受腹地工业化进程与产业结构演变的影响。

港口运输职能结构是腹地产业结构和资源禀赋的缩影，反映了腹地工业与资源调拨的类型及外向性；而腹地工业结构及资源禀赋影响了港口的运输职能结构及专业化水平。这种联动关系是港口地理研究的核心问题。港口与腹地之间形成了物流组织关系与空间集散网络，研究港口的运输职能分异和演化特征，考察港口在腹地产业结构演变路径中的作用，有助于把握腹地资源禀赋和产业结构分异及演变规律，演绎港口和腹地工业化关系的新特点，考察港口及港口运输职能差异在区域空间结构中的作用机制。

二、港口地理研究焦点的变化与回归

任何时期的港口理论和实证研究都是当时社会经济环境的反映，港口地理的发展是逐步充实和丰富的过程。长期以来，港口地理形成了一些分散的研究重点，且不同时期有所不同，同各时期的社会经济背景相适应。

20世纪50年代，现代港口地理学开始发轫。60年代，港口地理的研究重点是港口体系与港口通用模型，前者强调港口演化的连续分期，力图构筑融集形态学和拓扑学于一体的抽象模型。而后者则强调单一港口设施拓展和空间扩张的历史过程，重视港口发展的陆向机制。集装箱港口是一种专业化的运输职能港口，是 Anyport 模型专业化职能阶段的延续。60年代中期始，港口集装箱化进程不断推进，目前全球600多个港口开展了集装箱运输，这深刻影响了港口地理研究。系统化的集装箱港口研究始于80年代中期，到了90年代港口研究聚焦到集装箱运输方面，研究范围逐步拓展到海向因素甚至以海向机制为主，先后产生了大量研究成果，并形成了大批文献，引领着港口地理的研究进展。港口发展的动力不仅是集装箱贸易，而是基于腹地产业与资源调拨的多元化动力。煤炭、石油、化工、矿石和粮食等货物运量虽然规模较大，而且传统大宗货物运输体系及形成机制与集装箱运输的差异很大，但基于这些货物的专业化港口仍保持较低的地位。21世纪始，港口成为全球供应链的核心节点，港口与腹地工业的关系机制不断变化，腹地工业化路径对港口运输职能的影响日渐复杂。这需要摆脱以集装箱为单一核心且仅关注海向机制的研究范式，从港口运输职能分异、专业化职能与腹地工业发展、重化企业布局的联动关系，考察港口发展的多元化机制，港口研究应回归专业化的大宗货类。近年来，学者们已开始关注陆向物流组织对港口发展的影响。

港口地理学作为一门空间科学，其实证研究和理论抽象也呈现一定的空间承载轨迹。港口发展同国际贸易紧密相连，世界发展格局的变化往往带来航运中心的迁移，并带来全球港口研究的平台和重点区域不断变迁。如图 1-1 所示，随着世界海洋中心不断变化，呈现"地中海是历史的海洋，大西洋是过去的海洋，太平洋是今天的海洋"的演变，国际航运中心演绎了由"西欧板块"向"北美板块"，再向"东亚板块"的变化，同时出现此强彼弱的局面。20 世纪 50～70 年代，全球围绕大西洋形成西北欧和北美两大航运集聚区，50 年代港口地理研究集中在发达国家，北美和西欧成为主要的研究承载空间；60～70 年代，非洲、拉丁美洲和东南亚等曾遭受殖民统治的国家成为港口地理的研究重点，但主要是原宗主国的地理学者进行研究，而欧洲和北美仍是重点研究地域。70 年代中期，全球航运重心向欧洲及日本转移，港口布局与航运网络组织形成北美、欧洲和东亚"三足鼎立"态势，北美和西欧仍是重点研究区域。至此，港口研究集中在发达国家，发展中国家相对较少，Airriess（2001）评价发展中国家的港口研究鲜见且过时。但近期，亚洲港口崛起所引发的研究，形成与西方港口理论和实证研究的分离，并成为港口地理的亮点。90 年代初，全球航运重心继续向东亚进行转移，形成东亚港口"一枝独秀"的格局，这促使远东港口成为重要研究区域，而中转

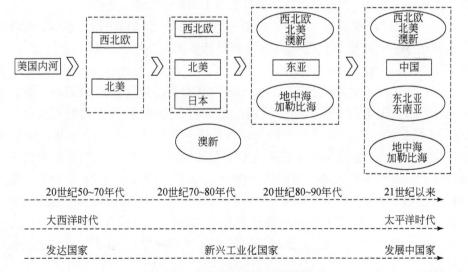

图 1-1　世界航运重心转移路径

港口密集分布的地中海和加勒比海也成为重要研究区域。21 世纪以来，随着中国港口迅速崛起，东亚逐步成为全球航运重心。全球航运网络主干航线重点围绕远东、北美和欧洲进行组织，90 年代中期以来连接中国的主干航线日益重要，远东—欧洲 / 地中海航线成为运力与运量最高的航线，中国逐步成为世界港口研究的重要平台。尤其是在中国不断推动重化工业发展的背景下，全球原材料市场有很深的中国烙印，中国成为大宗货物的主要进口国，中国港口承担着全球主要份额的大宗货物进口运输。鉴于此，以中国港口为对象，分析港口运输职能与腹地重化工业的关系机制，成为港口地理的重要研究趋势。

三、管制放松下的港口建设热潮

港口作为一种稀缺资源，具有行政辖属范围内的垄断性和利益地方性，这影响了港口运输职能的建设方向。20 世纪 90 年代以来，中国港口管制不断放松，港口管辖权下放地方，大量"国港"转变为"市港"。这极大地调动了地方建设港口的积极性与热情。

2008 年世界金融危机期间，全球港口吞吐量持续低迷，中国却掀起了新一轮港口建设热潮。尤其是随着辽宁、江苏、台湾海峡西岸、北部湾等若干沿海区域规划的出台，各地纷纷提出了新的港口建设需求。许多地方港口缺少需求，但地方政府为拉动经济增长而大兴土木。大量的新港口得到建设，包括辽宁的盘锦港，山东的滨州港、东营港、潍坊港，江苏的盐城港、南通海港等，同时大量的港口沿河沿江涌现。在环渤海沿岸，仅烟台就有 9 个港口，甚至许多沿海村庄都有一定规模的港口，而这些无序的港口基本不在审批、备案之列。

港口功能不断被放大，小港口争做中型港口、中型港口争做大港口、大港口争做航运中心，动辄以亿吨大港为发展目标，如辽宁丹东港规划吞吐能力 1.5 亿吨发展目标；辽宁锦州港确定吞吐能力 1.5 亿吨以上发展目标；河北曹妃甸规划 50 余个泊位、5 亿吨的吞吐能力；2008 年综合吞吐量仅有 2750 万吨、集装箱吞吐量 72 万 TEU[*] 的广东汕头港计划在 2016 年之前建成 30 万吨级原油码头、10 万吨级 LNG（液化天然气）码头、粤东煤炭中转基地等重大项目，将汕头港建设成为年吞吐能力达到 1 亿吨左右、集装箱达 140 万 TEU 以上的现代化、多功能、综合性深水大港；温州港 2008 年集装箱吞吐量只有 38 万 TEU，规划 2010 年集装箱吞吐量达到 170 万 TEU。2008 年，《南宁港总体规划》编制完成，将投资 13 亿元建设南宁港；武汉港务集团实施武汉新港建设计划，投资百亿元打造"亿吨大港、千万标箱"；防城港规划至 2025 年将筹措 1000 亿元，打造超 10

---

*TEU，国际标准集装箱单位。

亿吨吞吐能力国际枢纽大港。许多建港条件缺少适宜性的沿海市县也无视客观条件的限制而提出港口建设的要求。

港口建设贪大求全，矿石、石油、煤炭等专业化码头成为竞相建设的重点，在追求港口职能多元化的同时塑造专业化优势。锦州港与中国电力投资集团建设"锦州港专业化煤炭码头"，投资 50 亿元建设 4 个大型深水泊位，设计年吞吐能力 5000 万吨；高栏港开工建设 10 万吨级煤炭码头工程。同时，码头建设开始追求大型化，各港口竞相建设大型化专业码头泊位，大连、天津、青岛、南通、宁波、舟山、茂名和湛江等港口纷纷将大型油品泊位作为发展战略重点。2003年宁波 25 万吨级原油中转码头投入运营。天津港投资建设 30 万吨级原油码头，日照港与中石化合资建设、经营岚山北港区 30 万吨级原油码头，大连港建设第二个 30 万吨级原油码头，连云港启动 30 万吨级原油码头建设。许多港口追求深水航道的建设，连云港提出建设 30 万吨级航道和徐圩防波堤。

港口盲目建设促使港口形成运输职能的临近重复交叠与港口资源的过剩闲置，而且这种趋势愈加明显。为有限的腹地尤其重化企业的原燃料提供进口与资源产品输出功能，引发港口之间的腹地之争，进而造成码头产能过剩、资源浪费。中国港口的能力过剩成为普遍现象，重点集中在环渤海、长江三角洲和珠江三角洲地区，并成为港航经济运行的关键问题。尤其是在中国进出口将长期处于一个稳定状态，不再有年均 20% 的突飞猛进增长的背景下，如何科学建设各港口的运输职能结构与专业化职能，协调区域内部及相邻港口间的运输职能关系，构建连接港口、腹地工业基地与海外市场的高效供应链网络，为腹地新型工业化提供支撑，成为迫切的现实问题。

四、重化企业布局模式与供应链变化

地理学向来重视企业布局模式的研究，腹地重化企业的供应链与运输组织是工业地理与交通地理关注的交叉焦点。重化工业是基础原材料产业，如能源电力、石化、冶炼、重型机械、汽车、修造船等，是地区经济的"脊梁"，所需原燃料的运量巨大，产品如钢材、大型机械等也依赖廉价的水运，重化工业企业一般是大运量的巨型企业。长期以来，港口成为腹地重化工业原燃料供应的装卸节点和产品资源输出的门户，并在重化企业区位选择过程中发挥重要作用。

韦伯工业区位论的核心思想是区位因子决定生产场所，将企业吸引到生产费用最小、节约费用最大的地点，在运输区位法则下，当原料重量大于制品单位重量，生产地多设于原料产地。在过去 50 多年内，中国多数重化企业的布局遵循了韦伯工业区位论，尤其是在当时较低的运输水平约束下，受原材料可得性的影响，遵循了靠近原燃料基地的布局法则，尤其以钢铁、有色金属企业、石油化工、火电、水泥建材、装备制造等企业为典型。中国已建成的大型煤炭基地有山西、黑龙江东部、内蒙古东部、开滦、鲁西南、苏北、两淮、豫西、黔西等；早期的炼油厂在区域上主要分布在东北、华北和长江沿岸地区，具体分布在大庆、抚顺、锦州、鞍山、辽阳、天津、淄博、安庆、九江、岳阳、荆门、武汉、兰州、独山子等石油产地及邻近油田地区。大型钢铁基地主要分布在鞍山、本溪、包头、太原、唐山、邯郸、邢台、马鞍山、武汉、攀枝花、重庆、通化、新余、三明、鄂城、湘潭、娄底、安阳、韶关、梧州、水城、酒泉等，均布局在铁矿石产地。有色金属基地主要有冷水江、水口山、郴州、个旧、东川、兰坪、大庚、德兴、铜陵、大冶、铜仁、张店、郑州、贵阳、河津、白银、金川、连城、青铜峡等城市，均布局在有色金属矿石产地。

20世纪90年代末开始，中国进入了新一轮重化工业阶段，大量内陆重化企业进行了扩能改造，产能成倍扩张，促使能源资源消耗急剧增加，尤其是能源、钢铁、化工等企业的原燃料需求不断增多，但受内陆矿产资源枯竭和能源的约束，腹地重化企业愈加依赖原燃料进口，而且这些企业有很强的原燃料基地的历史基础与布局路径的锁定性，这促使资源、原料、燃料与产品的物流链组织发生明显变化，而港口成为关键环节。

随着社会经济发展环境的变化，影响重化工业布局的因素也更加复杂化和多元化。沿海地区交通便利，运输成本最低，也往往是最大的消费市场，重化工业布局在沿海是全球性的产业发展规律，以获得资源、能源成本优势并靠近消费市场。受内陆矿产资源枯竭、国内外市场及落后产能淘汰的影响，腹地工业结构不断优化，企业布局的影响因素更加复杂，区位选择的传统法则逐渐变化，钢铁、石化等原材料工业产能逐步向沿海地区集中，如表1-1所示。尤其是在2008年世界金融危机期间，若干产业振兴规划的出台与大规模投资计划的实施，迅速推动了全国各地尤其是沿海地区重化工业的发展，沿海地区竞相投资，重化工业逐步从内陆向沿海地区迁移，形成产业布局与转移的逆向趋势，重化企业形成沿海临港布局的特征。中国钢铁企业向沿海布局的趋势在21世纪以来有所体现，武汉钢铁集团公司（简称武钢）在防城港、宝钢集团有限公司（简称宝钢）在湛江港、山东钢铁集团在日照港、首钢集团（简称首钢）在曹妃甸、鞍山钢铁集团（简称鞍钢）在鲅鱼圈先后进行了临港钢铁企业布局，产能规模均在千万吨以上；中国石化工业主要布局地逐步从大庆、兰州、吉林等内陆城市转变为大连、青岛、天津、宁波、上海、茂名等临港城市，呈现由内陆地区向临江、临海、临港布局演化的特征（张文忠等，2009）。目前，石化和钢铁产业规划均提出向沿海集中，逐步形成上海、宁波、南京等规模超过3000万吨以及广州、茂名、天津、泉州、曹妃甸、惠州等规模超过2000万吨的9个大型炼油基地，建设沿海钢铁基地，包括曹妃甸、湛江、防城港、日照等钢铁精品基地建设，论证宁波钢铁续建项目。除国家批准立项规划项目外，沿海不少地区不顾资源和产业条件，也竞相增加重化工项目，"大码头、大化工、大钢铁、大电能"在沿海省市无序建设。中国重化工业向沿海的大转移，是摆脱原来主要利用本国资源，转向依赖全球市场配置资源，进一步靠近消费市场的必然选择。港口在维系腹地原燃料进口门户的同时，本身成为重化企业布局的区位，新型重化工业基地在沿海地区大规模形成。这助推了中国沿海港口运输，对港口布局与职能结构产生了重要影响。

表 1-1　大型钢铁企业布局影响因子

钢铁企业	所在地	区位	主要影响因子
宝钢集团有限公司（宝钢）	上海市宝山区	临海（东海）、临江（长江）	市场指向型、交通指向型
唐山钢铁集团（唐钢）	河北省唐山市	临海（渤海）	原料指向型（冀东铁矿）、市场指向型、燃料指向型
武汉钢铁集团公司（武钢）	湖北省武汉市	临江（长江）	原料指向型（大冶铁矿）、交通指向型、燃料指向型
鞍山钢铁集团（鞍钢）	辽宁省鞍山市	临海（渤海）	原料指向型（鞍山铁矿）
江苏沙钢集团（沙钢）	江苏省张家港市	临江（长江）	交通指向型
太原钢铁集团（太钢）	山西省太原市	临河（汾河）	燃料指向型、原料指向型（峨口铁矿）
连钢集团（连钢）	江苏省连云港市	临海（黄海）	原料指向型、交通指向型
马钢集团（马钢）	安徽省马鞍山市	临江（长江）	原料指向型（马鞍山铁矿）
攀钢集团（攀钢）	四川省攀枝花市	临江（金沙江）	原料指向型（攀枝花铁矿）、燃料指向型
包头钢铁集团（包钢）	内蒙古包头市	临河（黄河）	原料指向型（白云铁矿）、燃料指向型（乌海煤炭）

　　新型重化工业基地在沿海地区的大规模形成与传统重化工业基地路径依赖及持续扩能改造，改变了传统的重化工业布局格局、产能结构与原燃料供应网络，影响了其产业链组织与资源、原料、燃料、产品的物流组织机制。这需要深化研究港口与腹地重化企业的空间关系，考察港口在腹地企业供应链组织与区位选择中的作用法则与空间机制，演绎港口—重化企业的联动新模式，这也是本书研究的主要出发点。

五、依托港口加快开发的区域发展热潮

中国是重视国土空间管理的国家，国土开发与区域发展一直在政府的战略指导下逐步展开。区域发展战略是指对一定区域内经济、社会发展有关全局性、长远性、关键性的问题所做的筹划和决策，是政府发展意志在区域发展框架的体现。港口既是区域发展战略的重要建设任务，同时是区域发展的核心资源，这体现为基础设施建设与临港产业布局，许多区域规划尤其是沿海地区或沿江地区均将港口作为规划发展的主题，围绕港口推动区域各类要素的优化配置与功能塑造。

中华人民共和国成立以来，区域发展战略经历了几次变迁。"一五"至"五五"计划时期，是以内陆建设为重点的平衡发展阶段，该阶段重视内陆基础设施建设，关注内河港口；"六五"至"九五"时期，是以沿海崛起为中心的非均衡发展阶段，该阶段港口成为国土开发的重点与核心依托；"十五"期间是以西部大开发为标志的协调发展阶段。21世纪以来，新的区域发展战略不断提出，区域发展新格局日渐重塑，形成"东部率先发展，中部崛起，西部开发，东北振兴"四大区域板块，目前又提出了"一带一路"倡议、长江经济带建设和京津冀协同发展等发展方向，港口均成为重要依托。国土开发形成以"三级中心"为支撑、"四横四纵"轴带为主干的多中心网络型格局，形成5个优化开发区和28个重点开发区；在优化开发区，港口是产业和人口优化布局的重要承载体，也是被优化者；东陇海地区、台湾海峡西岸、北部湾重点开发区域均依靠沿海港口积极发展临港工业，港口承担重点开发的核心任务；江淮、武汉都市圈、环长株潭、鄱阳湖经济区、重庆等内河型重点开发区加快内河港与沿海枢纽港的合作，冀中南、太原城市群、呼包鄂榆、哈大齐和杜绥地区、长吉图经济区、中原经济区、成都经济区、黔中、滇中、关中—天水、兰州—西宁、宁夏沿黄等重点开发区积极通过铁路连通沿海门户港口。

通过区域规划来体现区域发展战略的路径在各省区市均存在明显的体现，"十一五"规划提出之后，各级政府对区域发展的重视上升到前所未有的高度。如表1-2所示，为了配合国家战略的实施，2008年世界金融危机以来，各地方政府也出台了详细的实施意见及政策，纷纷制定了区域发展规划。截至2013年年底，国务院批复的区域规划近40个，这些规划均基于自身的资源条件、产业与城镇基础，对其功能定位、产业选择、政策支持等做详细的规定，河北沿海地区、天津滨海新区、辽宁沿海经济带、山东半岛蓝色经济区、黄河三角洲高效生态经济区、江苏沿海地区、浙江海洋经济示范区、海峡西岸经济区、珠江三角洲、长江三角洲、北部湾经济区等均被纳入战略布局。依托港口布局重化企业、加快发展临港工业、打造沿海增长极，成为各地区区域规划的核心思路，但各省区市放大了国家空间发展战略和港口功能。如表 1-2 所示，临港工业区和港口码头建设成为各区域规划和区域战略的核心，临港产业园区快速发展，每年审批园区数量与新布局企业不断增多，临港产业集中在石油化工、船舶制造、造纸、钢铁、化工与农产品加工等行业。这些区域规划的实施加快了港口设施建设，扩大了部分中型港口（锦州、黄骅、温州、盐城）的腹地，专业化泊位得到建设，新生了部分港点（滨州、潍坊、东营、盐城等港），促使部分专业化港口向综合性港口升级（曹妃甸、黄骅、盘锦等港），但运输职能相互重复交叠。

表 1-2　沿海沿江各省市重点区域发展规划

区域规划名称	编制时间	覆盖地域
长江经济带发展规划纲要	2016 年	长江流域
京津冀协同发展规划纲要	2015 年	北京、天津、河北
珠江三角洲地区改革发展规划纲要	2008 年	珠江三角洲
辽宁沿海经济带发展规划	2009 年	丹东、大连、盘锦、营口、锦州、葫芦岛
河北沿海地区发展规划	2012 年	秦皇岛、唐山、沧州
山东半岛蓝色经济区发展规划	2011 年	山东半岛
黄河三角洲高效生态经济区发展规划	2009 年	黄河三角洲
江苏沿海地区发展规划	2009 年	盐城、连云港、南通
浙江海洋经济发展示范区规划	2011 年	浙江省沿海地市
海峡西岸经济区发展规划	2011 年	福建、浙江南部和广东北部
广西北部湾经济区	2008 年	钦州、防城港、北海
珠江—西江经济带发展规划	2014 年	西江流域

第二节　研究进展与评述

　　港口在形成与发展过程中，不断与周围区域及腹地进行着信息、物质、能量的流动与交换，复杂的基础设施建设与物质流动，对港口、腹地发展产生了多元化的影响。港口的地理研究始于 20 世纪 50 年代初，1952 年 Morgan 出版了《港口与港湾》，结合地理环境对港口进行论述，开创了港口地理学；70 年代始，学者们采用数量方法对港口进行研究，最具特色的是 Taaffe 和 Gauthier 的《交通运输地理》。长期以来，港口地理学随时代变迁而不断演进，研究范畴不断扩展，研究内容不断深化，先后形成了大量的成果。

目前，关于港口运输职能分异与腹地工业联动关系的研究，主要表现在以下方面。

一、港口与港口体系

港口地理从不同尺度开展相关研究，而单体港口与港口体系则成为主要研究对象。

港口是港口地理研究的基础点。20 世纪 40 年代以前，港口研究主要是定性描述港口现象。港口发展模型最早要追溯到区位论，但系统理论的提出是"港口通用模型"即 Anyport 模型。Bird（1963）基于英国河港的发展过程，提出了 Anyport 模型，刻画了港口拓展的时空规律，揭示了港口设施建设、功能拓展和技术进步及与城市的关系。后来，学者们将该理论应用于其他地区，根据各港口的特殊现象和具体细节对其进行修正，形成各种变型。外观迥异的港口设施以不同的形态实现港口的基本职能，其变化反映了技术进步与职能演进，集装箱化延续了码头专业化的发展趋势，为此部分学者对 Anyport 模型进行修改。典型变型是 Hoyle（1989）提出 Anyport-type 模型，不仅侧重港口设施发展，而且强调港口和城市的联系，重要方面是旧港区位的再发展与功能转换。Charlier（1992）提出了港口生命周期继续对港口发展进行模型化，而 Notteboom（2005）认为港口设施的发展呈现三个阶段：布局阶段、拓展膨胀阶段、专业化阶段。Anyport 模型不是解释所有港口的发展，但为各区域的港口比较提供了简便方式，对目前大型港口仍有很强的适用性。对于单体港口，Anyport 模型的最后阶段是专业化阶段，但因货物不同而产生的运输职能分异仍未得到充分关注。

港口体系是港口地理学的核心主题，主导了 20 世纪 60 年代以来的研究路径（曹小曙和彭灵灵，2006）。60 年代，学者们开始分析港口体系的演化理论，Taaffe 等（1963）、Ogundana（1970）分别开展了相关研究。Taaffe 等（1963）对加纳和尼日利亚的港口体系进行研究，提出了六阶段模型，成为港口体系的经典模型。基于 Taaffe 模型，学者们深入分析港口体系理论。Rimmer（1967）以澳大利亚、新西兰为案例，归纳五阶段模型。Hayuth（1988）从海向组织变化的角度，归纳出以"边缘港口挑战"为最终阶段的集装箱港口体系五阶段模型。随后，部分学者对该模型进行修正，以反映部分区域的特殊特征（Wang，

港口运输与腹地产业发展

1998），Hoyle（1989）提出了五阶段理论，但除内陆干港和港口产业园区的论点外，其他创新较少；Slack 和 Wang（2002）对 Taaffe 模型进行补充，追加了第七阶段，即通道货流的进一步集中阶段。近期研究以 Notteboom 和 Rodrigue（2005）为代表，结合港口新现象提出六阶段理论，增加了分散化与离岸枢纽、区域化阶段。Ng（2012）认为 70 年代之前研究核心是理论模型与实证，集装箱港口的发展促使研究重点转向，并占据 80 年代以来的主流（Notteboom and Rodrigue，2005；吴旗韬等，2012）。国内有港口地域组合、港口群体、港口体系等相似的提法（王圣云和沈玉芳，2008），陈航（1991，1996）提出港口地域组合的概念并进行阶段划分，曹有挥（1995）探讨了安徽沿江港口体系的总体特征和发展趋势，曹有挥（1999）介绍了 Hayuth 理论，并对长江下游港口进行实证。曹有挥（1995）认为长期以来的港口研究侧重了港口体系的地域结构与规模结构，忽视了职能结构。Ducruet 等（2010）认为港口研究忽视了吞吐量类型结构，集装箱技术带来的吞吐量增长抹杀了产业、经济结构不同对港口增长的影响差异。Lee 等（2014）认为在集装箱化研究大潮中，大宗货物运输与专业化港口的地理研究是一个很有意思但仍未能为交通地理学所关注的问题。

综合来看，港口研究侧重了港口体系的地域结构与规模结构，忽视了职能结构，既有研究主要围绕港口集装箱运输展开，掩盖了腹地产业不同对港口发展的影响差异。集装箱主要反映以杂货为主的货物运输，重化企业的运输需求多是大宗货物，并对港口运输职能产生重大影响，但未能在新时期得到关注。港口大宗货物运输与腹地重化企业的物流链关系是须深入探讨的问题。

二、港口运输职能分异

港口运输职能结构是港口体系的重要方面，港口运输职能界定一直是港口地理学的研究重点。货物种类是反映港口职能和港口性质的主要标志，部分学者将港口分为综合型和专业型（王列辉，2010），部分港口由少数货物运输主导而多数港口呈多元化货物运输格局，这影响了港口内部运输职能结构（Lee et al.，2014）。

20 世纪 60 年代，港口运输职能结构受到国外学者的关注。Carter（1962）以全美 60 个港口为研究对象，从吨位、货种、运输类型、货流平衡、贸易种类等方面，刻画各港口的发展特征及差异，重点分析石油、煤炭、铁矿石及金属矿石等货物的运输特征。Rimmer（1966）选择总贸易、海外贸易和海岸贸易等方面的 16 项指标，分析了新西兰港口运输职能特征，认为货物吨位是测度港口地位的最优指标。Kenyon（1970）以腹地经济、通达性、港口设施等要素为切入点，以美国主要港口为研究对象，对其职能的动态特征进行论述。

中国在 20 世纪 80 ～ 90 年代也进行了相关研究，但强调港口的煤炭运输职能（陈航，1984），以上时期分别与工业化进程相吻合。部分学者关注全国港口地域组合的职能结构，例如，陈航（1984，1991，1996）提出由"中心枢纽港、专业港、换装中转港、工业港和地方港"构成的"地域组合模式"。90 年代发达国家的研究较少，但中国学者徐刚（1990）、曹有挥（1995）、曹有挥等（2001）进行了研究。徐刚（1990）分析了江苏省长江港口体系的职能结构，发现各港口的主导货类不同；曹有挥（1995）分析了安徽省港口体系，发现职能分工体系已初步显现。曹有挥等（2001）根据 1965 ～ 1996 年的货种分类资料，运用区位商、港口分工系数、R 型因子等模型，研究了长江下游港口体系职能结构的基本特征、变化及优化路径。少数学者注重单体港口的职能结构，如徐永健等（2001）分析了 70 年代中期以来广州港口货物结构及专业化职能变化。

近年来，港口运输职能分异受到学者们的关注。曹卫东等（2007）在研究安徽长江沿岸港口体系时，发现部分港口形成了专业化职能。王建红（2008）分析了日本东京湾港口群的运输职能分工，王蕊（2008）通过对港口货类进行聚类分析，找出优势货种、支柱货种、潜力货种、常规货种和劣势货种，梁双波等（2009）认为南京港的主导职能由传统贸易向以重化工业运输为主的专业化职能方向转变。国外学者从货物种类的角度展开研究。Ferrari 和 Parola（2011）、Ito（2013）进行了分析，但仍将货物分为集装箱、液体、干货和滚装等大类，未涉及更细类的货物，最新工作是 Ducruet 等（2010）、Ducruet 等（2015）的相关研究。Ducruet 等（2010）认为部分专业化港口致力于本地资源的出口，如石油、矿产与木材，并从宏观角度分析了港口货物类型与港口绩效之间的关系，强调腹地特殊产业所产生的专业化港口运输职能。Ducruet 等（2013）利用港口间的船舶类型及载重规模，从复杂网络角度研究港口专业化程度，但未涉及更细类的货物。部分学者发现港口规模、进出港差异、矿产开采与港口综合性/专业化间存在关联，但研究结果差异较大甚至冲突（Ito，2013）。Lee 等（2014）认为部分港口由少数货物主导而多数港口呈现多元化，这影响了港口职能结构。

港口运输职能的分析往往与腹地工业化相关，早期工业化促使学者们关注港口运输职能，并形成了相对完善的研究框架，但新一轮重化工业发展未引起学者们的关注，港口货物结构与港口增长的关系机制未有明显进展（Ducruet et al.，2014），不同货物对港口职能的塑造作用、对腹地的细化分异机制，以及港口综合性/专业化的辩证关系与量化评价需要深入研究。

三、港口与腹地的关系机制

港口反映了腹地的明显特征（Bird, 1963），腹地是港口发展的生命线（Mayer, 1957），形成了大量的研究成果。港口研究一直存在三分法：陆向腹地—港口—海向腹地（Weigend, 1958）。部分学者认为港口—腹地系统是具有内在联系的经济地域系统，港口以腹地为依托而腹地以港口为先导（Bichou and Gray, 2005）。

陆向腹地的研究在早期曾占据主流。1934年，高兹以陆向腹地为基础创建港口区位论。Mayer（1957）强调了陆向腹地的铁路运输成本对港口竞争性的影响，奠定了此阶段的研究基调：腹地决定港口。港口对城市的影响深远，港区工业化是重要表现。Hoyle和Pinder（1981）主编的《城市港口工业化与区域发展》，把港口发展、城市扩张、工业发展及区域开发的交互作用作为研究主题，Hoyle和Hilling（1984）所著的《海港体系与空间变化》探讨了港口、工业与城市、区域的相互作用。陈航（1984）认为腹地大小决定港口性质及规模，尤以距离港口300～500千米范围的腹地影响最大，某些工业企业附近的岸线也可发展为工业港。港城关系定量化是现阶段港城关系研究的趋势，吴传钧和高小真（1989）将定量思维引入港城研究中，揭示了港口与城市的产业、功能变化关系。部分学者以个体港口为案例分析了港口与腹地的互动关系，如Yochum（1989）。20世纪90年代中期以来，研究重点转向航运网络、航运企业等海向因素（Jacobs et al., 2010），考察航运活动如何影响港口发展（Lee et al., 2008），港口—腹地关系的研究弱化（Ng and Ducruet, 2014），但两者间的通达性一直是重点（吴威等，2009；张莉等，2009）。

近年来，陆向腹地受到关注。Ducruct等（2010）发现港口的运输专业化与腹地特殊类型货物紧密相关，腹地工业结构越复杂、产品规模越大，港口运输职能越综合。曹卫东等（2007）、梁双波（2011）提出了港口后勤区域，将腹地与物流链相集成。梁双波等（2007）以南京港为例，分析了腹地产业变化对港口专业货种变化的影响。Jun（2011）、Lee等（2014）认为港口对腹地重化工业的发展有推动作用。部分学者从腹地经济格局解释港口发展，认为港口发展的动力主要源于腹地产业的发展需求（Yip, 2010）。Ducruet等（2013）探讨港口发展与腹地产业的规模对应关系，发现农业区和工业化地区趋于港口专业化运输，港口货物结构与腹地经济发展之间存在路径依赖，但强调宏观模式而未深入分析。Deng等（2013）则从物流链视角对港口与腹地经济之间的相关性进行定量分析。郭建科和韩增林（2013）提出了港区专业化带动产业依托专业港区形成工业集聚，强调了港口专业运输职能与专业设施的建设。

长期以来，港口与腹地的关系研究强调了传统的通达性与宏观分析，忽视了腹地具体产业对港口发展的影响，尤其是因数据积累问题，港口运输职能结构与腹地产业关系的研究进展缓慢，需要考察腹地产业类型如何影响港口专业化或综合性水平。

四、腹地重化企业布局与供应链网络

　　腹地产业结构是塑造港口职能结构的核心机制（Lee et al.，2014），两者之间存在路径依赖。尤其是重化企业对运输费用敏感，这会产生港口的运输专业化（Ducruet et al.，2010），但交通地理很少与产业布局进行融合分析。

　　早期研究重视企业布局与原燃料的关系（陈栋生，1987），近年来腹地重化企业扩能改造后面临更大的原燃料需求，加之内陆资源枯竭而大量进口原燃料，这促使港口成为全球化商品链的核心节点，包括石油、煤炭、铁矿石和集装箱货物等（Jacobs et al.，2010）。随后，重化工业不断从原料产地向沿海地区转移，出现了大批依赖水运的重化工业向港口聚集的现象（陈宁和胡良德，2005；李南，2007；Jacobs et al.，2010；Ducruet et al.，2013），促使港口形成大宗货物的专业化运输阶段（Ducruet et al.，2010），导致原燃料供应的近距离优先原则发生扭曲。更多学者针对某些行业进行研究，发现钢铁、石化与能源等企业布局从早期的原燃料基地型向原燃料基地型与临港型并重转变（田山川和张文忠，2009；Irma and Michael，2001；刘鹤等，2012b；张文忠等，2009；杨足膺，2013）。港口工业化及港口的工业功能吸引了不少学者。Von Schirach-Szmigiel（1973）、洪昌仕等（1998）发现港口的专业化运输职能与重化企业的区位有直接关系。邬珊华等（2014）测算了石油化工、钢铁和汽车制造等临港产业选址与主要港口、原料供应地、产品需求地间的关系。李南（2008）、夏丽丽和闫小培（2009）、刘刚和张长令（2012）认为在沟通商品生产地、能源原料供应地及消费地的港口区域建立产业区，可节约运输成本、减少原料和产品中转，从而港口成为物流链的关键环节（Robinson，2002）和重化工业的有利区位（田汝耕等，2004），临海型重化工业带兴起（夏丽丽和闫小培，2009）。但李国平（1999）、Duranton 和 Puga（2003）、贺灿飞和朱彦刚（2010）发现资源密集型产业布局有很强的历史基础，以原燃料地布局为主的模式并没有因市场化和国际化而发生较大变化。这改变了供应链方向与物流链模式甚至逆向组织，港口与重化企业间逐步形成原燃料多层配送网络（王成金等，2009）。同时，学者们发现全球贸易市场中的中国因素增强，中国大规模进口原燃料，对世界矿石、原油、煤炭市场有重大影响（Bichou and Gray，2005；Wang et al.，2007；赵媛等，2012；Lee et al.，2014）。

综合来看，腹地工业结构与港口运输职能的关系尚未清晰，重化企业布局与生产组织如何推动物流链专业化，内陆资源短缺与产能扩建如何影响港口与重化企业的供应链关系，港口与腹地企业、海外市场之间如何构建高效的物流网络等内容，尚需要进一步探讨（曹有挥等，2001），这需要建立以港口为核心的研究范式，集成重化企业供应链与全球贸易网络，分析三者间的空间关系及模式，揭示港口运输职能分异的深层次机制。

五、港口专业化运输职能

港口专业化运输职能的类型划分是研究港口发展与港口体系的重要路径。

部分学者研究各种货物的港口运输结构，主要包括煤炭、原油、铁矿石等。部分学者关注不同交通方式之间的煤炭运输成本关系，考察最佳的运输方式，尤其是 Ash 和 Waters（1991）对比分析了加拿大西部至东部的不同运输方式，Abbey 和 Kolstad（1983）、Kolstad 和 Abbey（1984）等学者关注全球煤炭贸易网络，Todd（1997）分析了中国的能源需求、煤炭运输及港口运输职能，部分学者关注煤炭运输网络的发展，如于良等（2006）关注铁海联运。关于港口煤炭运输的研究较少，仅刘勇（2003）探讨了中国煤炭海运现状及发展。针对石油运输，杜麒栋（2008）分析了中国原油港口的现状及发展趋势，时力（2006）、李敏敏（2009）、陈超和李霏（2011）、杨足膺等（2014）对中国港口的进口原油运输路径进行了优化分析。基于港口的铁矿石运输研究较少，主要是运输规划与管理学科研究铁矿石运输网络与港口布局，姜英杰（2005）、陈臻（2006）等重视铁矿石接卸港口布局的评价与优化研究，周珏如提出了铁矿石港口层次分类与功能定位的方法，于军苓认为应建立以大型铁矿石接卸港口为中转港、其他中小港口为补充的运输体系。港口研究在大宗货物运输系统方面的分析有所欠缺，应采用地理学的思维方式与研究方法对港口大宗货物运输进行理论提升，构建其地理模式。

20 世纪 60 年代中期以后，学者们侧重从定量化、动态化角度研究港口运输职能结构。有学者利用进港与出港量数据，采用区位商量化评价一种货物在不同港口的重要性及差异，辅助以 Hirschman 指数评价货物集中性，并用专业化系数考察港口之间职能结构的相似性及差异，该方法被用来分析单体港口的贸易联系。Charlier（1992）采用集中化、专业化及全局指数对比利时港口的运输职能结构变化进行了研究。国内多数学者采用货种区位商分析港口体系的运输职能分工，包括徐刚（1990）、曹有挥等（2001）、陈斓等（2007）。曹有挥等（2001）从长时间序列，利用港口分工系数分析港口运输职能结构的演变特征。

近年来，Ducruet 等（2010）将主成分分析法应用于港口职能结构研究，设计了多样化指数，同时用基尼系数反映货物专业化水平。Ferrarit 和 Parola（2011）对全球 116 个港口的专业化职能进行了量化分类。Lee 等（2014）采用区位商分析了各种大宗货物在各港口的运输优势，同时用偏离系数分析了各类货物在各港口之间的转移情况。

过去相当长一段时间内，各类货物运输网络的研究较为丰富，港口地理的研究重点集中在港口体系、集装箱港等方面，尤其对集装箱的相关研究较为深入，而对专业化大宗货物的运输体系关注较少。早期工业化促使学者们关注港口运输职能，但集中于煤炭运输，对其他货物的研究极少，且新一轮重化工业发展未能引起学者们关注该主题。随着大宗货物运输的逐年上升及港口不断趋向专业化，有必要回归大宗货物的专业化运输研究。

六、港口发展影响因素分析

港口发展受众多因素的影响与综合作用，但大致分为内部因素（如设施）和外部因素（如航运企业）两类，并分为陆向因素与海向影响因素。20 世纪 70 年代以来，技术、生产组织、制度、码头运营等因素发生了巨大变化，部分研究开始强调不同因素对港口发展的影响机制。70 年代初，学者们关注区位和腹地，认为腹地是港口发展的初始条件（Baird，1997）。随后，关注港口设施与集疏运条件（如多式联运）（吴威等，2009），Slack（1990）认为多式联运会导致枢纽港的产生和小型港口的衰亡。90 年代以来，学者们又关注技术与制度政策的影响。技术进步促使港口发展的基础发生变化（Baird，1997），技术发展对关键设施的影响日益显现，并在各空间层面对港口体系和航运网络产生影响，尤其是船舶大型化吸引了许多学者的关注，分析其技术进步与泊位水深、装卸设施等方面的微观机制。制度政策也备受关注，曹有挥等（2001）探讨了中国沿海集装箱港口体系的演化机理，认为政府调控作用是促进港口体系由非均衡相对集中向非均衡高度集中阶段演化的重要机制。21 世纪初期，港口费用、交通拥堵等因素又引起关注，港口发展基础从硬环境转向软环境，将这些新的条件概念化，分析对港口和港口体系的影响机制（Olivier and Slack，2006）。吴旗韬等（2012）详细阐述了技术进步、区位、航运市场、政策和政治因素对港口体系的影响过程和驱动机制，分析了不同因素对港口体系集散化的促进和阻碍作用。学者们对港口体系的影响因素研究主要集中在政治、经济、技术、区位等方面，为本书探讨港口运输职能结构的影响因素提供了方向。

以上科学命题和客观需求及国内外研究进展综述表明，分析港口运输职能分异与腹地工业发展的联动关系模式，具有积极的科学意义和实践价值。近年来，已有学者开始探讨港口专业化职能与腹地重化企业的关系，得出了积极的结论，但由于数据积累的问题与学科研究路径的锁定性，目前尚未开展系统化研究，凝练两者关系模式的研究就更薄弱。

鉴于此，融合交通地理与产业地理乃至企业地理的理论方法，基于多种尺度，剖析港口运输职能分异与腹地产业尤其重化企业与资源调拨的联动关系，揭示其发展机理，不仅有助于揭示港口发展的多元化机制，丰富港口地理的理论和方法，而且有助于探索交通地理与产业地理互动研究的理论范式，为中国港口运输职能优化与腹地重化企业布局调整提供科学指导。

第三节　研究尺度与样本

一、研究目标

本书基于多个空间尺度，从长时间序列角度，考察了港口运输职能的空间分异，总结了其演变规律，揭示了港口运输职能分异与腹地工业尤其重化企业、资源调拨的空间关系，总结了两者间的联动模式，考察了其形成发展机制，深入认知港口发展的多元化动力机制。一方面丰富交通地理的理论和方法，另一方面为交通地理与工业地理、企业地理的融合研究探索理论范式，同时为中国港口运输职能优化、大宗货物运输系统优化与重化企业布局调整提供科学指导。

根据以上研究目标，本书遵循了"格局→过程→模式→机制"的逻辑主线，开展系统化研究，具体如图1-2所示。

二、研究尺度

1. 空间尺度

本书从全国、区域和单体港口三个空间尺度开展系统化分析，如图1-3所示。

全国尺度主要指不覆盖中国台湾省、香港特别行政区和澳门特别行政区的全国范围。

区域尺度有两种类型。一是按省区尺度对全国沿海港口和内河港口进行划分，二是将全国港口分为八大区域，包括环渤海地区、长江三角洲、闽东南地区、珠江三角洲、北部湾地区等五个。内河区域包括长江流域、珠江流域、京杭运河、

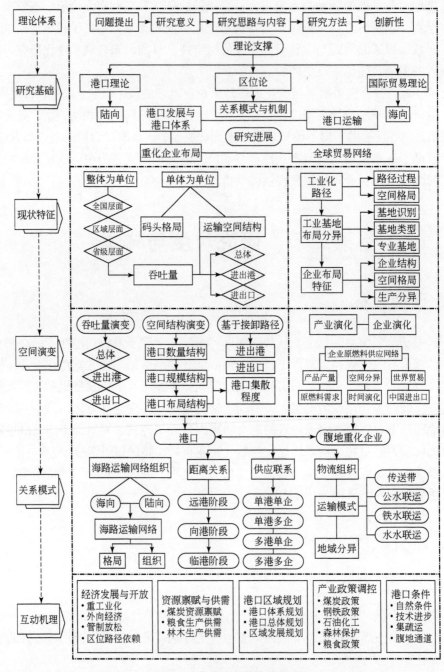

图 1-2　本书研究技术路线图

淮河水系、松辽流域等五个，但松辽流域、淮河流域的港口相对较少、规模较小且货物种类比较少，因此内河港口的研究主要以前三个水系为主。按照港口地理

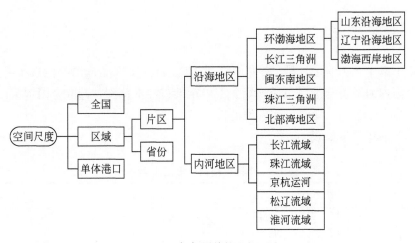

图 1-3　本书覆盖的空间尺度

学的传统研究理念，环渤海地区可分成三个相对独立的次区域，即辽宁沿海地区、渤海西岸（或津冀沿海地区）和山东沿海地区。

2. 时间尺度

本书的时间尺度为 1985～2014 年，部分研究的数据分析拓展到改革开放之前的若干时间段。为了揭示中国港口运输职能的演化规律，结合中国港口发展与工业化进程的阶段划分，选择 1985 年、1995 年和 2014 年作为时间节点进行分析。每个年份的港口建设与腹地产业发展具有不同的特点，反映不同时期的两者空间关系。

（1）1985 年：主要反映改革开放之前中国港口职能结构与腹地工业发展情况，尤其是第一次港口建设高潮与第一轮重化工业发展，考察计划经济时期港口与腹地工业的关系机制。

（2）1995 年：主要反映了改革开放初期的中国港口职能结构与腹地产业发展，重点考察第二次和第三次建港高潮特别是深水化、专业化泊位建设热潮下的港口发展特征与职能结构，及以轻工业为主的工业化阶段的产业发展格局。

（3）2014 年：主要反映了新时期的港口发展特征与运输职能结构，尤其是反映 21 世纪以来《全国沿海港口布局规划》《全国内河航道与港口布局规划》等规划出台、2008 年世界金融危机爆发后的中国港口建设格局，与新一轮重化工业快速拓展下的腹地工业发展格局。

须指出的是，在具体研究过程中，根据各类数据的阶段性变化特征，选择不同的时间点进行分析而不局限于上述时间点。

三、样本设定

本书以中国为实证地域,参照原交通运输部制定的《全国沿海港口布局规划》和《全国内河航道与港口布局规划》,界定港口样本范围。选取全国规模以上港口 100 多个,包括沿海港口和内河港口。

具体港口样本如表 1-3 所示。

表 1-3　中国规模以上港口研究样本

区域		省级行政单位	港口名称
沿海港口	环渤海地区	辽宁	丹东、大连、营口、锦州
		河北	秦皇岛、黄骅、京唐、曹妃甸
		天津	天津
		山东	烟台、龙口、威海、青岛、日照、岚山
	长江三角洲	江苏	连云港、盐城、南京、镇江、常熟、太仓、张家港、南通
		上海	上海
		浙江	嘉兴、宁波、舟山、台州、温州
	闽东南地区	福建	宁德、福州、莆田、泉州、厦门、漳州
	珠江三角洲	广东	汕头、汕尾、惠州、深圳、虎门、广州、中山、珠海、江门、阳江、茂名、湛江
	北部湾地区	海南	海口、洋浦、八所、三亚
		广西	北海、钦州、防城港
内河港口	松辽流域	黑龙江	哈尔滨、佳木斯、沙河子
	长江流域	上海	上海河港
		江苏	常州、江阴、扬州、泰州、无锡
		浙江	湖州、杭州、绍兴、嘉兴河港
		安徽	合肥、滁州、马鞍山、芜湖、铜陵、池州、安庆
		江西	南昌、九江
		湖北	武汉、黄石、黄冈、鄂州、荆州、宜昌、巴东
		湖南	长沙、湘潭、株洲、岳阳
		重庆	重庆、涪陵、万州、奉节
		四川	泸州、宜宾、乐山、南充、广安、达州

区域		省级行政单位	港口名称
内河港口	淮河流域	江苏	连云港河港
		安徽	亳州、阜阳、淮南、宿州
	珠江流域	广东	佛山、云浮、东莞、肇庆、惠州河港、江门河港、虎门河港、中山河港、广州河港
		广西	南宁、柳州、贵港、梧州、来宾
	京杭运河	山东	济宁
		江苏	徐州、宿迁、淮安

须指出的是，受"一市一港"等管理体制改革的影响，港口不断进行资源整合，不同时期港口的具体数量和名称有所不同。对此，根据《中国港口年鉴》和相关港口规划，对港口样本进行整理和确定。

第二章

港口运输职能的理论基础

第一节　港口研究范畴

一、港口地理概念

1. 现代港口地理学

港口地理学是以港口和航运网络为研究对象的部门交通地理学。虽然港口地理学的发展已有80多年的历史，但明确界定学科的文献还是鲜见。具体来说，港口地理学是从理论、实证、技术方法等方面，从时间、空间等角度，阐释港口发展的组成要素、功能结构、空间形态、时序过程及发展机理的地理学科，重点研究水路运输在生产力布局中的作用、港口区位选择与功能布局、港口设施配置与地理条件评价、港口体系与类型、运力配置与航运网络组织、客货流运输及空间模式、腹地与集疏运系统等内容。

2. 发展历程

19世纪末，F. 拉采尔和A. 赫特纳等地理学家已认识到，交通运输对形成景观特征和促进地理变化具有重要作用。20世纪初，P. 维达尔·白兰士和J. 白吕纳开始注意有形的货物和人的移动。白寿彝著写的《中国交通史》，对中国各时期的河渠、水运等内容进行论述（白寿彝，1927）。盛叙功编译了《交通地理》，这是中国最早的系统性交通地理学著作，分析港口的相关内容，从世界到中国逐一论述（盛叙功，1931）。1934年，C.B. 伯恩施坦－科冈发表了《交通运输地理学概论》，涉及港口的相关研究。最早的港口地理学发展要追溯到区位论，1934年高兹创建了港口区位论。20世纪50年代，港口地理学开始发轫，代表性的文献是1952年Morgan出版的《港口与港湾》。60～70年代，地理学家们围绕港口体系与港口模型的系列研究，构建了港口空间研究的理论框架、研究范式，港口地理也由此成为一门独立学科。初期阶段的港口地理研究主要是强调各国或区域的港口布局与建设问题，90年代开始，港口地理重视国际贸易与全球港口网络，由此成为各主流杂志的关注焦点，这促使港口地理学成为交通地理学的核心，相关研究引领了交通地理学的发展。

二、综合运输体系与港口航运

1. 综合运输体系

交通运输是区域发展、国土开发及经济社会运行的基础。综合运输体系是指各种交通运输方式按其技术经济特点，组成分工协作、连续贯通、布局合理的综合体系。具体来说，综合运输体系是由铁路、公路、水路、管道和航空等各种方式及其线路、站场等组成，按照各种方式的技术经济特点，建立合理的综合运输结构，使各种方式优势互补。从空间网络的角度来看，综合运输体系由交通设施网络、物流运输网络、客货流网络及运输管理网络组成。

如表2-1所示，每种运输方式有不同的技术经济特点，有着不同的合理使用范围，所采用的运输设备、装卸工艺、适用货物种类及经济效益、安全性都有明显不同，适应着不同的自然地理条件和运输需求。在综合运输体系中，须根据各种运输方式的技术经济优势与设施装备发挥其特长，才能提高劳动生产率。其中，水运运能大，运距长，运输成本低，建设成本低，但航运速度慢，受自然条件的影响较大，适宜于大宗散货的长距离运输。中国水运量与周转量如图2-1所示。

表2-1 各种运输方式的技术经济属性比较

交通方式	优势	缺陷
铁路	适用长距离运输，运能大，速度快，运输连续性强，运输成本较低，通用性能好，安全准时，能耗较低	灵活性差，投资高，路径固定，需要其他手段配合衔接，建设周期长
公路	机动灵活，投资低，建设期短，门到门运输	适用短途运输，运能小，小批量运输，能耗高，运输成本高
水运	运能大，运距长，运输成本低，建设成本低	速度慢，受自然条件影响大
航空	速度快，不受地形地貌限制	成本高，货物适用范围小，能耗大，运能小
管道	密封运输，损失小，运量大，运输连续，能耗小，安全可靠，不受气候影响	灵活性差，专用性强，运输货物单一

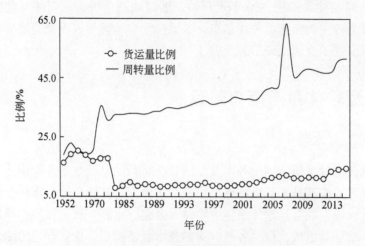

图 2-1　中国水运货运量比例变化

2. 港口航运类型

港口航运的表现形式，主要有以下四种。

（1）沿海航运——是指使用船舶，通过大陆附近沿海航道，运送旅客和货物的航运方式，主要是指本国沿海各港口之间的海上运输。一般使用中、小型船舶，承担内贸货物运输。

（2）近海航运——是指使用船舶通过大陆邻近国家海上航道，运送旅客和货物的航运形式，强调不同国家港口之间的近距离海洋运输，也称为近洋运输。具体根据航程，可使用中型船舶，也可使用小型船舶。在中国，近海航运指东至日本海、西至马六甲海峡、南至印度尼西亚沿海、北至鄂霍次克海各港口的海上运输。

（3）远洋航运——是使用船舶跨大洋，运送货物和旅客的长距离航运形式，强调本国港口与外国港口之间或外国港口之间的海洋运输。远洋航运主要是使用大型或超大型船舶，一般航行于国际航线和远洋航线，以集装箱和散货运输为主，尤其是集装箱形成班轮模式。远洋航运在中国对外贸易方面有重要地位，超过 90% 的外贸采用远洋航运。

（4）内河航运——是使用船舶在陆地内的江、河、湖、川等水道，进行货物和旅客运输的航运形式，同时是河流流域综合开发和水资源综合利用的重要内容。内河航运是内陆腹地和沿海地区的联系纽带，也往往是沿海港口和远洋航运的喂给系统与集疏运系统，主要使用中小型船舶。

港口运输与腹地产业发展

三、港口地理研究的基本范畴

1. 研究单位

空间尺度是界定空间系统边界与特征的重要标尺，港口或港口体系的分析须放到一定的空间尺度内。不同尺度内，港口间的空间关系、功能关系及港口内部与海陆向腹地的空间关系有所不同。Robinson（1976）提出了港口研究的空间尺度结构，大致分为五个层级，如图 2-2 所示。

（1）港口内部体系（intra-port system）：主要是指港口内部各要素间的空间关系、功能关系及布局，包括所有发生在边界以内的生产活动与物流组织，该尺度强调单体港口的独立发展与内部职能结构。

（2）港口腹地体系（port-hinterland system）：主要是指单一港口与腹地的空间关系、物流组织活动，重点考虑陆向腹地对港口发展的影响机制，该尺度强调单体港口同陆向腹地的联系。

（3）港口腹地—前沿腹地体系（port hinterland-foreland system）：主要是指港口与陆向、海向腹地的空间关系与功能关系，并拓展到多个港口之间。该层次强调了不同海岸港口之间的航运联系及港口与腹地的关系。

（4）区域性港口体系（regional port system）：主要是指同一海岸分布的港口之间的空间关系或功能组合。港口数量相对较多，而且分布较为邻近。该层次强调了港口间的航运联系和相互依赖性，由此形成了区域性港口体系。

（5）总体港口体系（total port system）或 N 港口体系（N-port system）：主

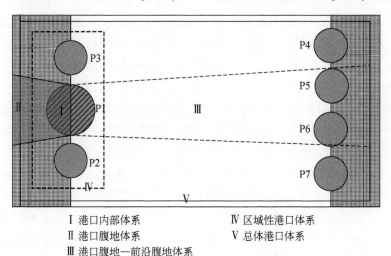

Ⅰ 港口内部体系　　　　　　　Ⅳ 区域性港口体系
Ⅱ 港口腹地体系　　　　　　　Ⅴ 总体港口体系
Ⅲ 港口腹地—前沿腹地体系

图 2-2　港口研究的空间尺度结构

要是指所有港口或多数港口所形成的空间体系，具体分析可分为若干区域性港口体系。该层次强调了所有港口的有效运营及港口同陆地、海洋的关系。

2. 研究类型

港口地理学已形成了相对完善的研究体系。从理论、时间、空间和学科等角度阐释港口的要素、形态和过程是港口地理的核心主题，其分析方法主要有形态学和拓扑学。其中，形态学占据了主导地位，实际研究中两类方法则紧密融合。港口地理学中，空间分割是向陆地和向海洋。向陆地部分包括城市、工业、交通网络、政策制订等；向海洋部分包括船舶设计、贸易形态、前岸特征、国际政治等。20世纪40年代之前，港口研究主要是描述港口发展的各类现象，系统的港口形态研究应追溯到 Morgan（1952）的分析，Weigend（1958）提出港口地理学的基本要素为港口、运输、货物、腹地、前岸和航海空间，但缺少形态变化的分析。Bird（1963）将港口作为形态和功能联系的产物，提出了 Anyport 模型，经历了40多年的理论和实证。60年代之后，学者们从单一的港口转向港口体系的历史形态研究，尤其关注曾遭受殖民统治地区的港口体系分析，Taaffe 等（1963）的研究理念一度盛行，并引领了90年代之前的港口地理认识过程，激发了大量港口形态的历史研究，先后形成了系列修正模型（Hayuth，1981）。拓扑学认为港口是综合交通网络的基础节点，但有跨越区域和国家的发展问题（Hoyle and Pinder，1981）；60年代，该方法将港口控制在规模之内，而 Taaffe 的港口理论则力图构建交通网络的经典时序模型。港口的发展环境变化由全球、国家、地区等各层级因素所决定，不同尺度内港口地理研究的范畴不同。期间，Bird 认为港口地理研究应多元化，形成七个范畴：历史起源、经济影响、区域发展、技术改造、比较分析、未来趋势和世界体系，这种论点融合了各种方法论（Hoyle and Hilling，1984）。该时期，港口地理的研究范式是港口中心论，相关研究以港口为核心，港口发展的掌控权取决于港口本身，外部因素的影响较小。

港口理论的研究轨迹一直就不是线性的。集装箱化以来，港口发展面临环境不断变化的压力，自我掌控能力不断下降，港口地理形成了新的研究范式与领域。①港口中心论过分强调港口自身属性，忽视了企业实体的作用；目前，集装箱运输日益集中和全球化组织，传统理论难以满足研究需求（Heaver，2002）。近些年来，部分学者提出了以企业为中心的研究范式（Airriess，2001），认为港口不再是命运掌控者，被动地顺从于外部影响。随后，部分学者认为应抛弃港口中心论，基于制度经济学的研究范式质疑港口的空间性，认为企业是港口研究的切入点（Rimmer，1999）。Olivier 和 Slack（2006）指出跨国公司是经济地理和港口地理的研究桥梁，可衔接经济地理的企业研究和港口地理的网络分析，尤其亚洲港航企业的分析有助于摆脱西方学者所构建的经典理论；同时，全球港口网络功能的分析促使网络方法论的发展，将港口脱离空间分析，而侧重于社会人文特征。②行为方法论对港口研究的贡献不能低估，力图将研究焦点从抽象的空间结果转移到过程研究，即基于港口环境演变的决策过程；港口的属性已超越了内在特征，这是拓扑方法无法体现的，并同企业中心论的研究范式相同。企业研究过程引申出行为研究的方法论，问卷调查、访谈等方法在港口和航运企业的早期研究发挥了重要作用。③ 20 世纪 90 年代开始，全球的港口私有化进程持续推进，尤其交通设施供给的制度改革促使对制度环境的关注，实证研究尤其东亚的实证分析促使制度成为新的研究趋向。Wang 和 Slack（2000）指出制度对港口体系的影响已超越了市场力量，如中国体制就使港口发展摆脱了 Anyport 模型所确定的线性形态。Robinson（2002）最近将权力框架作为港口研究的基础，Notteboom 和 Winkelmans（2001）则力图揭示港口管理机构变革的实质。这形成了新的研究范式（Olivier and Slack，2006）。④单体港口一直是港口地理的基础研究单位，但从 20 世纪末开始，港口研究逐步码头化。同一港口的不同码头的投资经营者不同，货箱和船舶等竞争机制从港口间深入到港口码头间，码头成为空间分析的基础单位（Heaver，1995）。港口研究的空间尺度调整是将港口作为异质空间而不是同质空间，并要求新的港口地理研究视角，Slack 和 Wang（2002）认为港口码头的地理研究须模式化。这说明港口研究的码头化促使方法论的转变，从港口到码头和从港口作为经营单位到港口企业的转变。⑤港口不仅是一种空间，更是一种经济系统；Robinson（2002）认为港口地理应关注物流链，指出港口发展处于物流重组的新环境中即全球化、合作化和私有化，其角色发生了基本变化，如何将这些新的条件概念化，以往研究难以解析现实环境；但相关研究已开始，以提升港口在全球化和综合物流中的地位。

综合分析，港口地理基本形成了理论、实证、方法与技术的研究体系；其中，理论内容形成港口、港口体系、航运网络和环境因素的研究体系，具体包括布局与特征、功能与形态、过程与机制、体制与管理；研究方法也形成了形态学、拓扑学、行为方法等基本方法论，技术则引入了拓扑网络、图论和复杂网络及 GIS 技术；对港口的基本认识也由均质空间向非均质空间转变，实现了基础研究单位由港口向码头的转变和港口由经济空间向社会空间的转变。

四、核心概念辨析

1. 港口

1）基础概念

港口是综合运输系统中水陆联运的重要枢纽，是各种交通方式的集结点，是工农业产品和外贸进出口货物的集散点和车船换装的场所。具体是指位居江河、湖海沿岸，具有船舶进出、停靠泊、旅客上下、货物装卸、驳运、储存及货物集散并变换运输方式的场所。港口还具备为船舶提供安全靠泊和作业的设施，并为船舶提供补给、修理等技术和生活服务。

2）港口构成

港口具有相应的码头设施，由一定范围的水域和陆域组成。

港口水域是供船舶航行、运转、锚泊和停泊装卸使用的指定水域。港口水域又分为港外水域和港内水域。港外水域包括进港航道、港外锚地，有防波堤掩护的海港在口门以外的航道称为港外航道。港内水域包括港内航道、转头水域、港内锚地和码头前水域或港池。水深是港口发展条件的基本表征指标，表明港口可供船舶使用的基本界限，供大型海轮停靠的码头水深为 10 ~ 15 米，大型油轮码头为 10 ~ 20 米。

港口陆域分为进港通道、码头前方装卸区和港口后方区，具体包括码头、防波堤、堆场、仓库、港区交通系统（铁路、道路与管道等），并配有装卸机械和运输机械，以及其他辅助设施和生活设施。陆域是供旅客集散、货物装卸、堆存和转载之用，要求有适当的高程、岸线长度和纵深。前方装卸作业区供分配货物使用，布置码头前沿铁路、道路、装卸机械设备和周转货物的仓库或堆场及候船大厅，港口后方区供布置港内铁路、道路、堆存货物的仓库或堆场、附属设施（车库、停车场、机具修理车间、变电站、消防站等）及房屋等。

港口可由一个或多个港区组成。在中国，港口往往由多个港区所组成，这既是港口本身特性所决定的，同时是港口属地管理所决定的。如表 2-2 所示，各港区间可能邻近，也可能相距很远。但各港区往往承担不同的运输职能，配有专业化的港口设施，形成港口运输职能分异与空间结构。

表 2-2　中国重点港口的港区构成

港口	港区	港口	港区
大连	大窑湾、鲇鱼湾、大孤山、和尚岛、普湾、大港、黑咀子、甘井子、大石化港区	上海	黄浦江、罗泾、外高桥、洋山、崇明岛
营口	鲅鱼圈、仙人岛、老港区	福州	罗源湾、闽江口内、江阴、平潭、松下
天津	北疆、东疆、南疆、大沽口、高沙岭、大港、北塘、海河	广州	黄埔、新沙、内港、南沙
黄骅	河口、煤炭港区、散货港区、综合港区	珠海	高栏、万山、九州、唐家、洪湾、斗门
深圳	南山、大铲湾、大小铲岛、宝安、盐田、大鹏	青岛	前湾、黄岛、董家口、老港区、鳌山湾
厦门	东渡、海沧、翔安、招银、后石、石码	宁波	甬江、北仑、穿山、大榭、梅山、镇海、象山、石浦

2. 码头泊位

码头（wharf，pier）为人造的土木建筑物，是海边、江河边专供船舶系靠、装卸货物或上下旅客的水工建筑物与必要设施的总称。码头是港口的主要组成部分，具有水陆联运设备和条件。码头由主体结构和附属设施组成。

泊位是指一艘设计标准船型停泊码头所占用的岸线长度或占用的囤船数目。泊位长度一般包括船舶长度 L 和船舶间安全间隔 d。d 值的大小根据船舶大小而变化，一个万吨级泊位约为 15～20 米。泊位的数量与大小是衡量一个港口吞吐能力的重要标志，一座码头可能由一个或几个泊位组成。

1）码头所有权分异

根据所有权、投资形式及使用对象的不同，码头可以分为公共码头和货主码头。

公共码头——主要是由政府投资建设的社会公共服务设施，面向腹地公众提供公共服务的码头，既面向企业，也面向私人经营者，是为各类船舶提供靠泊、维护的公共码头设施、场所。公共码头对本地经济发展影响较大，多数港口的码头以公共码头为主，服务群体非特定，泊位资源非私有。

货主码头——主要是指沿江、河、湖、海的厂矿企业（收货人或发货人）在原料、燃料、制成品的运输过程中，由于货物运量大，为了减少倒载和短途运输，在企业附近投资自建码头。这类码头专业性较强，没有对外经营权限，经营封闭，产业链短。

2）功能性码头分异

根据基本功能的不同，码头分为客运码头、货运码头、汽车码头、游艇码头、军用码头等。

客运码头——主要是供乘客上下船的码头，小型客运码头只供衔渡、快艇等小型船只泊岸，而大型客运码头可供大型邮轮泊岸。客运码头又分为公众码头、轮渡码头、邮轮码头及游艇码头。公众码头向所有客船开放使用，渡轮码头通常由固定航线专用、多条航线共用同一渡轮码头，邮轮码头通常用作邮轮泊岸。

货运码头——主要是用作装卸货物的码头，供货船装货、卸货。

汽车码头——供一些特别的船舶泊岸（多为大型特制船舶），以让在陆上的汽车上船、在船上的汽车下船使用。

游艇码头——供游艇泊岸的码头，多数是由某一游艇会所拥有。

军用码头——又称为海军码头，是海军的军舰停泊、补给的码头。

3）职能性码头分异

按装卸货物种类，码头分为件杂货码头、专用码头、客运码头、工作船码头、修船码头、栖装码头。其中，专用码头又分为渔码头、集装箱码头、干散货码头、石油码头、滚装码头，而干散货码头进一步细分为煤炭码头、矿石码头，石油码头主要指原油码头和成品油码头。客运码头分为游艇码头、滚装码头。工作船码头主要指供港口内部工作船使用的码头，修船码头主要为修船和造船工作而专设的码头。

综合性码头又称为通用码头，能够进行多种货物装卸作业的码头。采用通用装卸机械设备，一般以装卸件杂货为主。这种码头适应性强，在货种不稳定或批量不大时比较适用。

专业化码头指专供某一固定货种和流向的货物进行装卸的码头，如煤炭码头、化肥（散装或袋装）码头、石油码头、集装箱码头等。特点是码头设备比较固定，便于装卸机械化和自动化操作，装卸效率高，码头通过能力大。如果港口所有码头均为某类专业化码头，则该港口为专业化港口。

煤炭码头——是专门装运和接卸煤炭资源的码头，相关设施具有很高的专用性，符合煤炭装卸的技术经济属性，设有专门的仓储、装卸与运输设备，配置有专用的传送带、翻车机、装船机、堆取料机和筒仓等码头设施。

集装箱码头——是指专供集装箱装卸的码头，一般有专门的装卸、运输设备，有集运、贮存集装箱的堆场，有供货物分类和集装箱拆装的货站，采用大型专门设备进行装卸、运输。

石油码头——主要是指装卸原油及成品油的专业化码头，与客货码头和其他固定建筑物有一定的安全距离。货物载荷小，装卸设备简单。

3. 专业化港口设施

港口装卸设施是港口系统的重要组成部分，主要是指港口为船舶、车辆装卸货物和港区内货物搬运所配置的装卸、搬运机械。一般而言，港口的装卸设施分为起重机械、输送机械和装卸机械三种，包括岸吊、起重机、龙门吊、抓斗、输送带、传送管。货物的不同决定了港口的装卸设施不同，其具体种类和数量根据港口所装卸的货物种类、装卸工艺而确定。

普通件杂货码头主要是供装卸各种件杂货所使用，配备的装卸机械有较大的通用性。专业码头配备有专用机械设备，适用于装卸运量大、流量稳定的散货，例如石油码头、煤炭码头、矿石码头、集装箱码头。

起重机械——指垂直升降货物并具有水平运移功能的机械，主要是指各种起重机。使用较多的有门座起重机、门座抓斗卸船机、桥式抓斗卸船机、龙门起重机和浮式起重机等，集装箱码头主要使用岸边起重机。

装卸搬运机械——主要是指可用于水平搬运和堆码货物的机械，用于装车卸车、货物堆码及短距离水平运输，主要有叉式装卸车、牵引车、跨运车、搬运车、挂车和平板车等。

输送机械——主要是指连续不断输送货物的机械，主要包括带式输送机、堆取料机、气力输送机。带式输送机主要用于大宗散货的装船、转运和堆垛，包括煤炭、矿石及粮食，气力输送机主要用于散粮的装船。

港口库场是港区仓库、货棚、堆场的统称，为货物在装船前、卸船后提供短期存放的港口设施。它是由仓库和堆场构成。

五、关联概念阐释

1. 腹地

腹地是与门户相对的一个空间概念，两者是一对相互依存的空间术语。港口腹地（hinterland）又称为港口吸引范围、吸引地区或"背后地"，原意是海岸聚落和港口的背后陆地。腹地是港口的服务区域，具体是指港口集散旅客、货物所及的空间范围，或为港口提供出港物资和进港销售商品的空间范围，其功能是为港口提供商品和货物的疏散或供给。

广义上，港口腹地分为海向腹地和陆向腹地。多数港口主要拥有陆向腹地，但大型港口尤其是河口港同时面向海外和内陆而具有双向腹地，如图2-3所示。

海向腹地——也称为外向腹地，主要是指通过海运船舶与港口相连接的国家或地区，面向海洋呈扇形拓展的腹地范围。

陆向腹地——也称为背负型腹地，主要是指以港口为核心、通过集疏运系统向后方陆地延伸的地区。

陆向腹地与海向腹地共同构成了港口的国内、国际两大市场腹地，对港口城市及区域的经济发展具有重要意义。本书的"腹地"为狭义腹地，专指陆向腹地。

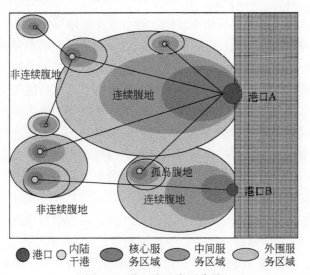

图2-3 港口腹地类型分异

根据港口与腹地的连通性及港口对其吸引、辐射程度的差异，腹地又分为直接腹地（单纯腹地）、混合腹地（重叠腹地/交叉腹地）和孤岛腹地。对于许多港口，腹地往往是交叉分布或重叠的，边界是模糊和不稳定的，尤其是随着港口吞吐能力、衔接交通线改善而发生边界移动甚至袭夺。

直接腹地——主要是指港口通过运输工具或直接连通的交通线可通达的腹地范围，为某港口所独有的腹地，一般位居港口邻近地区，或直接连通铁路或高速公路两侧地区。该区域内的货物多经由该港口进出。

混合腹地——指两个或两个以上的港口共同拥有的腹地，即多个港口吸引范围相互重叠的腹地。对于多数港口，竞争的焦点往往是混合腹地。

孤岛腹地——是指该港口通过某种途径侵入其他港口腹地范围的特殊腹地。例如，钢铁企业位于港口 B 的腹地范围内，但其选择拥有铁矿石码头的港口 A 进行矿石运输，即该钢铁企业为港口 A 的孤岛腹地。

2. 集疏运系统

港口集疏运的各环节中，"集"是指货物从腹地集中运送到港口，"疏"是指货物从港口疏散到腹地的各最终目的地。港口集疏运系统是主要为集中与疏散港口吞吐货物服务的运输系统，是港口与腹地相联系的通道，具体由铁路、公路、内河或沿海航道、城市道路、管道及交接站场组成。

集疏运系统包括集疏设施、集疏运方式及集疏运管理。其中，集疏设施主要是指公路、铁路、港口、机场、仓库、堆场等交通设施与物流设施；集疏运方式分为铁路、公路、内河或沿海航运、管道及航空等运输方式；集疏运管理指对运输计划的制定、组织、协调等。

港口集疏运系统是水路运输在其他运输方式中的继续与延伸，是连接多种运输方式的平台和纽带。集疏运系统是港口赖以生存与发展的主要外部条件，与港口接卸系统的有机衔接与协调配合，是港口能力充分发挥的前提，快速高效的集疏运体系可缓和由于船舶随时到港、货流不均衡而引起的压船压货现象，也可缓和货物集散对码头仓库容量过大的要求。集疏运系统能力的提高在一定程度上弥补港口能力的相对不足，并扩大港口对腹地的辐射范围，反之会抑制港口优势的发挥与腹地范围的扩大。而各港口集疏运系统的特征则取决于各港口与腹地运输联系的规模、方向及货物种类结构。大型港口的集疏运系统一般呈现多方向与多种方式，特别是运输职能结构复杂的港口，其集疏运方式构成与分布尤为复杂。

目前，中国港口的集疏运系统发展相对滞后，尚未形成铁路、公路和水路运输的协调格局。公路、铁路、水路三种集装箱集疏运方式中，公路占 80% 以上，水路约占 10%，铁路仅占 2% ~ 3%。交通运输部划定的 70 个重要港区中，铁路进港率仅为37%，港区铁路设计通过能力不高；52个主要港口中，仍有近三分之一的作业区没有实现二级及以上公路连通，内河集疏运量较小。

3. 船舶类型

港口货物类型的不同导致码头挂靠船舶的类型不同。按照运载物体的不同，船舶分为客船和货船两类。

1）客船

客船（passenger ship）是指专门用于运送旅客及其行李和邮件的船舶。对兼运少量货物的客船也称为客货船。客船多为定期定线航行，又称为班轮或邮轮。凡载客超过12人则均视为客船。客船的特点是具有多层甲板的上层建筑，设有完善的餐厅、卫生和娱乐设施，另配有足够的救生、消防、通信及减摇设备。随着航空运输的发展，客船逐渐转向短程运输和旅游服务。客船分为海洋客船（邮船）、旅游船、汽车客船、滚装客货船、内河客船。

2）货船

货船（cargo ship）一般称为运输船舶，船舶分类是按用途及承运的货物种类进行区分。通常，油船、散货船、集装箱船为三大主力船型，在世界货船类船舶保有量中占77.4%。

杂货船（general cargo vessel）——主要是指从事各种包装或无包装的非大宗货物运输的船舶，又称为普通货船。货舱一般分为两层或多层，以便于理货，货舱口处设有起货设备，对货物种类和码头条件的适应性强，但装卸效率低，载重量一般在1万～2万吨左右。

固体散货船（solid bulk cargo carrier）——专门从事大宗固体散装货物，如谷物、矿砂、水泥、煤、盐等大宗干散货物运输的船舶，也称为干散货船或散货船。散货种类很多，但大宗固体散货主要是矿石、煤炭和粮食，运输矿石的船舶称为矿石船，运输煤炭的船舶称为煤船，并成为特征明显的专业化船舶。此类进一步分为通用型、专用型和自卸式散货船，一般有固定的航线，在国际海运中占有较大的比例。该类船舶分为好望角型散货船、巴拿马型船、轻便型散货船、小型散货船、大湖型散货船。如表2-3所示，随着船舶专用化的发展，散货船日益大型化；1954年，散货船平均单船吨位仅为1.9万载重吨*，1973年超过4万载重吨，目前已达5.4万载重吨。值得关注的是，大吨位散货船一般没有起货设备，起重机械多设在码头上，而小吨位散货船则多数有起货设备。

---

* 载重吨指船舶满载排水量与空船排水量的差值。

表 2-3　散货船等级划分

等级	载重量 / 万吨	标注
轻便型散货船	2 ~ 5	
大轻便型散货船	5 ~ 6	
巴拿马型散货船	9 ~ 10	能通过巴拿马运河
好望角型散货船	15 ~ 20	适用矿石运输,不能通过巴拿马运河
大湖型散货船	3	适用美国大湖区煤炭、铁矿石和粮食运输

液体散货船（liquid bulk cargo carrier）——主要是指专门从事大宗液体散装货物运输的船舶。按液体性质的不同,液体散货船分为油船、液化气船和液体化学品船。液体散货船在数量和运量上占世界海运的相当大比例。其中,油船是指散装运输各种油类货物的船,包括原油、动植物油、成品油等,通常油船指原油船（crude oil carrier）,装运成品油的船为成品油船（product oil tanker）,装运液态天然气和石油气的船为液化气体船。近海油船的总载重量为 3 万吨左右,近洋油船为 6 万吨左右,远洋大油轮为 20 万吨左右,超级油轮为 30 万吨以上,最大的油轮已达 56 万吨。如表 2-4 所示,油轮大致分为超级型、巨型、苏伊士型、阿芙拉型、巴拿马最大型、灵便型等类型。

表 2-4　世界油轮船型的等级划分

等级	载重量 / 万吨	吃水 / 米	标注
超级型油船（ULCC—ultra large crude oil carrier）	32 ~ 56.5	23.7	数量较少
巨型油船（VLCC—very large crude oil carrier）	20 ~ 32	21.3	远洋原油运输的主力船型
苏伊士型油船（Suez max）	12 ~ 20	16.6	通过苏伊士运河的最大船型
阿芙拉型油船（Aframax）	8 ~ 12	14.4	
巴拿马最大型油船（Panamax）	6 ~ 8	13.5	通过巴拿马运河的最大船型
灵便型油船（Handysize）	3 ~ 6	10.2	灵活性强,吃水浅

集装箱船（container ship）——主要是指专门从事集装箱运输的船舶,一般不设装卸设备,利用岸上装卸桥进行吊装吊卸作业。集装箱船分为全集装箱船、半集装箱船和可变换集装箱船。如表 2-5 所示,20 世纪 60 年代中期,第一代集装箱船问世,吃水达 10 米;70 年代,第二代和第三代集装箱船先后产生,吃水分别达 11.5 米和 13.2 米,逼近巴拿马运河的低限。80 年代,第四代船舶问世,装载量提高到 4400TEU,但吃水深度未变。90 年代初开始,集装箱船大型化快速推进,形成超巴拿马船。目前,6000 ~ 8000TEU 的第六代船舶已投入使用,并成为全球航运的主流。90 年代末,第七代集装箱船问世,装载容量达 7000 ~ 8700TEU。21 世纪初,集装箱船的装载量达 1.3 万 TEU,吃水达 15 米,并向苏伊士运河的吃水极限逼近。

表 2-5　集装箱船舶的主要技术参数

代别	级别	开发时间	总长 / 米	型宽 / 米	吃水 / 米	装载量 / 百 TEU
第一代	支线船	20 世纪 60 年代末	200	26	10.5	7 ~ 15
第二代	轻便型	20 世纪 70 年代	280	32.2	11.5	18 ~ 23
第三代	亚巴拿马级	20 世纪 70 年代	258.5	32.2	13.2	20 ~ 25
第四代	巴拿马级	20 世纪 80 年代末	294	32.25	13.5	25 ~ 44
第五代	超巴拿马级	20 世纪 90 年代初	275.2	39.4	12.5	43 ~ 54
第六代	特超巴拿马级	20 世纪 90 年代中期	318.2	42.8	14	60 ~ 66.7
第七代	特超巴拿马级	20 世纪 90 年代末	347	42.8	14.5	70 ~ 87
第八代	苏伊士级	21 世纪初	380	55	15	100 ~ 130

滚装船（ro/ro ship）——主要是指借助于轮子滚上滚下进行装卸、不需要起重设备进行吊装或吊卸的船舶，货物装卸不是从甲板上的货舱口垂直吊进吊出，而是通过船舶首尾或两舷的开口及搭到码头上的跳板，用拖车或叉式装卸车把货物连同带轮子的底盘，从船舱至码头的一种船舶。国际上规定总吨位达 400 吨以上、可载客 12 人以上的客货滚装船及专用于汽车和各类车辆运输的载车船。滚装船的上层建筑高大，货舱内设有多层纵通甲板，车辆可通过坡道或升降机进入上下舱内。

特种货物运输船（special cargo vessel）——主要是指专为运输特种货物而设计建造的船舶，如木材运输船和冷藏货物运输船。木材船船型为单甲板尾机型船，并在甲板两舷设置护栏支柱；冷藏货物运输船简称冷藏船，专用于运输肉类、鱼类和水果等易腐烂变质的货物。

多用途货船（multi-purpose vessel）——为了提高船舶的适货性，货舱结构设计成适合载运两种及以上的货物，可分为多用途杂货船和多用途散货船。多用途杂货船由杂货船演变而来，装载杂货同时可装载集装箱和重大件货物；多用途散货船由散货船演变而来，装载散货，同时又装载集装箱等。

载驳船（barge carrier）——又称为子母船，运输方式是先将货物装进规格相同的小驳船，再利用母船升降机和滚动设备将小船装到母船上一起装运，适合海、河联运。载驳货船有普通式、海蜂式、双体式和浮坞式等类型。

渡船（ferry）——在海峡或江河运送旅客和车辆的专用船舶，船身较宽，有宽敞的载运车辆面积。

按照航行区域，船舶分为远洋船、近洋船、沿海船和内河船。远洋杂货船的总载重量为 10 000 ~ 14 000 吨，航速约为 14 ~ 18 节 *，续航力为 12 000 海里 **

---

* 节，用于航海的速率单位，1 节 =1.852 千米 / 小时。

** 海里，1 海里 =1.852 千米。

以上；近洋杂货船总载重量为5000吨左右，航速约为13～15节；沿海杂货船总载重量为3000吨以下，航速约为11～13节。

4. 货物类型分异

货物是交通运输领域中的专门概念。交通运输领域将其经营的对象分为两大类，一类是人，一类是物，"物"统称为货物。在货物学中，货物是指凡经由运输部门或仓储部门承运的原料、材料、工农业产品、商品及其他产品。为了不同的研究用途，货物形成了不同的分类标准与分类体系。

1）货物大类划分

第一，按照物体形态和包装，航海界将海运货物分为件杂货、散装货，同时部分学者将其分为液体货、干散货和件杂货三大类。

件杂货（general cargo）——又叫件杂货物，简称件货或杂货，是以件计量的货物，也就是普通货物。这些货物一般以"件""箱""捆"等形式托运。件杂货物又可分为包装货（packed cargo）、裸装货（unpacked cargo）及成组化货物（unitized cargo），包装货就是用包、袋、箱等包装起来运输的货物，裸装货就是没有包装或无法包装的货物。件杂货包括钢材及制品、铁及制品、各种纸类、棉花、天然橡胶、皮革制品、服装制品、塑料制品、袋装水泥与化肥及粮食、机械设备、交通工具、文具、日用品、木材及制品、玻璃及制品、工艺品等。

散装货物（bulk cargo）——主要是指不加包装的块状、粉末状、颗粒状及液态的货物，主要是指散装在船甲板上或船舱中的货物，重点是各种初级产品和原材料。典型的散装货物包括煤、粮食、矿石、水泥和石油等。

按照形态，散装货物分为固体和液体散货。其中，液体散货包括石油、成品油和液化天然气、液态化学品及其他液体货物。

根据运输批量的大小，干散货又分为大宗散货和小宗批量散货，前者主要有煤炭、金属矿石、粮食等，后者主要包括钢铁、木材、化肥和水泥等。这类商品的装卸需要有相应的码头装卸设备，有的还需要特殊的运输工具。

第二，按照性质，货物分为普通杂货、特殊货物。其中，普通货物又分为清洁货物、液体货物等。特殊货物主要是指危险性货物、易腐冷藏货物、贵重货物、动植物货物、长大笨重货物和邮件货物。

2）货物细类划分

根据货物的基本属性，港口货物大致分为以下具体类型。

煤炭及制品——主要包括原煤、焦炭、无烟煤、褐煤、洗煤、筛选煤及煤制品，在港口运输中规模量较大。

石油、天然气及制品——主要包括原油、汽油、柴油、燃料油、润滑油、石油焦、天然气、液化石油气等货物类型。

金属矿石——包括铁、锰、铬、钨、镍、铜、锑和其他稀有金属矿石及矿灰渣。

钢铁——主要包括钢材、生铁、钢锭、钢坯、废钢铁、钢铁制品等。

矿建材料——主要包括砖、瓦、砂（碎石）、石料（石制品）、石灰、水泥制品、玻璃、沥青等货物类型。

水泥——包括水泥、熟料等货物。

木材——主要包括原木、锯材、人造板材、木制品、薪柴、木炭等货物。

非金属矿石——主要包括磷矿石、硫铁矿、重晶石、石灰石、白云石、油母页岩、工艺品用矿石、岩砂土粉等货物类型。

化肥农药——主要包括化肥、普通农药、动植物肥料、烈性危险品、氨水等货物。

粮食——主要是指小麦、玉米、黄豆、大米、稻谷、面粉、大豆粉、加工麦粉粒、杂粮、薯类等货物。

盐——主要指盐、加工盐和盐卤。

机械设备、电器——主要包括普通工业机械及设备、农林牧渔业机械、专用机械设备及制品、交通运输设备、电力设备、电器机械及器材、电子电讯设备及器材、仪器仪表、计量器具、核反应堆及原件等。

化工原料及制品——主要包括橡胶、纯碱、化工品、日用化工品、医药化工品、照相机电影用品、塑料及制品等。

有色金属——主要包括铜、锌及制品、锡、铅及制品等。

轻工、医药产品——主要包括纸及制品、日用工业品、饮食品、中西成药、针织纺织皮毛及制品、文化体育用品、工艺美术品等货物类型。

农林牧渔产品——主要包括棉花、经济作物及制品、蔬菜瓜果及籽实籽仁、种子农作物苗、水产品、禽畜兽及制品、药材、竹木花草等货物。

其他货物——主要包括军用物资、行李包裹邮件、饲料、水、冰及制品、农家肥、垃圾、各种废旧物品等货物。

六、港口类型分异

港口按所在位置、自然条件、水文性质及气象条件，可分为海岸港、河口港、内河港、湖泊港和水库港。海岸港和河口港统称为海港，主要是指自然地理条件和水文气象具有海洋性质的港口。

海岸港——主要是指位于有掩护的或平直海岸的港口。前者多数位于海湾中或海岸前，有沙洲掩护，如旅顺军港、湛江和榆林等港口，有良好的天然掩护，不需要建筑防护建筑物。若天然掩护不够，则需加筑外堤防护，如烟台港。位于开敞海面岸边或天然掩护不足的海湾内的港口，须修建防波堤。供巨型油轮或矿石船靠泊的单点或多点系泊码头、岛式码头属于无掩护的外海海港。位于平直海岸的港口需要筑外堤掩护，如塘沽新港。

河口港——主要是指位于河流入海口或受潮汐影响的河口段内的港口，多有近海的深水航道，兼为海船和河船服务，供海船出入，靠泊码头和沟通内河，供内河船队进行装卸与编队作业。该类港口地理位置优越，发展条件优良，水陆交通便利，内河水道深入广阔的腹地，世界著名大港多属此类，包括广州、上海、鹿特丹、纽约、伦敦和汉堡等港口。但河口港也存在航道淤积等问题，港区不断外迁。

内河港——主要是指位于天然河流或人工运河沿岸、具有河流水文特征的港口，可供内河船舶编解队、装卸作业、旅客上下和补给燃物料。如南京港、武汉港和重庆港。内河港直接受河道径流的影响，上游港口水位落差较大，装卸作业比较困难，而中下游港口一般有冲刷或淤积，需要护岸或疏导。

湖泊港——主要是指位于内陆湖泊沿岸或江河入湖口处的港口。由于湖泊水位落差小，水面平稳，水域宽阔，是湖泊运输和湖上各种活动的基地。

水库港——主要是指建于大型水库沿岸的港口。水库港水位受工农业用水和河道流量调节等的影响，变化较大。

按进口货物是否办理报关手续，港口可分为报关港和自由港。自由港（free port）是指全部或多数外国商品可免税进出的港口，限定在一国的关税国境（即关境）以外。自由港又称为自由口岸、自由贸易区、对外贸易区，主要从事转口贸易，货物在港口内自由改装、加工、长期储存或销售，但须遵守所在国的政策法令。自由港依据贸易管制情况分为完全自由港和有限自由港，前者对所有商品进出口实现免税，后者对少数商品征收少量关税并有贸易限制。为了扩大贸易，一些国家陆续将一些港口开辟为自由港，目前全球有130多个自由港。

第二节　港口理论与模型

一、经典港口理论

1. 单体港口模型

1）海港区位论

1934年，Kautz出版了《海港区位论》。Kautz在韦伯区位论的基础上，将经济地理的研究方法融入港口分析，重点研究海港与腹地的关系，建立了"海港区位论"，指出腹地对海港区位选择具有决定性作用。同时，Kautz 对运输费用、劳动力费用和资本投入进行综合分析，指出腹地运费对海港区位影响最大，提出以总费用最小原则为标准来选择海运最佳区位的思想，由腹地经陆路达到海港及再经海上达到海外诸港的总运费最低。

海港区位论中建立如下因子体系和步骤：

运输费用指向——包括腹地和海洋运费，建立最小费用区位。腹地指向借用韦伯的区位图形法，以重量和距离为单位求运费最小点。海洋指向则综合考虑船期、船体的容积、重量和价值等对海运价格的影响。

劳动力费用指向——修正运输指向得出的区位，主要考虑劳动者工资率的地域差异性，用韦伯等费用线方法求得区位形变。

资本费用指向——修正上述结果后得出最终的海港区位，使投资大的海港建设趋向于投资最小的地点，其中自然条件的影响大，分析时采用求临界等费用区的方法。

基于该理论"腹地决定港口"的思想，本书将对港口与腹地关系，尤其与腹地企业布局选址及供应链网络演变等问题进行深入剖析。

2）港口通用模型

港口理论模型是指单体港口的发展模型，主要指 Anyport 模型。作为大型基础设施，单体港口成为港口地理的基本研究内容。Robinson（1976）定义的港口体系中，最简单的内部港口体系为所有发生在定义边界内的活动及组织。从历史角度看，港口的空间拓展和功能发展具有内在规律，形成时序过程和历史分期，由此构成了港口发展模型。港口模型的相关研究最早要追溯到区位论，但系统理论的提出应是 Bird 的 Anyport 模型。

Bird（1963）基于英国主要内河港的发展过程，将港口作为形态和功能联系的产物，提出了 Anyport 模型，描述港口设施发展和功能单元的时空演化规律。该模型将港口发展分为六阶段，如表 2-6 所示。①原始发展阶段：港口设施为基本的储存和搬运设施；②边际码头扩张阶段：为了提高船舶挂靠数量和大小，港口沿边界线（或顺岸）扩建码头；③边际码头细部变化阶段：防波堤开始延伸进海，建设突堤和栈桥等港口设施；④船坞细部变化阶段：建造船坞、水闸和货栈装配；⑤港池式码头阶段：简单码头使用费；⑥专业化码头阶段：后两阶段从船舶的大小增加开始，最后阶段为矿物及油轮的运输。该模型揭示了港口设施建设、功能拓展、技术演进及港口与城市的关系，提出了专业化发展阶段，也表明港口运输职能分异的开始。

表 2-6 Anyport 理论模型的个别特征

Anyport	大洋洲	东非	西非
原始阶段	驳运	单桅三角帆船交通	海岸港口
边际码头扩张	边际驳运码头	驳运码头	驳运码头
边际码头制作	指状防波堤	边际码头扩张	深水停泊
船坞制作	边际停泊供应	简单线性码头使用费	
简单线性码头使用费			
专门码头使用费			

随着发展环境的变迁，部分学者在 Anyport 模型中不断追加最新的发展特征（Notteboom，2005），形成了修正模型，如集装箱码头仍然继续码头专业化的趋势，并追求深水泊位。典型的修正模型是 Hoyle（1989）提出 Anyport-type 模型，不仅侧重基础设施的发展，并强调港口和城市联系的变化，重要方面是旧港区位重新发展并用于其他城市功能，如伦敦和巴尔的摩港。①关闭：因区位有限或运营条件较差，港口设施被废弃；②扩张：运营条件要求既有设施进行延伸或调整；③增加：因深水泊位或运营设施的要求，新泊位不断建设；④巩固或合并：既有泊位不断合并以提供新的扩张设施；⑤重新发展：评价既有设施功能，建设高级的码头设施，塑造新的发展动力。

随后，Notteboom（2005）对 Anyport 模型进行修正，纳入最新港口特征，指出港口设施大致呈现出三个发展阶段，尤以"专业化阶段"为核心，如图 2-4 所示。

布局阶段——工业革命以前，受地理区位及自然环境等因素限制，港口以临近城镇中心区的渔港为演化起点，腹地范围小，码头数量较少。直到工业革命，港口设施都没有明显的进展或变化，相关活动限于仓储和批发业，并集中在港口区域及邻近地区。

扩张阶段——工业革命刺激了腹地工业活动发展，由此带动港口运输，码头设施开始扩张，船舶趋于大型化。造船业成为重要的港口职能，建设船坞或船台；港口码头同铁路线的衔接促使腹地扩大；工业活动开始发展。这种扩张主要面向下游地区和下游产业。

专业化阶段——开始建设专业化码头，以处理集装箱、矿石、粮食、石油和煤炭等要求配备特殊或专用设施的大宗货物，仓储和堆场显著增加，船舶趋于大型化和专业化，对港口水深、岸线长度、泊位设施提出更高要求，使少数港口从原来区位向外扩张，并增加码头装卸设施；原来港口区位被废弃，再度发展其他设施用于滨水公园、房地产或商业等功能开发。

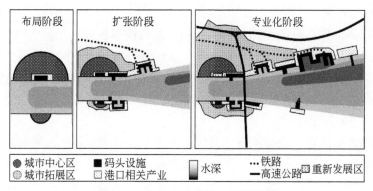

图 2-4　Notteboom 的港口通用模型

Anyport 模型基于"空间形态 ↔ 港口职能"视角，研究港口发展的时空规律，指出港口区位从"中心城区"向"沿海地区"迁移，凸显了港口的工业化、专业化和多元化职能，在远离城市中心城区的新港区周围建设临港工业区，港口运输职能结构发生分异。该模型是研究港口与临港重化产业基地关系模式的理论基础，对港口运输职能分异与腹地重化企业物流组织模式及发展机制提供了理论指导。

2. 港口体系模型

港口体系模型主要包括 Taaffe 模型、Hayuth 模型和 Notteboom 模型。基于时间维度的连续分期成为考察港口演化规律的主要途径，各分期的空间特征是重点描述内容。

1）Taaffe 模型

20 世纪 60 年代，学者们开始分析港口体系的演化理论。Taaffe 等（1963）、Ogundana（1970）、Hilling（1977）等分别以加纳、尼日利亚、拉美港口为研究地区，提出了四阶段和六阶段等演化理论；Rimmer（1977）对马来西亚的港口体系进行研究，这些研究侧重于发展中国家如何建立枢纽港，强调门户作用和陆向联系。但最典型的是 Taaffe 模型。Taaffe 等（1963）考察了内陆运输网发展导致的港口及内陆中心的空间演变过程，并将其分为 6 个阶段，包括港口孤立发展、航线渗透和港口集中发展、支线相互联络、腹地交通继续发展、腹地节点集中和国家干线形成等阶段，该理论深刻影响了港口体系研究，但侧重港口与腹地的联系，具体如图 2-5 所示。

Taaffe 模型重点研究港口与腹地产业集疏运之间的联系，可为本书探讨港口与腹地重化企业的物流组织模式提供指导。其中，港口集疏运系统及大宗货物陆向网络的分析，主要以 Taaffe 模型为基础进行研究。

2）Hayuth 模型

集装箱港口体系的研究是港口体系的延伸与内涵提升。20 世纪 60 年代中期以来，港口逐渐集装箱化，这为港口竞争、港口等级和腹地扩张提供了新的演化动力。80 年代末，Hayuth（1988）从海向组织的角度，演绎出集装箱港口体系的演化模型，分为前集装箱化、采用试验、巩固集中、枢纽中心和边缘挑战五个阶段，如图 2-6 所示。

前集装箱化阶段。集装箱化之前，受腹地发展程度和通达水平的不同，港口体系已形成了不同增长的动力，各港口的发展处于相对平衡的状态，包括空间结构、等级规模、集疏运系统。腹地范围取决于商品类型、内陆交通网深入程度和陆运成本，虽有变化但相对稳定。港口的货物处理效率低，货物损坏过多，处理适箱货物的技术革新成为港口内在需求。

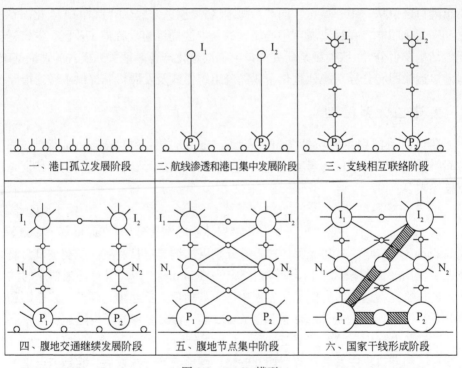

图 2-5　Taaffe 模型

采用试验阶段。鉴于技术革新存在风险，仅少数港口采用与试验该技术。其中，大型港口因建设新型设施容易获得投资且货运需求大，成为集装箱化的起点。部分小型港口因力图提高地位或自然条件或区位优势，更容易接受技术革新而成为集装箱化的起点，技术传播的非均衡性促使港口初步形成分异。此阶段，集装箱港口较少，集装箱船有限且服务较少，港口运输仍集中在本地市场，多式联运系统初步发展，集装箱港口体系开始萌芽。

巩固集中阶段。集装箱化和多式联运从试验阶段发展为全面运营系统。集装箱化产生纵向和横向拓展，更多的港口面临技术革新。率先集装箱化的少数港口集中了多数吞吐量并快速发展。超越腹地边界的深入交通网出现，大型港口拥有强大的集疏运网络，腹地广阔，使距离较远的港口间形成直接竞争。连接主要港口和支线港的陆路通道开始发展，海上喂给运输也通过小型船舶开展。基于"中心 ↔ 次中心"的联系，港口开始形成新的空间体系，少数大型港口维持着权威地位，次要港口虽保持其独立性，但向枢纽港的喂给初显端倪。

枢纽中心阶段。随着技术推进，集装箱成为海洋贸易的主要运输手段。因规模经济的作用机制，集装箱化对船舶、码头和运输企业的要求促使枢纽港的发展，吞吐量向少数港口集中，同时吞吐量和大型船舶向少数远洋航线集中，承运人通过陆运和海运提供喂给服务。同时，连接枢纽港和主要市场的运输通道开始发展，内陆配送中心在重要节点开始发展。枢纽港的腹地更为深入，袭夺邻近港口的腹地并跨越国界甚至洲际。港口间形成等级结构，枢纽港间进行远洋航线竞争，而小型港口间则进行喂给运输的竞争。

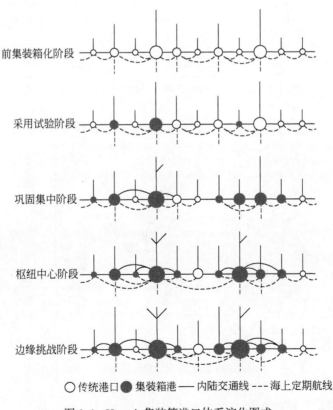

○传统港口 ●集装箱港 —— 内陆交通线 --- 海上定期航线

图 2-6 Hayuth 集装箱港口体系演化图式

边缘挑战阶段。枢纽港继续占据主要吞吐量，但周边小型港口的挑战开始强化。枢纽港的进一步拓展受到一系列的本地制约，诸如土地局限、成本上升、交通阻塞等系列门槛的限制。枢纽港边缘的众多次级港口的条件得到了改善，对货源的吸引力增强。航运企业开始从枢纽港转移到周边的小型港口，中心港口和次中心港口的竞争加剧，港口体系出现扩散化。不仅同等级港口间的竞争趋于激烈，且不同等级港口间的竞争也出现，导致港口体系等级、空间格局和集疏运系统的调整，港口－腹地的模式更加复杂。

3）Notteboom 模型

随着环境变迁，新的港口现象不断产生，尤其是随着东亚、地中海、加勒比海等地区港口管理体制的推进，港口发展的新特征不断涌现，传统模型已难以解释这些现象。有鉴于此，Notteboom 提出六阶段理论，包括前集装箱化、技术试验、巩固集中、枢纽中心、扩散化与离岸枢纽、港口区域化阶段，如图 2-7 所示。其中，前四个阶段与 Hayuth 模型类似，本书重点阐述第五和第六阶段。

港口运输与腹地产业发展

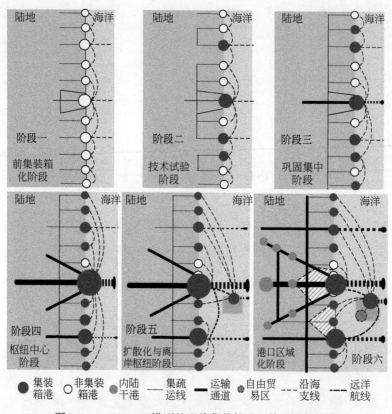

图 2-7 Notteboom 模型的现代集装箱港口体系演化图式

扩散化与离岸枢纽阶段。随着枢纽港的吞吐量持续集聚和膨胀，其发展面临系列的瓶颈约束，这削弱了港口发展的效率。同时船舶日益大型化，对航道和泊位水深提出了更高要求，环境制约也成为发展瓶颈，枢纽港货物及相关产业产生向周边地区转移的趋势。周边具有深水条件的孤岛成为离岸港口，两者间或狭小水域隔离或跨海大桥连通。离岸枢纽布局在航线集中的节点，没有明显的陆上腹地但拥有因喂给服务而形成的间接腹地，市场自由。初期阶段主要是转运和分流原枢纽港的货箱，形成扩散化和离岸枢纽阶段。同时，沿海和内河港口的航线网络逐步变化，形成以原枢纽港和离岸枢纽并重甚至离岸枢纽为主的喂给网络。原枢纽港分离出其他专业功能的港区或码头，但规模较小。

港口区域化阶段。随着全球物流资源的整合，港口不再仅是海运网络的节点，港口发展不再局限于港区，内地配送成为航运业的重要环节，形成以港口为核心的国际贸易配送系统，物流链成为港口竞争的重要领域。港口竞争的核心从海岸向内陆转移，内陆形成多层级的物流配送中心。港口和内地配送系统的连接促使综合运输走廊和内陆干港的发展，许多配送网络节点成为内陆干港，枢纽港和干港间形成了综合运输走廊。枢纽港的腹地因运输走廊和内陆干港的发展而得到扩张，并进一步袭夺邻近甚至距离较远港口的腹地，枢纽港的发展跨越了传统边界，在邻近地区形成了物流园区或自由贸易区，并使其成为枢纽港的一部分；中小型港口因连接到内陆配送网络，其腹地也得到扩张。同时，离岸枢纽发展高附加值物流服务，形成自由贸易区，货箱中转比例有所下降。

二、港口体系内容

1. 港口体系概念

港口结构与港口体系是交通地理学的重要研究内容。陈航（1991，1996）提出了港口地域组合与港口运输体系的概念，认为后者是前者的高级形态。港口不是孤立的空间实体，须是一组港口，其等级、功能和空间关系形成港口体系，且随着时间推移而不断改变其形态、功能和地位。严格讲，港口体系属于地理要素的一种空间系统，反映了地理要素的空间分异现象和相互联系，其内涵范围同空间尺度密切相关（王成金，2012）。

港口结构是港口体系在单体港口内部的空间体现，是特定的港口各类要素在一定地域范围内的空间反映，是各种港口生产活动、基础设施在港口地域上空间投影的结果，是各港口要素相互关系与相互作用的形式与方式。港口结构包括货物结构、职能结构和空间结构。随着港口运输货物种类的增多，适用于规模化操作的专业化码头设施不断产生并投入适用，港口内部出现了石油、煤炭、集装箱、林木、粮食等运输职能区域的分异。

港口体系是指拥有紧密关系的港口组合，具体是指一定地域内为某一腹地或不同地区提供门户服务，不同职能、类型、规模的港口组成的港口群体，是相互关联、发挥各种职能作用的港口分布与组合，各港口规模与性质相互制约又相互补充。港口体系类似城市体系，根据城市地理研究范式，港口体系的具体内涵包括港口职能结构、港口规模结构、港口地域结构及港口航运网络，是港口间空间关系、职能关系、规模关系和运输联系的综合反映。概念随着空间尺度的变化，其内涵有所不同，地域临近性的距离标准也有所不同。部分学者认为港口体系应是受海陆地形影响而形成封闭或半封闭或趋于封闭状态的空间组合，作者认为港口体系不应强调空间形态的完整性，而强调港口的职能分工与相互之间联系及等级划分。

2.港口职能结构

港口是组成港口体系的基本地理要素，因其属性的空间分异，港口内部形成了不同的职能类型，这是形成港口体系的基础。港口职能结构分为内部职能结构和港口间职能结构两种类型。港口体系的职能结构则主要是指不同功能性质的港口数量、分布及组合特征。

3. 港口规模 / 等级结构

港口规模结构主要是指不同规模港口的数量和组合结构，反映各港口的大小层次及配置规律。港口规模通常以港口通过能力或吞吐量大小来标识。

4. 港口分布 / 地域结构

在港口和港口体系的发展过程中，各种功能与货物的日趋集中与分类运输装卸，促使港口形成了不同的区位选择。港口地域结构主要是指各类各级港口的地理分布、区位选择及空间距离关系，由此综合形成的空间结构，区位选择是产生港口地域结构的基础动力。

5.港口航运网络

航运网络主要是指各港口之间的航线组织、船舶运营与客货流所形成的空间网络，反映了港口直接的空间联系与相互作用，强调了航线的空间组织和船舶的港口挂靠系统及货物流向，是企业微观行为的宏观表现。航运网络的空间组织取决于多种或多个因素的影响，包括港口数量、目的地分布与数量、贸易逆顺差、港口体系间及各港口间距离、港口偏离主航线的距离以及运输能力，以上因素决定了航线网络的组织模式与运力配置。

第三节　港口运输职能结构理论

一、职能与功能辨析

港口运输职能与港口功能的界定存在很大争议。汉语词典中对二者的定义如下。

职能是指人、事物以及机构本身具有的功能或所应起、所应有的作用。从人的职能角度讲，职能是指一定职位的人完成其职务的能力；如果指事务的职能，一般等同于事务的功能；机构的职能一般包括机构所承担的职权、作用等内容。具体而言是指一组知识、技能、行为与态度的组合，按照企业管理学，职能可以分为核心职能、专业职能。

功能是指事物或方法所发挥的有利作用，是对象能够满足某种需求（包括物质性和精神性需求）的一种需求，有时也称为效能。牛津英语词典将其解释为"功能是一种行为模式，通过此行为，某物实现了它的目的"。

港口运输职能、港口功能的区分与城市职能、城市功能的区别有很大的相似性。城市地理学认为，城市职能是指城市在一定地域内的经济、社会发展中所发挥的作用和承担的分工，是城市对城市本身以外的区域在经济、政治、文化等方面所起的作用。中国城市职能体系分为两大类。一类是以综合职能为主的综合性城市，这类城市按行政等级形成城市管理等级网络，共同构成满足各种社会需求的综合职能体系。第二类是由于资源开发、交通区位或某种专门化产业发展而形成的专业化城市。城市功能是指城市系统对外部环境的作用和秩序，包括生产功能、服务功能、管理功能、协调功能、集散功能、创新功能。

二、港口功能

1. 港口功能

港口的基本功能是完成旅客和货物在不同运输方式之间的转换。联合国贸易和发展会议在《港口的发展和改善港口的现代化管理和组织原则》中，将港口功能的发展分为三个阶段。20 世纪 50 年代以前，港口功能主要是进行货物的集散，50 ~ 80 年代着眼于对到港货物进行加工增值，形成"前店后厂"模式，80 年代以后扩展到无形商品，如资本、技术、信息等范畴。

概括来看，港口功能可总结为以下方面。①货物装卸。这是基本功能，港口首先应该为货物提供装卸船和为旅客提供上下船服务。②物流服务。港口为货物提供多式联运、仓储、加工、包装等物流增值服务，完成旅客和货物在不同交通工具之间的转换，并提供电子数据交换、订单和供应链管理等服务。③商业贸易。港口的存在既是商品交流和内外贸存在的前提，又促进了商业贸易发展，港口为用户提供转口贸易、国际采购与配送、金融保险、货代通关等服务。④临港产业。通过专业化码头提供企业原材料而发展临港工业功能，长期以来依托港口而临江、临海布局工业成为发展趋势，通过港口输入工业原料、输出工业产品，将港口和工业融为一体。⑤生活休闲。港口不仅是交通枢纽与客货流动的场所，而且是城市的一种功能区，尤其是城市滨水区的重要部分，须有服务于城市居民亲水需求与亲水产业发展的空间，带动港口休闲产业与旅游功能的培育发展。⑥国防军事。交通历来具有军事和经济的双重功能，2016年十二届全国人大常委会通过了《国防交通法》，明确了交通运输体系的国防功能及地位。港口不仅承担备战的基本功能，港口设施（包括泊位、航道、锚地）与国防军事设施在技术标准、功能上形成衔接，而且本身就成为军事设施，军港和潜艇基地都是专用的军用设施。

2. 港口功能演化

港口是一个长期发展的空间概念。港口因生产和经营活动而产生了各种产业，包括直接依存产业（装卸、物流、仓储、流通加工、搬运）和衍生产业（如造船、贸易、钢铁、石化、电力、金融、旅游、服务等），并成为集物流、商贸、旅游和工业等功能为一体的特殊空间。随着人类社会经济发展形态的变化，港口的功能类型及组成也不断变化，形成了港口功能的基本发展规律，并形成了港口代际的历史递进，每个阶段的特征与功能明显不同，如图2-8所示。

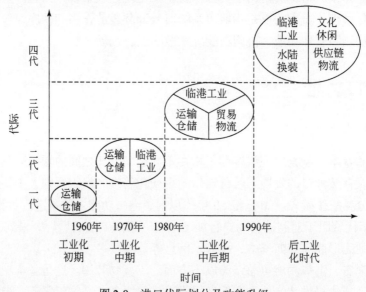

图2-8　港口代际划分及功能升级

（1）在古代，港口主要是系靠船舶的处所，港口功能有限。19 世纪中期之前，远洋贸易逐步发展，港口作为船舶装卸的场所，有部分仓储活动，并开展少量的贸易活动，主要货物为普通货物。港口主要布局在城市内，城市依托港口而发展，如表 2-7 所示。

（2）19 世纪中期至 20 世纪 60 年代。19 世纪中期开始，西方国家的工业革命发展，国际贸易逐步形成规模，港口不再局限于船舶靠泊和货物装卸的场所，具有水陆换装的功能，提供货物装卸、仓储等服务，同时港口功能扩展到贸易和转口领域，成为贸易活动的基地。

表 2-7　港口的基本发展阶段

类型	阶段 Ⅰ	阶段 Ⅱ	阶段 Ⅲ	阶段 Ⅳ
时期	19 世纪中期前	19 世纪中期至 20 世纪 60 年代	20 世纪 80 ~ 90 年代	20 世纪 90 年代以后
发展理论	贸易开展	产业化	全球化	综合物流
主要功能	装卸、仓储、水水中转与换装、贸易	装卸、仓储、贸易、制造业	货物处理、仓储、贸易、制造业、集装箱配送	货物处理、仓储、贸易、制造业、集装箱配送、物流控制
主导货物	普通货物	大宗货物	集装箱	集装箱和信息流（供应链）
港口类型	城市型	腹地型、业主型	腹地型、业主型	网络型、腹地型、业主型
港口机构角色	航运服务	航运服务、土地与基础设施	航运服务、土地与基础设施、港口市场	航运服务、土地与基础设施、港口市场、网络管理

（3）20 世纪 60 年代，欧美国家的工业化粗具规模，大批依赖海运的重化企业、出口加工企业纷纷迁址或建在港口周边及航道沿线，降低原燃料和产成品的运输成本，港口工业开始发展，形成了庞大的临港产业群，港口功能除了传统水陆换装外增加了临港工业新功能。港口成为大宗货物的集散地，港口与工业布局有机结合。

（4）20 世纪 80 年代，全球化进程迅速推进，港口在贸易网络中的地位发生变化，作为物资集散地，拓展了货物增值的流通加工、包装、配送、信息处理等物流功能，成为贸易网络的核心节点，并吸引金融、保险、法律等服务业向港口聚集。港口成为腹地的进出门户。

（5）20 世纪 90 年代以后，全球经济一体化趋势增强，跨国公司将生产、加工和消费网络在全球范围内进行布局，全球供应链逐步形成并网络化。港口综合物流不断发展，具有大型化、深水化和专业化的码头设施与航道，港口从"多元化"向"基地化"发展。港口成为综合物流网络的关键节点，并控制了全球供应链的运转，港口功能拓展至运输、物流、贸易、工业、金融、旅游等综合性功能，港口城市成为航运中心、贸易中心和金融中心的综合体。伦敦港吞吐量虽然较小，但集中了世界 20% 的船级管理机构、50% 的油轮租船业务、40% 的散货船业务、18% 的船舶融资规模和 20% 的航运保险额，香港和新加坡也拥有很强的金融实力。

　　在世界经济发展出现重大转折时，港口都会顺应经济需求实现功能升级和延伸，并成为世界经济加速发展的引擎。上述发展时序是发达国家港口在特定历史阶段，受生产力及经济贸易影响的一般性轨迹，高代际港口往往覆盖低代际港口的各种特征，但港口功能的转换不一定严格按照上述时序，而是根据实际需要实现核心功能的拓展。

3. 功能性港口分类

　　航运经济学按照用途，将港口分为商港、军港、渔港、工业港和避风港等，如表 2-8 所示。

表 2-8　港口主要类型划分及其机能

类型	机能
商港	提供国际贸易、国内贸易等货物运输为主
工业港	与工业区相邻、运输原物料及工业制品为用途
渔港	运输水产品为主
客运港	提供运送车辆、旅客用船舶出入，附属于商港
娱乐港	提供娱乐、观光用途船舶停泊、出航
军港	由海军使用、专供军事用途
避风港	提供各式小型船舶暂时停靠之用

　　商港——主要是指以一般性商船和客货运输为服务对象的港口，供通商船舶出入，也称为公共港口。该功能性港口具有停靠船舶、上下客货、供应燃（物）料和修理船舶等所需要的各种设施和条件，是水陆交通运输的集散枢纽。

　　军港——是基于军事目的和国防需求而布局修建的港口，专供海军舰艇使用，供舰艇停泊、补给、修建、避风并获得战斗、技术、后勤等能力保障，具备相应的设备和防御设施，是海军基地的组成部分。军港是随战争和舰艇的发展而出现的，通常布局在具有重要军事地位和自然条件良好的海湾、岛屿和江河湖泊沿岸。中国早在春秋时期就出现了设施简单的军港，1880 年马尾、旅顺口、威海卫、黄埔等地建设了近代军港。

　　渔港（fishing port）——是专门从事渔业生产的港口，服务于渔船及渔业辅助船停泊、渔货装卸、渔货保鲜、冷藏加工、修补渔网、渔船生产及生活物资补给，是渔船队的基地。渔港往往有专业化的渔产品工厂、冷藏库和渔船修理厂、渔具制造等设施与功能区。渔港一般分为国家中心、国家一级、二级和三级渔港，中国的沈家门港、挪威的卑尔根港、秘鲁的卡亚俄港并称世界三大渔港。

工业港——主要是指为临近江河湖海的工矿企业运输原材料及输出制成品而布局建设的港口，如宝钢码头。工业港的典型功能区是港口工业区，港口与工业相辅相成。第二次世界大战后，海运改变了工业生产的区位指向，尤其是国际地域分工促使工业布局在沿海地区，利用港口输入矿石、原油、原煤、原盐、纸浆、木材等原料，促进港口工业区迅速发展。

避风港——是指专门为船舶、木筏等在海洋、大潮、江河中航行、作业遇到突发性风暴时避风使用的港口，一般服务于小型船、渔船和各种海上作业船。

三、港口运输职能及结构

1. 运输职能结构

外观迥异的港口设施以不同的形态实现港口的基本功能，其变化反映了技术进步与功能演进。综合已有研究及《港口经济辞典》的定义，港口运输职能是指港口所从事的货物运输类型、码头设施类型及用地布局共同反映的某种特定职能，与其他货物类型、码头设施及用地有明显不同的技术经济属性与空间组织特征。港口运输职能结构主要指不同港口职能及相应物质外貌功能区的分布与组合，或各类港口用地在地域上的排列、比例和组合关系，运输职能分化与港口职能组织是产生港口内部空间结构的基础。港口运输职能的不同组合和综合反映决定了港口性质，形成了不同类型的港口。港口运输职能结构不是固定不变的，随着城市产业布局和腹地产业结构调整及资源调拨，会发生较大变化，综合性和专业化会产生转化。

关于港口职能类型的细分，多数学者认为货物的种类及结构是反映港口职能类别的重要指标（曹有挥，1995；洪昌仕等，1998；陈斓等，2007）。根据港口所从事各类货物的运输比例、专业化设施配置及空间功能区的关系，港口运输职能结构大致分为综合性和专业化两类。专业化运输职能是指港口因从事矿石、煤炭、石油、集装箱等大宗货物，而依据其特殊属性须配置特殊码头与装卸运输设施，由此而形成的专业化运输职能。Von Schirach-Szmigiel（1973）认为货物的物理特征促使船舶配置技术与装卸技术也形成专业化，并设置专业化的泊位或装卸设施。Ducruet 等（2010）根据主导货物不同，将港口分为油港、集装箱港、干散货港、滚装港等。

2. 一般职能与特殊职能

根据各港口运输职能的差异，可发现存在一般职能与特殊职能的差异。但无论哪种职能需求，都是港口产生和发展的原动力与基础。一般职能主要是指多数港口所具备的运输职能，重点包括集装箱与杂货运输，为多数港口腹地的一般性运输需求。特殊职能主要是指部分港口所具备的特殊运输职能，尤其是大宗散货与邮轮等特定运输职能，主要是服务于港口城市及腹地的特殊运输需求。

四、基于职能的港口分类

由于规模、区位及本身特点等各种因素的综合作用，港口运输职能复杂多样，相互交织，大部分港口兼有若干种职能。按装卸货物的种类数量，港口分为综合性和专业化港口。曹有挥（1995）、洪昌仕等（1998）、王列辉（2010）和Ducruet等（2010）认为在港口体系中，综合性港口与专业化港口并存。

1. 综合性港口

综合性港口主要是指装卸多种货物的港口，相互间的比例虽存在差异但较小，各类运输职能配置相对均衡。综合性港口能满足各种货物的运输需求，但各港口间仍存在较大差异。Carter（1962）发现货物多元化的港口往往是杂货港，而曹有挥等（1995）、陈斓等（2007）等学者认为综合性港口的货物种类较多，具备多元化运输职能。综合运输职能结构的产生，一方面与其腹地经济有多元结构有关，另一方面也与港口历史较长、规模较大相关。

2. 专业化港口

专业化港口主要是指专门或主要装卸某一种货物的港口，往往是煤炭、矿石、石油、集装箱等大宗货物。洪昌仕等（1998）认为货种单一的港口可视为专业港，又称散货港，包括煤炭港、矿石港、石油港等。港口为了适应这些货物的技术特点和规模化装卸，往往配置特殊码头与装卸设施，塑造了港口专业化职能。按照主导货物种类的不同，专业化港口又分为石油港、矿石港、煤港、集装箱港等，其形成往往与腹地资源开发、矿物加工、重化企业布局有密切的关系（Carter，1962）。曹有挥等（1995）、陈斓等（2007）认为临港工业区的货物一般种类少而专业化强。由于采用专门设备，装卸效率和能力高，在货物流向稳定、数量大、货类不变的情况下，可考虑建设专业化港口，如表2-9所示。

煤港——专门从事煤炭下水装船和上陆接卸并组织中转和储存作业的港口，一般配有翻车机、自卸台、皮带输送机等特殊装卸设备。

石油港——专用于装卸石油（原油和成品油）的港口。一般由靠船建筑物、水上或水下输油管道、输油臂、油库泵房和管线系统、消防设备等组成。该类港口离城市较远，并同其他重要建筑物或产业园区保持安全距离。

矿石港——专门从事矿石运输的港口，包括铁矿石、铜矿石等金属矿石。澳大利亚的该类港口较多，如丹皮尔、黑德兰、沃尔科特、埃斯佩兰斯、扬皮湾、杰拉尔顿和弗里曼特尔港。

集装箱港——专门以装卸集装箱为主要作业的港口。港内有集装箱堆场、货运站、装卸桥等专用设施。

表2-9　港口运输职能类型划分

港口	类型	含义
综合性港口	综合港	装卸多种货物的港口
专业化港口	煤炭港	专门从事煤炭装卸作业的港口，配有煤炭码头、翻车机、自卸台、皮带输送机等特殊装卸设备及堆存场地
	矿石港	主要从事矿石装卸作业的港口，一般具有矿石专用深水码头、现代化的装卸机械设备和电脑控制系统
	石油港	专用于装卸石油的港口，一般由靠船建筑物、栈桥码头、储油罐、油库泵房、输油管道、管线系统、污水处理场地和设施等组成
	集装箱港	以装卸集装箱为主的港口，有集装箱堆场和货运站，进行集装箱交接，但不能进行内陆联运服务

五、港口与腹地关系模式

港口与腹地的关系始终是港口地理研究的核心。从国际港口发展轨迹来看，港口与腹地的关系主要有以下模式。

1. 基于货源的港口分类

从形成机制的角度进行判断，尤其强调港口的货物生成源地和空间流向时，港口可分为腹地型、中转型和复合型三种类型。这种划分为多数学者所共识。

（1）腹地型港口。该类港口具有独立的陆向腹地，港口发展依赖于陆向腹地的货源，通过发达高效的陆路集疏运网络通达腹地。该类港口主要布局在腹地发展水平较高的地区，货物进出主要通过海陆联运。纽约、洛杉矶、鹿特丹、汉堡、上海等港口为典型的腹地型港口，依赖于强大的腹地经济和高效的内陆运输网络，有充足货源和较大规模的吞吐量。

（2）中转型港口。该类港口没有明显的陆向腹地，直接的陆向货物喂给不足以支撑港口发展，须依靠喂给港的货物喂给才能形成规模。该类港口具有明显的区位优势，尤其是布局在全球航运网络的瓶颈区位或交通要冲，为各类航线的衔接融合枢纽，具有强大的海向腹地和喂给网络，通过干线的大型船舶和支线的小型船舶航班衔接与货物集散，重点发展水水中转。新加坡是典型案例，中转量占吞吐量的80%，地中海和加勒比海也有大量的中转型港口。

（3）工业型港口。严格地讲，工业型港口属于腹地型港口的一种特殊类型，为就地提供货物喂给的腹地型港口。工业型港口主要以临港产业尤其是重化企业布局为依托而形成，重点发展临港工业（石化、火电、重型装备制造、钢铁）和加工出口业，临港工业成为港口经济的主导产业。

（4）复合型港口。该类港口具有中转型和腹地型的共同特征，早期发展具有明显的腹地型特征，陆向腹地的货物喂给是港口发展的基础动力；随着港口壮大，逐步发展中转运输，陆向和海向腹地的货物喂给共同发展。近年来，原以陆向腹地货源为支撑的港口积极争取中转运输，如鹿特丹的中转比例已达43.7%，复合型成为大型腹地型港口的发展趋势。

（5）服务型港口。主要以发展航运服务业为主要任务的港口，重点发展金融业、高端航运服务业，兼顾少量的货物与旅客运输，港口生活休闲职能突出。

2. 基于尺度的港口分类

空间尺度对港口功能的塑造一直发挥着重要作用。按照地位与服务的空间范围，港口可以分为国际性、国家性、地区性港口。

（1）国际性港口主要是指服务国际市场，靠泊世界各国船舶的港口。这类港口主要是指沿海大型枢纽港和干线港，如中国的上海、大连以及欧洲的鹿特丹等港口。

（2）国家性港口主要是服务于国家内部贸易往来，靠泊国内船舶的港口。这类港口主要是指沿海中小型港口。

（3）地区性港主要是服务于某一个地区的运输往来，靠泊国内某地区船舶的港口。如西江流域、长江流域与京杭运河的港口。

第四节 企业区位论与贸易理论

本书在一系列的经典经济地理学理论与贸易网络理论基础上，根据内容设计分别开展研究。这些理论包括区位论、全球贸易理论等。

一、区位论

区位论是经济地理学的基础理论，是关于经济活动的空间选择及空间内人类活动组合的理论，是探究经济活动的空间法则、配置及其一般规律，寻求农业、工业、服务业等经济活动的最佳点。区位论包括工业区位论、市场区位论、运输区位论和海港区位论。

1. 工业区位论

工业区位论是研究工业布局和厂址位置的理论。R. 坎特龙于 1755 年发表的著作中和亚当·斯密于 1776 年发表的著作中，均论述过运费、距离、原料等对工业区位的影响。系统研究工业区位论的应首推 W.G.F. 罗舍尔，其在 1868 年提出"区位"就是为了"生产上的利益"，受原料、劳动力、资本的制约，原料地对区位发生的牵引力大小依赖于原料加工过程中减少量的多少。用计量方法论证工业区位的是 W.Launhardt，他在 1882 年、1885 年发表了一系列著作。如图 2-9 所示，基于 Launhardt 的"区位三角形"理论，Weber（1909）采用"等费用线"的方法，通过对鲁尔工业区的调研，建立了工业企业沿运费、劳动力成本、集聚指向进行区位选择的模型，提出了"范力农构架（Varignnon frame）"。

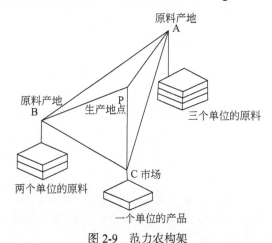

图 2-9　范力农构架

资料来源：Weber A. 工业区位论 . 李刚剑等译 .1997. 北京 : 商务印书馆 .

1909 年，韦伯在《论工业区位理论：区位的纯粹理论》中首次系统地论述了工业区位理论。中心思想是区位因子决定生产场所，将企业吸引到生产费用最小、节约费用最大的地点。认为运输成本对企业布局起决定性作用，而货物重量和距离是影响运费的关键，位于三个指向总费用最小的地方是最优区位。以产生最小运费为目标，韦伯还提出了"原料指数"指标，指出以存在地域特定性的石灰石、铁矿石、煤炭、石油等为原料的工业倾向于靠近原料地布局，而啤酒酿造、饮料制造和酱油制造等原料指数小于 1 的工业是市场指向型工业。运费指向是中国早期重化企业布局的基本原则，对本书关于集疏运系统构建、重化企业布局变化及与港口关系模式的探讨提供了理论依据。

2. 市场区位论

勒施以市场需求为空间变量、以"需求圆锥体"为分析工具研究区位论，如图 2-10 所示。勒施在《经济空间秩序》中，认为企业最佳区位不是费用最小点，而是收入和费用的差最大点，即利润最大的区位。把产品需求量和价格的反比关系与市场区联系起来，指出企业成本受生产、运输的影响，企业收入受市场的影响，以总成本和总收入为定向原则。而市场需求不仅随着生产地点选择而不同，还会受价格变化及市场区规模的影响。因此，企业需选取利润最大处即"收入 - 成本"之差最大处，作为企业最佳区位（勒施，2010）。该理论强调了市场因素。过去 50 多年，中国重化企业的布局基本遵循韦伯工业区位论，但近年来重化产品消费市场集中于沿海地区，在各种成本要素的综合平衡下，重化企业倾向于沿海布局，该理论对本书解释临港工业的兴起、重化产业发展过程及重化企业布局演化提供了理论支撑。

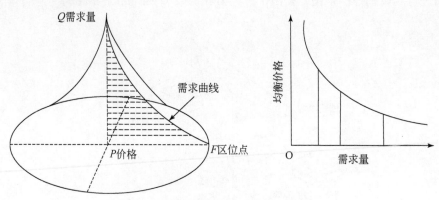

图 2-10　勒施市场区位论与需求圆锥体

资料来源：Bale J. 工业地理学入门. 北村嘉行等译 .1990. 东京：大明堂 :15 ~ 40.

3. 运输区位论

1948 年，Hoover 提出运输区位论，中心问题是如何以最低成本和最大利润的原则选择企业区位。该理论认为运输费用由固定的站场终点费和非固定的运行费用构成，前者包含装卸费、仓库保管费、管理费和保养维修费，后者包含线路维修费、运输工具磨损费、工人工资等。对于短中距离运输，站场费在总运费中占比较大，但与运距无关，应尽量减少中转次数甚至避免；而运行费用与运距有关，两者间成正比，但随着运距增加，运行费用增速越小。Hoover 重视运输结构的影响，运输距离、运输方向、运输量及其他运输条件的变化，会引起经济活动区位选择的变化，指出不同方式的运费率存在差异，如图 2-11 所示。每种运输方式都有一定的距离优势，公路在运距短时运费最低，适合短途运输；铁路

港口运输与腹地产业发展

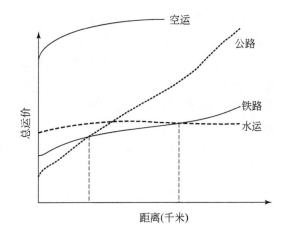

图 2-11　各种运输方式综合运费比较

资料来源：Hoover E.M. 经济活动的区位. 春日茂男，田友三郎译. 1967. 东京：大明堂.

适合长途运输，水运适合长距离的大批量运输。很多国家按照 Hoover 的运输区位论进行产业布局，日本在第二次世界大战后利用海运运费率随运距增大而迅速下降的特点，在环太平洋地区建立钢铁基地，进口原燃料、出口钢铁产品。运输布局尽量避免转运，日本在第二次世界大战后改变了战前的工业布局，将工厂设立在沿海地区，工厂与码头相结合，利用卷扬机直接将原料运到车间加工或自动传送带运到车间，避免了转运，减少站场费。该理论是本书探讨港口陆向网络的基础，尤其是 Hoover 针对"不同运输方式对生产区位选择的作用机制"的研究，有助于解释大宗货物的多式联运，同时也对大宗货物海陆运输网络模式及重化企业布局机制的研究提供了参考。

二、国际贸易理论

国际贸易理论的发展大致经历了"古典→新古典→新贸易→新兴古典"四个阶段。古典贸易理论产生于 18 世纪中叶，主要包括亚当·斯密的绝对优势理论和大卫·李嘉图的比较优势理论，从劳动生产率的角度阐释国际贸易产生的原因、结构和利益分配。19 世纪末 20 世纪初，新古典经济学形成，新古典贸易理论随之产生，以比较优势为贸易基础并有所发展，在两种或两种以上要素框架下分析生产成本，用总体均衡的方法探讨国际贸易与要素变动的相互影响。其中，古典和新古典贸易理论指出国家资源禀赋差异会对贸易产生影响，强调了贸易的互利性。第二次世界大战后，全球贸易发展呈现新态势，国际贸易的产品结构和地理结构出现了一系列新变化，Krugman 创建了新贸易理论，从不完全竞争、规模经济、技术进步等角度解释贸易新现象，分析如何影响全球经济活动、经济区位及贸易模式，整合了国际贸易和经济地理领域。20 世纪 80 年代，新兴古典贸易理论则从"专业化分工"角度来解释贸易行为，力图将传统贸易理论和新贸易理论统一在新兴古典贸易理论的框架之内。

在全球化背景下，大宗物资贸易已成为贸易网络的重要部分，全球超过一半的原油、铁矿石需要经过海运进行异地加工。从全球来看，原油主要从沙特阿拉伯、伊朗、俄罗斯、科威特、委内瑞拉等国家流向美国、中国、日本、韩国及欧洲国家等，铁矿石主要从巴西、澳大利亚、印度和南非等国家流向中国、日本、韩国、欧洲及中东国家等。在传统贸易理论"资源禀赋差异"及新贸易理论"一体化世界市场"的框架下，国家贸易理论为本书探讨世界大宗物资贸易格局及中国战略物资海陆运输网络的形成发展机制提供了理论支撑。

港口运输与腹地产业发展

第三章
港口码头设施建设与布局

第一节　港口建设发展历史

一、中国港口发展历史

中华人民共和国成立之前，中国港口建设与运营权大多被国外所掌控。中华人民共和国成立之后，政府对港口进行彻底改造。改革开放后，为支撑飞速增长的经济，吸纳巨大的货物吞吐量，政府及企业加强了对港口的建设与管理。中国港口的发展历程大致分为五个阶段：早期发展阶段、恢复发展阶段、起步发展阶段、快速发展阶段和全面提升阶段。

1. 早期发展阶段

早在新石器时代，中国已在天然河流上广泛使用独木舟和排筏。2000多年前，东南沿海的渔民出海渔猎时已使用桨来驱动船舶。春秋战国时期，水上运输已十分频繁，港口应运而生，如渤海沿岸的碣石港（今秦皇岛港）。汉代的广州及徐闻、合浦港，已与东南亚、印度洋等地区有频繁的贸易往来。后来，建立了杭州、温州、泉州和登州等对外贸易港口。唐代，明州（今宁波）和扬州港崛起。宋代广州、泉州、杭州、明州成为当时的四大海港，福州、厦门和上海等港口也开始发展。鸦片战争后，英国强迫清政府签订了《南京条约》，开放广州、福州、厦门、宁波、上海五港为通商港口，此后又增辟天津、青岛、汉口为通商港口。

2. 恢复发展阶段

该阶段跨越中华人民共和国成立到20世纪70年代初的时间段。由于抗日战争、解放战争，多数港口遭到严重破坏，1949年中华人民共和国成立时，沿海港口仅有75个泊位，码头长度约为1.2万米，万吨级泊位有31个，除个别装卸成品油外，多数码头装卸件杂货，作业方式简单。中华人民共和国成立后，中国港口建设的主要任务是尽量恢复港口功能，提出"为恢复生产服务"的航运工作方针。全国港口建立了"集中统一、分级管理、政企合一"的管理体制，由国家为主导，有计划、有重点地建设港口，以扩建改造老码头为主。50年代，沿海地区建成投产107个泊位，码头长度达7689米，除件杂货外，建设了非专业化的矿石、煤炭散货码头和第一个多用途码头，建成有万吨级泊位的湛江港和有近代化煤码头的裕溪口港。60年代，各种指令性运输计划尤其是铁矿石、焦炭的运量急剧增长，给水运带来巨大压力，为此沿海港口新建了一批多用途码头、原油、化工品专用码头和客运码头，共建成投产143个泊位，码头总长度达1.1万米，其中万吨级以上泊位有16个，第一次建成了5万吨级的客运浮码头。

3. 起步发展阶段

该阶段由20世纪70年代初到70年代末。70年代，中国恢复了在联合国的席位，对外贸易逐年扩大，外贸海运量猛增，而沿海港口货物通过能力不足，船舶压港、压货、压车情况严重。1973年，周恩来总理发出了"三年改变港口面貌"的号召，开始了中华人民共和国成立后的第一次港口建设高潮。该时期以大力建设新码头、努力提高吞吐能力为主要特征，但建设主要基于港口原址。建成了一批机械化、半机械化大型专业泊位、深水原油码头，扩建、新建了一批万吨级以上散杂货和客运码头，建成大连和湛江港5万吨级油码头及其他沿海和沿长江港口的油码头，原油吞吐能力净增3000万吨；秦皇岛港一期煤炭码头形成1000万吨的装船能力，连云港煤炭码头形成275万吨的装船能力，大连、天津、上海、黄埔、湛江和八所等港还增加了散粮、矿石等散装货物的吞吐能力，宁波港建成了万吨级矿石码头。沿海港口共建成投产553个泊位，码头长度约为4.71万米，其中万吨级以上泊位有79个，1978年吞吐量接近3亿吨。截至1980年，全国沿海港口有327个泊位，但万吨级深水泊位仅为139个。

4. 快速发展阶段

20世纪80年代到90年代，中国开始实施对外开放，对外贸易和能源、原材料运输迅猛增长，围绕煤炭、集装箱、铁矿石、粮食、陆岛滚装运输、深水出海航道等，国家加大了港口建设。交通部提出了"三主一支持"长远规划，积极发展港口主枢纽、建设专业化深水泊位、改革港口管理体制，实行"以港养港、以收抵支"的港口建设费征收制度，鼓励货主自建码头，鼓励各省市集资建港，形成第二次港口建设热潮。在沿海14个开放城市和5个经济特区开辟了大量新港区，如大连大窑湾、营口鲅鱼圈、青岛前湾、上海外高桥、宁波北仑等深水港区，新开发建设了锦州、唐山、黄骅、日照、钦州等港口，在秦皇岛、青岛、日照、连云港等港口建设了一批10万吨级以上的煤炭下水码头，在天津、大连、青岛、上海、宁波、厦门、深圳等港口建设了一批大型集装箱码头；改扩建了一批进口原油、铁矿石码头，在茂名、舟山、宁波、惠州、大连等港口建设了一批 20 万吨级和 25 万吨级原油码头，在上海宝钢、宁波、大连、青岛等港口建设了 10 万吨级以上铁矿石码头，在长江下游的南通、张家港、南京等港口建设了海轮港区。同时也建设了一批为地方发展服务的中小港口，改造和扩建了长江煤炭转运码头和客运码头、运河煤港及桂平航运枢纽。港口机械化、自动化水平大大提高，集疏运系统大为改善，全国新增吞吐能力 6 亿吨，吞吐量达 22 亿吨，1997 年年底全国沿海港口拥有中级以上泊位 1446 个，其中深水泊位有 553 个。

5. 全面提升阶段

近 20 多年来，中国港口建设进入了能力和水平全面提升的阶段。21 世纪以来，中国经济高速发展，临港工业兴起。2003 年《港口法》颁布实施，2005 ~ 2006 年先后颁布了《全国内河航道与港口布局规划》和《全国沿海港口布局规划》，各省市主管部门制定了港口规划，形成了第三轮港口建设高潮。港口高等级码头及航道建设提速明显，水运通道形成"两纵三横"格局，中部港群建设集装箱、铁矿石和原油中转以及煤炭运输系统，华南地区建设集装箱、原油中转和煤炭运输系统，闽东南建设集装箱运输系统，环渤海地区重点建设集装箱、铁矿石和原油进口、煤炭中转系统。港口吞吐量、深水泊位数量增长迅猛，一批 30 万吨级的专业化原油和铁矿石码头、7 万吨级以上的煤炭装卸码头、10 万吨级集装箱码头和深水航道相继建成。2001 ~ 2005 年，沿海港口建成 10 万吨级以上泊位 39 个，码头长度达 1.4 万米，其中 10 万吨级集装箱、成品油、煤炭、矿石码头有 26 个和一批 30 万吨级原油矿石码头，码头水深多为 20 ~ 25 米。2001 ~ 2008 年，港口吞吐量从 28 亿吨提高到 70 亿吨。中国港口形成了集装箱、煤炭、原油、矿石等大型专业化码头与集疏运体系，专业化、机械化、管理等方面都接近或达到国际水平。

二、吞吐能力发展过程

港口吞吐能力是反映港口发展的重要指标。如图 3-1 所示，中华人民共和国成立以来，中国港口的吞吐能力不断提高，有力地支撑了中国经济发展和各地区的区域开发。以下以中国沿海港口的吞吐能力为主进行分析。

总体上来看，20 世纪 90 年代之前，中国港口的吞吐能力较低，不足 5 亿吨；1998 年亚洲金融危机以来，港口吞吐能力快速增长，尤其是 2008 年世界金融危机以来，全国港口吞吐能力呈现急速增长。中华人民共和国成立之前，全国港口吞吐能力较低，不足 1000 万吨。50 年代，沿海码头建设提高了港口吞吐能力，全国吞吐能力达到 2574 万吨 / 年。60 年代，沿海港口新建了一批码头泊位，全

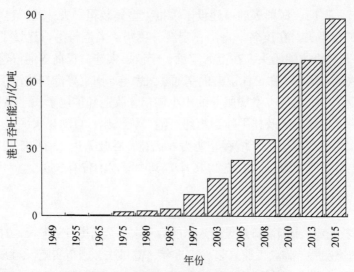

图 3-1　中国沿海港口的吞吐能力发展过程

国形成年吞吐能力 3623 万吨，至此，全国港口吞吐能力仍然较低。70 年代初到 70 年代末，沿海港口的吞吐能力提升很快，形成 1.73 亿吨 / 年，为 1965 年吞吐能力的 5 倍左右。1980 年，沿海港口吞吐能力进一步提高到 2.2 亿吨 / 年，1985 年达 3.17 亿吨 / 年，比 1980 年增长 1 亿吨 / 年。经过 90 年代末的建设，沿海港口能力迅速扩大，1997 年达 9.58 亿吨 / 年，2003 年提高到 16.7 亿吨 / 年，2005 年增长到 25 亿吨 / 年，年均增长 4.2 亿吨 / 年。2005 ~ 2008 年，沿海港口的吞吐能力年均增长 2.8 亿吨 / 年。2008 年世界金融危机的爆发与中国通过扩大基础设施建设拉动经济增长的战略实施，促使港口吞吐能力急速增长，2010 年达 68.5 亿吨 / 年，年均增长 17 亿吨；2013 ~ 2010 年又增长了 1.5 亿吨的吞吐能力，尤其是 2014 ~ 2015 年期间吞吐能力又呈现急速增长，年均增长 9.2 亿吨，2015 年沿海港口吞吐能力达 88.5 亿吨 / 年。

第二节　港口设施发展过程

经过 50 多年的建设，目前中国已形成了一定规模的港口设施体量，具有较高的技术装备水平，支撑着中国社会经济发展与对外贸易联系。

一、港口码头设施总量

1. 泊位设施总量

港口建设与发展的重要方面是港口设施的总量扩张与质量提升。港口设施总量主要表现为泊位数量的增长,而质量的提升主要表现为万吨级泊位的数量增长。

改革开放以来,中国港口的码头设施得到持续建设,各类码头设施快速扩张,这主要表现为高等级泊位的建设与扩张。如表 3-1 所示,1995 年,全国码头泊位有 3.45 万个,2014 年泊位总量降到 3.17 万个。同样公用泊位也呈现减少趋势,从 1.55 万个减少到 1.19 万个。这主要是因为各城市内部码头的取缔与中小型码头的扩能改造。但万吨级泊位却呈现持续的增长,2000 年仅有 784 个,2014 年增长到 2110 个,增长 1.69 倍;万吨级公用泊位从 653 个增长到 1608 个,增长 1.46 倍。

表 3-1　全国生产用码头泊位发展概况

年份	码头泊位		公用码头泊位		万吨级泊位		万吨级公用泊位	
	数量 / 个	增速 /%	数量 / 个	增速 /%	数量 / 个	增速 /%	数量 / 个	增速 /%
1978			311				133	
1980			330				141	
1985			373				199	
1990							312	
1995	34 536						435	
2000	32 858	−4.86	15 514		784		653	50.11
2005	35 242	7.26	16 860	8.68	1 034	31.89	812	24.35
2010	31 634	−10.24	10 806	−35.91	1 661	60.64	1 257	54.80
2014	31 705	0.22	11 928	10.38	2 110	27.03	1 608	27.92

从规模以上港口生产用泊位来看,呈现总量不断扩张、增速不断减缓的过程,如表 3-2 所示。1990 ~ 2014 年,全国规模以上生产用码头岸线从 10.49 万米增长到 159.78 万米,增长了约 14 倍;生产用泊位从 1990 年的 967 个增长到 2014 年 18 864 个,增长了约 18.5 倍。1990 年,全国万吨级生产用泊位有 284 个,2005 年增长到 955 个,2014 年进一步增长到 2020 个。其中,沿海港口的万吨级泊位数量较多,1995 年有 526 个,2005 年增长到 847 个,2014 年进一步增长到 1704 个;内河万吨级以上生产用泊位从 1995 年的 96 个拓展到 2014 年的 406 个。

表 3-2　全国规模以上港口生产用码头泊位概况

年份	生产用码头		生产用泊位		万吨级泊位	
	长度 / 万米	增速 /%	数量 / 个	增速 /%	数量 / 个	增速 /%
1990	10.49		967		284	
1995	33.42	218.47	6 187	539.81	438	54.23

年份	生产用码头		生产用泊位		万吨级泊位	
	长度 / 万米	增速 /%	数量 / 个	增速 /%	数量 / 个	增速 /%
2000	43.44	29.98	7 639	23.47	581	32.65
2005	69.49	59.96	9 943	30.16	955	64.37
2010	143.95	107.16	18 726	88.33	1 611	68.69
2014	159.78	11.00	18 864	0.74	2 020	25.39

从万吨级泊位结构来看,大吨级泊位不断增多,比例不断提高。1995 年,10 万吨级以上泊位仅有 12 个,占万吨级泊位总量的 2.7%,2005 年增长到 49 个,比例提高到 5.1%,尤其是 2014 年迅速增长到 306 个,比例提高到 15.1%。5 万 ~ 10 万吨级泊位也从 1995 年的 38 个增长到 2014 年的 684 个,比例从 8.7% 提高到 33.9%;3 万 ~ 5 万吨级的泊位从 83 个增长到 365 个,比例从 18.9% 变为 18.1%。

2. 堆场仓库设施总量

堆场和仓库是港口陆上设施的重要组成部分,尤其是部分专门化运输职能需要专门的堆场与仓库。如表 3-3 所示,20 世纪 90 年代以来,中国规模以上港口的生产用仓库和堆场面积不断扩大,储存能力不断增长。1990 年,仓库容量达 176.6 万立方米,2014 年增长到 1.19 亿立方米,增长了 66 倍。近期以来,仓库容积增速日益提高,1990 ~ 1995 年增速达 71.3%,此后逐步增长到 110% ~ 190%,尤其是 2010 ~ 2014 年增速达 242.1%。从另一个指标看,1990 年堆场面积达 1039.3 万平方米,2014 年增长到 2.49 亿平方米;与仓库的不同是堆场面积扩张增速不断降低,1990 ~ 1995 年堆场面积增速为 128.2%,此后逐步下降,2010 ~ 2014 年增速降到 59.8%。

表 3-3　中国港口仓库堆场能力

年份	仓库		堆场	
	容积 / 万立方米	增速 /%	面积 / 万平方米	增速 /%
1990	176.6		1 039.3	
1995	302.6	71.3	2 371.7	128.2
2000	645.7	113.4	3 464.7	46.1
2005	1 183.9	83.3	7 227.6	108.6
2010	3 478.8	193.8	15 581.0	115.6
2014	11 901.0	242.1	24 894.8	59.8

港口堆场仓库能够反映港口运输职能分异的重要类型是油库、粮食圆筒、集

装箱堆场，分别反映了港口的原油与成品油、粮食与集装箱等专业化运输职能。1990～2014年，油库、粮食圆筒、集装箱堆场的总量规模都呈现持续增长，但平均增速不断下降。1990年，油库容积达87万立方米，2014年达6946.7万立方米；粮食圆筒的容积从28.6万立方米增长到2045.3万立方米，增长70.5倍；集装箱堆存能力从9.6万TEU增长到1036.8万TEU，增长107倍。

3. 港口装卸设施

交通网络的技术装备水平有了很大提高。港口的装卸机械设施虽不能直接决定港口的运输职能分异，但也间接反映了港口运输职能概况，尤其是反映了港口的服务能力。1990年，全国规模以上港口的生产用装卸机械共计1.07万台，2014年增长到6.68万台，增长了5.2倍，但增速逐年下降，从1990～1995年的102.5%下降到2000～2005年的91.9%、2005～2010年的61.4%，而2010～2014年的增速仅为7.2%。具体如表3-4所示。

表3-4 中国规模以上港口装卸机械设施发展情况

年份	生产用装卸机械		起重机械		输送机械		装卸搬运机械		专用机械	
	总量/台	增速/%	总量/台	增速/%	总量/台	增速/%	总量/台	增速/%	总量/台	增速/%
1990	10 726		2 857		1 655		5 348		866	
1995	21 716	102.5	5 877	105.7	3 998	141.6	10 020	87.4	1 820	110.2
2000	20 107	-7.4	5 321	-9.5	2 662	-33.4	10 228	2.1	1 896	4.2
2005	38 580	91.9	8 663	62.8	4 904	84.2	17 873	74.8	7 140	276.6
2010	62 272	61.4	15 009	73.3	9 976	103.4	25 212	41.1	12 075	69.1
2014	66 750	7.2	14 380	-4.2	10 988	10.1	21 273	-15.6	20 109	66.5

各类港口设施有着类似的发展趋势：总量不断增长、增速不断下降。1990～2014年，起重机械从2857台增长到1.44万台，增长了4倍；输送机械从1655台增长到1.1万台，增长了5.6倍；装卸搬运机械从5348台增加到2.13万台，增长了3倍；专用机械从866台增加到2.01万台，增长了22倍。

二、码头设施空间布局

1. 码头泊位分布

泊位是最关键的码头基础设施，也是衡量港口的最基础指标。2014年，全国规模以上港口共有生产用泊位18 864个，分布在114个港口；其中，内河港口有13 894个，沿海港口有4970个，比例分别为73.7%和26.4%。如表3-5所示，上海和嘉兴河港有最高的泊位数量，分别为 1962 个和 1722 个，比例分别为 10.4% 和 9.1%。湖州、无锡、杭州港的泊位均超过 800 个，比例均为 4% ~ 5%。上海港有 608 个泊位，比例达 3.2%，广州和淮安港均超过 2%。此外，徐州、宁波、重庆、舟山、南京、南充、佛山、扬州河港、武汉、广安、合肥、温州、大连、镇江等港口的泊位均超过 200 个，比例均超过 1%。

表 3-5　中国主要港口码头泊位的分布概况

名称	生产用泊位 / 个	比例 /%	名称	万吨级以上泊位 / 个	比例 /%
上海河港	1962	10.40	上海	156	7.72
嘉兴河港	1722	9.13	天津	106	5.25
湖州	889	4.71	宁波	102	5.05
无锡	844	4.47	大连	98	4.85
杭州	809	4.29	广州	69	3.42
上海	608	3.22	张家港	69	3.42
广州	510	2.70	青岛	68	3.37
淮安	428	2.27	深圳	66	3.27
			厦门	64	3.17

码头泊位不仅是数量的区别，而且存在等级的差异，不同等级的泊位直接决定能否停靠大型专业化船舶，由此影响了专业化运输职能。万吨级以上泊位是衡量港口能力的重要指标，2014 年全国共有万吨级以上泊位 2020 个，分布在 61 个港口，仅占规模以上港口数量的 53.1%，这表明全国仅有一半的港口拥有高等级泊位。其中，沿海港口有 1614 个万吨级以上泊位，而内河港口有 406 个，分别占总量的 79.9% 和 20.1%，大约呈现 4 : 1 的比例关系。

从具体港口来看，上海港的万吨级以上泊位最多，数量达 156 个，占全国的 7.72%，天津和宁波港分别拥有 106 个和 102 个万吨级以上泊位，比例均高于 5%。大连港的泊位较多，达 98 个，比例为 4.85%；广州、张家港、青岛、深圳、厦门港的万吨级以上泊位均超过 60 个，比例均超过 3%，上述港口均为各地区的枢纽港。南京、泰州、营口、曹妃甸、连云港、南通、舟山、福州、镇江、秦皇岛等港口高于 40 个，比例超过 2%。此外，烟台、防城、太仓、嘉兴、京唐、日照、黄骅、湛江、钦州、江阴、珠海、泉州、丹东、扬州、常熟和锦州等港口均超过 20 个，比例均超过 1%。

2. 堆场与仓库分布

1）堆场分布格局

堆场是所有港口都具备的基础设施。2014 年，全国规模以上港口有堆场 2.49

亿平方米，其中沿海港口有 1.9 亿平方米，内河港口有 5831.5 万平方米，比例分别为 76.3% 和 23.3%，大致呈现"3：1"的比例关系。各港口有明显不同的堆场设施规模，有 26 个港口的堆场面积比例高于 1%。其中，京唐港有最大的堆场，面积达 4614.6 万平方米，占全国的 18.54%，远高于其他港口。丹东、天津、青岛港均高于 1000 万平方米，比例均高于 4%；上海和深圳港均高于 3%，营口、宁波、广州、防城港、厦门、连云港均高于 2%。此外，大连、重庆、曹妃甸、烟台、日照、徐州、秦皇岛、张家港、太仓、江阴、龙口、嘉兴河港、南京和岚山等港口均高于 1%。其他 87 个港口均低于 1%。

　　2）仓库分布

　　中国港口的仓库分布有明显的空间差异。沿海港口的生产用仓库较多，容量达 9110 万立方米，而内河港口达 2790.9 万立方米，比例分别为 76.5% 和 23.5%，大致呈现 3：1 的比例关系。这些仓库分布在 100 个港口内，港口间有明显的差异。如表 3-6 所示，大连、宁波、舟山港的仓库库容最高，分别为 1054.2 万立方米、861.3 万立方米和 846.4 万立方米，比例均超过 7%，尤其是大连高达 8.9%。营口、泉州、钦州港的比例均为 4%～5%，南通、深圳、茂名和张家港均高于 3%，珠海、湛江、广州、黄骅、江阴、龙口等港口均高于 2%，上述港口主要分布在南方沿海地区。此外，烟台、沙田、丹东、青岛、嘉兴、佛山、惠州、天津、太仓、曹妃甸、厦门、武汉、镇江、南京等港口均高于 1%，仍以沿海港口为主。其他港口的仓库库容较低。

表 3-6　堆场面积和仓库库容较高的规模以上港口

名称	堆场 / 万平方米	比例 /%	名称	仓库 / 万立方米	比例 /%
京唐	4614.6	18.54	大连	1054.2	8.86
丹东	1170.0	4.70	宁波	861.3	7.24
天津	1152.1	4.63	舟山	846.4	7.11
青岛	1123.7	4.51	营口	550.0	4.62
上海	866.6	3.48	泉州	539.1	4.53
深圳	777.3	3.12	钦州	538.2	4.52
营口	743.2	2.99	南通	401.7	3.38
宁波	721.8	2.90	深圳	366.4	3.08
广州	617.4	2.48	茂名	357.3	3.00
防城	575.6	2.31	张家港	357.3	3.00
厦门	533.1	2.14			
连云港	528.6	2.12			

三、港口码头设施的结构分异

1. 港口码头总体分异

码头设施是决定港口运输职能分异的最主要物质基础，不同港口有不同的码头设施类型与布局，由此形成港口运输职能结构与空间结构的分异。从通用性和专业化角度可大致认识中国港口码头设施的职能类型与发展趋势。

如图 3-2 所示，2005 年全国共有万吨级泊位 1034 个，其中专业化泊位有589 个，所占比例为 57%，专业化运输职能占据主流。2010 年，全国有万吨级泊位 1661 个，其中专业化泊位有 903 个，比例为 54.4%，与 2005 年相比下降了 2.6个百分点。2014 年全国共有万吨级泊位 2110 个，其中专业化泊位有 1114 个，比例达 52.8%，与 2005 年相比下降了 4.15 个百分点，专业化泊位比例虽在减少但仍占据主要份额。2005 ~ 2014 年，通用性泊位从 445 个增长到 844 个，比例从43% 增长到 47.2%。物质基础设施的变化表明港口的专业化运输职能有所弱化，但通用性运输职能有所增强。

港口运输与腹地产业发展

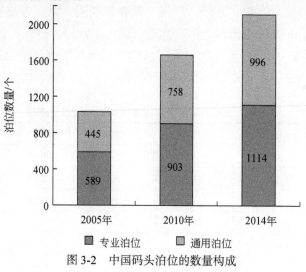

图 3-2 中国码头泊位的数量构成

2. 各类型码头设施

从港口设施的类型结构看，目前通用散货泊位、通用件杂货泊位、集装箱泊位、煤炭泊位、液体化工、多用途泊位及成品油泊位的数量较多，而原油泊位、液化气泊位、金属矿石、旅客、水泥、客货泊位等数量相对较少，这些专用泊位直接决定了各港口的运输职能结构。具体如图 3-3 所示。

在港口各类码头设施中，通用散货泊位的数量最高。通用散货泊位是通用性最高的码头设施，适用性较强，但专用性或专业化职能较低。2005 年，该类泊位达 134 个，2014 年增长 441 个，比例从 13% 提高到 20.9%，超过五分之一，增长了 8 个百分点。

通用件杂货泊位和集装箱泊位是重要的泊位类型，前者具有较强的通用性，后者具有很强的专业化职能，并成为近 20 年来提高最明显的港口运输职能，尤其是成为全国各港口追求的运输职能。2005 ~ 2014 年，集装箱泊位从 175 个扩张到 322 个，但比例从 16.9% 降到 15.3%，下降了 1.7 个百分点。这一时期，通用件杂货泊位从 276 个扩张到 360 个，比例从 26.7% 降到 17.1%，下降了 9.6 个百分点。

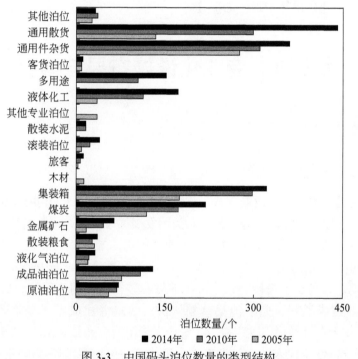

图 3-3　中国码头泊位数量的类型结构

煤炭和石油泊位是最专业化的码头设施，数量较多，2005 年分别为 119 个和 132 个，2014 年分别提高到 219 个和 202 个，比例也分别从 11.5% 降到 10.4%、从 12.8% 降到 9.6%。其中，石油泊位又分为原油泊位和成品油泊位，其数量分别从 2005 年的 55 个和 77 个增长到 2014 年的 72 个和 130 个。

液体化工和多用途泊位数量较高，2010 年分别为 113 个和 104 个，2014 年分别达到 172 个和 152 个。其中，液体化工泊位是专业化职能很强的码头设施，其比例从 6.8% 增长到 8.2%，多用途码头泊位从 6.3% 增长到 7.2%，两者均呈增长趋势。

长期以来，以运输铁矿石、铜矿石及铝土矿等各类矿石为主要货物的码头设施具有很强的技术与经济特征，由此塑造了港口特殊的运输职能。2005 年，金属矿石泊位数量达到 17 个，2017 年增长到 64 个，比例从 1.6% 提高到 3%，是运输职能高度专业化的码头泊位。

液化气泊位、粮食泊位、滚装泊位、其他泊位具有一定数量，2014 年均多于 30 个码头，比例均超过 1.5%。2005 ~ 2014 年，液化气泊位从 20 个增长 32 个，但比例从 1.9% 降到 1.5%，下降了 0.4 个百分点；散装粮食泊位的数量增长不明显，仅从 31 个增长到 36 个，但比例从 3% 降到 1.7%。滚装泊位从 9 个增长到 39 个，比例从 0.9% 提高到 1.9%。

旅客泊位、散装水泥泊位、客货泊位的数量最少，均低于 20 个，比例均超过 0.5%，是专业化设施中最少的部分。

第三节　专业化设施布局与演化

一、集装箱码头泊位

1. 专用码头建设历程

集装箱是一种专业化运输方式。集装箱泊位的建设始于 20 世纪 60 年代，70 年代日本、新加坡、韩国等地集装箱码头的发展突飞猛进，同一时期，中国香港和中国台湾的集装箱码头发展也十分迅速。中国内地的集装箱码头的建设起步较晚，70 年代开始启动，1977 年上海、广州和天津港建成第一个专用码头；80 年代中后期，青岛、上海港建设了一批兼做集装箱的多用途码头。1981 ~ 1985 年，天津港建成了三、四港池集装箱码头，南京港建成了 4 号集装箱泊位。1981 ~ 1982 年，上海军工路港区 4、5 号集装箱泊位和张华浜 1、2 号集装箱泊位启用，截至 80 年代末，上海港有 7 个集装箱泊位。中国还在厦门、青岛等沿海港口和南京、张家港等海轮港区建设了部分集装箱泊位。90 年代，集装箱码头成为发展最快的专业化码头，厦门、大连、青岛、宁波、深圳、汕头等港建设了一批大型码头。1994 年，上海对军工路、张华浜集装箱码头进行改造，并建设外高桥港区；青岛和宁波港分别完成前湾新港区和北仑港区二期的集装箱泊位建设，南京、连云港、张家港分别建成 1 个、2 个和 2 个泊位。"八五"期间，全国共建成和改造集装箱泊位 28 个，其中建成专用泊位 14 个，增加吞吐能力 323 万 TEU。多数泊位配置了岸边式起重机。1996 年，有 40 多个港口从事集装箱作业，具有万吨级以上专用泊位的港口达 15 个，集装箱泊位达 50 多个。

表 3-7 中国集装箱港口设计能力与吞吐量

年份	集装箱设计能力 / 万 TEU	集装箱吞吐量 / 万 TEU	能力适应度
2006	8 500	9 361	0.91 : 1
2007	10 200	11 474	0.89 : 1
2008	11 750	12 870	0.91 : 1
2009	12 850	12 220	1.05 : 1
2010	13 727	14 600	0.94 : 1
2011	14 172	16 400	0.86 : 1

  21 世纪以来,从北方的大连港到南方的深圳港,陆续建成了一批集装箱码头。2011 年沿海港口新建、改建集装箱泊位 14 个,包括厦门海沧、汕头、南京、惠州、黄骅、营口鲅鱼圈等港口,上海港外高桥港区六期工程新增配套能力,共计新增 565 万 TEU 的吞吐能力;但天津、上海和青岛港有 7 个泊位退出,调减 110 万 TEU 的装卸能力。2011 年年底,中国集装箱吞吐能力约 1.42 亿 TEU(表 3-7),专业化集装箱港口有 50 多个、101 家集装箱码头公司拥有码头泊位 427 个,占用岸线约 10.9 万米,仍有不少集装箱在多用途码头甚至件杂货码头进行装卸。集装箱装卸桥外伸臂由 35 米增大到 70 米,单机装卸效率由 5 万 TEU 提高到 10 万 ~ 18 万 TEU,轮胎龙门吊由单机 3 万 TEU 提高到 6 万 ~ 10 万 TEU,泊位通过能力由 10 万 TEU 提高到 40 万 ~ 70 万 TEU。目前,中国已建成了一批能接卸第三代、第四代集装箱船舶、装卸设施先进的大型专用泊位,也建成了一批能装卸集装箱船的多用途中小型泊位,形成了"大中小并举"格局。

2. 集装箱码头分布

  2005 年,全国有集装箱泊位 208 个,码头岸线总长为 5.46 万米,通过能力达 5878 万 TEU,分布在 30 个港口,平均泊位通过能力达 28.3 万 TEU。其中,环渤海地区、长江三角洲、珠江三角洲有集装箱泊位合计 175 个,通过能力达 5311 万 TEU,分别占全国总量的 84.1% 和 90.4%。2011 年全国集装箱泊位增长到 427 个,码头岸线达 10.87 万米,通过能力达 1.3 亿 TEU,平均泊位的通过能力达到 30.78 万 TEU,如表 3-8 所示。

  (1)环渤海地区,2005 年该地区建设了 63 个集装箱泊位,吞吐能力达 1582 万 TEU。2011 年,泊位增长到 81 个,泊位长度达 2.4 万米,通过能力达 3422 万 TEU,平均泊位通过能力为 42.2 万 TEU。其中,天津港的泊位最多,为 27 个,通过能力为 1215 万 TEU;青岛和大连分别有 13 个泊位,通过能力分别为 730 万 TEU 和 515 万 TEU；营口港的泊位有 6 个，吞吐能力超过 232 万 TEU，其他港口的泊位和吞吐能力相对较少。

（2）长江三角洲，该地区是中国集装箱运输的重要区域，有大量的集装箱码头设施。2005 年，14 个港口建设了 71 个集装箱泊位，吞吐能力达 2284 万 TEU；2011 年泊位增长到 134 个，码头岸线拓展到 3.46 万米，吞吐能力提高到 4877 万 TEU。其中，上海港的泊位最多，为 43 个，吞吐能力达 2300 万 TEU；宁波港也有大量泊位与相关设施，泊位达 31 个，吞吐能力达 1360 万 TEU；苏州港有 14 个泊位，通过能力超过 500 万 TEU。

（3）闽东南地区，主要是指福建沿海地区，港口相对较少。2011 年有 55 个集装箱泊位，码头岸线长 1.44 万米，吞吐能力达 1284 万 TEU。厦门港有最多的泊位，达到 26 个，通过能力为 600 万 TEU；福州港的泊位为 16 个，吞吐能力达 350 万 TEU，泉州港有 11 个泊位，吞吐能力达 296 万 TEU，而漳州港仅有两个泊位。

（4）珠江三角洲，作为外向经济的发达地区和改革开放的前沿，珠江三角洲是中国集装箱运输最发达的港口地区。2005 年，13 个港口建设了 41 个集装箱泊位，通过能力达 1465 万 TEU，2011 年泊位增长到 119 个，码头岸线拓展到 2.7 万米，吞吐能力提高到 2964 万 TEU，增长了一倍。其中，深圳港的泊位最多，达到 45 个，吞吐能力为 1841 万 TUE；中山港的泊位达 35 个，吞吐能力达 160 万 TEU；广州港的泊位虽少于中山港，为 22 个，但吞吐能力却达 725 万 TEU，而汕头港仅有 3 个泊位。中山港主要是因为以分散的内河码头居多，而广州和深圳港作为珠江三角洲的干线港口，其能力与需求更稳定。

（5）北部湾地区，主要是指海南和广西的沿海港口，集装箱码头设施相对较少。2005 年，福建、广西及海南沿海 12 港共建设了 33 个集装箱泊位，通过能力为 546 万 TEU。2011 年，北部湾的集装箱泊位仅为 9 个，码头岸线达 0.27 万米，吞吐能力仅为 290 万 TEU，分散分布在海口、防城港和钦州港。

（6）长江流域，有着大量的港口，但主要是中小型港口，集装箱码头设施较少且等级较低。2011 年，有 29 个集装箱泊位，码头岸线达 5.35 千米，吞吐能力达 276 万 TEU。其中，长江中游的武汉港有最多的泊位，为 9 个，吞吐能力达 46 万 TEU，上游的重庆港有 5 个泊位，但吞吐能力达 70 万 TEU。

表 3-8　2011 年中国分地区、分港口集装箱码头分布

港口	泊位数 / 个	泊位长度 / 米	通过能力 / 万 TEU	设计能力利用率 /%
全国总量	427	108 670	13 121	112.55
环渤海地区	81	24 350	3 422	115.11

港口	泊位数 / 个	泊位长度 / 米	通过能力 / 万 TEU	设计能力利用率 /%
长江三角洲	134	34 622	4 877	120.54
闽东南地区	55	14 355	1 284	74.56
珠江三角洲	119	27 129	2 964	120.62
北部湾地区	9	2 665	290	61.79
长江流域	29	5 349	276	77.95

3. 集装箱堆场

堆场是与码头相匹配的重要港口设施，堆场面积与堆存能力成为港口发展集装箱运输职能的重要指标。2014 年，全国规模以上港口的集装箱堆场堆存能力达 1036.8 万 TEU，分布在 96 个港口；其中，沿海港口堆存能力为 790 万 TEU，内河港口为 246.6 万 TEU，比例分别为 76.2% 和 23.8%，呈现 3∶1 的比例关系。

各港口之间的货箱堆存能力有明显差异，如表 3-9 所示。其中，上海和京唐港有最高的堆存能力，2014 年分别达 92.9 万 TEU 和 90.7 万 TEU，占全国总量的 8.96% 和 8.75%；深圳和青岛港分别达 81.9 万 TEU 和 7.8 万 TEU，比例为 7.9% 和 7.51%。广州、宁波、武汉等港口较高，比例均超过 5%，天津、大连、厦门和佛山等港口为 3% ~ 5%，沙田、连云港、营口、太仓、南京等港口在 2% ~ 3%，其他港口较低。

表 3-9 全国主要港口的集装箱堆存能力及比例

名称	堆存能力 /TEU	比例 /%
上海	929 171	8.96
京唐	907 215	8.75
深圳	818 594	7.90
青岛	779 129	7.51
广州	562 643	5.43
宁波	543 093	5.24
武汉	539 667	5.21
天津	505 208	4.87
大连	434 952	4.20
厦门	411 036	3.96
佛山	395 134	3.81

二、煤炭码头泊位

1. 码头建设历史

中华人民共和国成立以来，煤炭码头的建设经历了由小到大、由低水平到高水平的过程。①中华人民共和国成立之前，煤炭码头很少，除大连、天津、秦皇岛等少数港口，如大连甘井子煤码头配备了小型翻车机外，其他港口装卸煤炭依靠人力，效率低。② 20 世纪 50 年代中期，为了使淮南煤炭能利用长江运到上海等港口，裕溪口建设了机械化煤炭码头，实施铁水联运，能力达 360 万吨。50 年代末和 60 年代初，南京（浦口）、武汉（杨泗庙）等煤炭装船码头和上海港（六区）等煤炭卸船码头开始建设和改造。1955 年，广州新沙港区 1、2 号煤炭码头投产，卸船能力为 40 万吨。卸煤工艺以低开门车皮自流自卸方案为主，卸煤码头尚未配备装卸设备。③ 60 年代开始，煤炭码头建设拓展到沿海港口。60 ～ 70 年代，以青岛（大港）煤码头和秦皇岛 8、9 号煤炭泊位为代表，新建和改建了一批多机头作业煤码头。1974 年，连云港老煤码头采用螺旋卸车机，能力为 275 万吨。70 年代中后期，上海港的六区、七区等卸煤码头进行扩建，并建成宁波镇海港区卸煤码头。卸煤工艺采用螺旋卸车机械车，多采用固定式装船机和船吊抓斗，随后改为岸上门机抓斗、桥式抓斗卸船机。④改革开放以来，开始了大型煤码头建设。尤其是秦皇岛煤炭码头开始建设，1983 年能力为 1000 万吨的一期煤码头投产，随后 2000 万吨和 1500 万吨秦皇岛二期煤码头和日照港煤码头投产，1986 年 900 万吨的连云港庙岭新煤码头也投产，50 万吨级的大连和尚岛和营口鲅鱼圈煤码头相继建成。1986 年广州西矶卸煤码头投产，设计能力 400 万吨，公路和铁路转运能力为 3 万吨和 150 万吨；上海港七区老白渡、张家洪、朱门的煤码头实施改建，卸煤能力为 880 万吨。卸煤工艺普遍采用翻车机卸车，并采用大型移动式装船机和带斗门机。90 年代初，装船能力为 3000 万吨的秦皇岛港三期煤码头投产，包括 3.5 万吨级泊位 2 个和 5 万吨级泊位 1 个，装船能力、堆场存煤能力、堆料机、取料机、翻车机的效率均达最高水平。1995 年，青岛港前湾煤码头也投产，舟山老塘山、福州大石坑煤码头、厦门东渡二期煤码头及汕头的 3.5 万吨级新煤码头陆续投产。⑤北方煤炭下水港的码头继续建设，包括秦皇岛四期煤码头，装船能力为 3000 万吨。电厂专用码头陆续建设，能力均超过数百万吨，如广州珠江电厂和沙角电厂，上海的宝钢、石洞口、吴泾、金山和阁行电厂，福建的福州电厂、厦门松屿电厂，江苏的谏壁、天生港、徐六泾电厂及浙江的北仑电厂、海南的马村电厂等的煤码头，采用移动式装船机。芜湖裕溪口仍是长江流域的重要煤炭港，广州新沙 1、2 号煤炭泊位投产，卸船能力为 400 万吨；上海罗泾卸煤码头、珠海高栏煤炭中转码头建成。

2. 煤炭码头分布

各地港口和船队建设的市场化运作,推动煤炭海运能力和港口建设迅猛发展。5万~10万吨级的泊位建设已达到主要装船港煤炭专用泊位的63%,北方下水码头和南方接卸码头能力不匹配,北方大型码头专业化程度高,5万吨级以上比例达72.3%,南方多为小码头,5万吨级以上仅占27.1%。

1)主要煤炭装船港

目前全国煤炭装船系统的泊位有70个,分布在沿海14个港口,通过能力约为3.86亿吨,平均泊位通过能力为551万吨。煤炭装船码头集中在环渤海、长江三角洲、珠江三角洲地区。

(1)环渤海地区,配合南北铁路通道,形成了七大煤炭装船港。连接北运通道的是秦皇岛、天津、黄骅、京唐港,连接南运通道的是青岛、连云港和日照港。2005年,北方七大主要煤炭装船港有煤炭泊位42个,其中10万~15万吨级7个、7万吨级3个、5万吨级17个、3.5万吨级9个、1万~2万吨级4个,总能力达4亿吨。其中,北通道四港有煤炭泊位33个,年吞吐能力3.46亿吨。"三西"地区是中国主要煤炭生产和外运基地,北路通道承担了煤炭外运总量的80%,主要通过秦皇岛、天津、唐山、黄骅港供应沿海地区。北方港口正积极扩容,2015年有煤炭装船泊位48个,总通过能力约10.1亿t,这促使北方煤炭装船港能力过剩凸显,煤炭泊位利用率下降,如表3-10所示。

表3-10 中国主要煤炭装船港泊位结构及能力

名称	等级/万吨	数量/个	能力
秦皇岛港	10~15	4	1.9亿吨
	5	8	
	3.5	5	
	1~2	3	
天津港	15	1	7800万吨
	7	3	
	5	2	
黄骅港	5	4	6500万吨
	3.5	2	
黄骅港	1	1	
京唐港	无专业泊位		1200万吨

名称	等级 / 万吨	数量 / 个	能力
青岛港	5	1	1500 万吨
	3.5	1	
日照港	15	2	2600 万吨
	5	1	
连云港	5	1	900 万吨
	3.5	1	

（2）长三角地区，2005 年该地区有煤炭装船泊位 12 个；其中，南京港有 4 个，上海港有 5 个，宁波和舟山港分别有 2 和 1 个。泊位吨级均在 5 万吨以下，主要承担水水中转运输，通过能力为 1896 万吨。

（3）珠三角地区，2005 年该地区有煤炭装船泊位 15 个，通过能力达 1380 万吨。其中，煤炭泊位和装船能力集中在广州港，有 13 个煤炭装船泊位，通过能力达 1250 万吨，主要承担广州港向周边小港和内河港转运煤炭的任务，为煤炭中转集散枢纽。

2）主要煤炭卸船港

东南沿海是火电耗煤的主要地区。北方煤炭下水量中，流向以华东和中南地区为主，华东地区接卸量占北方下水量的 55% ~ 60%，广东占 30% ~ 35%，福建和东北地区占 5% ~ 8%。2005 年，全国有煤炭卸船泊位 189 个，分布在 34 个港口，卸船能力达 2.83 亿吨，平均泊位能力达 150 万吨。上述煤炭卸船码头除少数位于环渤海地区，多集中在长江三角洲、珠江三角洲，除 1 个泊位为 10 万吨级外，其他均在 7 万吨级以下。

（1）环渤海地区，2005 年该地区煤炭卸船泊位有 8 个，接卸能力达 1720 万吨，分布在 6 个港口，多为火电企业卸煤码头。

（2）长江三角洲，煤炭卸船泊位有 127 个，接卸能力达 1.84 亿吨。其中，上海和宁波是主要煤炭接卸港，上海港受黄浦江水深限制，主力运煤船为 2 万吨级。

（3）珠江三角洲，2005 年煤炭卸船泊位有 40 个，接卸能力达 5576 万吨，运煤船主要采用 3.5 万吨级。其中，广州港是主要煤炭接卸港。

北方沿海装船港深水条件最大可靠泊 10 万 ~ 16 万吨级船舶，但华东、华南和福建等多数港口的煤炭接卸泊位吨级较小，运煤船舶吨位小，靠泊能力在 5 万吨以下，仅漳州、台州有 10 万吨级卸船泊位各 1 个，80% 以上泊位在 3.5 万吨级以下。因此，南北方形成煤炭接卸港与下水港设施不匹配，造成北方港口煤炭周转慢、压港。由于航道制约，部分港口 3 万吨级以上船舶需乘潮进港。华东、华南煤炭卸船港的疏运能力不足，难以满足北方大型船舶需求。

三、石油码头设施

1. 码头设施结构

中国原油接卸泊位主要分为两类，一类是港口公用码头，一类是石化企业专用码头。近年来，为适应全球原油航运市场发展趋势，大型化、专业化泊位成为港口的发展方向。2005 年年底，沿海港口有原油泊位 57 个，通过能力为 2.49 亿吨。其中，环渤海地区有原油泊位 13 个，通过能力 9465 万吨，20 万吨级以上和 10 万～20 万吨级原油泊位分别有 2 个和 3 个。长江三角洲有原油泊位 37 个，通过能力为 1.13 亿吨；20 万吨级以上和 10 万～20 万吨级原油泊位分别有 3 个和 1 个。珠江三角洲地区有原油泊位 5 个，通过能力为 3600 万吨，20 万吨级以上泊位和 10 万～20 万吨级原油泊位分别有 2 个和 1 个。福建、广西、海南沿海地区共有原油泊位 2 个，通过能力为 515 万吨。截至 2014 年年底，全国万吨级及以上原油、成油品泊位分别为 72 个、130 个，合计占专业化泊位总数的 18.1%。从泊位等级上看，如表 3-11 所示，原油及液体散货泊位仍以 20 万吨级以下泊位为主，占泊位总数的 81%，其中近一半属于 5 万吨级以下泊位；30 万吨级以上泊位有 7 个，分别位于大连、青岛、日照、曹妃甸、宁波和洋浦港。从分布格局上看，原油泊位集中分布于沿海地区，尤其环渤海沿岸分布着 40% 的原油泊位；从泊位水深上看，渤海西岸、杭州湾港口水深较深，码头靠泊能力较强，南方港口水深相对较浅。

表 3-11 中国各等级靠泊能力泊位数比例

泊位等级	泊位数量 / 个	泊位比例 /%
＜ 5 万吨	72	40.4
5 万～10 万吨	33	18.5
10 万～15 万吨	24	13.5
15 万～20 万吨	16	9.0
20 万～25 万吨	9	5.1
25 万～30 万吨	17	9.6
＞ 30 万吨	7	3.9

从原油码头接卸能力供需状况来看，21世纪以来，中国原油接卸能力经历了从"缺口"到"富余"的演变过程，如图3-4所示。21世纪初，原油码头通过能力仅5700万吨，不到原油吞吐量的1/3，能力缺口达1.23亿吨，2005年缺口量达最大1.61亿吨。随着大型原油码头的快速建设，原油接卸能力迅猛提高，缺口量下降，从2006年的1.57亿吨降至2012年的3879万吨，2013年首次出现接卸能力富余，随后逐渐增加，2014年存在4966万吨的码头能力富余。

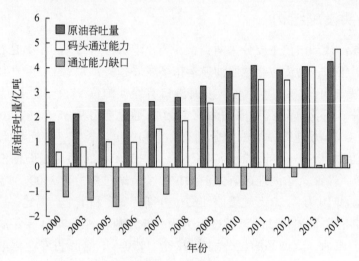

图3-4 中国原油进口量、接卸能力及缺口量变化

2. 原油泊位布局

20世纪80年代以来，中国原油码头数量不断增多，靠泊能力逐渐增强，"北多南少""北强南弱"格局尤其明显，大致经历了"缓慢→快速→较快速"三个阶段。

20世纪90年代以前，中国仅有原油内贸需求，泊位多为3万～5万吨级，等级较低。1990年，第一个超大型原油码头——青岛黄岛装油码头投产，水深为21.3m，装卸能力达1700万吨。1997年中国成为原油净进口国，原油进口量不断增加，但1990～2005年仅新建3个25万吨级和2个30万吨级原油码头，包括宁波、茂名、舟山、湛江和大连港各1个，总装卸能力为1.12亿吨，仅部分解决石化企业原油供应不足的问题。

2005年后，超大型原油码头迅猛增加，沿海港口兴起25万～30万吨级码头建设热潮，2005～2010年新增18个泊位，分布在舟山、宁波、锦州、洋浦、惠州、青岛、曹妃甸、天津、大连、营口、泉州、日照、湛江等港口。其中，2009年投产的大连港45万吨原油码头是国内最大的码头，水深达27m，装卸能力为1900万吨，可满足10万～45万吨级船舶全天候靠泊作业，使中国成

港口运输与腹地产业发展

为全球第 10 个接卸 ULCC 超级油轮的国家。该时期，新建码头多配套有先进装卸设备、大容量集疏运条件和大面积堆场，使中国港口原油装卸能力快速提高至 4 亿吨以上。

近年来原油码头保持稳定发展，2014 年迎来第二次建设高潮，沿海港口合计新增原油泊位 6 个，包括大连长兴岛、青岛董家口、岚山和泉州黄干岛港区的 4 个 30 万吨级原油泊位，总接卸能力达 7210 万吨，占新增接卸能力的88%。截至 2014 年年底，中国共有 25 万吨级以上原油泊位 28 个并有大量中小型油泊位。其中，环渤海地区拥有 12 个泊位，总能力达 1.97 亿吨，且水深较深；长三角地区有 8 个，集中分布在宁波—舟山港，总接卸能力达 1.38 亿吨；珠江三角洲、西南沿海和东南沿海地区较少，分别拥有 3 个、3 个和 2 个，水深条件明显不足，总接卸能力分别为 4200 万吨、4930 万吨和 3000 万吨。一般水深越深，泊位越长，原油码头靠泊能力越大；泊位数越多，总接卸能力也越大，如图 3-5 所示。

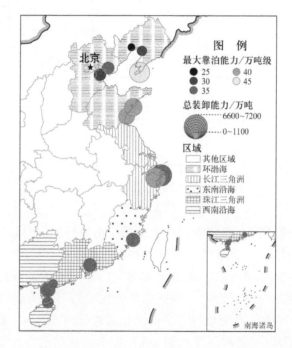

图 3-5　2015 年中国 25 万吨级及以上原油码头最大靠泊能力及总装卸能力

此外，中国仍有 18 个 30 万吨级及以上泊位处于在建、筹建或拟建状态，如表 3-12 所示。其中，舟山黄泽山石油中转储运码头、洋浦国投孚宝储运项目配套码头预计近期完工。接卸能力方面，目前已建成的和正在建设的原油码头在未来几年之内可满足进口原油需求，在这种背景下，仍有部分港口盲目扩建，导致港口接卸能力出现资源浪费。目前已建成大型原油码头中，除大连港大孤山原油码头、青岛黄岛装油码头和湛江港油码头外，其余码头均为港口与石化企业联合修建，作为配套项目以服务于各石化企业在各地的炼油基地（威畅，2011），"专泊专用"使码头泊位能力未能充分利用。

表 3-12　2015 年中国 30 万吨级以上原油码头在建和拟建情况

原油码头	吨级 / 万吨	能力 / 万吨	原油码头	吨级 / 万吨
钦州港	30	2000	惠州华瀛码头	30
北海涠洲岛	30	2000	珠海高栏港	30
洋浦港神头港区	30	2400	珠海万山岛	30
舟山黄泽山	30	1800	威海港	30
温州北麂岛	30×2	2500	福州罗源湾	30
南通洋口太阳岛	30	2000	揭阳港	30
连云港徐圩新区	30	1800	湛江东海岛	30
烟台港西港区	30	1600		
连云港达山岛	30 ~ 50	1000		
盘锦荣兴港区	30	1600		

3. 油轮船队

根据运输范围不同，可将港口石油运输分为海外和国内运输。其中，海外运输需要借助油轮船队装载进口原油至中国原油码头，远洋运输依赖于油轮船队。现阶段中国原油运输的主流船型为 20 万 ~ 30 万吨级的大型散货船，主要有大连远洋、中海、长航、招商能源、河北远洋、大连海昌、中外运等油轮公司。大型油轮的载重量约占全国油轮载重量的 68.2%，超过三分之二，包括超级油船（ULCC）和巨型油船（VLCC）。从航运企业来看，大连远洋的载重量最高，占全国油轮载重量的 27.3%，中海油轮占 25.7%，长航油轮和招商能源分别占 18.1% 和 17.2%，如表 3-13 所示。大型油轮进口原油需要与之匹配的大型原油码头进行接卸或中转，因此原油码头成为石化企业运输网络的重要节点。

表 3-13　2012 年中国油轮船队构成

等级		大连远洋	中海油轮	长航油轮	招商能源	河北远洋	大连海昌	中外运	合计
大型油轮	数量（艘）	18	11	9	12	4	4	1	59
	载重（万吨）	538	329	267	352	117	120	30	1753
苏伊士型	数量（艘）	3			1	2			6
	载重（万吨）	48			15	31			94
阿芙拉型	数量（艘）	3	6	1	7				17
	载重（万吨）	33	63	11	75				182
巴拿马型	数量（艘）	10	18	2					30
	载重（万吨）	71	128	15					214
其他	数量（艘）	3	37	40					80
	载重（万吨）	13	141	174					328
合计载重（万吨）		703	661	467	442	148	120	30	2571

资料来源：谢新连等.中国进口原油运输船队规划案例.系统工程理论与实践，2013，（6）：1543-1549.

4. 石油管道网络

油气管道是重要的基础设施，也是港口原油输送至石化企业的重要方式。截至 2015 年年底，中国所有在役油气管道总里程累计达 12 万千米，其中原油管道 2.5 万千米，列全球第四位。总体上看，中国已形成华东、东北、华北地区 3 个区域原油管网以及西北、华南地区 2 个局地原油管网，东部原油管网的管线密度、输油能力远高于西部及华南管网。连接港口的管道呈现不同的空间特征。"港口-炼厂"管道布局模式即港口接卸原油通过管道输送至炼厂，主要分布在渤海湾、长江三角洲和珠江三角洲地区。东北原油管网建成于 20 世纪 70 年代中期，2015 年长为 4676 千米，以铁岭为枢纽站，"以油田为起点、向炼厂延伸"，并通过大连、秦皇岛港输送至南方各炼油厂。21 世纪以来，华北地区新建了曹妃甸—天津、天津—任丘等原油管道，华东地区建设了长三角管网，依托宁波—舟山、日照深水原油码头相继建成甬沪宁线、日仪线和仪长线，输油能力分别达 4000 万吨 / 年、3600 万吨 / 年、2700 万吨 / 年，实现了华东管网向长江以南的延伸，如表 3-14 所示。华南原油管网仅有湛江—茂名、马鞍洲—广州、湛江—北海三条管道，管线总长仅 481km，但仍存在一定的输油能力（3000 万吨 / 年）。

表 3-14　连通港口的主要原油管道参数（输油能力 ≥ 1500 万吨 / 年）

名称	起止城市	输油能力（万吨 / 年）	所供炼厂或油港
铁秦线	铁岭—秦皇岛	2000	秦皇岛油港
铁大线	铁岭—大连	2000	大连炼厂、大连油港
垂杨铁岭线	垂杨—铁岭—锦西	2500	东北、华北石化炼厂
曹津线	曹妃甸—天津	2000	
鲁宁线	临邑—仪征	1800	长江沿岸炼厂
东黄（复线）	东营—黄岛	2000	
东临（复线）	东营—临邑	1800	
日仪线	日照—仪征	3600	长江油港
黄潍线	黄岛—潍坊	1500	
日东线	日照—东明	1000 ~ 2000	东明石化
甬沪宁线	宁波—上海—南京	4000	镇海、上海、南京
仪长线	仪征—长岭	2700	
岙册线	岙山—册子岛	1500	
仪扬线	仪征—扬子石化	1500	

四、铁矿石码头泊位

1. 泊位总体结构

中国铁矿石泊位主要分为两类，一类是专业化泊位，另一类是通用散货泊位。1982 年，宁波港率先建成 20 万吨级的特大型铁矿石接卸泊位，宁波港随即成为中国最大的矿石中转港。1999 年，青岛港 20 万吨级矿石码头投产，使青岛港迅速成为北方铁矿石运输的枢纽。近年来，为了适应全球铁矿石航运市场发展趋势，大型化和专业化成为码头建设的方向，沿海港口相继建成一批 20 万 ~ 30 万吨级铁矿石码头。这些码头配套有先进的装卸设备、大面积的堆场及大容量的集疏运通道。铁矿石主力船型如表 3-15 所示。

综合来看，铁矿石码头的总体结构主要呈现如下特征。

（1）铁矿石已成为中国港口的重要大宗散货。目前沿海规模以上港口中，除台州、漳州、汕尾、惠州、赤湾、东角头、盐田、下洞、太平、麻涌、海安等港口外，其余港口均配套建设有矿石接卸泊位，港口数量占沿海港口总量的82%。内河规模以上54个港口中，除哈尔滨、佳木斯、亳州、阜阳、淮南、株洲、五和、中山、惠州、南充、广安、达州等港口外，均有接卸铁矿石的专业泊位或通用散货泊位，港口数量占内河港口总量的78%。这些港口主要分布在长江、京杭运河和珠江水系。

表 3-15　中国进口铁矿石主力船型主要参数

船型	运力 / 万吨	航线	吃水 / 米	（长 / 宽）/ 米
巴拿马型散货船（Panamax）	5 ~ 8	印度至远东	13	274-/32-
好望角型散货船（Capesize）	8 ~ 20	南美、南非、澳大利亚至远东、欧洲和地中海	13 ~ 19	249 ~ 300/39 ~ 50
超大型散货船	20+		18+	300+/50+

注："+" "-" 分别表示超过和不足。

（2）2013 年年底，全国有 2001 个万吨级及以上泊位，有一半是专业化泊位；其中，金属矿石泊位有 61 个，通用散货泊位有 414 个。全国有 261 个 10 万吨级及以上泊位，其中沿海港口有 254 个，铁矿石接卸泊位近 60 个，均分布于沿海地区。

（3）中国进口铁矿石吞吐量中，90% 以上是由 10 万吨级及以上的铁矿石码头接卸的。主要有 19 个港口配套有 10 万吨级及以上矿石接卸泊位，均为沿海港口。共有泊位数 57 个，其中专业矿石泊位 43 个，比例达 75.4%。10 万吨级及以上矿石接卸泊位中，专业化矿石泊位占多数，码头靠泊能力越大，其专业化越高。

（4）10 万吨级及以上铁矿石接卸泊位中，30 万吨级以下比例达 86%，其中 20 万吨级泊位最多，其次为 10 万吨级。30 万吨级及以上泊位较少，其中 35 万吨级和 40 万吨级各 1 个，分别属于大连和青岛港。

（5）全国泊位平均水深 18.8 米，泊位岸线总长 2.1 万 m。从图 3-6 可看出码头靠泊能力越大，泊位越长，岸前水深越深。尤其是 2000 年以后建设的大型矿石码头，离岸越来越远、深水化，建设规模趋于大型化。但因水深条件有限，30 万吨级及以上泊位随着靠泊能力增加，水深基本不变。

2. 10 万吨级以上码头布局

随着进口铁矿石需求的增长和船舶巨型化的发展，沿海各港口积极建设高靠泊能力的铁矿石码头。如图 3-7 所示。①拥有 10 万吨级及以上泊位的港口布局的非均衡性突出，呈现明显的集聚。这些港口均位于沿海地区，集中在环渤海地区和长江三角洲，集中度达 91%，尤其是长江入海口、山东东南沿海和津冀沿海

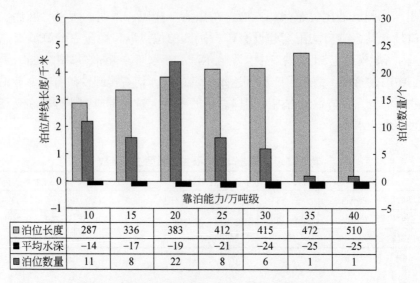

靠泊能力/万吨级	10	15	20	25	30	35	40
泊位长度	287	336	383	412	415	472	510
平均水深	−14	−17	−19	−21	−24	−25	−25
泊位数量	11	8	22	8	6	1	1

图 3-6　每五万吨靠泊能力泊位平均泊位长度及水深

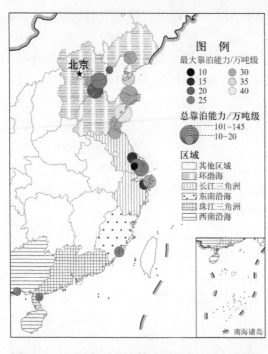

图 3-7　10 万吨级及以上铁矿石码头的最大靠泊能力、总靠泊能力

地区的集中度明显。而闽东南、珠江三角洲、北部湾地区则呈现点状分布，分别是厦门、湛江和防城港拥有 10 万吨级及以上泊位，但泊位规模远不及环渤海地区和长江三角洲。②从最大靠泊能力看，环渤海地区的港口明显高于其他区域港口，多数拥有 20 万吨级以上的铁矿石泊位，尤其是辽宁沿海和山东沿海港口泊位多数不低于 30 万吨级，尤其是青岛港拥有全国最大靠泊能力 40 万吨级的铁矿石码头。其次是长江三角洲，泊位能级也较大。③泊位总靠泊能力也呈现北多南少的格局。山东和津冀沿海港口不仅码头泊位集中而且靠泊能力大，同质性分布较高，形成一定的竞争关系。北方沿海港口的铁矿石码头规模大、专业化高，竞争激烈；长江三角洲的铁矿石码头多、规模较大；南部沿海港口的铁矿石泊位设施较弱。④从岸前水深看，渤海西岸、日照、连云

港及杭州湾的宁波、舟山等港口的水深较深，能够靠泊超大型铁矿石船舶。

五、粮食码头设施

1. 粮食码头设施分布

由于粮食的吞吐量总体较低，中国粮食码头的数量相对较少，相关专用码头设施较少。目前，全国有930家企业拥有粮食码头，共有泊位1810个，合计总吨位达134万吨，沿海港口中转库容为505万吨，拥有散粮专用车近4800辆。其中，环渤海、长江三角洲、闽东南港口通过能力基本适应，珠江三角洲、北部湾港口较为紧张。其中，大连北良港是著名的粮食专用码头，舟山港为水水中转国际粮油集散基地，漳州也是重要粮食输入港。

1）环渤海地区

环渤海港口的粮食码头设施发展较快，形成以大连北良港为代表，大连、营口、锦州、丹东、秦皇岛"五港出粮"的空间格局，粮食散装化程度达80%以上。东北地区的铁路散粮营运车辆已达4700多辆，截至2005年东北沿海港口有散粮泊位7个，其中装船泊位有5个，可靠泊3万~5万吨级船舶；卸船泊位有2个8万吨级，一次性堆存能力达477万吨，散粮和包粮中转能力约4000万吨。目前东北沿海各港口的粮食仓储能力已达510万吨，其中筒仓能力约250万吨，每年有1300万吨粮食由L17和L18型铁路散粮专用车运到各港口，达4700多辆，旺季时使用率不足80%，淡季时仅有60%，最低不足30%。

北良港有3个散粮泊位和2个多用途泊位，散粮泊位能力为1100万吨。仓储能力包括散粮筒仓142万立方米、房式仓库4万立方米、双线铁路罩棚3万立方米、堆场30万立方米，筒仓能力约150万吨。拥有L18型铁路散粮专用车2400辆，载重量40吨的散粮卡车18辆，散粮自卸半挂车8辆。

大连港有7个粮食泊位，设计能力为950万吨，其中散粮泊位能力为650万吨；有散粮筒仓51.5万吨，转运能力为400万吨，仓库堆场为41万立方米；50万吨散粮筒仓和16万平方米堆场为玉米和进口大豆期货交割仓库；自有及协议利用散粮铁路专用车有1000辆，转运能力为300万吨，码头主要机械设备有56台套。

营口港有万吨级以上泊位17个，其中散粮装船泊位1个，设计能力为80万吨；散粮筒仓有40万立方米，粮食堆场为30万平方米，L18型铁路散粮专用车有150辆。

锦州和丹东大东港也分别有10万吨和20万吨的粮食筒仓能力。

2）东南沿海地区

东南沿海主销区散粮接卸、中转能力整体不足，特别是中转仓容极少，上海、江苏、浙江、福建、广东、广西、海南等原粮流入量占全国流入量的48%，但接收能力仅占全国总量的9.5%，机械化程度较高的立筒仓、浅圆仓仅占4.5%。其中，广东拥有3万吨以上泊位8个，卸船能力达1468万吨，等级偏小，缺乏大型深水泊位，2005年广东沿海港口粮食吞吐量达2481万吨，进港5万吨以上粮船共48次，占进港船舶总数的43%。浙江、江苏、上海、广东等省部分港口积极建设粮食物流中心，"粮食专业码头＋粮食物流中心"初具雏形。

2. 港口粮筒分布

粮筒是港口的重要设施与功能区，粮筒容量成为反映港口粮食运输职能的重要指标。2014年，全国规模以上港口的粮筒容积达2045.3万立方米，分布在65个港口；其中，沿海港口的生产用圆筒仓容积达1651万立方米，而内河港口达394.3万立方米，比例分别为80.7%和19.3%，两者呈现"4：1"的关系。

各港口间的粮筒容量有明显差异，如表3-16所示。其中，大连港有最高的圆筒仓容量，达464.4万立方米，占全国总量的22.71%，远高于其他港口，这种职能设施的布局归因于大连为东北粮食基地粮食输出的门户港。黄骅港的容量达259.2万立方米，比例为12.67%，丹东港有188.5万立方米的圆筒仓，比例达9.22%，营口港也占5.9%，上述港口主要分布在辽宁沿海地区。张家港、宁波、广州、嘉兴河港等港口的圆筒仓均超过82.8万立方米，比例均超过4%，日照、深圳和镇江港也均超过2%。此外，泉州、锦州、天津、麻涌、青岛、中山、厦门、岳阳、南通和秦皇岛等港口均超过1%，其他港口较低。

表3-16　全国主要港口的生产用圆筒仓容积构成

名称	圆筒仓容积/万立方米	比例/%
大连	464.4	22.71
黄骅	259.2	12.67
丹东	188.5	9.22
营口	120.0	5.87
张家港	98.8	4.83
宁波	87.0	4.25
广州	86.2	4.21
嘉兴河港	82.8	4.05
日照	64.9	3.17
深圳	48.2	2.36
镇江	40.9	2.00

第四章

全国港口运输职能宏观结构

第一节　港口吞吐量增长过程

一、综合运输结构演变

1. 总体结构演变

各种运输方式具有不同的技术经济属性,适用于不同距离或类型的客货运输。如图 4-1 所示,20 世纪 50 年代以来,中国货运量结构发生了重大变化,各种交通方式所承担的货运量比例和周转量比例均不断变化。典型特征是:公路的货运量规模和比例均不断提高,地位日益重要;铁路的货运规模和比例均呈减少趋势,地位有所弱化;水路货运功能总体弱化的同时略有稳定;航空的货运量和规模虽不断提高,但比例甚小。

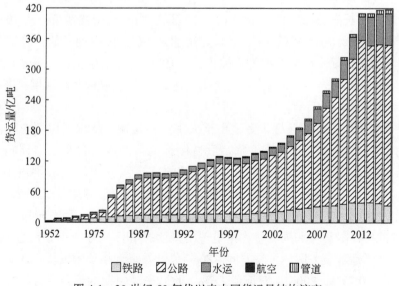

图 4-1　20 世纪 50 年代以来中国货运量结构演变

2. 各种方式演变

铁路曾是货运的主要承担方式，尤其是 20 世纪 80 年代之前曾一度占货运量的 40% 以上，周转量超过 70%。1952 年，铁路货运总量占比达 41.9%，周转量占比为 79%，1952 ~ 1978 年虽有波动，但仍呈小幅增长。改革开放以来，铁路货运比例迅速减少并逐步稳定；1980 年降到 20.6%，周转量降至 36.8%；至 20 世纪末一直小幅降低，1999 年达 12.7%，周转量达 22.4%。2000 年开始，比例呈小幅增长，2004 年增长到 14.3%，而周转量仍呈持续下降；此后比例均持续降低，2015 年货运量达 8%，周转量达 13.3%。铁路货运运距呈现"先增长，后降低"的发展过程，从 1952 年的 455 千米增长到 1995 年的 786 千米，此后逐步降到 2015 年的 707 千米。

公路的运输地位不断提高，货运规模不断扩大，货运比例不断提高，成为中国货运的主要方式。1952 年，公路的货运量和周转量比例分别为 41.8% 和 1.9%，1952 ~ 1978 年呈现货运比例不断下降、周转量比例持续增长的特征，1978 年降为 35.2% 但周转量提高到 2.2%。改革开放以来，公路运输迅速发展，货运比例急剧增长，1980 年达 70.7%，而周转量则呈相对较低的增长，达 4.9%。1980 年开始，公路货运比例呈现小幅的持续增长，1994 年达 75.9%；此后呈现小幅降低，2006 年降为 70.1%。2007 年开始，货运比例又呈小幅增长，2015 年提高到 75.4%，但周转量却呈现快速增长，达 32.5%。公路货运运距持续增长，从 11 千米增长至 184 千米。

航空货运量比例虽不断提高，但比例甚小，仅为 0.02%，周转量比例也较低但一直呈现增长态势，2015 年达 0.12%；货运运距呈现持续增长，从 1975 年的 1200 千米增长到 2015 年的 3306 千米。20 世纪 90 年代中期开始，管道货运规模开始增长，并逐步成为重要的运输方式；1995 年，管道运量比例达 1.2%，此后逐步增长，2015 年达 1.8%，周转量比例达 2.6%；货物运距呈现增长态势，从 386 千米增长到 615 千米。

由于水运经济技术属性，更适用于大宗货物运输。从水运比例来看，20 世纪 50 年代以来呈现"先持续下降，后持续提高"的发展过程，但周转量比例呈现相对稳定的增长过程。1952 年，水运的货运量和周转量分别占 16.3% 和 19.1%，50 年代呈现略微的增长过程，1962 年提高到 50.4% 和 20.2%。60 年代初至 90 年代末，货运比例持续下降，1998 年达 8.5%，但周转量却提高到 36.6%。此后，货运量和周转量比例呈现出持续的增长，2015 年分别达 14.7% 和 51.5%。远洋运输服务国际贸易方面，80 年代开始呈现持续的增长，1980 年货运量比例仅为 0.79%，2006 年增长到 2.6%，此后呈现短期的下降趋势，2012 年降至 1.6%，近年来又呈小幅增长，2015 年达 1.79%，如图 4-2 所示。水运运距呈现"先增长，后降低"的发展过程，从 1952 年的 284 千米增长到 2007 年的 2286 千米，此后持续降到 2015 年的 1496 千米；远洋货运运距则呈现类似特点，1978 年为 6797 千米，1990 年达 8653 千米，此后波动式降到 2015 年的 7262 千米。

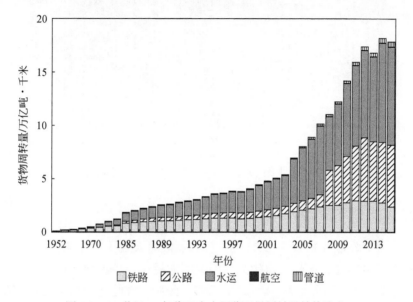

图 4-2　20 世纪 50 年代以来中国货运量周转量结构演变

二、港口总吞吐量增长过程

20 世纪 70 年代以来，中国港口吞吐量呈现持续的增长过程，特别是改革开放以来的激励政策与外向经济发展促使吞吐量增长迅速。根据各年份吞吐量及变化，大致分为三个阶段（图 4-3）。

1. 低位增长阶段

该阶段主要是指 1972 ~ 1998 年。港口吞吐量大致呈现低位的持续增长状态，典型特点是总体规模较小、增幅较低，但增速不一定低。1972 年，港口吞吐量仅为 1.6 亿吨，外贸吞吐量不足 0.3 亿吨，比例仅为 16.2%。1979 年，港口吞吐量达 3 亿吨，仅增长 1.4 亿吨。改革开放以来，港口吞吐量增长略微加快，1985 年达 4.3 亿吨，外贸量达 1.4 亿吨。80 年代中期开始，吞吐量增幅有所扩大，1989 年吞吐量达 7.4 亿吨，外贸量达 2.6 亿吨，比例也提升至 34.8%。1999 年港口吞吐量提高到 14.5 亿吨，外贸量达 4.3 亿吨，外贸比例达 29.4%。

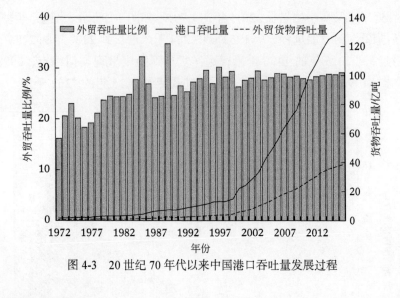

图 4-3　20 世纪 70 年代以来中国港口吞吐量发展过程

2. 快速增长阶段

该阶段主要是指 1999 ~ 2011 年。港口吞吐量大致呈现快速增长的状态，吞吐量基数日益提高，增幅快速扩大，增速明显提高。1999 年港口吞吐量迅速增长，一年就增长了 7.6 亿吨，达 22.1 亿吨。此后，吞吐量年均增幅迅速扩大，2003 年突破 30 亿吨，达 33 亿吨，外贸量达 9.7 亿吨。2004 年吞吐量超过 40 亿吨，2006 年突破 50 亿吨，两年就增长 10 亿吨；2007 年突破 60 亿吨，2008 年突破 70 亿吨，一年就增长 10 亿吨，外贸量达 20 亿吨。2011 年，港口吞吐量突破 100 亿吨，一年增长 11 亿吨，外贸量达 27.9 亿吨，比例达 27.7%（图 4-4）。

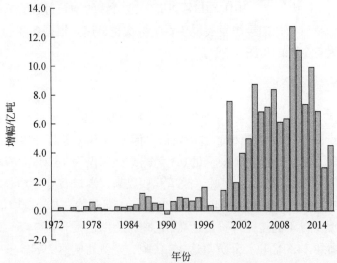

图 4-4　20 世纪 70 年代以来中国港口吞吐量年增长幅度

3. 高位增长阶段

该阶段主要是指 2012 年至今。港口吞吐量大致呈现出高位增长的状态，规模总量大，增速放缓，增幅较大但持续下降。2012 年始，港口吞吐量放缓增速，进入 10% 以下的增长阶段。2013 年吞吐量达 117.7 亿吨，占全球的 53.9%，但 2013 年增幅降低到 9.9 亿吨。2016 年吞吐量达 132 亿吨，外贸量达 36.6 亿吨，比例为 29.2%。尤其是近年来，增速明显放慢，2014 年增幅降到 6.9 亿吨，增速降到 5.8%；2015 年吞吐量增幅为 3 亿吨，增速仅为 2.4%，外贸量增速为 5.1%；2016 年吞吐量增幅和增速有所提高，前者达 4.5 亿吨，后者达 3.5%。

第二节　货物结构与港口结构

一、货物总结构与港口结构演化

1. 演变过程

一般而言，货物种类结构决定了港口的运输职能结构，并往往是由腹地的产业结构和资源开发及调拨所决定的。根据港口统计资料，通过分析各港口与货物运输职能的对应关系，总结出以下特征。

随着时间推移，从事货物运输的港口不断增多，各类货物覆盖的港口数量也呈不断增多的过程，如表 4-1 所示。从总吞吐量来看，各类货物覆盖的港口从 20 世纪 80 年代中期的 60 多个，增加至 90 年代中期的 80 多个，进一步增长至目前的 90 多个。各种货物的港口在数量结构上形成了更加明显的分化，尤其是 90 年代中期港口数量开始形成分化，21 世纪以来形成更加明显的分化。

表 4-1　各类货物按总量、进出港统计的港口数量　　（单位：个）

货物类别	1985 年			1995 年			2014 年		
	总量	出港	进港	总量	出港	进港	总量	出港	进港
煤炭	66	55	58	93	76	80	107	94	105
石油	59	45	55	85	56	82	91	75	89
金属矿石	44	35	37	69	52	59	91	75	84
钢铁	65	61	63	88	82	82	99	96	92
矿建材料	63	57	58	93	82	90	108	99	105
水泥	60	49	50	85	61	59	91	72	79

货物类别	1985 年			1995 年			2014 年		
	总量	出港	进港	总量	出港	进港	总量	出港	进港
木材	64	48	62	76	62	66	79	61	73
非金属矿石	63	54	55	85	71	74	93	85	87
化肥农药	64	55	60	88	72	80	86	66	80
盐	54	39	47	71	42	60	64	31	58
粮食	67	61	65	90	77	83	97	84	92
机械设备				74	63	69	81	68	74
化工原料				78	70	72	95	88	89
有色金属				47	39	36	44	35	37
轻工医药				81	66	68	80	61	75
农林牧渔				76	69	68	78	65	73
其他货物	68	68	67	96	92	88	105	101	102

从港口数量来看，煤炭、钢铁、非金属矿石、粮食、化工原料、矿建材料等货种在各时期的港口数量均较多，即多数港口具备这些货物的运输职能，也说明这些货物运输是中国港口的一般性运输职能。但拥有木材、盐、有色金属、农产品等货物运输职能的港口数量在各时期均较少。这说明部分运输职能是多数时期港口具备的一般性或共同性职能，而少数货物运输是港口在部分时期或特定时期才具备的职能，各种职能在不同时期形成普遍性与特殊性的分化。

2. 当前特征

目前，各类货物的港口覆盖形成明显分异，反映了各类运输职能的普适性程度不一。

部分货物运输在港口中的分布具有广泛性，即多数港口都承担该货物的运输，成为港口的一般性运输职能。此类货物的港口覆盖率均高于 90% 以上，主要包括矿建材料、煤炭、钢铁等货物类型。其中，所有港口都具备矿建材料的运输职能，具备煤炭运输的港口有 107 个，两类货物运输职能基本实现中国港口的全覆盖。钢铁运输覆盖 99 个港口，覆盖率达到 91.7%。

部分货物的港口覆盖较为广泛，覆盖率均超过 75%。此类货物包括粮食、化工原料、非金属矿石、石油、金属矿石、水泥等，货物类型较多，并成为多数港口的运输职能。其中，粮食和化工原料分别覆盖 97 个和 95 个港口，覆盖率为 89.8% 和 88%；非金属矿石覆盖 93 个港口，覆盖率为 86.1%；石油、金属矿石、水泥等货物覆盖 91 个港口，覆盖率为 84.3%；化肥农药、机械设备的港口覆盖率也均超过 75%。

部分货物的运输具有一定的港口覆盖率，均高于 50%，包括木材、轻工医药、农产品、盐等。其中，木材、轻工医药、农产品的覆盖率均高于 70%，而盐为 59.3%，许多港口不承担上述货物的运输职能。

少量货物的港口覆盖率较低，均低于 50%，为少数港口具备的运输职能。此类货物主要是有色金属和石油，前者涉及 44 个港口，覆盖率为 40.7%，而后者仅覆盖 42 个港口，覆盖率不足 40%。

二、进出港货物结构与港口结构

1. 进出港

货物进港意味着腹地为货物需求方，在一定程度上反映腹地经济发展与供应链情况，而货物出港则反映了腹地资源禀赋与工业产品情况。该视角的分析更能反映港口在腹地供需关系中的作用与地位。在各时间节点上，各类货物进港、出港的港口数量差异较小。从进出港口数量的对比来看，多数货物的输入港口数量多于输出港口，在输入方面有更高的港口覆盖率，尤其是煤炭、石油、金属矿石、矿建材料、木材、非金属矿石、轻工医药、化工原料、机械设备、粮食、化肥农药等货物的输入港口始终多于输出港口。但少数货物的进出港港口数量关系发生了转变，钢铁从"进港多出港少"演变为当前的"进港少出港多"，农产品、有色金属从"进港少出港多"演变为"进港多出港少"，但没有货物的出港数量始终多于进港数量。

目前部分货物具有广泛性，即多数港口具备该货物进港运输职能，包括煤炭、矿建材料、钢铁，均高于 85% 的覆盖率；石油、粮食、非金属矿石、化工原料、金属矿石等货物进港职能，具备较高的港口覆盖率，均高于 75%；水泥、化肥农药、木材、盐、机械设备、轻工医药、农产品等货物具有一定的港口覆盖率，均高于50%；但原油和有色金属的覆盖率较低，均低于 40%。货物出港与进港分布有所不同但差异并不大，煤炭、矿建材料和钢铁仍具有最高的港口覆盖率而均高于85%；化工原料、非金属矿石、粮食等货物的覆盖率较高，均高于 75%；石油、金属矿石、水泥、木材、化肥农药、机械设备、轻工医药、农产品等货物的港口覆盖率均高于 50%，有色金属、原油、盐的覆盖率最低，均低于 33%，不足三分之一的港口具备输入职能。

2. 进出口

港口是贸易系统的重要环节，尤其是国际贸易系统的核心环节。各类货物进出口的运输职能分布呈现与总吞吐量、进出港量明显不同的特征。所有货物的港口覆盖数量与覆盖率均呈明显的下降，仅覆盖少数港口，许多内河港口不具备国际贸易运输职能，而主要服务于内贸运输，如表4-2所示。各类货物的进口、出口的港口数量差别较大，各港口在部分货物的国际贸易运输中承担不同的作用。从具体货类来看，水泥、盐、有色金属、化肥农药的进出口职能仅覆盖部分港口，煤炭、石油、金属矿石、机械设备、农产品、钢铁等货物运输职能覆盖较多的港口，这与进出港分析类似。从进出口港口的数量对比看，石油、金属矿石、木材、机械设备、化工原料、农产品等货物的进口港始终多于出口，非金属矿石、矿建材料等货物的出口港数量始终高于进口。部分货物的进出口港数量关系发生了转变，其中轻工医药、有色金属、盐等货物从"出口多进口少"演变为"出口少进口多"，化肥农药、水泥、钢铁等货物从"出口少进口多"转变为"出口多进口少"，煤炭则呈现更复杂的变化，从80年代中期的"出口多进口少"转变为90年代中期的"出口少进口多"，但差异较小，并进一步演化至目前的"出口少进口多"，进出口港口的数量差异拉大。

表4-2　各类货物按进出口统计的港口数量　　（单位：个）

货物类别	1985年		1995年		2014年	
	进口	出口	进口	出口	进口	出口
煤炭	7	11	15	13	57	22
石油	16	12	47	28	51	34
金属矿石	12	11	33	21	53	24
钢铁	23	12	52	42	49	53
矿建材料	4	19	25	46	25	43
水泥	24	5	6	27	6	27
木材	22	10	35	26	43	33
非金属矿石	8	28	23	44	37	42
化肥农药	22	4	28	25	25	36
盐	1	12	5	14	23	13
粮食	18	29	31	30	48	21
机械设备			42	40	51	49
化工原料			48	43	56	50
有色金属			24	25	27	22
轻工医药			40	42	46	35
农林牧渔			43	40	50	30
其他货物	35	46	51	54	80	81

目前，从进口角度看，所有货物的港口覆盖率均很低，煤炭、化工原料的运输职能相对广泛，港口覆盖率超过50%；金属矿石、石油、钢铁、粮食、轻工医药、农产品等货物的覆盖率均为40%～50%，木材、非金属矿石为30%～40%，矿建材料、有色金属、化肥农药、盐为20%～30%，原油为19.4%，而水泥仅为5.6%。从出口来看，各类运输职能的港口覆盖率明显不同，具备钢铁、机械设备、化工原料出口职能的港口最多，覆盖率为40%～50%；其次是石油、矿建材料、化肥农药、木材、非金属矿石、轻工医药为30%～40%，煤炭、金属矿石、水泥、有色金属、农产品为20%～30%，粮食和盐为10%～20%，而原油仅为5.6%。

三、港口结构与货物覆盖

腹地产业结构的复杂性促使港口货物类型形成日渐多元化的过程。港口为腹地产业发展所需的各种原材料及工业制成品提供运输渠道，产业结构越复杂，港口货物类型越倾向于多元化，货物的港口覆盖率越高。考察各个港口的货物运输结构，在一定程度上可以映射腹地产业结构和资源要素的发展状况。

如表4-3所示，从各港口货物覆盖率的角度来看，主要存在以下特征。

表 4-3　按覆盖率统计的港口数量

覆盖率/%	总吞吐量/个	进港/个	出港/个	进口/个	出口/个
100	14	11	4		1
90～100	17	14	8	3	1
80～90	35	30	28	7	6
70～80	14	16	14	12	7
60～70	6	7	14	6	
50～60	8	10	7	11	19
40～50	8	8	13	12	10
30～40	3	3	6	5	1
20～30	1	6		8	6
10～20	2	1	7	7	18
0～10		1	1	4	4
0		1		32	35

（1）总吞吐量、进港量和出港量的货物分布有着相同的特征，有相当数量的港口具备较高的货物覆盖率，尤其是覆盖率为75%～95%的港口数量较多，

呈现出"高覆盖率多，低覆盖率少"的结构特征；而进出口的货物覆盖率都比较低，呈现"高覆盖率少，低覆盖率多"的结构特征。

（2）从总吞吐量来看，具备所有货物运输职能的港口共计 14 个，有 17 个港口的货物覆盖率高于 90%；有接近三分之一的港口为 80% ~ 90%；有 14 个港口为 70% ~ 80%。但 28 个港口的货物覆盖率低于 60%。

（3）从进港来看，具备所有货物进港职能的港口有 11 个，而覆盖率为 90% ~ 100% 的港口有 14 个，两者合计接近四分之一。有 30 个港口的货物覆盖率为 80% ~ 90%，而 16 个港口为 70% ~ 80%。从出港来看，具备所有运输职能的港口减少到 4 个，8 个港口的覆盖率为 90% ~ 100%，覆盖率为 80% ~ 90% 的港口仍是最多。

（4）从进口来看，货物覆盖率较高的港口较少，高于 80% 以上的港口共计 10 个，有接近三分之一的港口不具备货物进口职能。出口也呈现类似的特征，货物覆盖率高于 80% 以上的港口有 8 个，而有 35 个即接近三分之一的港口不具备货物出口职能。

第三节　港口运输职能及演变

一、港口货物职能结构

在分析单体港口运输职能结构之前，应对中国港口的总体职能结构进行分析，以期对各种运输职能在中国港口活动中的地位和作用形成总体认识，这也是各港口运输职能界定的基础。同时，全国港口总体职能结构的分析也有助于探究港口与腹地工业化的关系。

1. 总体职能结构

货物吞吐量基本反映了港口的宏观运输职能，不同货物间的规模多少与比例大小反映了港口的运输职能结构。如表 4-4 所示，2014 年，中国港口吞吐量达111.9 亿吨，主要包括煤炭、石油、金属矿石、钢铁、矿建材料、水泥、木材等16 类货物。吞吐量居前四位的货物分别是煤炭、金属矿石、石油和矿建材料，合计约占 57.43%，其中煤炭最高约为 19.57%，金属矿石为 16.07%，矿建材料为14.77%，石油为 7.02%。钢铁吞吐量比例为 4.19%，而水泥、非金属矿石、粮食、化工原料等货物均为 2% ~ 3%，机械设备电器和轻工医药为 1% ~ 2%。盐、有色金属、化肥农药、农产品等货物的比例很小，合计不足 1.5%。由此可见，与水运运载量大、成本低等特点相适应，中国港口以煤炭、金属矿石等大宗货物为主要运输职能，轻工业产品的比例很小。这些比例较高的货物主要是重化工业的原料或燃料及产成品，港口运输职能结构与腹地的工业化发展有着紧密的关系。

表4-4　2014年中国港口货物运输结构　　　　（单位：%）

类型	总量	出港	进港	内贸	外贸	出口	进口
煤炭	19.57	21.91	17.83	24.92	7.96	1.72	10.26
石油	7.02	5.14	8.42	5.17	11.03	3.41	13.85
金属矿石	16.07	8.05	22.01	9.05	31.28	0.14	42.81
钢铁	4.19	6.00	2.86	4.88	2.72	8.52	0.57
矿建材料	14.77	13.28	15.88	21.13	0.98	2.96	0.25
水泥	2.76	4.24	1.67	3.85	0.40	1.44	0.01
木材	0.73	0.28	1.06	0.22	1.83	0.40	2.36
非金属矿石	2.21	2.63	1.90	2.58	1.42	1.29	1.46
化肥农药	0.47	0.69	0.30	0.25	0.94	2.65	0.31
盐	0.16	0.11	0.19	0.12	0.23	0.07	0.29
粮食	2.16	1.63	2.55	1.92	2.68	0.09	3.64
机械设备电器	1.95	2.34	1.65	1.09	3.81	7.84	2.32
化工原料	2.11	2.01	2.18	1.93	2.50	2.27	2.59
有色金属	0.14	0.14	0.14	0.05	0.35	0.50	0.30
轻工医药	1.03	1.19	0.91	0.90	1.33	2.42	0.92
农林牧渔	0.44	0.33	0.52	0.34	0.65	0.48	0.72
其他	24.23	30.04	19.92	21.62	29.88	63.79	17.34

2. 进出港结构

港口作为交通网络的核心节点，基本属性是货物流动存在方向，这种矢向性反映了港口在腹地物流网络与产业链的位置。总体看，中国港口的进港、出港与总吞吐量结构相差不大，尽管位序略有差别，但占主导地位的四类货物仍为煤炭、金属矿石、石油和矿建材料。在出港方向上，首先，煤炭、矿建材料是最主要的货物，前者比例达21.91%，超过五分之一；后者比例为13.28%，超过八分之一；其次，金属矿石较高，为8.05%，钢铁也占6%，石油和水泥业分别占5.14%和

4.24%；其他货物的比例较小。在进港方向上，金属矿石、煤炭和矿建材料是最重要的货物；其中，金属矿石进港比例明显高于出港比例，为22.01%，超过五分之一；煤炭和矿建材料分别为17.83%和15.88%；石油有较高的比例，达8.42%。

3. 内外贸结构

内外贸反映了港口运输职能结构的外向性。在外贸运输中，金属矿石、石油和煤炭是最重要的货物。其中，金属矿石的比例最高，达31.28%，主要为各钢铁企业从国外进口的铁矿石；其次是石油和煤炭，分别达11.03%和7.96%，主要是各炼化企业和沿海火电企业从国外进口的原油与电煤。在内贸运输中，煤炭、矿建材料是最重要的货物，其中煤炭比例为24.92%，接近四分之一，主要是"西煤东运、南煤北运"的内贸沿海运输；矿建材料为21.13%，主要是各地区的建筑材料，如砂石等，多为房地产所需材料；其次是金属矿石，占比为9.05%。

4. 进出口结构

进出口货物与总吞吐量结构相比则存在较大差异。进口货物中，排名前四位的依次是金属矿石、石油、煤炭和粮食，其中金属矿石尤为突出，占港口进口量的42.81%，进口货物主要是工业生产的原料和燃料。值得注意的是，粮食进口量排第四位，但在总吞吐量和进出港结构中的地位并不突出。出口货物中，机械设备、钢铁、石油和矿建材料居前四位，其中机械设备和钢铁分别为7.84%和8.52%，而这两类货物在总吞吐量结构中地位较弱。港口出口货物以成品（机械设备、轻工医药）或半成品（钢铁）为主。这反映了港口进出口货物组成与中国工业生产链的基本关系，进口主要服务于工业上游的原料和燃料输入，而出口主要服务于工业下游的产品输出。

二、港口货物结构演变

1. 总体演变

各种货物的吞吐量规模均呈现不断增长的过程，促使中国港口的运输规模不断扩大。但各种货物的比例随时间推移而有较大波动，反映出港口各种运输职能的变动，从而带来职能结构的变化。20世纪70年代以来，各年份的货物种类结构不尽相同，港口运输职能类型呈现彼此间增减并存的发展特征。但须看到的是，港口主导货物比例保持着相对稳定性，即港口主导运输职能相对稳定，煤炭、石油、金属矿石、矿建材料始终是主要货物，在运输职能结构中占主导地位。如表4-5所示，1972～1985年，比例高于10%的货物是煤炭和石油，合计比例有所波动，

1972 年为 42.8%，1975 年和 1985 年分别为 57.1% 和 52.9%。90 年代，矿建材料挤入 10% 的行列，煤炭、矿建材料和石油的合计比例达 60.2%；90 年代中期，金属矿石挤入该行列，煤炭、金属矿石、矿建材料和石油主导了 1995 ~ 2005 年的货物结构，合计比例在 60% 上下波动；近几年来，煤炭、金属矿石和矿建材料主导了货物结构，合计占一半。由此可见，为腹地的工业化发展提供原料和燃料始终是港口的重要运输职能。

表 4-5　中国历年 10% 以上货物的类型变化

时间	煤炭	石油	矿建材料	金属矿石	合计比例 /%
1972	■	■			42.8
1975	■	■			57.1
1980	■	■			51.2
1985	■	■			52.9
1990	■	■	■		60.2
1995	■	■	■	■	62.6
2000	■	■	■	■	59.9
2005	■	■	■	■	59.9
2010	■		■	■	50.8
2014	■		■	■	50.4

2. 职能演变

根据货物比例变动的方向，将各类货物分为逐步增长、持续下降、相对稳定等若干类型。具体如下所述（图 4-5）。

（1）吞吐量比例呈现逐步增长的货物包括金属矿石和矿建材料。其中，金属矿石比例的增长趋势最显著，从 1972 年的 6.8 逐渐增至 2014 年的 16.07%，提高近 10 个百分点，成为港口第二大运输职能。这种职能的增强与中国冶金工业尤其是钢铁工业发展有直接的关系。矿建材料从 4.4% 增长到 14.77%，增长了约 10 个百分点。

（2）少数货物保持规模的同步增长与比例的相对稳定性。其中，煤炭比例相对稳定，围绕 20% ~ 30% 呈现小幅度的上下波动。但 80 年代中期以来，煤炭始终是第一大货种，运输煤炭也成为港口最主要的运输职能并广泛存在于各港口。

（3）部分货物的比例呈下降趋势。主要包括石油、化肥农药、钢铁、粮食、盐、非金属矿石等，港口的此类货物运输职能不断弱化，但仍占有一定比例。其中，石油运输职能弱化趋势最突出，比例于 1976 年达顶峰 32.9%，此后逐年下降，2014 年仅占 7.02%，远落后于煤炭和金属矿石。须指出的是，石油吞吐量很高，规模影响超出了比例影响。化肥农药从 1972 年的 5.2% 降至 2014 年的 0.47%，钢铁则从 8.7% 降至 4.19%，粮食从 7.8% 降至 2.16%，盐和非金属矿石分别从 5.1%、3.6% 降至 0.16%、2.21%。

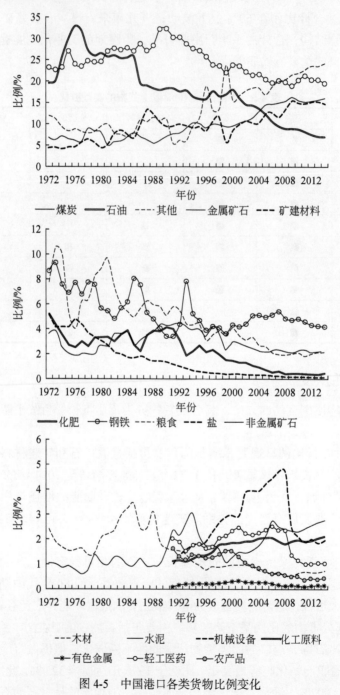

图 4-5　中国港口各类货物比例变化

三、港口综合性 / 专业化演化

货物离散系数的演变可反映港口运输职能结构的综合性 / 专业化演变，而全国港口的货物离散系数反映了港口与国家工业化、国际贸易的总体适应情况，反映了国家经济发展的基本指向，成为反映国家工业化发展动态的风向标。

1. 识别模型

港口运输职能判别是港口地理学研究的重要问题。货物的种类数量及相互之间的规模比例关系决定了一个港口的基本属性，即综合性港口还是专业化港口，而这种综合性或专业化的形成往往与腹地的产业结构与资源开采或全国甚至全球的供应链网络有着重要联系。一个港口的综合性或专业化水平，对港口建设的定位与规模判断都是重要的依据。一般而言，货物运输种类多、各货种吞吐量规模差异相对较小的港口为综合性港口；反之，货物种类较少，各货种吞吐量规模相差悬殊，以某一种或几种货物运输为主导职能的港口为专业化港口。一般性港口则介于综合性和专业化之间。

港口货物运输结构反映腹地的资源禀赋和产业结构，同时也是港口运输职能的直观体现。港口运输是由不同港口、不同货物组成的复杂体系，各港口有不同的货物运输规模和结构。综合性 / 专业化是港口运输职能结构的重要方面。为了考察港口货物运输的复杂性，构建货物离散指数以判定港口运输职能结构的综合性或专业化属性及高低水平。根据交通运输部《港口综合统计报表制度》："其他类货物包括集装箱重量（吨）、滚装船汽车吞吐量（吨）其中项和滚装船汽车吞吐量（标辆），仅当集装箱内货物无法进行分货类统计时，集装箱总重计入其他货类，并单列；滚装船汽车吞吐量计入其他货类，并单列"，因此，集装箱内的货物已进行分货类统计，其他货类不等同于集装箱与滚装船汽车的总和，而是无法继续剥离的实际货类，本书将其他货类作为研究类别，不涉及集装箱的研究。

综合各学者的研究，货物离散指数 R 可以反映港口货物运输的内部结构，从而判断港口的综合性 / 专业性程度，计算公式如下：

$$R_i = \frac{n}{n-1} \times \sum_{j=1}^{n} (x_j - \bar{x})^2 \qquad (4\text{-}1)$$

其中，x_j 为港口 i 内第 j 种货物吞吐量占港口总吞吐量的比例；$\bar{x}$ 为港口内某种货物吞吐量占港口总吞吐量的比例的均值。R_i 的取值范围为 [0, 1]，一般而言，R_i 值越大，港口运输职能结构的专业化属性越显著，反之，港口运输职能结构的综合性属性越显著。当 $R_i=0$ 时，港口 i 内 n 种货物的吞吐量相等，各类港口运输职能呈现绝对平均状态，港口 i 为绝对综合性港口；当 $R_i=1$ 时，表明港口 i 的吞吐量集中于一种货物，港口 i 为绝对专业化港口，为单一运输职能港口。

2. 总吞吐量

20 世纪 70 年代以来，全国港口货物的离散系数呈现明显的波动式变化发展，全国港口运输职能结构的总体综合性与专业化存在动态变化。全国、沿海和内河三大部分虽然存在略微差异，但沿海和内河港口的职能专业化水平略高于全国，尤其是沿海港口一直高于全国，而内河港口部分年份低于全国，如图 4-6 所示。但全国、沿海和内河的货物离散系数形成基本一致的变化过程。综合来看，货物离散系数大致形成了以下发展阶段。

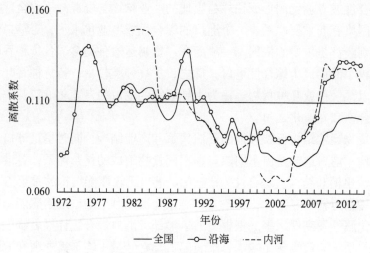

图 4-6　全国、沿海、内河港口吞吐量离散系数变化

阶段 I：改革开放之前。因数据统计原因，全国和沿海港口呈现重合过程，但总体上货物离散系数处于低值状态，为综合性的运输职能结构；期间货物离散系数呈现上升趋势，1972 年，全国港口货物离散系数为 0.08，1976 年提高到最高值 0.141，港口运输职能的综合性水平有所弱化，但维系时间较短，这主要是受第一轮重化工业发展的影响。

阶段 II：20 世纪 70 年代末至 21 世纪初。全国、沿海和内河港口的货物离散系数，虽然个别年份出现反弹增长，但主要呈现持续的下降态势。这反映了港口货物的运输职能倾向于综合性，改革开放所带来的加工贸易与制造业发展促生了港口货物种类的多元化。该时期恰逢改革开放以来，维系时间较长。其中，全国货物离散系数逐步降至 2005 年的 0.075，而沿海港口则从 1982 年的 0.116 降至 2005 年的 0.087，内河港口则从 1982 年的 0.149 降至 2003 年的 0.067。

阶段Ⅲ：21世纪初至2013年。由2003年前后起，港口货物离散系数呈现突然的增长态势，尤其是沿海和内河港口均呈现急速增长，并高于全国港口平均水平，港口运输职能倾向于略微专业化的发展态势，这与中国启动的新一轮重化工业发展密切相关。但该阶段维系时间较短。全国港口离散系数增长至2012年的0.102，沿海港口增长至2011年的0.133，内河港口则增长至2009年的0.131。

阶段Ⅳ：2012年以来。近几年来，港口货物离散系数倾向于稳中略有下降的发展态势，港口运输职能略微呈现更为综合性的发展态势。全国港口的离散系数降至2014年的0.101，沿海港口则降至0.131，内河港口降至0.121，缩减幅度较小。该时期恰逢中国经济发展进入新常态，而且是中国政府加快供给侧改革、积极推动去产能的时期，重化工业的生产能力开始压缩，原燃料需求有所下降。

3. 进出港与内外贸

由于腹地产业结构、资源禀赋和国际贸易结构的不同，港口货物在进出方向、进出口方面存在有所不同的结构，这种结构差异随时间推移也有所变化。

进出港与内外贸的货物离散系数，同上部分所述的全国、沿海、内河港口的发展趋势保持总体一致，如图4-7和图4-8所示。尤其是全国出港、沿海出港、内河出港、沿海进港、内河进港、全国内贸、内河内贸、全国外贸、沿海外贸、内河外贸等方面，同上述分析保持一致，基本呈现"短期上升，长期下降，短期急速生成，目前稳中略降"的发展过程。值得关注的是，全国进港货物的离散系数呈现"长期波动式平稳，近期逐步提高"的发展态势，港口在进港运输方面形成更专业化的发展特征，这深受中国重化工业原燃料进口运输的影响。

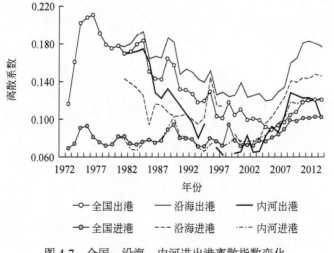

图4-7　全国、沿海、内河进出港离散指数变化

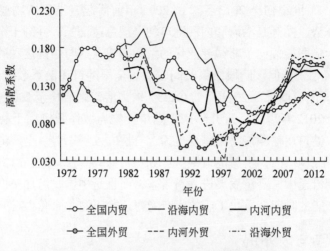

图 4-8　全国、沿海、内河内外贸离散指数变化

港口运输与腹地产业发展

第五章

区域港群运输职能发展路径

第一节 沿海与内河港口运输职能

一、沿海港口运输职能结构

1. 吞吐量与比例

沿海港口是港口体系的核心部分，是中国面向全球组织国际贸易往来的主要门户。如图 5-1 所示，20 世纪 70 年代以来，沿海港口的吞吐量持续增长，并以 90 年代末为界形成"缓慢增长"和"快速增长"两个阶段。1972 年，沿海港口吞吐量为 1.06 亿吨，此后呈现缓慢增长，增幅较小，增速较低，1999 年增长到 10.52 亿吨；90 年代末开始，吞吐量呈现快速增长，增幅大、增速快，2006 年超过 30 亿吨，2011 年突破 60 亿吨，2014 年达 76.96 亿吨。

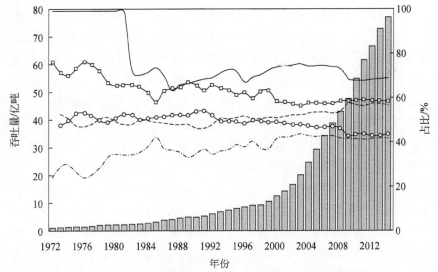

图 5-1 中国沿海港口吞吐量及占比发展过程

沿海港口比例呈现明显的波动式变化，并总体呈现下降的趋势，但降幅很小。20世纪80年代之前，由于数据资料的缺失，中国港口吞吐量即为沿海港口吞吐量，两者呈现一致性。从80年代开始，沿海港口的比例大致呈现下降过程，从1982年的71.2%降至1987年的63.2%，随后逐步回升到1994年的72.7%，1996年又骤降到66.8%，然后逐步提高，2003年达75.2%，而2003年以来又呈现下降的过程，2011年降至67.6%，2014年又略微回升到68.8%。

沿海港口的货物运输以内贸为主，但比例逐步下降。1972年，沿海港口的内贸货物比例为75.9%，与外贸货物形成3：1的关系，这与当时的封闭经济相关。随着对外开放的发展，经济外向性逐步提高，尤其是对外贸易货物增多，吞吐量的内贸比例逐步下降，2014年降至58.3%，仅较外贸货物比例高16个百分点，两者比例趋于持平。

沿海港口的进港与出港货物虽有差距但较小，从以出港略高逐步演变为以进港略高。20世纪70年代末，出港占比总体呈现上升态势，从1973年的47.6%波动式增长到1981年的52.3%，随后降至1983年的50%，又逐步回升到1991年的54%，此后逐步降到2013年的42.8%。进港货物以内贸为主转向以进口为主，1973年进口货物达37.6%，逐步增长到2014年的54.1%。出港货物以内贸为主，但1973～2002年内贸货物呈现初步下降，从80.8%降至60.1%，此后逐步上升，提高到2014年的74.4%。

2. 货物结构与变化

沿海港口货物以煤炭、石油和金属矿石为主，如表5-1所示。吞吐量比例呈现逐步增长的货种包括金属矿石和矿建材料；其中，金属矿石增长趋势最显著，从1972年的6.8%增至2014年的17.3%，提高了约10个百分点，成为沿海港口的第二大运输职能；矿建材料从4.4%提高到7.4%。这种职能的增强与冶金工业尤其是钢铁工业发展有直接的关系。部分货物的吞吐量规模相对稳定，但在总吞吐量结构中的比例却不断下降；20世纪70年代中期以来，盐的吞吐量较为稳定，围绕700万吨左右波动，但由于其他货物吞吐量持续增长，盐的比例不断下降，从70年代中期的5.1%降至2014年的0.1%，成为占比最小的货种和较弱的运输职能。少数货物保持着规模增长与比例的相对稳定，其中煤炭比例相对稳定，围绕20%～30%呈现小幅波动；70年代以来，煤炭始终是沿海港口的第一大货种，1972年比例为23.2%，并升至1991年的32.4%，随后降至2014年的19.3%。部分货物的比例呈现下降趋势，包括石油、粮食、化肥农药、盐、木材等，此类运输职能不断弱化；其中，石油运输职能弱化最突出，其比例于1976年达顶峰的36%，此后逐年降至2014年的8.7%。钢铁的比例从1972年的8.7%逐步降至2014年的3.7%，粮食和非金属矿石分别从

港口运输与腹地产业发展

7.8% 和 3.6% 降至 2.1% 和 1.5%。轻工医药也呈下降趋势，机械设备和化工原料呈现缓慢增长态势，但比例均较小。化肥农药、木材、农产品和木材的比例较低且持续下降，分别从 1972 年的 5.2% 和 2.4%、1991 年的 1.6% 降至 2014 年的 0.4% 和 0.7%、0.5%，水泥呈现类似规律并降至 1% 以下，有色金属一直低于 0.5%。

表 5-1　沿海港口总吞吐量的主要运输职能及变化　　　　　（单位：%）

年份	1972	1980	1990	2000	2010	2014
煤炭	23.2	24.6	34.9	25.9	21.2	19.3
石油	19.6	26.5	18.6	18.6	11.1	8.7
金属矿石	6.8	8.1	7.1	9.5	17.0	17.3
钢铁	8.7	5.7	3.3	4.0	3.9	3.7
矿建材料	4.4	4.5	5.1	5.8	6.2	7.4
木材	2.4	2.1	1.4	0.8	0.6	0.7
非金属矿石	3.6	2.7	3.0	2.1	1.4	1.5
化肥农药	5.2	3.3	4.7	1.4	0.4	0.4
盐	5.1	3.1	1.7	0.4	0.1	0.1
粮食	7.8	8.8	6.1	4.5	2.3	2.1
机械设备				3.8	3.0	2.7
轻工医药				2.7	1.4	1.3
其他	12.0	9.5	12.6	15.9	28.7	31.3

具体货种又呈现不同的特点，如表 5-2 所示。煤炭运输以出港为主，比例略高于进港运输，2014 年出港比例达 56.1%；出港煤炭以内贸为主，多数年份达 90% 以上。21 世纪之前，煤炭进港运输以内贸为主，但此后主要是进口煤炭，2014 年达 62.3%。石油出港比例逐步下降并演化成为以进港为主，比例从 31.6% 提高到 70%，进口石油比例从 12.9% 提高至 74.4%，而出港中的内贸运输不断强化，从 63.7% 提高至 85.5%。原油运输强化了这种趋势，进港比例从 31.8% 增长到 82.1%，进口原油从 15.9% 增长到 86.9%。金属矿石运输以进港为主且比例不断提高，从 1975 年的 57.8% 提高至 2014 年的 81%，进港矿石以进口为主，其比例从 46.3% 提高至 94.2%，出港以绝对内贸运输为主。

表 5-2 全国沿海港口货物结构及变化　　　　　　（单位：%）

类型	年份	1975	1995	2014	类型	年份	1975	1995	2014
煤炭	出港	56.8	62.1	56.1	原油	出港	68.2	52.1	17.9
	进港	43.2	37.9	43.9		进港	31.8	47.9	82.1
	出口	2.8	25.0	1.9		出口	39.6	41.8	9.2
	进口	4.6	1.8	37.7		进口	15.9	42.2	86.9
石油	出港	68.4	51.1	30.0	金属矿石	出港	42.2	27.9	19.0
	进港	31.6	48.9	70.0		进港	57.8	72.1	81.0
	出口	36.3	32.4	14.5		出口	4.4	3.2	0.4
	进口	12.9	50.3	74.4		进口	46.3	75.4	94.2

二、内河港口运输职能结构

1. 吞吐量与比例变化

内河港口主要包括长江、珠江、京杭运河三大水系的港口，部分港口虽属于内河流域但因位居三角洲而临近海洋，被划为沿海港口。如图 5-2 所示，20 世纪

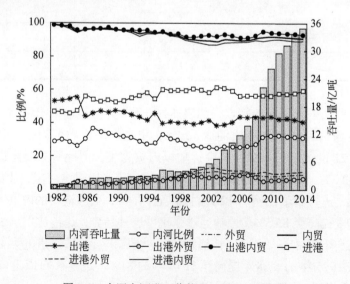

图 5-2　中国内河港口货物吞吐量及比例结构

80 年代以来，内河港口的吞吐量呈现持续的增长，大致以 2002 年左右为界形成"缓慢增长"和"快速增长"两个阶段。1982 年，内河港口吞吐量约为 1 亿吨，1996 年增长到 4.2 亿吨，2001 年达 4.9 亿吨；此后，吞吐量呈现明显的快速大幅增长，2005 年超过 10 亿吨，2009 年突破 20 亿吨，2014 年达 34.9 亿吨。

内河港口在全国港口吞吐量中的比例并不高，并呈现明显的阶段性变化。1982 ~ 1985 年，比例呈现下降趋势，从 29.9% 降至 26.3%；1985 ~ 1987 年，呈现小幅增长，增长到 36.8%，1988 ~ 1994 年持续下降至 27.3%；1994 ~ 1996 年有呈现持续的增长，达 33.2%；1996 年开始又呈现持续的下降，2003 年降至为 24.8%；此后缓慢增长至 2010 年的 32.4%，近年来又缓慢降至 2014 年的 31.2%。

内河港口以内贸运输为主，比例很高但呈小幅下降。1982 年内贸比例达 98.7%，然后逐步降到 2006 年的 89.7%，近年来又呈小幅增长，2014 年达 90.8%。外贸比例一直很低，多数年份低于 10%，仅在 2001 ~ 2003 年、2006 ~ 2007 年超过 10%。

内河港口的进港与出港比例差距较小，并存在转化。出港比例大致呈现持续的下降，1982 年为 53.2%，然后波动式下降到 2014 年的 40.6%；进港比例则呈现相反的趋势，从 1982 年的 46.8% 持续增长到 2014 年的 59.4%。值得关注的是，出港以内贸货物为主，比例达 90% 以上；进港也以内贸货物为主，1982 ~ 1998 年均高于 90% 以上，1999 ~ 2014 年低于 90%，但仍高于 87%。这充分说明内河港口未能直接开展国际贸易，主要服务于国内贸易。

2. 货物结构及变化

内河港口位居内陆地区，是各沿河城市和支流的门户，其货物结构与沿海港口有不同之处。如表 5-3 所示，煤炭、石油、金属矿石、矿建材料是主要货物种类，1982 年合计占 79.5%，即约五分之四，2014 年降至 67.6%，超过三分之二。煤炭一直占据重要份额，总体呈现先上后降再升的过程，1982 年达 26.8%，仅次于石油；2014 年降至 20.1%，仅次于矿建材料。石油曾是内河港口的第一大类货物，但比例呈现快速下降，1982 年高达 30.6%，但持续降到 2014 年的 3.2%，这主要受内陆管道建设的冲击。矿建材料一直呈现增长态势，从 1982 年的 14.4% 增长到 2010 年的 33.2%，并成为第一大货物，2014 年略降至 31%；金属矿石也一直呈现增长态势，从 7.7% 增长至 13.3%，地位日益重要。钢铁、水泥的比例呈现增长态势，但仍主要介于 3% 和 6%，非金属矿石呈持续下降态势，从 6% 降至 3.8%。粮食、化工原料虽变化不一，但以 2% ~ 3% 为主；轻工医药、农产品、化肥农药、木材等货物在 21 世纪之前均高于 1%，但此后低于 1%；盐、机械设备、有色金属等货物一直低于1%。其他货物的比例要远低于沿海港口的比例，2000年最高为14.5%，2014年仅为8.6%。

表 5-3　中国内河港口主要运输职能及变化　　（单位：%）

年份	1982	1990	2000	2010	2014
煤炭	26.8	27.0	18.1	18.5	20.1
石油	30.6	18.0	16.5	4.0	3.2
原油	24.8	14.0	13.6	1.1	0.7
金属	7.7	7.3	9.6	12.5	13.3
钢铁	3.4	3.7	5.4	6.8	5.2
矿建材料	14.4	18.5	16.2	33.2	31.0
水泥	1.6	1.7	2.7	6.0	6.9
木材	0.8	2.1	1.3	0.7	0.8
非金属矿石	6.0	6.7	5.7	4.1	3.8
化肥农药	2.3	2.9	1.6	0.6	0.5
粮食	2.0	3.0	3.0	1.7	2.2
化工原料			1.9	2.8	2.9
其他	3.8	8.4	14.5	7.7	8.6

从主要运输职能的内部结构来看，20 世纪 80 年代以来呈现出不同的发展特点，如表 5-4 所示。煤炭，80 年代以出港为主，1982 年达 65.4%，但从 90 年代开始转变以进港为主，2014 年进港比例提高到 70.2%，无论进港还是出港均以内贸为主，外贸煤炭极少。石油类似煤炭，出港比例逐步下降并演化成为以进港为主，进港比例从 1982 年的 51.5% 提高到 62.1%，而且进出港均以内贸运输为主，均高于 90%，值得关注的是外贸比例逐步增长。原油进港比例从 56.5% 逐步增长到 73.7%，进出港均为绝对的内贸运输。金属矿石运输以进港为主，进港比例一直高于 70%，但出港以绝对的内贸运输为主，而进口比例呈现增长态势，从 1982 年的 6.3% 增长至 2014 年的 25.5%。矿建材料运输以出港为主向以进港为主转变，进港比例从 1982 年的 44.3% 增长至 2014 年的 61.6%，进出港均以绝对的内贸运输为主。

表 5-4 中国内河港口运输职能结构

类型		1982	1995	2014	类型		1982	1995	2014
煤炭	出港	65.4	49.0	29.8	金属矿石	出港	25.2	27.3	28.1
	进港	34.6	51.0	70.2		进港	74.8	72.7	71.9
	出口	0.0	0.4	0.3		出口	0.1	0.4	0.3
	进口	0.0	0.0	3.7		进口	6.3	17.5	25.5
石油	出港	48.5	37.7	37.9	矿建材料	出港	55.7	29.5	38.4
	进港	51.5	62.3	62.1		进港	44.3	70.5	61.6
	出口	2.9	1.6	7.6		出口	0.0	1.4	1.1
	进口	0.0	6.6	9.6		进口	0.0	0.0	0.1

第二节 区域港口群运输职能结构

一、区域性港群运输职能系统

以区域性港口群为研究对象,分析港口群的综合性/专业化、职能强度等指标,可反映各区域经济的发展特征。综合对比各类吞吐量的离散系数,各港群相互间的差异比较明显。黑龙江港口在各方面往往具备最高的离散系数,并以专业化运输为主。北部湾港口群的各类离散系数均很低,为运输职能最综合性的港口群;其次是珠江、长江港口群的各类离散系数总体均较低,但往往在某方面较高,为运输职能比较综合性的港口群。其他港口群的离散系数相对较低,但往往在某方面相对较高,在总体运输职能呈现一般性或综合性特征的同时在某方面呈现专业化特征。

1. 进出港

20 世纪 80 年代以来,中国港口体系经历了巨大变化,各港口群的货物结构也发生了一系列变化,如表 5-5 所示。

从出港来看,20 世纪 80 年代中期,京杭运河港口有最高的离散系数,达 0.859,其次是黑龙江和北部湾港口,为专业化运输职能结构;珠江三角洲、闽东南、长江三角洲、长江、珠江和淮河等港口群的离散系数较低,为综合性职能结构,其他港口群为一般性职能结构;90 年代中期,京杭运河、黑龙江港口仍有最高的离散系数而达 0.893、0.804，其次为渤海西岸港口群高于 0.5，为专业化职能结构，其余港口群均低于 0.2，为综合性职能结构。2014 年，各港口群间的离散系数差异扩大，形成三种港口群的分化；其中，黑龙江港群高于 0.6，具有相对专业化的职能结构；渤海西岸、辽宁沿海、珠江三角洲、淮河等港口群离散系数为 0.3 ~ 0.5，山东半岛、闽东南、京杭运河港口离散系数为 0.2 ~ 0.3，均具备一般性运输职能结构；北部湾、长江三角洲、长江和珠江流域港口的离散系数低于 0.2，形成综合性运输职能结构，其中北部湾港口群最低为 0.059，其运输职能最为综合。各港口群呈现不同的变化，闽东南、珠江三角洲、淮河等港口群的离散系数不断提高，但总体水平较低，90 年代中期之前为综合性职能结构，但 21 世纪以来转变为一般性职能结构；长江、珠江、长江三角洲等港口群的离散系数虽波动但一直很低，一直为相对综合的运输职能结构；北部湾港口的离散系数不断降低，从专业化港口转变为综合性港口；黑龙江港口一直有较高的离散系数，为专业化职能结构，这主要是因为港口较少；运河港口的离散系数在 90 年代中期之前一直很高，但 21 世纪以来下降明显，运输职能结构从专业化转变为一般性；辽宁沿海和山东沿海港口群具有相同的变化特征，其离散系数先下降后提高，运输职能结构在一般性和综合性之间转变，渤海西岸港口则先升后降，其职能结构在专业化与一般性之间转化。

表 5-5 1985 ~ 2014 年区域性港口群的货物离散指数

港口群	1985 年		1995 年		2014 年	
	出港	进港	出港	进港	出港	进港
辽宁沿海	0.473	0.102	0.168	0.190	0.320	0.245
渤海西岸	0.370	0.122	0.557	0.074	0.480	0.356
山东半岛	0.201	0.039	0.165	0.113	0.287	0.174
长江三角洲	0.127	0.106	0.089	0.127	0.151	0.122
闽东南	0.097	0.047	0.196	0.116	0.293	0.118
珠江三角洲	0.072	0.093	0.116	0.089	0.314	0.135
北部湾	0.524	0.080	0.099	0.066	0.059	0.104
黑龙江流域	0.674	0.401	0.804	0.264	0.604	0.563
长江流域	0.147	0.094	0.102	0.171	0.160	0.167
淮河流域	0.161	0.106			0.317	0.530
京杭运河	0.859	0.317	0.893	0.279	0.216	0.571
珠江流域	0.152	0.116	0.087	0.093	0.178	0.158

从进港来看，多数港群的离散系数普遍较低，低于出港的离散系数，专业化港群较少，综合性港群较多，如表5-5所示。20世纪80年代中期，仅黑龙江、京杭运河港口的离散系数为0.3～0.5，为一般性运输职能结构，其余港口群均低于0.2，为相对综合的运输职能结构；90年代中期，黑龙江和京杭运河港口群的离散系数继续降低，但呈现一般性的运输职能结构，其他港口群为综合性职能结构。21世纪以来，多数港口群的离散系数有所增长，相互间的综合性或专业化差异进一步扩大；黑龙江、京杭运河和淮河港口群均超过0.5，运输职能结构向专业化过渡，均为内河港口群；渤海西岸和辽宁沿海港口群离散系数为0.2～0.4，为一般性运输职能结构；而山东沿海、长江三角洲、闽东南、珠江三角洲、北部湾、长江、珠江等港口群均低于0.2，为综合性运输职能结构，但相互间差异较小。从变化来看，山东沿海、长江三角洲、闽东南、北部湾、珠江三角洲、长江、珠江等港口群的离散系数虽变化趋势不一但一直低于0.2，具备相对综合的运输职能结构；辽宁沿海、渤海西岸的离散系数虽然变化不一，但总体上运输职能结构从综合性向一般性演变，黑龙江、淮河和京杭运河的离散系数均先降后增，并演变为相对专业化的运输职能结构。

2. 进出口

从进出口来看，各港口群的货物离散系数有不同的特征及变化，如表5-6所示。20世纪80年代中期以来，多数港口群一直有各类进出口的运输职能，但淮河和运河港口群则一直未能具备进出口职能，黑龙江港口群则从90年代开始具备，上述均为内河港口群。

在出口方面，20世纪80年代中期，辽宁沿海、北部湾为专业化港口群，珠江三角洲为综合性港口群，其他为一般性港口群；90年代中期，辽宁沿海、山东半岛、长江三角洲、珠江三角洲、珠江流域为综合性港口群，而黑龙江为专业化港口群，其他为一般性港口群。2014年，黑龙江、长江三角洲、闽东南、山东半岛为专业化港口群，黑龙江港群的离散系数最高，达0.67，专业化水平最高，长江三角洲、闽东南和山东半岛港群均高于0.5，为相对专业化的港群；长江、辽宁沿海和珠江三角洲港群离散系数为0.3～0.4，具备一般性运输职能结构；而渤海西岸、北部湾、珠江流域港群均低于0.2，尤其是北部湾港群低于0.1，为综合性运输职能结构，但淮河和京杭运河港群不具备出口职能。80年代以来，辽宁沿海港口群的离散系数呈现"先降后增"的过程，其运输职能结构从专业化转变为综合性、再转变为一般性，而北部湾港口群的离散系数持续降低，职能结构从专业化转变为一般性进而转变为综合性；渤海西岸、珠江流域从一般性港口群转变为综合性港口，闽东南则从一般性港口群转变为专业化港口群，珠江三角洲则从专业化港口群转变为一般性港口群，黑龙江港群一直为专业化，长江港群的离散系数虽有所波动但一直为一般性，长江三角洲、山东半岛从一般性港群转变为综合性港群又转变为专业化港群。

表 5-6　1985 ~ 2014 年区域港群的货物离散系数变化

港口群	1985 年		1995 年		2014 年	
	出口	进口	出口	进口	出口	进口
辽宁沿海	0.526	0.172	0.173	0.187	0.331	0.193
渤海西岸	0.209	0.236	0.337	0.074	0.127	0.508
山东半岛	0.436	0.110	0.156	0.220	0.516	0.265
长江三角洲	0.230	0.132	0.089	0.187	0.556	0.187
闽东南	0.477	0.151	0.323	0.316	0.524	0.163
珠江三角洲	0.148	0.091	0.135	0.141	0.326	0.243
北部湾	0.536	0.148	0.264	0.145	0.091	0.195
黑龙江流域			1.000	0.602	0.670	0.692
长江流域	0.376	0.325	0.206	0.267	0.393	0.127
珠江流域	0.331	0.878	0.157	0.159	0.174	0.249

在进口方面，20 世纪 80 年代中期，珠江流域有最高的离散系数而为专业化港群，辽宁沿海、山东半岛、长江三角洲、闽东南、珠江三角洲、北部湾为综合性港群；90 年代中期，仅有黑龙江流域为专业化港口群，渤海西岸、珠江三角洲、北部湾、辽宁沿海、珠江流域均为综合性港口群，其他为一般性港群。2014 年，黑龙江、渤海西岸为专业化港口群，前者离散系数最高，达 0.692，具有最高的专业化运输职能结构，后者也高于 0.508，其专业化水平较高；山东半岛、珠江、珠江三角洲港群离散系数为 0.2 ~ 0.3，具备一般性运输职能结构；辽宁沿海、长江三角洲、闽东南、北部湾和长江流域为 0.1 ~ 0.2，为综合性运输职能结构，但相互间的差异较小，淮河和京杭运河港口群不具备进口职能。从变化来看，辽宁沿海、北部湾一直为综合性港口群，长江港群的离散系数一直降低而从一般性转变为综合性，山东半岛、珠江三角洲则呈现相反趋势而从综合性转变为一般性，黑龙江港口一直为专业化且专业化水平有所强化，闽东南、长江三角洲港群则从综合性转变为一般性再回归到综合性，渤海西岸和珠江港口的变化较大，前者从一般性转变为综合性再突变为专业化，而后者从专业化迅速转变为综合性又转变为一般性。

二、区域港群区位商分异

1. 评价模型

上文主要是对港口运输职能的综合性与专业化进行了总体判断，尚未发现各种货物的专业化程度，这需要深入地研究。为此，进一步采用货种区位商进行分析（曹有挥等，2001；陈斓等，2007；韩时琳等，2007）。区位商由 Haggett 首先提出并用于区位分析，是反映某地区各产业规模水平和专业化程度的一个指标。利用各港口的货物运输数据构造货种区位商，则可以反映港口的专业货种和专业化水平。

区位商的公式如下所示：

$$Q_{ij} = \frac{t_{ij}/t_i}{T_j/T} = \frac{t_{ij}/\sum_{j=1}^{n} t_{ij}}{\sum_{i=1}^{m} t_{ij}/\sum_{i=1}^{m} \sum_{j=1}^{n} t_{ij}} \qquad （5-1）$$

其中，Q_{ij} 为港口 i 第 j 种货物运输的区位商；t_{ij} 为港口 i 第 j 种货物的吞吐量；t_i 为港口 i 的货物吞吐量；T_j 为全国所有港口的 j 类货物的运量；T 为全国港口体系的运输总量。

一般而言，$Q_{ij} \leq 1$，说明 j 货种在 i 港口的吞吐量较小，不属于该港口的专业化货种；$Q_{ij} > 1$，说明 j 货种在 i 港口的吞吐量较大，属于该港口的专业化货种，数值越大，说明 j 类货物运输越有比较优势，该类运输职能越强。结合计算结果和已有文献资料（张文忠等，2009），本书认为 $Q_{ij} \geq 2$，比较优势较为突出。

2. 环渤海地区

20 世纪 80 年代以来，环渤海港口的职能结构发生显著变化，石油、粮食运输职能减弱，金属矿石运输职能增强，煤炭运输职能相对稳定。80 年代初以石油运输为主，比例达 42.7%，其次是煤炭，合计占 64%，金属矿石较小，仅为 3.6%。90 年代中期，石油减至 1980 年的一半，煤炭增长 20%，金属矿石增加近 5 个百分点。目前，以煤炭、金属矿石、石油为主，三者合计占 75%，石油进一步减少至 1995 年的一半，煤炭有所回落，煤炭下水是环渤海港口的主要职能并多数运往国内市场，成为"西煤东运、北煤南运"的关键环节；金属矿石增加 20 个百分点，成为环渤海港口的第二运输职能；石油运输职能降为 9.6%，金属矿石进港比例变化更显著，由 14% 增至 30% 并进一步增至 49%。环渤海港群的主要运输职能可概括从国外输入金属矿石和石油，向国内输出煤炭，渤海西岸是主要的煤炭输出港，山东沿海港口是主要的金属矿石运输港。

辽宁沿海港群的货种结构较为分散，煤炭、金属矿石、石油的比例相差不大，各占20%左右，粮食比例为7.7%，粮食出港量占环渤海粮食总出港量的91%，这说明辽宁沿海港群是重要的粮食输出港（表5-7）。在出港方面，20世纪80年代中期，区位商为1～2的货物有木材、非金属矿石，90年代中期有钢铁、农产品和其他货物，目前为石油、钢铁、其他货物；80年代中期，区位商高于2的货物有石油和粮食，90年代中期有石油、木材、粮食，2014年为粮食，区位商达到3.8（表5-8）。在石油、钢铁、非金属矿石和粮食等方面具有明显的区位商，均超过2，尤其是后两者分别达3.3和3.7。在进港方面，80年代中期，区位商介于1～2的货物有金属矿石，90年代中期有金属矿石、化肥农药、粮食、有色金属、农产品，目前为石油、化肥、机械设备和农产品；80年代中期，区位商高于2的货物有盐、粮食、钢铁、化肥和其他货物，90年代中期至今为盐和其他货物。在石油、钢铁、化肥农药、盐、粮食、轻工医药、农产品等货物的进口方面具备优势，尤其是盐达3.8。

表5-7　辽宁沿海、渤海西岸与山东沿海港群的主要货物比例　（单位：%）

货类	辽宁沿海			渤海西岸			山东沿海		
	总量	进港	出港	总量	进港	出港	总量	进港	出港
煤炭	19.2	19.6	18.8	48.6	6.1	75.4	12.8	10.8	20.5
石油	22.6	22.7	22.6	6.6	9.4	4.8	16.8	16.4	18.0
金属矿石	18.2	24.1	11.3	23.0	59.2	0.1	47.0	51.4	30.4
钢铁	10.4	2.6	19.7	5.6	0.7	8.7	2.4	0.5	9.6
矿建材料	12.1	19.8	3.0	4.6	9.5	1.5	4.1	4.1	4.2
水泥	0.4	0.6	0.1	0.1	0.1	0.1	1.0	0.2	4.2
木材	0.1	0.1	0.1	0.2	0.5		3.4	4.2	
非金属矿石	1.3	0.5	2.2	0.4	0.7	0.2	5.8	5.7	5.8
化肥农药	0.8	0.6	1.0	0.1		0.2	1.0	0.3	3.6
粮食	7.7	3.0	13.4	0.9	1.8	0.3	2.7	3.3	0.4
机械设备	4.4	3.8	5.1	3.6	4.0	3.4	1.4	1.4	1.4
轻工医药	0.2	0.3		3.3	3.9	3.0	0.7	0.9	0.1

渤海西岸港群的煤炭占总吞吐量的二分之一，出港量占环渤海煤炭输出量的90%，是环渤海地区乃至全国主要的煤炭下水港。在出港方面，80年代中期，区位商为1～2的货物有煤炭、石油、盐，90年代有化工原料和有色金属，2014年为钢铁、机械设备、农产品；区位商高于2的港口从90年代中期的煤炭拓展

港口运输与腹地产业发展

到有色金属和轻工医药，尤其是煤炭达 3.2；在煤炭、金属矿石、钢铁、盐、机械设备、化工原料、有色金属、轻工医药和农产品等货物方面具备出口优势，尤其是煤炭和轻工医药均高于 5，运输优势明显。在进港方面，80 年代中期，区位商为 1 ~ 2 的货物有化肥、盐，90 年代中期有石油、金属矿石、钢铁、有色金属，目前为化工原料和农产品；区位商高于 2 的货物，80 年代中期有钢铁、水泥、木材、粮食和其他货物，90 年代中期有化肥、粮食、机械设备、化工原料、轻工医药和农产品，目前有轻工医药、有色金属、金属矿石、盐、机械设备，尤其是有色金属、轻工医药的区位商分别达 3.1 和 3.6；在金属矿石、盐、机械设备、有色金属、轻工医药和农产品等货物具备进口优势。

山东沿海港群的金属矿石占比高达 47%，金属矿石运输职能较强，其中进出港各占总进出港量的 30.4% 和 51.4%，是金属矿石运输的集聚区（表 5-7）。在出港方面，80 年代中期，区位商为 1 ~ 2 的货物有石油和盐，90 年代中期拓展到煤炭、石油、盐和其他货物，目前为石油、金属矿石和其他货物；80 年代中期，区位商高于 2 的港口为矿建材料，90 年代改为水泥和机械设备，2014 年为化肥原油和非金属矿石，前者区位商达 4.1；具备出口优势的货物较少，主要为石油、水泥和化肥农药。在进港方面，80 年代中期区位商为 1 ~ 2 的货物有金属矿石、钢铁、矿建材料和其他货物，90 年代中期有金属矿石、化肥、农产品和其他货物，目前为石油、金属矿石、粮食和其他货物；区位商高于 2 的货物从木材、化肥和盐改变为 90 年代中期的机械设备，目前为木材和非金属矿石；石油、金属矿石、水泥、木材、非金属矿石和粮食等货物具备进口优势，尤其是非金属矿石达 4.3。

表 5-8　区域性港口群体的出港货种区位商（$Q>2$）

港口	1985 年	1995 年	2014 年
辽宁沿海	石油（3）、粮食（2）	石油（2）、木材（2.5）、粮食（4.3）	粮食（3.8）
渤海西岸		煤炭（2.5）	煤炭（3.2）、原油（2.1）、有色金属（2.4）、轻工医药（2.3）
山东沿海	矿建材料（2.1）	水泥（3）、机械设备（2）	化肥（4.1）、原油（2.6）、非金属矿石（2.3）
长江三角洲	金属矿石（2.2）	金属矿石（3.5）	金属矿石（2.8）
闽东南	矿建材料（4.2）、水泥（6.9）、化肥（4.5）、盐（5.4）	矿建材料（6.4）、盐（2.3）、轻工医药（3.1）	
珠江三角洲	水泥（3.4）、非金属矿石（3.3）、其他（2.1）、化肥（5.8）、粮食（2.1）	石油（2）、农产品（3）、化肥（3.3）、有色金属（2.9）、轻工医药（2.6）	轻工医药（2）

港口	1985 年	1995 年	2014 年
北部湾	金属矿石（16）、盐（3）	金属矿石（3.8）、水泥（2.6）、木材（5.1）、非金属矿石（3.5）、农产品（5.8）、化肥（2.9）、机械设备（2.2）、轻工医药（2.2）	农产品（12.3）、化肥（7.9）、有色金属（7.2）、木材（6.3）、轻工医药（5.6）、非金属矿石（3.3）、机械设备（2）、化工原料（3.1）、石油（2.4）
淮河流域	矿建材料（2.8）、水泥（4.3）、木材（3.7）、化肥（2）		煤炭（7.4）、钢铁（2.5）、矿建材料（2.2）
京杭运河	煤炭（2.7）	煤炭（3.2）	盐（38.4）、化工原料（3.6）
黑龙江流域	煤炭（2.4）、水泥（2.3）	煤炭（3）	煤炭（3.6）、木材（5.5）
长江流域	钢铁（2.3）、矿建材料（2.9）、水泥（2.7）	矿建材料（3.6）、非金属矿石（3.1）、化肥（2.2）	煤炭（16.4）、水泥（4.1）、矿建材料（2.9）、非金属矿石（2.5）
珠江流域	矿建材料（4.1）、水泥（3.7）、其他（2.7）、化肥（2）	水泥（6.6）、化工原料（7.3）、有色金属（9.9）、轻工医药（3.9）	有色金属（7.1）、水泥（4.8）、非金属矿石（3.1）、矿建材料（2.9）、木材（2.6）、轻工医药（2.3）

3. 长江三角洲与长江流域

长江三角洲港口运输职能结构经历了煤炭、石油波动弱化而金属矿石、矿建材料稳步增强的演变路径。20 世纪 80 年代初，煤炭运输居于绝对地位，比例达38%，远高于石油和金属矿石；至 90 年代中期，煤炭降至 27%，石油和金属矿石运输职能增强，形成煤炭、石油、金属矿石运输职能三足鼎立的格局；2012 年，煤炭、金属矿石和矿建材料运输职能呈现小幅增强，石油运输与 1997 年相比减少 10%，合计占 80%。进口、进出港、总吞吐量结构具有相似性，煤炭、金属矿石、矿建材料等货物始终位居前列。从出港来看，长江三角洲在 80 年代中期，区位商为 1 ~ 2 的货种包括煤炭、钢铁、木材、非金属矿石、盐和其他货物，90年代中期为石油、钢铁、木材、化肥、盐、机械设备和轻工医药，目前为石油、木材、机械设备和其他货物；80 年代开始，区位商大于 2 的货种较少，一直为金属矿石，成为最具优势的运输职能；具备出口优势的货物较少，仅有金属矿石、木材和机械设备，但区位商不高。从进港来看，一直没有区位商高于 2 的优势货种，80 年代中期仅煤炭和金属矿石为 1 ~ 2，90 年代拓展到石油、木材、盐、有色金属和轻工医药，2014 年具备运输优势的货物覆盖广泛，货种较多；优势进口货物覆盖种类较多，但区位商均不很高，包括钢铁、盐、机械设备、化工原料、有色金属、轻工医药。

长江流域一直是内河港口的主干部分，也是组织江海联运的重要地区。从时间角度来看，矿建材料和金属矿石比例呈现增长趋势，1985～2014年分别提高了11个和7个百分点，是不断强化的运输职能，2014年合计占49.8%（表5-9）；石油的运输职能弱化趋势明显，从1985年的17.9%降至2014年的10.4%；煤炭运输职能呈现"先增强后弱化再增强"的特点，1985年曾高达29.7%，但1995年降至16.3%。此外，水泥的运输职能比例虽低，但提升明显。从出港来看，长江流域的优势货种则变化较大，20世纪80年代中期区位商为1～2的货种有煤炭、非金属矿石和化肥，90年代中期为钢铁、水泥和其他货物，目前为木材、盐、粮食、化工原料；80年代，区位商高于2的货种主要是钢铁、矿建材料和水泥，90年代为矿建材料、非金属矿石和化肥，目前以煤炭、水泥、矿建材料和非金属矿石为主，而矿建材料一直为优势货种，煤炭的区位商达16.4，运输优势最明显；在石油、金属矿石、水泥、非金属矿石、盐、粮食、化工原料和轻工医药方面具备出口优势，其中盐区位商达11.1。从进港来看，80年代中期区位商为1～2的货种有煤炭、石油、金属矿石、矿建材料和非金属矿石，90年代为水泥、非金属矿石和其他货物，目前为煤炭、非金属矿石、化工原料；区位商高于2的优势货种从90年代中期的矿建材料拓展到水泥和钢铁，但区位商不是很高；在煤炭、钢铁、矿建材料、木材、盐、粮食、化工原料和农产品方面具有进口优势，其中化工原料的区位商达6.4。

表5-9　2014年长江三角洲港口群主要运输职能　　　　（单位：%）

货物种类	吞吐量	进港量	出港量	进口量	出口量
煤炭	28.8	33.0	21.1	11.2	1.4
石油	10.4	10.7	9.8	16.5	9.0
金属矿石	27.9	26.9	29.7	48.4	0.2
钢铁	6.4	4.6	9.9	1.9	21.9
矿建材料	11.9	10.6	14.2		0.2
水泥	1.6	1.6	1.5		6.2
木材	0.8	0.9	0.6	2.3	3.4
非金属矿石	1.5	1.5	1.3	1.0	2.5
粮食	1.7	1.8	1.4	3.6	0
机械设备	3.5	2.5	5.5	5.5	45.8
化工原料	3.7	3.9	3.2	6.4	4.6

4. 珠江三角洲与珠江流域

珠江三角洲的港口运输职能经历了煤炭和矿建材料稳步增强、石油不断弱化的演变过程。1980 年以石油运输为主，进出港比例均居首位；粮食运输紧随其后，其次是煤炭和金属矿石，四类合计占 74%，集中度较高；80 年代以后，煤炭比例稳定增长，2014 年增至 29.8%，其中煤炭进港比例不断增强，石油比例不断下降但仍保持较高水平，矿建材料职能不断增强。2014 年运输职能呈现煤炭、石油、矿建材料居主导的结构，合计占 62.8%；进出港结构与总吞吐量结构相似，居前三位的仍为煤炭、石油和矿建材料（表 5-10）。在出港方面，珠江三角洲区位商为 1 ~ 2 的货物从 90 年的木材、粮食、机械设备、化工原料、其他货物拓展到目前的石油；80 年代中期，区位商大于 2 的货物有水泥、非金属矿石、化肥、粮食和其他货物，90 年代包括化肥、农产品、有色金属、轻工医药和石油，目前为轻工医药；出口货物覆盖 7 类，包括石油、矿建材料、非金属矿石、粮食、机械设备、化工原料和轻工医药，但粮食最高为 2.9。在进港方面，80 年代中期区位商为 1 ~ 2 的货物有钢铁、水泥、粮食和其他货物，90 年代中期拓展至煤炭、石油、木材、化肥、机械设备、有色金属、轻工医药、农产品，目前在较多货种方面具备优势；区位商高于 2 的货物从石油和化肥农药改变为化工原料；在 9 种货物的进口方面具备运输优势，水泥最高为 2.7。

表 5-10　2014 年珠江三角洲港口群主要运输职能　　（单位：%）

货物种类	吞吐量	进港	出港	进口	出口
煤炭	29.8	32.4	22.6	26.1	
石油	18.1	18.6	16.6	28.8	21.8
金属矿石	8.3	9.6	4.4	21.8	0.5
钢铁	4.9	5.4	3.6	1.8	4.7
矿建材料	14.9	13.6	18.4	0.1	3.6
非金属矿石	2.2	1.7	3.8	0.3	9.1
化肥农药	0.5	0.4	0.8	0.9	4.5
粮食	6.9	6.6	7.7	7.4	0.2
机械设备	5.2	3.5	10.1	3.6	34.7
化工原料	3.7	3.6	3.8	4.4	4.9
轻工医药	2.6	1.6	5.5	1.3	12.3

珠江流域主要指西江，连通着珠江三角洲与云南、贵州、广西，东江流域的港口很少。2014 年，西江港口以矿建材料为主，达 38%，水泥和煤炭次之，分别占 12.3% 和 11.6%；矿建材料从输出为主转变为输入为主并再度向输出为主过渡，1986 年出港比例为 68.3%，1997 年降至 26.9%，2014 年又提升为 49%；煤炭接卸量占主导，比例越来越高，从 1986 年的 58.1% 增长到 2014 年的 89.2%；水泥呈现绝对的输出，主要是沿江水泥的产品输出。在出港方面，80 年代中期区位商为 1 ~ 2 的货物主要是粮食，90 年代有金属矿石、矿建材料、盐、机械设备、农产品和其他货物，目前主要是煤炭和农产品；80 年代中期，区位商高于 2 的货物包括矿建材料、水泥、化肥和其他货物，90 年代为有色金属、化工原料、水泥、轻工医药和木材，尤其是有色金属达 9.9，目前拓展到非金属矿石；在矿建材料、木材、粮食、化工原料、有色金属、轻工医药和农产品具备出口优势，其中有色金属仍然最高，为 14.3，矿建材料为 6.5。在进港方面，80 年代中期区位商为 1 ~ 2 的货物有化肥和粮食，90 年代包括盐、机械设备、农产品和其他货物，目前为煤炭、非金属矿石、化工原料和轻工医药；80 年代中期，区位商高于 2 的货物有非金属矿石、其他货物、水泥等，90 年代包括非金属矿石、有色金属、水泥、化工原料及轻工医药，尤其是前两类达 11.2 和 7.7，目前为有色金属、粮食、水泥和矿建材料，其中有色金属为 4.8。在钢铁、矿建材料、木材、机械设备、化工原料、有色金属、轻工医药和农产品等方面具有进口优势，其中有色金属达 25.6，运输优势最高。

5. 闽东南与北部湾地区

长期以来，由于海峡两岸军事对峙，导致闽东南港口发展缓慢。随着改革开放的推动，港口逐步发展，港口运输职能呈现石油职能减弱、煤炭职能增强的态势；1997 年，以石油、矿建材料运输为主，合计占 60%，进出港货物结构类似；2014 年，矿建材料和煤炭运输职能不断强化，分别增加了 6 个和 14 个百分点，进出港比例均呈增长趋势；石油运输职能迅速弱化，由 31% 下降至 8.9%（表 5-11），进出港比例均下降显著，降幅分别为 24% 和 17%。金属矿石职能经历了从无到有的巨变。进港货物结构与总吞吐量结构具有一致性，尽管位次有所变化，但前三位货物及比例未有变化。在出港方面，在 20 世纪 80 年代中期，区位商为 1 ~ 2 的货物有粮食和其他货物，90 年代中期为非金属矿石、农产品和其他货物，目前包括矿建材料、非金属矿石、化工原料和其他货物；80 年代中期，区位商高于 2 的货物有矿建材料、化肥和盐，尤其是盐达 5.4，90 年代为矿建材料、盐、轻工医药，2014 年仅在矿建材料方面具备出口优势，区位商达 8.2。从进港来看，80 年代中期，区位商为 1 ~ 2 的货物有矿建材料和其他货物，90 年代中期有石油、钢铁、矿建材料、轻工医药和其他货物，目前为煤炭、石油、木材、农产品和其他货物；80 年代中期，区位商高于 2 的货物有水泥、化肥、盐和粮食，前两者为 5.6 和 4.2，90 年代为粮食和化工原料，2014 年为水泥；煤炭、石油、矿建材料、木材和农产品等方面具备进口优势，尤其是矿建材料运输优势最突出，区位商达 13.3。

表 5-11　2014 年东南沿海港口群主要运输职能　　　　　　（单位：%）

货物种类	吞吐量	进港量	出港量	进口量	出口量
煤炭	25.0	30.1	8.2	38.8	
石油	8.9	9.8	5.6	15.8	0.8
金属矿石	11.5	12.6	7.9	27.9	
钢铁	4.6	4.5	4.7	0.7	0.3
矿建材料	33.7	26.3	57.8	3.6	82.4
水泥	3.7	4.8		0.1	
非金属矿石	3.4	2.2	7.1	0.1	1.7
粮食	3.0	3.8	0.1	4.7	
机械设备	0.6	0.3	1.6	0.7	5.5
化工原料	2.9	2.5	4.3	2.2	3.5
轻工医药	0.7	0.5	1.5	0.8	5.2

港口运输与腹地产业发展

　　北部湾地区的港口较少。20 世纪 80 年代以来，经历了金属矿石运输职能明显衰弱而石油、煤炭运输职能显著增强的过程，主导货类由金属矿石变为煤炭；80 年代初，金属矿石以 71% 的比例居于首位，多为出港运输；1997 年，金属矿石和非金属矿石居前两位，前者出港比例下降显著而由 89% 降至 28%，进港比例由无增至 19%；非金属矿石出港比例由 0.4% 增至 27%，进港比例无显著变化；2014 年煤炭以 29.1% 的比例跃居首位，金属矿石继续降至 16.1%，石油增至 17.8%，运输职能集中度增强，合计占 62.8%，均为区域发展尤其是工业化推动的战略性资源（表 5-12）。进出港、进口货物结构中居于前三位的仍为煤炭、石油、金属矿石，出口货物结构中化肥农药、非金属矿石、石油、机械设备居前四位，合计约占 3/4。在出港方面，在 80 年代中期，区位商为 1 ~ 2 的货物有化肥和其他货物，90 年代为盐、化工原料、轻工医药、其他货物；区位商高于 2 的货物，在 80 年代中期主要有金属矿石和盐，尤其是前者达 16，90 年代中期为农产品、木材、金属矿石、非金属矿石、水泥、化肥、机械设备和轻工医药，目前覆盖十类货物，尤其是农产品为 12.3，有色金属和化肥农药为 7 ~ 8，具备明显的运输优势。在 9 类货物运输方面具有出口优势，但相互间区位商差异明显，农产品最高为 12.1，化肥农药和非金属矿石为 8.6 和 7.9。在进港方面，80 年代中期区位商为 1 ~ 2 的货物有煤炭、非金属矿石和其他货物，90 年代有粮食、化工原料、轻工医药和其他货物，目前为煤炭、石油、机械设备、轻工医药和化工原料；80 年代中期为化肥、粮食和水泥，尤其是化肥为 6.1，90 年代为农产品、化肥、钢铁和机械设备，目前为农产品、木材、化肥和粮食，农产品达 5.5。但在 8 类货物具有进口优势，其中水泥区位商最高为 8.4。

表 5-12　2014 年北部湾港口群主要运输职能　　　　（单位：%）

货物种类	吞吐量	进港量	出港量	进口量	出口量
煤炭	29.1	33.2	19.8	37.0	
石油	17.8	17.1	19.3	17.5	10.5
金属矿石	16.3	18.7	10.8	25.8	0.2
钢铁	3.3	3.4	3.0	0.5	1.6
矿建材料	3.4	3.4	3.3		0.5
水泥	1.5	1.0	2.7		9.5
木材	4.0	4.6	2.5	5.8	1.3
非金属矿石	3.5	0.6	10.0	0.1	22.3
化肥农药	2.9	1.1	7.0	0.3	31.3
粮食	5.3	7.0	1.3	6.3	0.5
机械设备	2.8	1.8	4.9	0.5	10.0
化工原料	4.0	3.7	4.9	3.7	6.0
轻工医药	3.2	1.8	6.4	0.2	0.8
农林牧渔	2.8	2.4	3.8	1.9	5.3

6. 京杭运河、淮河与黑龙江流域

淮河流域的港口也较少，但逐步增多，包括连云港河港、淮安、宿迁和徐州港。货物以矿建材料和煤炭为主，矿建材料从 1986 年的 5.9% 增长到 2014 年的 55.6%；煤炭比例虽高但有所降低，从 36.1% 降至 21.9%；矿建材料以输入为主，比例达 78.9%；煤炭从以输入为主演变为以输出为主，出港比例从 17.1% 增长到 91.1%。在出港方面，20 世纪 80 年代区位商为 1 ~ 2 的货物为煤炭、钢铁、非金属矿石，目前为粮食；区位商高于 2 的货物从 80 年代的水泥、木材、矿建材料和化肥农药,改变为目前的煤炭、钢铁和矿建材料,尤其是煤炭为7.4,下水优势明显。在进港方面,80年代以来区位商为1~2的货物从煤炭、钢铁、矿建材料缩减为钢铁,区位商高于2的货物从非金属矿石转变为目前的水泥和矿建材料,水泥、矿建材料和钢铁等货物具备进港优势。

京杭运河的港口较少,主要包括济宁、徐州、邳州等港。20世纪80年代中期,货物以煤炭和矿建材料为主,分别占47%和21.5%,2014年矿建材料大幅提升,达60.6%,而煤炭降至20.7%。煤炭运输以下水为主,但比例从82.5%降到目前的60.2%,而矿建材料以输入为主,并呈现明显的强化过程,从68.8%提高到目前的90.5%。在出港方面,区位商为1~2的货种包括钢铁、矿建材料、非金属矿石、粮食,90年代中期之前区位商高于2的货物为煤炭,2014年为盐和化工原料,尤其是盐达38.4,煤炭下水优势也较为明显。在进港方面,80年代区位商为1~2的货物为化肥,90年代为钢铁、矿建材料、木材和非金属矿石,目前为非金属矿石;80年代区位商高于2的货物为粮食和木材,其中粮食为10.5,90年代为化工原料、煤炭和盐,2014年为矿建材料,区位商为4.8(表5-13)。

表 5-13 区域性港口群体的进港货种区位商($Q>2$)

港口	1985年	1995年	2014年
辽宁沿海	钢铁(2.5)、其他(2.3)、化肥(2.2)、盐(4.9)、粮食(3.1)	其他(3.7)、盐(3.4)	盐(2.2)
渤海西岸	水泥(2.3)、木材(2.7)、其他(2.1)、粮食(2.4)	农产品(3.7)、粮食(2)、轻工医药(3)、化肥(3.1)、机械设备(2.6)、化工原料(3.2)	轻工医药(3.6)、有色金属(3.1)、金属矿石(2.8)、机械设备(2.2)、盐(2)
山东半岛	木材(3.5)、化肥(2.5)、盐(3.1)	机械设备(3)	木材(2.7)、非金属矿石(2.4)、原油(2.1)
闽东南	水泥(5.6)、化肥(4.2)、盐(2.8)、粮食(2.7)	粮食(3.1)、化工原料(2.1)	水泥(2.3)
珠三角	石油(2.1)、化肥(2.7)	化工原料(2.1)	
北部湾	水泥(3.6)、化肥(6.1)、粮食(3.2)	钢铁(2.7)、农产品(5.9)、化肥(3.9)、机械设备(2.7)	农产品(5.5)、化肥(3.9)、木材(3.4)、粮食(2.3)
淮河流域	非金属矿石(5.4)		水泥(5.6)、矿建材料(4.6)
京杭运河	木材(3.7)、粮食(10.5)	煤炭(2.8)、盐(3.6)、化工原料(7.3)	矿建材料(4.8)
黑龙江流域	矿建材料(4.9)、木材(10.4)	矿建材料(2.9)、木材(20.1)、粮食(3.8)	木材(10.9)、矿建材料(4.7)

港口运输与腹地产业发展

港口	1985 年	1995 年	2014 年
长江流域		矿建材料（2.6）	矿建材料（2.3）、水泥（2.2）、钢铁（2.1）
珠江流域	水泥（2.1）、非金属矿石（3.9）、其他（3.6）	水泥（3.6）、非金属矿石（11.2）、化工原料（3.2）、有色金属（7.7）、轻工医药（2.6）	有色金属（4.8）、粮食（2.6）、矿建材料（2.3）、水泥（2.8）

黑龙江流域的港口也很少，仅有哈尔滨、佳木斯和沙河子港。货物以矿建材料为主，占比达 58.2%，1985～2014 年增长了 16 个百分点；煤炭次之，达24.9%，与 1986 年相比下降 14 个百分点；木材占有一定比例，达 9.3%，下降了15 个百分点；煤炭以下水为主，比例从 1986 年的 93.3% 降至 71.8%；矿建材料以输入为主，高达 99%。在出港方面，区位商为 1～2 的货物从 20 世纪 80 年代的化肥演变为 90 年代的盐，并改为 2014 年的石油；区位商高于 2 的货物在 80年代为煤炭和水泥，90 年代缩减为煤炭，2014 年拓展为煤炭和木材，其中木材出港优势明显，区位商达 5.5；在矿建材料和水泥的出口方面具备竞争优势，其中水泥商达 4.4。在进港方面，区位商高于 2 的货物在 80 年代中期为木材和矿建材料，其中木材为 10.4，90 年代拓展到粮食，2014 年为木材和矿建材料，其中木材一直高于 10（表 5-13）。哈尔滨和佳木斯港在矿建材料和木材方面具有进口优势，尤其是木材区位商高达 37。

三、港口运输职能结构相似性

1. 评价数学模型

随着新一轮重化工业的快速发展，港口纷纷加快各类专业化码头和泊位的建设，追求港口运输职能的完整性，同时造成了邻近港口运输职能的相似性，即港口形成重复建设。港口运输职能结构趋同是指各港口在发展过程中所表现出来的某种共同倾向性，主要表现在各港口的职能结构差异趋于缩小，对于主导货类的选择、货物运输结构的安排等方面趋于雷同，相互间缺乏应有的分工与合作，由此影响了港口的中长期发展（Ito et al.，2013）。联合国工业发展组织国际工业研究中心提出产业相似系数（贺灿飞和朱彦刚，2008），在各学科的相关问题的分析中得到了有效应用。有鉴于此，构建港口运输职能相似系数，用于测量港口间的职能结构趋同程度。计算公式如下：

$$S_{ij}= \sum\nolimits_{k=1}^{n} X_{ik}X_{jk} \Big/ \sqrt{\sum\nolimits_{k=1}^{n} X_{ik}^2 \sum\nolimits_{k=1}^{n} X_{ik}^2} \qquad (5\text{-}2)$$

其中, S_{ij} 是港口职能结构相似系数; X_{ik} 和 X_{jk} 分别为港口 i 和 j 中 k 货物的比例。S_{ij} 的取值范围为 0 ~ 1; 数值越高, 表明两个港口的运输职能结构相似程度越高。值为1表明港口的职能结构完全相同; 值为0则表明港口的职能结构完全互补。

2. 区域性港口群

将区域港口群作为整体与其他港口群进行相似性分析, 结果如表 5-14 所示。

（1）从区域港口群内部来看, 内河港口相似性的港口对较多, 尤其是长江流域相似性较高的港口对最多, 这是由于长江港口数量较多导致的, 而沿海港口的相似性港口对相对较少。互补性的分析也呈现类似的特征。从平均相似系数来看, 渤海西岸的内部相似性较高, 包括总吞吐量、出港量和进港量; 京杭运河港群的总吞吐量、进港量的相似性均较高, 但出港量较低; 辽宁沿海港口群内部的出港量、总吞吐量的相似性较高, 而黑龙江流域港口群的进港量、出港量的相似性较高; 北部湾港口群内部的各类相似系数均较低, 均有互补性。

表 5-14　港口群之间的相似性与互补性

港口群	相似性港口对			互补性港口对			平均相似系数		
	总量	进港	出港	总量	进港	出港	总量	出港	进港
北部湾	1	1		3	4	6	0.466	0.281	0.440
渤海西岸	5	6	10				0.772	0.929	0.871
淮河流域	1	1	1			3	0.635	0.419	0.676
京杭运河	3	3	1			1	0.98	0.392	0.955
辽宁沿海	4	2	6				0.843	0.916	0.667
闽东南	2	1	2	2	1	10	0.514	0.28	0.565
山东半岛	3	2	4	2	2	1	0.523	0.600	0.471
黑龙江流域		1	1				0.707	0.840	0.907
长江流域	194	203	108	42	45	199	0.666	0.425	0.63
长江三角洲	20	25	14		3	4	0.666	0.549	0.686
珠江流域	16	16	10	2	11	14	0.638	0.456	0.532
珠江三角洲	10	13	7	11	13	23	0.446	0.333	0.454

港口运输与腹地产业发展

（2）如表 5-15 所示，从出港货物结构来看，辽宁沿海－山东半岛、辽宁沿海－闽东南、辽宁沿海－珠江三角洲、渤海西岸－黑龙江、渤海西岸－京杭运河、山东半岛－长江三角洲、山东半岛－闽东南、山东半岛－珠江三角洲、闽东南－珠江三角洲、淮河－京杭运河、长江－淮河等港口群之间的相似系数较高，均高于 0.9，相互间的运输职能结构存在重复性，但主要发生在沿海港口群之间，内河港口群间的相似性较低。辽宁沿海－渤海西岸、辽宁沿海－黑龙江、辽宁沿海－珠江三角洲、辽宁沿海－京杭运河、渤海西岸－山东半岛、渤海西岸－闽东南、渤海西岸－珠江三角洲、渤海西岸－淮河、山东半岛－长江、山东半岛－珠江、山东半岛－京杭运河、闽东南－黑龙江、闽东南－珠江三角洲、闽东南－京杭运河、珠江三角洲－珠江、珠江三角洲－京杭运河、北部湾－珠江、黑龙江－淮河等港口群间存在较低的相似系数，均低于 0.3，相互间存在运输职能的互补性，并主要发生在沿海港口群与内河港口群之间，同时渤海西岸港口群与其他沿海港口群间存在很高的互补性，有较低的相似系数。

表 5-15　各港口群的运输职能结构相似系数矩阵

类型	港口群	渤海西岸	山东半岛	长江三角洲	闽东南	珠江三角洲	北部湾	黑龙江流域	长江流域	珠江流域	京杭运河	淮河流域
出港量	辽宁沿海	0.17	0.96	0.85	0.94	0.98	0.83	0.25	0.30	0.17	0.18	0.40
	渤海西岸		0.21	0.33	0.15	0.25	0.35	0.98	0.32	0.87	0.91	0.12
	山东半岛			0.91	0.93	0.96	0.87	0.30	0.29	0.16	0.19	0.37
	长江三角洲				0.89	0.86	0.84	0.39	0.47	0.36	0.37	0.47
	闽东南					0.96	0.80	0.23	0.52	0.26	0.26	0.60
	珠江三角洲						0.84	0.34	0.37	0.25	0.26	0.46
	北部湾							0.40	0.39	0.29	0.36	0.42
	黑龙江流域								0.31	0.83	0.87	0.12
	长江流域									0.67	0.63	0.96
	淮河流域										0.98	0.48
	京杭运河											0.44
进港量	辽宁沿海	0.37	0.79	0.74	0.83	0.90	0.59	0.28	0.43	0.28	0.28	0.55
	渤海西岸		0.84	0.72	0.45	0.29	0.60	0.11	0.42	0.23	0.16	0.17
	山东半岛			0.87	0.75	0.70	0.73	0.19	0.48	0.26	0.21	0.39

类型	港口群	渤海西岸	山东半岛	长江三角洲	闽东南	珠江三角洲	北部湾	黑龙江流域	长江流域	珠江流域	京杭运河	淮河流域
进港量	长江三角洲			0.93	0.84	0.94	0.28	0.68	0.31	0.32	0.60	
	闽东南					0.95	0.88	0.45	0.75	0.43	0.47	0.78
	珠江三角洲						0.81	0.29	0.56	0.25	0.30	0.67
	北部湾							0.20	0.62	0.19	0.23	0.55
	黑龙江流域								0.85	0.97	0.99	0.87
	长江流域									0.86	0.88	0.94
	淮河流域										0.98	0.84
	京杭运河											0.88

（3）从进港货物结构来看，相似系数较高的港口群对比出港货物减少，其中辽宁海–珠江三角洲、闽东南–珠江三角洲、黑龙江–珠江、黑龙江–京杭运河、长江–淮河、淮河–京杭运河等港口群间的相似系数较高，均高于0.9，相互间有相似的运输职能结构，但主要发生在内河港口群间及珠江三角洲港口群与其他港口群间，但相互间距离较远。辽宁沿海–黑龙江、辽宁沿海–珠江、辽宁沿海–京杭运河、渤海西岸–珠江三角洲、渤海西岸–黑龙江、渤海西岸–珠江、渤海西岸–京杭运河、渤海西岸–淮河、山东半岛–黑龙江、山东半岛–珠江、山东半岛–京杭运河、长江三角洲–北部湾、珠江三角洲–长江、北部湾–黑龙江、北部湾–珠江、北部湾–京杭运河等港口群对间有较低的相似系数，均低于0.3，相互间运输职能结构存在较强的互补性，这些港口群对主要发生在沿海港口群与内河港口群之间。

第六章

单体港口运输职能识别与演化

第一节　港口运输职能识别

一、港口综合性 / 专业化评价

1. 离散系数评价

利用港口分类货物吞吐量数据，求得各港口的货物离散系数，如图 6-1 所示。

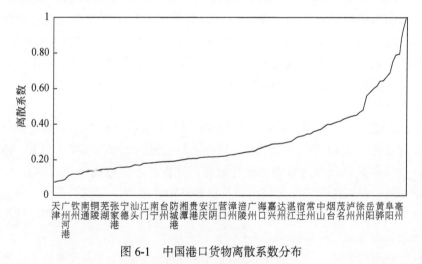

图 6-1　中国港口货物离散系数分布

（1）港口总吞吐量的离散系数取值范围为 0.07 ~ 1，相互之间呈现出明显的非均衡化现象，各港口的专业化水平或综合性程度存在明显的差异，"专业化与综合性并存"是中国港口运输职能的主体特征，港口之间的运输属性存在差异。

（2）离散系数曲线呈现出特征明显的不同区段，港口之间的差异较大。离散系数为 0 ~ 0.22 的区段内，港口之间的离散系数呈现出缓慢的增长态势，覆盖港口数量较多，相互之间的差异较低。离散系数为 0.23 ~ 0.44 的区段内，覆

盖港口数量开始减少，但港口之间的离散系数差异开始扩大，而且离散系数的增长速度开始扩大。离散系数位于 0.45 ~ 1.0 的区段内，覆盖港口数量比较少，但港口之间的离散系数差异较大，而且离散系数呈现出"陡崖式"增长。

（3）离散系数高于 0.9 的港口数量比较少，仅为南充和广安两个，占港口样本的 1.9%，离散系数为 0.8 ~ 0.9 以及 0.7 ~ 0.8 的港口分别仅有亳州港和秦皇岛、长沙港，所占比例甚小。离散系数为 0.6 ~ 0.7 的港口有 6 个，所占比率为 5.6%，比例略有提高；离散系数为 0.5 ~ 0.6 的港口有 2 个，分别为中山河港和岳阳港；而离散系数为 0.4 ~ 0.5 以及 0.3 ~ 0.4 的港口各有 12 个，比例较高，各为 11.1%。而离散系数为 0.2 ~ 0.3 的港口有 34 个，比例为 31.5%，接近三分之一。离散系数为 0.1 ~ 0.2 的港口有 33 个，比例为 30.6%；而离散系数为 0 ~ 0.1 的港口有 4 个，分别为天津、南昌、北海和广州河港，比例仅为 3.7%。

2. 港口类型划分

港口运输职能的综合性或专业化是反映港口运输结构性问题的指标，但探求综合性港口与专业化港口的分布规律是本书的重要目的。目前既有研究未能对综合性／专业化港口确定分类阈值的划分标准。基于相关文献及经验判断，结合港口货物离散系数的分布特征，在 0.5 和 0.2 处将此分布函数划分为具有明显分布差异的三部分，选择 0.5、0.2 为临界值，货物离散系数 >0.5 的港口为专业化港口，货物离散系数 <0.2 的港口为综合性港口，货物离散系数 0.2 ~ 0.5 的港口为一般性港口。根据此标准，港口分类如下所述。如表 6-1 所示。

1）专业化港口

依据上述标准，离散系数高于 0.5 的港口为专业化运输职能结构的港口。中国有专业化港口共 13 个，数量较少，约占港口数量的 12%。其中，广安、南充、亳州、长沙和秦皇岛等港口的专业性最强，货物离散系数高于 0.7，港口运输往往集中在某一种或两种货物类型上。其次是阜阳、汕尾、深圳、黄骅、株洲、威海等港口，货物离散系数均高于 0.6，岳阳和中山河港也具有较高的货物离散系数，其离散系数均为 0.5 ~ 0.6。

从上述港口来看，专业化港口以内河港口居多，有 8 个内河港口，占专业化港口的比例接近三分之二。主导货物多为矿建材料和煤炭，这是港口形成专业化职能的基础。煤炭运输成为港口塑造专业化运输职能的核心要素，而秦皇岛、黄骅港是重要的煤炭下水港，汕尾的煤炭接卸量有很高的地位；广安、南充、亳州、长沙、岳阳、中山河港、株洲、阜阳的矿建材料运输占据主要份额，而深圳和威海港主要是从事其他货物的运输，即适箱货物的货物。

从分布看，专业化港口虽然分布广泛，但相对集中于环渤海、珠江三角洲、

港口运输与腹地产业发展

长江中游和上游、淮河流域等地区。环渤海地区的秦皇岛、黄骅是典型的以煤炭运输为主要职能的港口，这与渤海西岸的整体职能结构相吻合。珠江三角洲分布有汕尾、深圳、中山河港等专业化港口。长江上游有广安、南充等港口，中游有株洲、岳阳、长沙等港口，淮河流域有亳州和阜阳等港口。

表 6-1　港口货物离散系数概况及分类

港口属性	货物离散系数（R_i）	港口数量/个	港口名称
专业化	$0.9 < R_i \leq 1.0$	2	广安、南充
	$0.8 < R_i \leq 0.9$	1	亳州
	$0.7 < R_i \leq 0.8$	2	长沙、秦皇岛
	$0.6 < R_i \leq 0.7$	6	阜阳、汕尾、深圳、黄骅、株洲、威海
	$0.5 < R_i \leq 0.6$	2	岳阳、中山河港
一般性	$0.4 < R_i \leq 0.5$	10	滁州、徐州、佳木斯、惠州、泸州、哈尔滨、大连、茂名、乐山、阳江
	$0.3 < R_i \leq 0.4$	12	烟台、湖州、柳州、中山、嘉兴河港、淮南、常州、上海、惠州河港、宿迁、梧州、杭州
	$0.2 < R_i \leq 0.3$	33	湛江、淮安、京唐、达州、厦门、曹妃甸、嘉兴、锦州、莆田、海口、连云港、岚山、广州、八所、青岛、涪陵、洋浦、马鞍山、漳州、常熟、上海、营口、扬州、丹东、江阴、连云港、太仓、安庆、池州、宜宾、贵港、舟山、日照
综合性	$0.1 < R_i \leq 0.2$	36	湘潭、荆州、虎门河港、防城港、宁波、江门河港、台州、泰州、无锡、南宁、温州、虎门、江门、黄石、泉州、汕头、龙口、珠海、宁德、九江、福州、张家港、镇江、重庆、芜湖、肇庆、宜昌、铜陵、武汉、合肥、南通、万州、佛山、钦州、南京、来宾
	$0 < R_i \leq 0.1$	4	广州河港、北海、南昌、天津

2）综合性港口

离散系数低于 0.2 而运输职能结构呈现综合性的港口比较多，共计有 40 个，约占港口数量的 37%，超过三分之一。其中，广州河港、北海、南昌、天津等 4 个港口的离散系数最低，均小于 0.1，货物之间的均衡化水平最高，这些港口为海港和内河港兼有。其次是来宾、南京、钦州等 15 个港口的离散指数为 0.1 ~ 0.15，主要是内河港口，海港较少；而湘潭、荆州、防城港、宁波等 21 个港口的离散指数较低，为 0.15 ~ 0.2，占港口样本的五分之一，上述港口仍以内河港口为主，但海港的数量逐步增多，尤其是南方海港较多。在空间上，综合性港口主要分布在长江流域、长江三角洲、珠江三角洲、闽北浙南地区。其余综合性港口的集聚特征不显著。

3）一般性港口

离散系数为 0.2 ~ 0.5 的港口为一般性港口。一般性港口共计 55 个，数量较多，约占港口总量的一半以上，具体数量比例为50.9%。其中，货物离散系数为0.2 ~ 0.3的港口有33个，包括湛江、淮安、京唐、达州、厦门、曹妃甸等港口，有海港22个和内河港11个，海港数量较多。有12个港口的离散系数为0.3 ~ 0.4，包括烟台、湖州、柳州、中山、嘉兴河港等港口，以内河港口为多。货物离散系数为0.4 ~ 0.5的港口包括滁州、徐州、佳木斯、惠州、泸州、哈尔滨、大连、茂名、乐山、阳江等10个。在空间上，一般性港口的分布也比较广泛，但仍呈现出长江下游与长江三角洲、京杭运河、苏北鲁南、北部湾、珠江三角洲与西江流域等集聚区。

二、港口类型结构演化

1. 港口数量结构

20世纪80年代以来，港口数量不断增多，从1985年的68个港口增加到1995年的98个，进而增加到2014年的108个港口。港口数量增长的同时，港口的类型结构也不断变化。1985年、1995年和2014年综合性港口分别为40个、45个和38个，呈现"先增长后下降"的发展过程；一般性港口分别为22个、32个和57个，呈现持续增多的发展过程；专业化港口分别为6个、21个和13个，呈现"先增多后减少"的发展过程。由于不同时期的港口建设和资源整合，导致港口具体数量不同，因此比例变化更具有意义。根据比例变化，综合性港口在3个年份分别为58.8%、45.9%和35.2%，呈现不断减少的发展过程；一般性港口分别为32.4%、32.7%和52.8%，比例呈现持续的增长过程；而专业化港口在1985年为8.8%，1995年提高到21.4%，目前为12.04%，呈现"先增长后下降"的过程。总体来看，80年代以来，港口类型以综合性港口为主、专业化港口较少，这种结构维系到90年代，但专业化港口增多趋势明显，而目前专业化港口又呈现下降趋势。

2. 港口分布演化

20世纪80年代以来，中国港口运输职能结构呈现出明显的空间差异，并呈现出明显的演化路径，如表6-2和图6-2所示。

20世纪80年代中期，港口数量相对较少，多数港口的离散系数较低，仅少数港口较高而呈现专业化职能结构；专业化港口分散分布在山东以南地区，未能形成集聚。其中，日照、徐州、广州河港、泰州、岳阳等港口具有较高的专业化水平，这主要受煤炭输出影响，而八所港主要从事铁矿石运输。一般性港口形成环渤海、长江下游、珠江三角洲等地域的集聚，但长江中上游、闽东南和粤东北

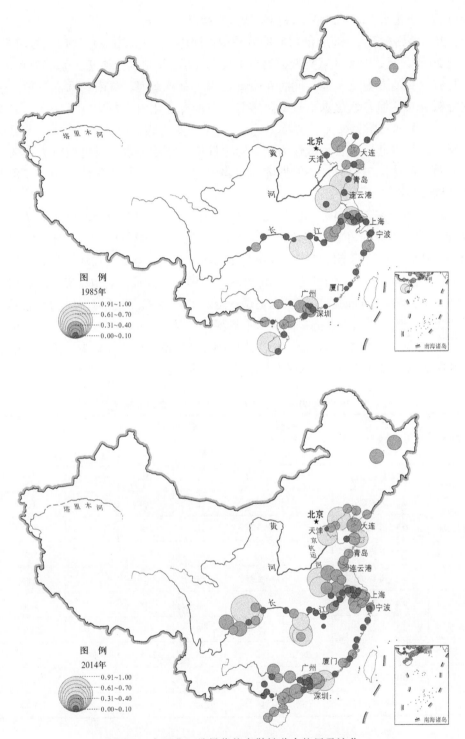

图 6-2　中国港口总量货物离散性分布格局及演化

港口的专业化水平较低，运输职能结构呈现相对的综合性。

20 世纪 90 年代中期，港口职能分异增强深化。其中，专业化港口明显增多，达到 20 个，开始形成地域集聚，集中于长江流域，形成自上游至下游的分布带，并且有很高的专业化职能，同时在渤海西岸、京杭运河、鲁南、珠江三角洲呈现分散分布，但专业化水平较低。多数港口的专业化由煤炭运输所塑造，如秦皇岛、京唐和日照为煤炭下水港，而嘉兴等港口则为煤炭接卸港，舟山、茂名、惠州、泉州等港口以石油运输为主。综合性港口比较分散，但仍相对集中在长江三角洲和珠江三角洲，一般性港口也集中在长江下游与三角洲、珠江三角洲及环渤海地区。

21 世纪以来，港口运输职能的差异缩小。2014 年，专业化港口明显减少，仅有 13 个，分散分布在环渤海、淮河流域、长江中上游及珠江三角洲，空间集聚水平降低。一般性港口最多，呈现明显的集聚，主要集聚在长江三角洲、京杭运河、鲁南苏北、北部湾等地区；综合性港口则分散分布，但相对集中在长江三角洲尤其长江口，同时在珠江口也呈现一定水平的集聚。环渤海港口的离散系数有所提高，长江三角洲在港口离散水平提高的同时专业化港口减少，珠江三角洲与北部湾港口也呈现类似特征，长江流域的专业化港口也明显减少。长江以南港口和闽东南沿海港口均以一般性和综合性港口为主。

表 6-2　20 世纪 80 年代以来综合性 / 专业化港口的数量及比例

属性	货物离散系数（R_i）	1985 年		1997 年		2014 年	
		数量 / 个	比例 /%	数量 / 个	比例 /%	数量 / 个	比例 /%
专业化	$0.9 < R_i \leq 1.0$	1	1.47	4	4.08	2	1.85
	$0.8 < R_i \leq 0.9$	1	1.47	2	2.04		0.00
	$0.7 < R_i \leq 0.8$	2	2.94	4	4.08	3	2.78
	$0.6 < R_i \leq 0.7$			3	3.06	6	5.56
	$0.5 < R_i \leq 0.6$	2	2.94	8	8.16	2	1.85
一般性	$0.4 < R_i \leq 0.5$	3	4.41	3	3.06	10	9.26
	$0.3 < R_i \leq 0.4$	4	5.88	8	8.16	13	12.04
	$0.2 < R_i \leq 0.3$	15	22.06	21	21.43	34	31.48
综合性	$0.1 < R_i \leq 0.2$	29	42.65	31	31.63	34	31.48
	$0 < R_i \leq 0.1$	11	16.18	14	14.29	4	3.70

港口运输与腹地产业发展

三、基于进出港的综合性/专业化判别

从进出港的角度来看，各港口的离散系数则呈现出不同的特征，其综合性或专业化水平则明显不同（图6-3）。

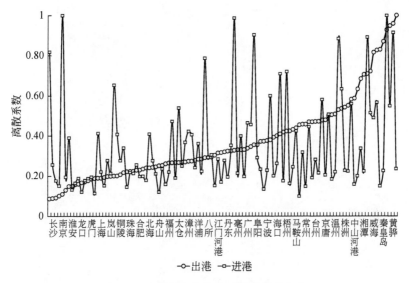

图 6-3　基于进出港的港口离散系数变化

1. 出港

从出港来看，综合性港口的数量呈现"先增长后下降"的发展过程，从1985年的20个增长到1995年的25个，又降到2014年的22个，但比例呈现持续的下降过程，从29.4%降到20.4%；专业化港口数量和比例呈现相同的发展过程，比例从25%降到20.4%；一般性港口则呈现相反过程，港口数量不断增多，从31个增长到64个，比例从45.6%增长到59.3%。

各港口间的离散性或运输职能结构呈现更明显的空间差异，如图6-4所示。20世纪80年代中期开始，港口数量虽较少，但专业化港口较多，达17个，分散分布在环渤海、长江下游、珠江三角洲、北部湾及黑龙江流域，日照、八所、徐州、广州河港、佳木斯、秦皇岛等港口由于煤炭和铁矿石等运输而具有较高的专业化水平；综合性港口主要分布在长江三角洲和珠江三角洲，一般性港口分布在长江中上游、环渤海、北部湾和珠江三角洲地区。90年代中期，在港口数量增长的同时，港口间运输职能差异进一步扩大；专业化港口增至24个，惠州河港、宜宾、鄂州和沙河子、徐州、马鞍山、奉节、池州等港口由于集中在某种货物而

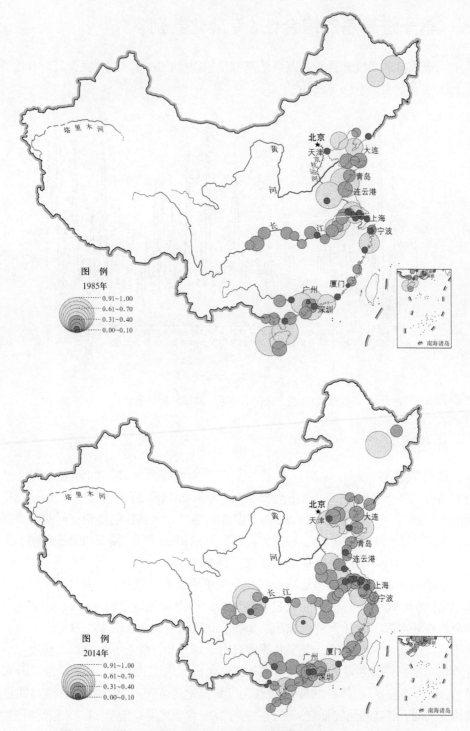

图 6-4　20 世纪 80 年代中期以来中国港口出港货物离散性格局及演化

具备较高的专业化水平，形成长江流域集聚分布轴，在黑龙江流域、珠江三角洲和环渤海地区有所分布；一般性港口在闽东南、珠江三角洲和长江中下游有集聚分布，综合性港口相对集聚在珠江三角洲。21世纪以来，港口运输职能的空间差异进一步扩大，专业化港口达22个，包括连云港、南充、黄骅、广安、岳阳、秦皇岛、哈尔滨、深圳等港口的离散系数均高于0.8，分布范围有所萎缩，占港口样本的59.3%，但长江中上游、环渤海、浙南、珠江三角洲等地区有所集聚；一般性港口有64个，数量较多，分布比较广泛，形成珠江三角洲—珠江流域—北部湾、长江下游—长江三角洲—淮河流域两个明显集聚区；综合性港口分布比较分散，但相对集中在长江三角洲，并在长江中上游形成分散分布，总体上以长江内河港口为主。

　　各种类型港口的属性主要存在以下特征，如表6-3所示，第一，"一直为一般性""专业化→一般性"和"综合性→一般性"等类型的港口数量最多，分别为17个、15个和12个，所占比例分别为19.3%、17%和13.6%，这类港口的运输职能结构或港口属性保持着较好的稳定性和转变的渐进性；"一直为一般性""专业→一般"类型的港口多为中小型港口，海港和内河港并重，但"综合→一般性"类型出现大型港口且数量较多。第二，"一般→综合"和"一般→专业"类型的港口较多，分别为10个和7个，比例分别为11.4%和8%，两者均以中小型的内河港口为主，运输职能结构以渐进性变化为主。第三，"一般→专业→一般""一般→综合→一般"和"一直为综合性"等变化类型的港口较少，分别为5个和4个，均以中小型内河港为主；前两种类型变化复杂，第三种具有稳定性。第四，其他转化类型的港口数量较少，多覆盖2个或1个港口，但运输职能的变化比较复杂，存在多种类型转变甚至突变。

表6-3　20世纪80年代以来基于出港的港口类型变化

类型	数量/个	比例/%	名称
一直为专业化	2	2.3	徐州、秦皇岛
一直为一般性	17	19.3	锦州、嘉兴河港、烟台、北海、安庆、洋浦、南昌、九江、连云港、武汉、虎门河港、贵港、漳州、泸州、泉州、福州、太仓
一直为综合性	5	5.7	钦州、上海河港、虎门、张家港、汕头
综合→一般	12	13.6	丹东、广州、阳江、上海、黄石、宁波、梧州、江门河港、扬州、厦门、常州、常熟
综合→专业	2	2.3	湛江、中山河港
一般→专业	7	8.0	杭州、湖州、威海、莆田、岳阳、温州、株洲
一般→综合	10	11.4	佛山、龙口、防城港、岚山、重庆、万州、镇江、长沙、南京、宜昌
专业→综合	1	1.1	泰州

类型	数量 / 个	比例 /%	名称
专业→一般	15	17.0	大连、珠海、淮安、京唐、芜湖、池州、日照、海口、八所、嘉兴、佳木斯、惠州河港、宜宾、江阴、台州
一般→专业→一般	5	5.7	茂名、马鞍山、铜陵、荆州、舟山
综合→一般→综合	2	2.3	天津、南通
一般→综合→一般	4	4.5	中山、营口、江门、涪陵
一般→综合→专业	1	1.1	青岛
综合→一般→专业	2	2.3	无锡、深圳
专业→一般→专业	2	2.3	哈尔滨、汕尾
专业→综合→一般	2	2.3	肇庆、广州河港

2. 进港

从进港来看，综合性港口数量呈现"先减少后增多"的发展过程，但比例持续下降，从54.41%降到31.63%；专业化港口数量持续增多，从5个增长到21个，比例从7.35%增长到19.45%；一般性港口的数量和比例呈现出与专业化港口相同的发展特征，均呈增长趋势，港口数量从26个增长到53个，比例从38.23%提高到49.08%。具体如表6-4所示。

表6-4　1985～2014年基于进出港的综合性／专业化港口数量及比例

属性	离散系数	出港						进港					
		1985年		1995年		2014年		1985年		1995年		2014年	
		数量/个	比例/%	数量/个	比例/%	数量/个	比例/%	数量/个	比例/%	数量/个	比例/%	数量/个	比例/%
专业化	$0.9 < R_i \le 1.0$	2	2.94	6	6.12	4	3.70			2	2.04	5	4.63
	$0.8 < R_i \le 0.9$	3	4.41	4	4.08	4	3.70	1	1.47	2	2.04	3	2.78
	$0.7 < R_i \le 0.8$	1	1.47	2	2.04	3	2.78		0.00	4	4.08	3	2.78
	$0.6 < R_i \le 0.7$	5	7.35	4	4.08	2	1.85	3	4.41	5	5.10	2	1.85
	$0.5 < R_i \le 0.6$	6	8.82	8	8.16	9	8.33	1	1.47	6	6.12	8	7.41
一般性	$0.4 < R_i \le 0.5$	5	7.35	6	6.12	15	13.89	7	10.29	8	8.16	11	10.19
	$0.3 < R_i \le 0.4$	14	20.59	21	21.43	19	17.59	8	11.76	14	14.29	9	8.33
	$0.2 < R_i \le 0.3$	12	17.65	21	21.43	30	27.78	11	16.18	25	25.51	33	30.56
综合性	$0.1 < R_i \le 0.2$	18	26.47	17	17.35	18	16.67	24	35.29	22	22.45	33	30.56
	$0 < R_i \le 0.1$	2	2.94	8	8.16	4	3.70	13	19.12	9	9.18	1	0.93

1985 年，专业化港口少，仅有岳阳、扬州、池州、泰州和安庆等港口，集中在长江中下游地区；综合性港口较少，但集中在长江三角洲和珠江三角洲，一般性港口分布在珠江以南、长江三角洲、山东半岛等地区。20 世纪 90 年代中期，港口形成明显的空间分异，专业化港口增至 19 个，明显集中在长江中游、珠江三角洲；一般性港口则明显集中在长江三角洲，一般性港口则分散分布在长江流域和珠江三角洲。21 世纪以来，综合性与专业化形成更明显的空间分异，专业化港口有 21 个，分布集聚在渤海西岸、淮河—京杭运河、赣江流域、长江上游、西江上游、珠江三角洲、黑龙江流域；一般性港口的数量较多，有 53 个，接近港口总数的二分之一，相对集中在长江中下游、环渤海、闽东南和珠江西岸。综合性港口的数量也较多，有 34 个，分布虽然分散，但仍呈现长江三角洲和珠江三角洲两个相对集中的地区（图 6-5）。

从进港来看，港口运输职能结构的变化主要存在以下特征，如表 6-5 所示。第一，"综合→一般"、"一直为一般性"、"一般→综合"等变化类型港口的数量较多，分别为 17 个、15 个和 14 个，所占比例分别为 18.9%、16.7% 和 15.6%，港口运输职能的变化仍以渐变性为主。第二，"一直为综合性"和"专业→一般"等变化类型港口的数量较多，分别为 11 个和 9 个，比例分别为 12.2% 和 10%，港口职能变化渐变性明显。第三，"一般→专业""综合→一般→综合"两种类型的港口数量较少，分别为 6 个和 5 个，港口属性间的转化

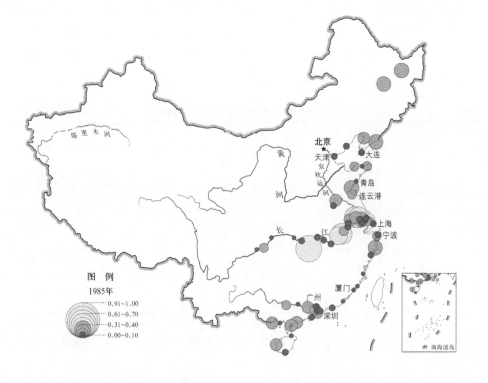

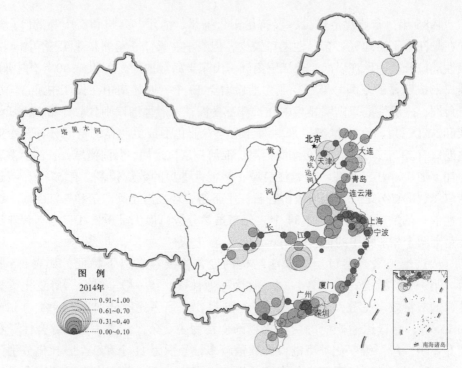

图 6-5　20 世纪 80 年代中期以来中国港口进港货物离散性格局及演化

日益复杂。第四，"一般→综合→一般""专业→一般→综合""一般→综合
→专业""一般→专业→一般""综合→专业→一般""综合→专业""专业
→综合"等类型的港口数量最少，分别为 1 个或 2 个，这类港口运输职能结构的
转变比较复杂，存在多种类型转变甚至突变。

表 6-5　基于进港的港口离散系数变化

类型	数量/个	比例/%	名称
一直为专业化	3	3.3	长沙、株洲、惠州
一直为一般性	15	16.7	营口、阳江、防城港、日照、岚山、上海河港、常熟、肇庆、贵港、莆田、嘉兴河港、漳州、杭州、淮安、铜陵
一直为综合性	11	12.2	广州、秦皇岛、天津、上海、重庆、万州、江门河港、温州、福州、南通、梧州
综合→一般	17	18.9	大连、中山、江门、荆州、烟台、青岛、海口、舟山、虎门河港、张家港、常州、马鞍山、厦门、汕头、深圳、芜湖、无锡
综合→专业	2	2.2	中山河港、汕尾
一般→专业	6	6.7	京唐、哈尔滨、威海、泸州、八所、佳木斯

类型	数量/个	比例/%	名称
一般→综合	14	15.6	珠海、湛江、龙口、钦州、涪陵、佛山、宁波、南京、镇江、台州、太仓、虎门、江阴、湖州
专业→综合	1	1.1	南昌
专业→一般	9	10.0	锦州、岳阳、洋浦、宜宾、嘉兴、惠州河港、扬州、安庆、池州
一般→专业→一般	2	2.2	丹东、茂名
综合→专业→一般	2	2.2	九江、黄石
综合→一般→综合	5	5.6	武汉、宜昌、广州河港、北海、泉州
一般→综合→一般	1	1.1	连云港
专业→一般→综合	1	1.1	泰州
一般→综合→专业	1	1.1	徐州

四、基于进出口的综合性/专业化判别

由于许多港口不具备货物的进出口功能，港口样本缩减为 87 个。如图 6-6 所示，进口和出口的离散系数大致呈现出逆向的特征，即进口离散系数较高则出口离散系数较低。

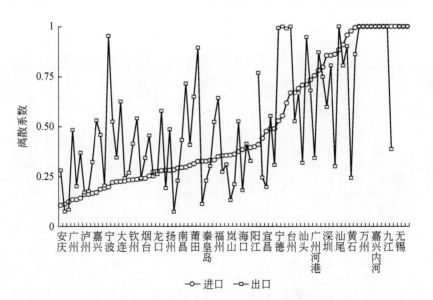

图 6-6　基于进出口的中国港口货物离散系数分布

1. 进口

从进口来看，20世纪80年代以来，综合性港口数量"先增多后减少"，所占比例"先提高后下降"，从1985年的14.71%提高到1995年的17.34%，又降至2014年的11.11%；专业化港口持续增多，从20个增长到33个，但比例"先下降后提高"，2014年为30.55%；一般性港口持续增多，从13个增长到42个，比例也持续增长，提高到2014年的38.89%。具体如表6-6所示。

港口进口货物的运输职能结构则呈现出不同的空间特征。20世纪80年代中期，专业化港口有20个，台州、九江、武汉、威海、虎门河港、舟山、广州河港、日照、肇庆、安庆、佛山、镇江、丹东等港口的离散系数均为1，主要分布在长江下游和长江三角洲、珠江三角洲，闽东南、北部湾和渤海西岸，港口多为一般性港口或综合性港口。90年代中期，专业化港口增加至25个，武汉、重庆、马鞍山、黄石和哈尔滨等内河港口均为典型的专业化港口，有最高的专业化运输职能结构，分布格局发生很大变化，长江下游与长江三角洲虽仍形成集聚但格局有所弱化，珠江三角洲和北部湾的集聚度进一步强化，环渤海港口专业化降低而多为一般性或综合性港口。2014年，专业化港口扩张至33个，形成长江流域和长江以南分布轴线，渤海西岸形成小规模集聚分布；武汉、重庆、惠州河港、九江、梧州、池州、荆州、万州等港口的进口货物集中在某一类型，专业化水平较高。一般性港口有41个，集中在环渤海、鲁南苏北、闽东南、珠江三角洲和北部湾地区。综合性港口较少，仅有12个，主要分布在长江流域，重点集中在长江三角洲，同时在珠江三角洲、长江上游也有分布。

表6-6　1985～2014年基于进出口的综合性/专业化港口数量及比例

属性	货物离散系数（R_i）	出口						进口					
		1985年		1995年		2014年		1985年		1995年		2014年	
		数量/个	比例/%	数量/个	比例/%	数量/个	比例/%	数量/个	比例/%	数量/个	比例/%	数量/个	比例/%
专业化	$0.9 < R_i \leq 1.0$	9	13.24	15	15.31	19	17.59	13	19.12	5	5.10	17	15.74
	$0.8 < R_i \leq 0.9$	3	4.41	1	1.02	5	4.63	1	1.47	5	5.10	4	3.70
	$0.7 < R_i \leq 0.8$	3	4.41	4	4.08	3	2.78	2	2.94	5	5.10	6	5.56
	$0.6 < R_i \leq 0.7$	4	5.88	2	2.04	5	4.63	2	2.94	3	3.06	4	3.70
	$0.5 < R_i \leq 0.6$	10	14.71	8	8.16	9	8.33	2	2.94	7	7.14	2	1.85

属性	货物离散系数 （R_i）	出口						进口					
		1985 年		1995 年		2014 年		1985 年		1995 年		2014 年	
		数量 /个	比例 /%	数量 /个	比例 /%	数量 /个	比例 /%	数量 /个	比例 /%	数量 /个	比例 /%	数量 /个	比例 /%
一般性	$0.4 < R_i \leqslant 0.5$	7	10.29	7	7.14	8	7.41	3	4.41	7	7.14	6	5.56
	$0.3 < R_i \leqslant 0.4$	7	10.29	8	8.16	12	11.11	6	8.82	11	11.22	16	14.81
	$0.2 < R_i \leqslant 0.3$	4	5.88	19	19.39	15	13.89	4	5.88	11	11.22	20	18.52
综合性	$0.1 < R_i \leqslant 0.2$	1	1.47	11	11.22	6	5.56	10	14.71	15	15.31	12	11.11
	$0 < R_i \leqslant 0.1$			2	2.04	3	2.78			2	2.04		

2. 出口

从出口角度来看，港口间的职能差异显著。如表6-6所示，综合性港口呈现"先增多后减少"的发展过程，从 1 个增加到 13 个后又减至 9 个，比例呈现相同的发展过程，从 1.47% 提高到 13.26%，又降至 2014 年的 8.34%。专业化港口呈现不断增多的过程，从 29 个增长到 41 个，但比例呈现"先下降后提高"的过程，从 1985 年的 42.65% 提高到 1995 年的 30.61%，又降至 2014 年的 37.96%。一般性港口持续增多，从 18 个增长到 35 个，比例呈现"先增长后下降"的过程，从 26.46% 增长到 34.69%，又降到 32.41%。

20 世纪 80 年代中期，专业化港口数量较多，达 29 个，丹东、芜湖、舟山、海口、江阴、镇江、台州和珠海等港口都具备很高的专业化水平，形成沿海和长江中下游分布轴线，但渤海西岸、西江等港口多具备一般性运输职能结构。90 年代中期，专业化港口继续增多，达 30 个，集中在长江流域与长江三角洲、珠江三角洲及鲁南地区，环渤海、闽东南和北部湾等港口的专业化降低，但长江中上游的专业化港口集聚凸显，佳木斯、哈尔滨、池州、荆州、嘉兴、马鞍山、莆田、惠州河港、涪陵、万州、宜昌、巴东和奉节等港口均因集中于某一货物而具备最高的专业化。2014 年专业化港口数量扩大到 41 个，主要集中环渤海、长江以南沿海、长江流域—长江三角洲等集聚区域；一般性港口有 33 个，数量较多，相对集中在长江下游、珠江三角洲，并在环渤海和长江中游地区有分布；综合性港口有 11 个，数量较少，其中有 8 个港口的离散系数为 0.1 ~ 0.2，而 3 个港口低于 0.1，主要分布在长江流域，其他地区分布较为分散。

五、港口职能强度与优势职能

1. 评价模型

区位商仅是港口专业化职能的单一表述，是单一港口的某类货物比例同全国某类货物比例的比值。职能地位采用各类货物在港口吞吐量中的比例衡量，用以判定港口内部货物运输结构中的优势货种，是某类货物与港口其他货物运输地位的比较，并用职能强度进行表征。

根据纳尔逊城市职能统计分析方法原理，进行职能强度的判别。计算公式如下：

$$M_i = (X_i - \overline{X}) / \sqrt{\frac{\sum\limits_{i=1}^{n}(x_i - \overline{x})^2}{n}} \qquad (6\text{-}1)$$

其中，M_i 为职能强度指数。X_i 为港口内第 i 类货物吞吐量占该港口吞吐量的比例，$\overline{X}$ 为港口内部各类货物的平均比例。$M_i > 0$，表明该货物运输具有一定的职能强度，$M_i > 1$，表明运输职能突出。

2. 评价结果

1）出港优势货种

各港口往往拥有不同的优势运输职能，这促使各类货物形成了不同的港口覆盖率。从货物类型来看，矿建材料、其他货物、煤炭等货物是遍在性的运输职能，矿建材料和其他货物是港口最广泛的运输职能，分别成为 43 个和 38 个港口的优势货种，煤炭也覆盖 30 个港口，如表 6-7 所示。之后是水泥、金属矿石、钢铁、非金属矿石和石油等货物成为部分港口的优势货物，水泥和金属矿石分别覆盖 13 个和 12 个港口，钢铁和非金属矿石也分别覆盖 11 个港口，而 8 个港口的优势货物为石油。此外化工原料、轻工医药、粮食、机械设备、农产品和化肥农药等货物成为少数港口的优势货物，化工原料覆盖 5 个港口，粮食和轻工医药分别覆盖 3 个港口，机械设备电器仅覆盖 2 个港口，化肥农药和农产品仅覆盖 1 个港口。但木材、有色金属产品和盐等货物未能成为港口的优势货种。

表 6-7　中国港口出港职能地位维度的主要货种

港口	出港	港口	出港	港口	出港
丹东	其他货物	江门	矿建材料	马鞍山	矿建材料
大连	其他货物	阳江	粮食、农产品	芜湖	水泥、非金属矿石

港口	出港	港口	出港	港口	出港
营口	其他货物	茂名	石油、其他货物	铜陵	矿建材料、水泥
锦州	煤炭、其他货物	湛江	其他货物	池州	矿建材料、水泥、非金属矿石
秦皇岛	煤炭	北海	石油、非金属矿石	安庆	矿建材料、水泥
黄骅	煤炭	钦州	轻工医药、石油	南昌	矿建材料
京唐	煤炭	防城港	煤炭	九江	矿建材料、水泥
曹妃甸	煤炭、钢铁	海口	其他货物	武汉	钢铁、其他货物
天津	煤炭	洋浦	石油	黄石	矿建材料、水泥
烟台	其他货物	八所	金属矿石、化工原料	荆州	化肥农药、其他货物
龙口	非金属矿石、其他货物	哈尔滨	煤炭	宜昌	煤炭、非金属矿石
威海	其他货物	佳木斯	煤炭、其他货物	长沙	机械设备、轻工医药、其他货物
青岛	其他货物	上海	钢铁、矿建材料、其他货物	湘潭	钢铁
日照	煤炭、金属矿石、其他货物	南京	煤炭、石油、其他货物	株洲	化工原料
岚山	金属矿石、钢铁	镇江	金属矿石、矿建材料	岳阳	矿建材料
上海	其他货物	常熟	煤炭、矿建材料	重庆	矿建材料、其他货物
连云港	金属矿石、其他货物	太仓	金属矿石、其他货物	涪陵	矿建材料
嘉兴	煤炭	张家港	煤炭、钢铁、其他货物	万州	煤炭、化工原料、其他货物
宁波	金属矿石、其他货物	南通	煤炭、金属矿石	泸州	煤炭、矿建材料
舟山	金属矿石、矿建材料	常州	金属矿石	宜宾	矿建材料、非金属矿石
台州	矿建材料、其他货物	江阴	煤炭、金属矿石	乐山	矿建材料
温州	矿建材料、其他货物	扬州	煤炭	南充	矿建材料
福州	金属矿石、其他货物	泰州	煤炭、粮食	广安	矿建材料
宁德	钢铁、矿建材料	徐州	煤炭	达州	煤炭、矿建材料、水泥
莆田	煤炭	连云港	钢铁	广州河港	水泥、其他货物
泉州	石油、其他货物	无锡	水泥	中山河港	矿建材料

第六章 单体港口运输职能识别与演化

港口	出港	港口	出港	港口	出港
厦门	矿建材料、其他货物	宿迁	矿建材料	佛山	矿建材料、其他货物
漳州	石油、非金属矿石、化工原料	淮安	钢铁、矿建材料、化工原料	江门河港	矿建材料
汕头	机械设备、轻工医药、其他货物	杭州	矿建材料	虎门河港	其他货物
汕尾	非金属矿石	嘉兴河	矿建材料	肇庆	矿建材料、水泥
惠州	石油、矿建材料	湖州	矿建材料	惠州河港	矿建材料、非金属矿石
深圳	其他货物	合肥	水泥	南宁	水泥
虎门	煤炭	亳州	煤炭、粮食	柳州	钢铁、矿建材料
广州	其他货物	阜阳	煤炭、矿建材料	贵港	水泥
中山	矿建材料	淮南	煤炭、矿建材料	梧州	矿建材料
珠海	煤炭、矿建材料、其他货物	滁州	矿建材料、非金属矿石	来宾	煤炭、钢铁、非金属矿石、其他货物

从各港口的优势货种数量看，多数港口仅为 1 类货物，有 49 个港口，占港口数量的 45.4%，为单一优势货种港口。有 46 个港口为双优势货种，占港口数量的 42.6%。上述两类港口共计 95 个港口，占港口数量的 88%。12 个港口拥有 3 类优势货物，仅 1 个港口拥有 4 类优势货种。具体以单一优势货种港口来看，深圳、威海、湛江、海口、大连、广州、青岛、丹东、上海、烟台、营口、虎门河港等 12 个港口均为其他货物，重点是开展集装箱运输职能，主要是海洋港口；南充、广安、岳阳、中山河港、江山、乐山、杭州、湖州、江门河港、南昌、涪陵、马鞍山、宿迁、梧州、中山、嘉兴内河等 16 个港口为矿建材料。黄骅、秦皇岛、哈尔滨、莆田、徐州、京唐、扬州、虎门、嘉兴、防城港、天津等 11 个港口为煤炭。南宁、合肥、无锡、贵港等 4 个港口为水泥，连云港和湘潭港为钢铁，洋浦、常州、汕尾、株洲等港口分别为石油、金属矿石、非金属矿石和化工原料。

2）进港优势货种

由于港口腹地工业结构与市场的供需关系不同，港口的进港优势货种与出港有所差异。如表 6-8 所示，从覆盖港口数量来看，港口进港的优势货种主要为矿建材料和煤炭，分别覆盖 55 个和 53 个港口，占港口数量的 50.9% 和 49.1%；其次是金属矿石和其他货物，分别覆盖 35 个和 27 个港口；其他货物的覆盖范围较低，石油成为 10 个港口的优势货种，水泥和非金属矿石分别覆盖 4 个和 3 个港口，化工原料、粮食、木材和钢铁分别覆盖2个港口。而化肥农药、盐、机械设备、有色金属、轻工医药、农产品等未能成为港口的优势货物。

从优势货种数量来看，多数港口为单一和双优势货种港口，优势货物的种类较少。有43个港口为单一优势货种，占港口数量的39.8%，超过三分之一；47个港口为双优势货种，占港口数量的43.5%。单一优势货种和双优势货种港口合计占港口数量的83.3%，超过五分之四。少数港口为多优势货种港口，其中14个港口拥有三种优势货物，而4个港口拥有四种优势货物。以单一优势货种港口为例进行分析，不同港口间形成了较大差异。广安、亳州、南充、阜阳、徐州、长沙、泸州、株洲、中山河港、嘉兴河港、滁州、佳木斯、南宁、中山、荆州、上海、淮安、合肥、涪陵、宜宾、江门河港等21个港口为矿建材料，来宾、深圳、烟台、大连、海口等5个港口为其他货物，以海港为主；江门、虎门、池州、铜陵、汕尾、嘉兴、八所等7个港口为煤炭，主要是南方港口；日照、天津、京唐、黄骅、曹妃甸等港口以输入金属矿石为主，均为环渤海港口；茂名、惠州和漳州等港口为石油，龙口和柳州港分别为非金属矿石和粮食。

各主要货种在港口中的分布具有不同的特征。以金属矿石为主要货种的港口集中分布于环渤海地区，以矿建材料为主要货种的港口除丹东外均分布于长江以南，尤其集中于闽东南港口群。以石油为主要货种的港口均分布于长江以南，集中于珠江三角洲和北部湾地区，以煤炭和其他货类为主要货种的港口数目较多，分布呈现遍在性。

表6-8　中国港口进港职能地位维度的主要货种

港口	进港	港口	进港	港口	进港
丹东	矿建材料、其他货物	江门	煤炭	马鞍山	金属矿石、矿建材料
大连	其他货物	阳江	煤炭、金属矿石	芜湖	煤炭、矿建材料
营口	其他货物、金属矿石	茂名	石油	铜陵	煤炭
锦州	其他货物、金属矿石、石油	湛江	其他货物、金属矿石	池州	煤炭
秦皇岛	金属矿石、非金属矿石	北海	煤炭、金属矿石	安庆	煤炭、矿建材料
黄骅	金属矿石	钦州	煤炭、石油	南昌	水泥、非金属矿石、煤炭
京唐	金属矿石	防城港	煤炭、金属矿石	九江	金属矿石、煤炭
曹妃甸	金属矿石	海口	其他货物	武汉	金属矿石、矿建材料
天津	金属矿石	洋浦	石油、木材	黄石	金属矿石、煤炭
烟台	其他货物	八所	煤炭	荆州	矿建材料
龙口	非金属矿石	哈尔滨	矿建材料、煤炭	宜昌	矿建材料、煤炭、化工原料

港口	进港	港口	进港	港口	进港
威海	其他货物、煤炭	佳木斯	矿建材料	长沙	矿建材料
青岛	金属矿石、其他货物	上海	矿建材料	湘潭	金属矿石、矿建材料
日照	金属矿石	南京	煤炭、金属矿石	株洲	矿建材料
岚山	石油、金属矿石	镇江	煤炭、金属矿石	岳阳	矿建材料、金属矿石
上海	其他货物、煤炭、金属矿石	常熟	煤炭、矿建材料	重庆	矿建材料、其他货物
连云港	金属矿石、其他货物	太仓	金属矿石、其他货物、煤炭	涪陵	矿建材料
嘉兴	煤炭	张家港	金属矿石、煤炭	万州	金属矿石、矿建材料、其他货物、煤炭
宁波	其他货物、煤炭、石油、金属矿石	南通	煤炭、金属矿石、矿建材料	泸州	矿建材料
舟山	金属矿石、石油	常州	煤炭、金属矿石	宜宾	矿建材料
台州	矿建材料、煤炭	江阴	煤炭、金属矿石	乐山	煤炭、化工原料、矿建材料、木材
温州	煤炭、矿建材料、其他货物	扬州	煤炭、矿建材料	南充	矿建材料
福州	金属矿石、煤炭、其他货物	泰州	煤炭、矿建材料	广安	矿建材料
宁德	煤炭、金属矿石	徐州	矿建材料	达州	矿建材料、水泥、煤炭
莆田	煤炭、矿建材料	连云港	金属矿石、矿建材料	广州河	矿建材料、煤炭
泉州	矿建材料、石油、其他货物、煤炭	无锡	矿建材料、煤炭、钢铁	中山河	矿建材料
厦门	其他货物、煤炭	宿迁	矿建材料、煤炭	佛山	其他货物、煤炭、矿建材料
漳州	石油	淮安	矿建材料	江门河	矿建材料
汕头	矿建材料、煤炭	杭州	矿建材料、钢铁	虎门河	其他货物、煤炭、粮食
汕尾	煤炭	嘉兴河	矿建材料	肇庆	煤炭、其他货物、矿建材料
惠州	石油	湖州	矿建材料、煤炭	惠州河	水泥、其他货物、矿建材料
深圳	其他货物	合肥	矿建材料	南宁	矿建材料
虎门	煤炭	亳州	矿建材料	柳州	粮食
广州	其他货物、煤炭	阜阳	矿建材料	贵港	矿建材料、煤炭
中山	矿建材料	淮南	水泥、矿建材料	梧州	其他货物、煤炭
珠海	煤炭、矿建材料	滁州	矿建材料	来宾	其他货物

第二节 港口运输区位优势

通过公式（5-1），对样本港口的分类货物数据进行计算，可得出各港口各类职能的专业化水平。将区位商大于1的货物作为港口主要货种。

一、能源类货物

1. 煤炭

煤炭及制品是港口最主要的货物。20世纪80年代中期，煤炭出港区位商大于1的港口有19个，下水优势突出的港口分散分布在长江、京杭运河、环渤海及黑龙江流域；各港口间的差异较小，日照、徐州、佳木斯、哈尔滨、芜湖和涪陵等港口均为2～3。90年代中期，区位商大于1的港口有22个，在维系80年代格局的基础上，渤海西岸港口的下水优势得到强化；港口间差异仍然较小，沙河子、徐州、奉节、日照等港口的区位商为3～4。2014年，区位商大于1的港口增至26个，煤炭下水量继续向渤海西岸、京杭运河、淮河、长江上游等地区集聚，黑龙江港口的优势也较为明显，黄骅、秦皇岛、哈尔滨等港口大于4，莆田、徐州、京唐等港口高于3，除专业化沿海煤炭下水港外，内河港口的煤炭运输具有重要优势。具备出口优势的港口集中在长江以北地区，重点集聚在渤海西岸（图6-7）。

20世纪80年代中期，煤炭接卸区位商大于1的港口有22个，相对集中在长江下游和长江三角洲；各港口差异较小，扬州和池州港均高于3。90年代中期，区位商大于1的港口增至31个，除长江下游和三角洲港口继续维持优势外，珠江三角洲和北部湾港口的优势显现；其中，嘉兴最高，达4.7，洋浦、台州、八所、池州、三亚、江阴等港口的区位商大于3。2014年，区位商大于1的港口增至52个，形成长江中下游和长江以南沿海港口的带状集聚分布（图6-8）；港口间差异仍较小，汕尾和八所港大于5，池州、铜陵、阳江和嘉兴等港口大于3，主要为煤炭贫乏区的煤炭接卸港。有31个港口的进口区位商大于1，遍布在长江口以南沿海地区，进口东南亚煤炭具有优势，其中八所、汕尾港高于8，汕头、台州、温州港均高于7，宁德、海口港均高于5。值得关注的是渤海西岸及部分辽宁沿海港口也具备进口优势，而扬州、嘉兴、莆田、江阴的进出港区位商均较为突出，这表现为煤炭中转集散的职能。

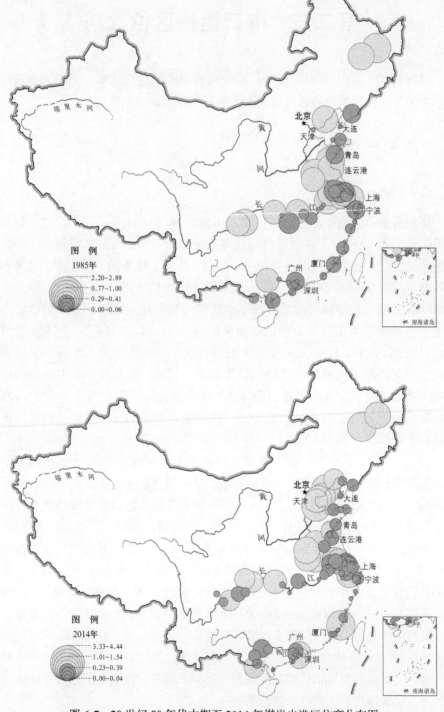

图 6-7　20 世纪 80 年代中期至 2014 年煤炭出港区位商分布图

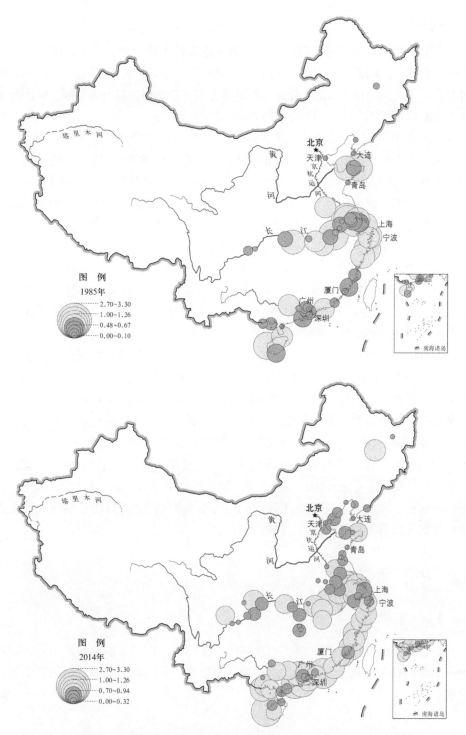

图 6-8　20 世纪 80 年代中期至 2014 年煤炭进港区位商分布图

2. 石油

石油及制品是战略物资资源，也是各国港口的主要货种。从出港来看，1985年区位商大于1的港口有9个，相对集中在长江中下游和环渤海地区；各港口间的差异较小，大连港为3.1，安庆和青岛港分别为2.5和2.3。1995年，区位商大于1的港口增至17个，除继续维系80年代中期格局外，长江三角洲的运输优势凸显；各港口间的差异也较小，茂名港最高达5.7，其次是舟山港为4.5。2014年，区位商大于1的港口有31个，但分布分散，在继续强化90年代格局的基础上，环渤海港口的优势得到强化；茂名港为10.5，其次是洋浦和惠州港分别为9.8和9，这些港口的依托城市往往分布有大型石化基地，并以沿海港口为主，输出成品油具有竞争力；具备石油出口优势的港口减少，但分布呈现明显集聚，集中在辽宁—山东、长江三角洲、珠江三角洲和北部湾地区。

从进港来看，1985年区位商大于1的港口有17个，分布于长江中下游和华南地区；各港口间的差异较小，岳阳港最高为6，安庆、南京、湛江、日照和涪陵等港口区位商为3~5。1995年区位商大于1的港口增至27个，除长江中下游和珠江三角洲港口优势继续强化外，鲁南、闽东南及环渤海港口的优势得到提升；港口间差异仍然较小，茂名、惠州、安庆、锦州和岳阳等港口的区位商为4~5。2014年，区位商大于1的港口为23个，主要分布在沿海地区，形成环渤海、闽东南、北部湾等集聚区，但长江中下游和珠江三角洲港口的优势明显衰弱，而环渤海港口的优势得到提升，长江、珠江流域和浙南港口的运输优势较低；其中，惠州和茂名港的区位商最高，分别为8.7和8.2，漳州和洋浦港分别为7和5.5，具有较强的专业性，多临近大型石化基地。从进口来看，有18个港口有优势，其中池州、茂名、惠州等港口均高于7，漳州港高于6，洋浦、泉州港均高于4，莆田、钦州、岚山、大连、湛江等港口均为2~4，这些港口仍是沿海地区或内陆石化基地的石油输入门户（图6-9）。

二、矿石类货物

1. 金属矿石

金属矿石包括铁矿石、铜矿石及铝土矿等矿石，但港口的金属矿石以铁矿石为主。铁矿石是钢铁企业的重要原材料，港口铁矿石运输则是腹地钢铁产业发展的缩影。

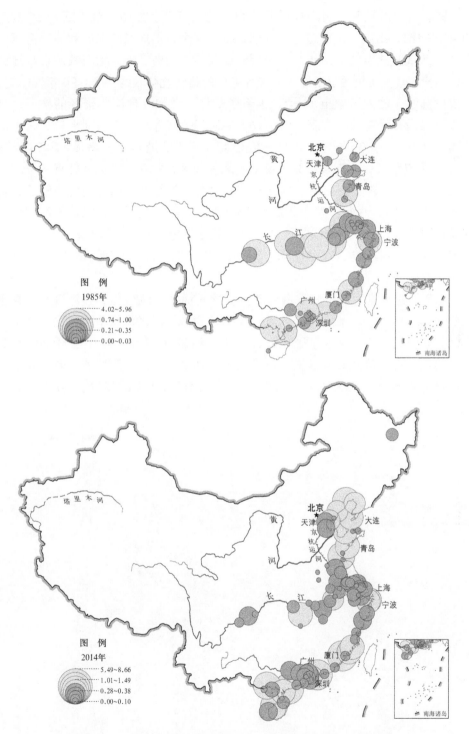

图 6-9　20 世纪 80 年代中期至 2014 年石油进港区位商分布图

铁矿石出港反映了腹地铁矿石产量的分布特征。如图 6-10 所示，20 世纪 80 年代中期，出港区位商超过 1 的港口仅有 9 个，形成长江下游和北部湾两大集聚区，以前者为集中；其中，八所港最高达 21.3%，成为海南铁矿石基地的输出门户；其次是铜陵、南通、宁波等港口的运输优势较为明显。90 年代中期，区位商高于 1 的港口增至 12 个，维系了长江下游和北部湾集聚区的格局，其中八所港仍有最高的区位商，而宁波、南通和镇江等长江三角洲港口的区位商较高，为 6 ~ 9。90 年代末以来，区位商高于 1 的港口逐步增多，2014 年达 21 个，重点集聚在长江口、苏北鲁南、北等地区，并在北部湾地区有所分布，但长江中上游、珠江三角洲、珠江流域、渤海西岸等港口的运输优势较低；常州港最高达 8.3，八所和太仓分别为 6.4 和 5，舟山、南通和镇江等长江三角洲港口均高于 4，除少数钢铁基地港口外，长江口港口成为重要输出门户，这受益于海洋和内河运输的衔接转换。具备出口优势的港口仍呈现类似的集聚特征，但密度有所降低。

铁矿石进港则反映了腹地钢铁产业的发展状况。1985 年，进港区位商高于 1 的港口有 14 个，主要分布在长江下游和三角洲、环渤海和华南地区；其中，武汉港最高达 4.7。1995 年区位商大于 1 的港口有 18 个，集中于环渤海和长江三角洲；各港口间的运输优势差异较小，其中马鞍山、防城港、营口和武汉港的区位商较高，均为 3 ~ 4。2014 年，区位商大于 1 的港口有 30 个，数量

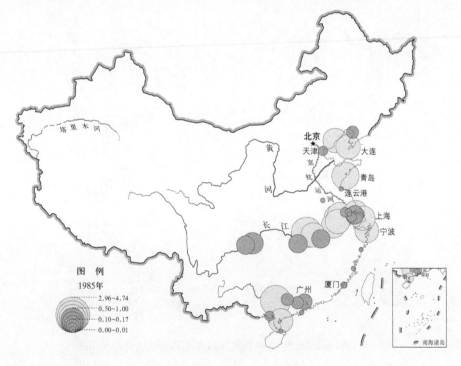

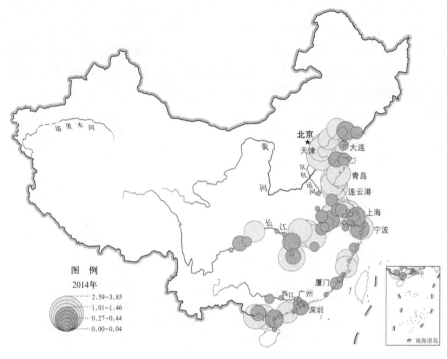

图 6-10　20 世纪 80 年代中期至 2014 年金属矿石进港区位商分布图

增多，分布虽然分散但仍集中在渤海西岸、鲁南苏北、长江三角洲、长江中游等地区，同时在闽东南和北部湾地区有所分布；各港口间的运输优势差异仍然较小；其中曹妃甸、京唐、黄骅等港口区位商为 3 ~ 4，这些港口成为进口铁矿石的主要接卸港，临近大型钢铁基地并多分布在北方沿海地区。从进口优势来看，23 个港口的区位商超过 1，但仅黄石、曹妃甸和京唐港为 2 ~ 3，这些港口均临近大型钢铁基地。

2. 非金属矿石

由于非金属矿石是一种遍布性的资源，成为港口运输的普遍性货物。20 世纪 80 年代之前吞吐量一直低于 1000 万吨，期间增幅较低甚至负增长，80 年代至 21 世纪虽然总体呈现增长但涨落彼此起伏，1994 年超过 4000 万吨，2000 年开始呈现持续增长，2014 年达 2.48 亿吨；比例呈现波动式变化，从 1973 年的 3.9% 降到 1976 年的 1.9%，逐步升到 1992 年的 4.4%，此后波动式降到 2014 年的 2.2%（图 6-11）。从出港来看，区位商大于 1 的港口有 37 个，分布比较分散，仍集中在长江中下游、珠江三角洲、珠江流域、北部湾等地区，而辽宁和北河、浙江的港口运输优势较低；其中，汕尾港最高达 31.7，具备最明显的输出优势；漳州、北海、宜宾、滁州、池州、龙口等港口区位商为 10～18；具备出口优势的港口呈现类似特征，但辽宁沿海港口的优势出现，长江上游港口的优势降低。有 36个港口的进港区位商大于 1，分布也比较分散，但相对集中在长江流域、环渤海、珠江三角洲地区，而具备进口优势的港口明显减少，并集中在山东半岛、长江口地区；其中龙口港最高达 21，秦皇岛、南昌港区位商为 10～13。综合来看，惠州河港、池州、合肥、芜湖、漳州、宜昌、贵港、宜宾、烟台、铜陵、龙口在进港和出港方面均具备较强的运输优势。

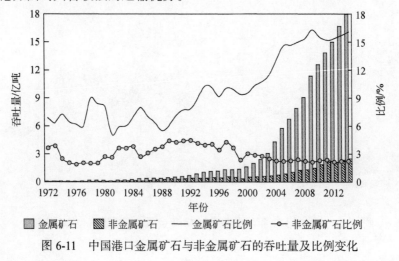

图 6-11　中国港口金属矿石与非金属矿石的吞吐量及比例变化

港口运输与腹地产业发展

三、金属类货物

1. 钢铁

钢铁是一种工业产成品，是铁矿石冶炼后的产品。如图 6-12 所示，20 世纪80 年代之前吞吐量较低，一直低于 2000 万吨，80 年代初至 90 年代末虽呈现增长态势但涨落共存，2000 年达 7369 万吨，此后呈现持续增长，2014 年达 4.69 亿吨；比例呈现明显的波动式变化，但总体趋于下降，从 1972 年的 8.7% 降至 2014 年的 4.2%。出港区位商超过 1 的港口有 32 个，分布比较分散，但仍形成辽宁—渤海西岸、苏北—运河—长江口、长江中游、西江上游等集聚区；其中，连云港最高为 16.6；湘潭港为 13.6；柳州港为 9.7，张家港、岚山港为 6～7。具备出港优势的港口呈现更明显的集中性，重点集聚在环渤海、鲁南苏北、长江中下游地区。进港区位商大于 1 的港口有 27 个，集中在长江流域，并在长江口以南地区有分散分布，环渤海、北部湾港口的运输优势不明显；杭州、无锡港分别为 9.2 和 6.7，连云港、合肥、上海、南昌等港口均为 3～4。具备进口优势的港口则呈现不同格局，形成环渤海、长江下游、珠江三角洲三个集聚区。

2. 有色金属

有色金属是一种工业基础原料，也是各国家重要的进出口产品，其运输与特定区域的经济发展有紧密联系，腹地有色金属工业布局决定了仅有少数港口开展此类运输。20世纪90年代开始吞吐量呈现缓慢增长，从1991年的64万吨增至2000年的496万吨，此后呈现波动增长，2014年达1591万吨，所占比例一直很低，在0.1%～0.3%波动。出港区位商大于1的港口有12个，分布也比较分散，但相对集中在长江中上游和北部湾地区；株洲港最高而达73.9，这与株洲有色金属基地有紧密的关系；钦州和佛山港分别达47.5和45，长沙港达31.2，黄石、天津港分别为8.8和8.2，连云港为3.4，上述港口在有色金属输出方面具备竞争优势，临近重要有色金属产业基地。进港区位商超过1的港口有13个，但相对集中在北方沿海，南方港口较少，但珠江三角洲相对集聚，长江流域、长江三角洲、闽东南粤北、淮河和京杭运河港口的运输优势不明显；其中连云港、佛山、肇庆港较高，分别为17.24、16.2和12.03。综合来看，连云港、佛山、肇庆、天津、虎门和黄石等港口在有色金属产品的进港和出港方面均具备运输优势（图6-12）。

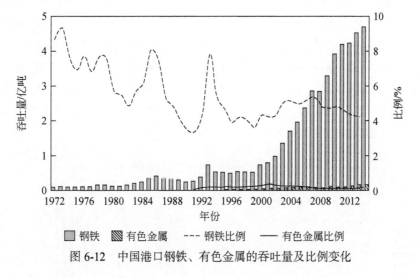

图6-12　中国港口钢铁、有色金属的吞吐量及比例变化

四、建筑材料类货物

1. 矿建材料

矿建材料是一种普遍性的货物，许多港口都具备其运输职能。1978年之前吞吐量低于1000万吨，20世纪70年代末至80年代中期虽有所扩大但仍相对较低，

一直低于 3000 万吨，80 年代中期开始进一步扩大，维持到 21 世纪初，2009 年增幅达 3 亿吨而总吞吐量突破 10 亿吨，此后增幅逐步降低，2014 年吞吐量达 16.5 亿吨。矿建材料在全国吞吐量结构中占有重要地位，比例占呈现"逐步上升，然后下降，此后上升"的发展过程，1972 年达 4.4%，1987 年提高至 13.4%，并波动式下降，1999 年降至 5.8%；此后逐步上升，2014 年达 14.8%。出港区位商大于 1 的港口有 48 个，数量较多且相互间差异较小，但集中在长江以南，重点是长江流域、长江三角洲、珠江三角洲、珠江、淮河和京杭运河，沿海港口较少；其中，南充、广安、岳阳等港口超过 7，中山河港、湖州、杭州、宁德、江门等港口超过 5；而环渤海和北部湾的港口运输优势不明显。进港区位商超过 1 的港口有 54 个，相互间差异较小，仍以内河港口和中小型海洋港口为主，重点集中在长江流域、淮河流域与京杭运河、珠江三角洲；其中，广安、亳州、南充、阜阳、徐州、长沙、泸州、株洲等港口区位商为 5 ~ 7。综合来看，有相当数量的港口同时具备矿建材料输入与输出优势，达到 21 个港口。

2. 水泥

水泥是建材业的核心产品，是重要的建筑材料，也是港口传统货物。如图 6-13 所示，20 世纪 80 年代末之前吞吐量较低，一直低于 1000 万吨，期间增减均有。90 年代期间，吞吐量呈现明显的不稳定性，涨落相间，1999 年仅为 1561 万吨。21 世纪开始，吞吐量呈现明显持续增长，年均增幅也快速扩大，突破 1000 万吨甚至达 4000 万吨，2014 年达 3.09 亿吨。90 年代初以来水泥由净进口转变为净出口。水泥的全国比例呈现波动式的增长过程，1972 年为 1%，1994 年曾达 3.1%，2014 年增长到 2.8%。

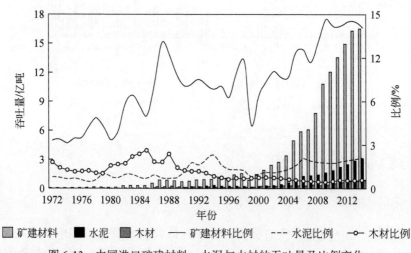

图 6-13　中国港口矿建材料、水泥与木材的吞吐量及比例变化

20世纪80年代中期，水泥出港区位商大于1的港口有25个，分布在长江以南地区；其中，黄石港最高，达55.6，水泥下水优势显著；厦门港较高，为12.3，汕头、梧州、舟山和贵港等港口为6～10。1995年，区位商大于1的港口增至29个，优势港口形成珠江三角洲—北部湾、长江下游—三角洲、渤海南岸—鲁南苏北、长江上游等集聚区；其中，云浮和岚山港最高，分别为24.1和24，贵港和龙口港分别为17.8和12.2。2014年，出港区位商大于1的港口减至26个，分布简化为长江下游—三角洲、珠江三角洲—北部湾集聚区，以内河港口为主，沿海港口较少，环渤海、长江中上游、杭州湾以南至珠江北岸的港口优势较低；其中，无锡港以17.6的高值居首位，贵港、安庆、南宁、肇庆、芜湖和合肥等港口的区位商大于10；具备出口优势的港口则呈现类似的集聚性，形成山东半岛、长江三角洲和珠江三角洲集聚区。

1985年，水泥进港区位商大于1的港口有23个，主要分布在长江以南沿海地区，长江中上游有少数分布；其中，虎门河港的区位商最高，达23，秦皇岛、汕头、厦门和舟山等港口为6～9，具有一定优势。1995年，区位商大于1的港口增至23个，分布发生转变，集中于长江三角洲、东南沿海和珠江三角洲，长江上游港口的优势形成集聚；其中，虎门和万州港的区位商突出，分别达36.7和23.3，其次是佛山和汕尾港，分别为16.2和11。2014年，区位商大于1的港口增至35个，继续向福建沿海、长江下游和三角洲集中，呈现"南高"格局；其中，淮南港的区位商达33.7，有最高的优势，惠州河港、达州、南昌等港口为10～20，具有一定的竞争优势。

五、农林产品类货物

1. 木材

水运是木材的廉价运输方式，木材一直是港口的重要运输物资，尤其是部分内河港口成为木材输出门户。从木材出港来看，1985年区位商大于1的港口有21个，集中在北方地区，同时在淮河流域和南方地区有所分布，其中张家港有绝对优势地位，区位商达12.9，南通和丹东的优势也较高，均为6.4；长江流域、南方沿海港口的运输优势较低。1995年，区位商大于1的港口增至31个，其中洋浦、阳江港均高于32，出港优势显著，汕头、湛江、张家港、江阴等港口区位商为10～15，出港优势突出的港口主要分布在珠江三角洲、北部湾地区，形成明显的集聚区，同时在长江三角洲和辽东南有分布。2014年，区位商大于1的港口仍为31个，形成珠江三角洲－珠江流域、北部湾、长江三角洲等集聚区，汕尾港高达54，其次是钦州和南宁分别为27.2和21.5，佳木斯、连云港、泰州、虎门河港等港口均为 11 ~ 16，竞争优势也较为突出。辽宁沿海港口的优势不断弱化，环渤海、长江中上游、浙南闽东南的港口优势较低。具备出口优势的港口形成长江口、苏北鲁南、北部湾等集聚区。

1985 年，木材进港区位商大于 1 的港口有 18 个，主要分布在长江口以北沿海地区，同时在北部湾、珠江和淮河流域也有分布，尤其是佳木斯港的区位商最高达 16.7，哈尔滨和秦皇岛港也均高于 8，长江流域、南方沿海港口的优势较低。1995 年，区位商大于 1 的港口增至 26 个，不再集中于环渤海，而是向长江三角洲和珠江三角洲集聚，其中佳木斯和徐州港的区位商最高，分别为 42.7 和 33，而哈尔滨、张家港、阳江和中山港的优势也较高，区位商均高于 7，部分内河港口的优势显现。2014 年，区位商大于 1 的港口减至 23 个，洋浦港以 21.6 的高值居首位，其次是乐山和佳木斯港，区位商大于 15，形成鲁南、长江口、北部湾等集聚区，福建和四川港口的优势有所显现，依托港口进口木材积极发展木材加工业成为沿海城市的发展重点；但辽宁、津冀、鲁北、浙南、广东等沿海港口的优势较低，长江中游港口的优势不明显。具备进口优势的港口分布呈现类似格局，形成山东半岛、长江口、闽东南、北部湾等集聚区。

2. 粮食

粮食一直是港口的重要运输物资。20 世纪 80 年代中期，粮食出港区位商大于 1 的港口有 18 个，形成南北两个集聚区，北方集聚区主要是指环渤海地区，南方集聚区主要是珠江三角洲，尤其是荆州、营口、佛山等港口的区位商较高；长江流域、长江口至闽北、北部湾、运河和淮河流域等港口的优势较低。1997 年，区位商大于 1 的港口增至 24 个，在环渤海和珠江三角洲港口保持优势的同时，长江口和长江中游港口也形成粮食输出的集聚优势，尤其是锦州和丹东港区位优势最高，粮食出港格局出现向长江口转移、华南港口持续弱化的趋势，而渤海西岸至苏北沿海、长江中上游、闽东南和北部湾港口的优势较低。2014 年，出港区位商大于 1 的港口增至 25 个，长江三角洲港口的集聚优势得到强化，环渤海和珠江三角洲港口虽仍维系集聚优势但集聚度不断弱化；其中阳江港有最高的输出优势，区位商达 25.7，亳州、泰州和锦州也分别达 18.4、10.7 和 9.2；渤海西岸至苏北沿海、浙南至粤北、北部湾港口的优势较低。长江下游港口的优势从无到有并逐步增强，珠江三角洲和环渤海港口虽保持优势地位但略有减弱。具备出口优势的港口集中在沿海地区，形成辽宁沿海、长江口、珠江三角洲集聚区。

1985 年粮食进港区位商大于 1 的港口有 15 个，分布分散，但相对集中在长江以南沿海地区，环渤海和长江流域及京杭运河、淮河流域的港口均呈散点状分布，但区位商很高，其中防城和徐州港的区位商最高，分别为 10.9 和 10.5；区位商较低的港口相对集中在山东半岛至长江口地区、珠江三角洲及北部湾地区。1997 年，区位商大于 1 的港口增至 19 个，内河港口逐步减少，在沿海地区形成了明显的环渤海、长江口、闽东南、珠江三角洲和北部湾等集聚区，其中莆田和漳州区位商最高，分别为 15.5 和 14.3；但多数长江流域和部分长江口港口不具备粮食输入优势。2014 年，区位商大于 1 的港口增至 39 个，分布格局发生明显变化，形成南北两大集聚区和长江中游集聚区，北方集聚区主要是长江口至环渤海港口，南方集聚区主要是珠江口至北部湾港口，同时在闽东南有所分布，其中柳州最高为 33.5；长江口、长江下游及长江口至闽北沿海、辽宁沿海港口的运输优势较低。进口优势港口集中在长江中下游、环渤海、珠江三角洲及北部湾港口，浙江、中上游及淮河、运河港口的运输优势较低。综上所述，粮食进港优势港口经历了由环渤海地区向珠江三角洲、北部湾地区转移的演化过程，即粮食进港由"北进"转为"南进"。

3. 农产品

农产品包括传统农业产品、林产品、渔产品和畜牧产品。20 世纪 90 年代以来吞吐量持续增长，2007 年达 3282 万吨，2014 年提高到 4907 万吨，但比例呈现稳步下降，从 1991 年的 1.6% 降至 2014 年的 0.4%。农产品出港区位商高于 1 的港口有 22 个，主要分布在华南地区，重点集中在珠江三角洲和北部湾地区，长江流域虽有分布但较少，北方港口的运输优势普遍较低；其中最突出的是阳江港，高达 83.9，虎门河港和防城港分别为 31.1 和 21.9，长沙、海口、北海港均为 10 ~ 20，具备出口优势的港口呈现类似特征。农产品进港区位商超过 1 的港口有 23 个，分布比较分散，但仍形成长江中游、北部湾、珠江三角洲等集聚区，其中南昌、海口港的区位商分别为 12.9 和 11.1，防城港、荆州、丹东、北海、南宁、汕尾等港口为 4 ~ 6。具备进口优势的港口更集中在珠江三角洲、北部湾及长江中下游地区。综合来看，南宁、天津、钦州、泸州、北海、海口、防城港等港口兼备进港和山港运输优势，主要以南方港口为主。

六、化肥农药类货物

1. 化肥农药

化肥农药是服务于农业的生产资料。如图 6-14 所示，20 世纪 70 年代吞吐量呈现波动式增长，1972 年达 550 万吨，70 年代末期开始逐年增长 1991 年的 3117 万吨，90 年代开始呈现波动式发展，2008 年达 2431 万吨，此后逐年增长至 2014 年的 5208 万吨；比例呈现"先下降，后提高，再下降"的发展过程，1952 年达 5.2%，降至 1976 年的 2.5%，然后逐步提高到 1990 年的 4.1%，此后持续降到 2014 年的 0.4%。目前，化肥农药出港区位商超过 1 的港口有 29 个，主要分布在长江流域及北方沿海港口，形成明显的集聚，同时在北部湾地区形成明显集聚分布；其中，荆州、八所港最高达29.3和23.1，具有最高的化肥农药出港优势；北海、烟台、防城港、涪陵、无锡等港口的区位商为11～18，宜昌、万州、泸州、亳州港的区位商为5～8；但长江口以南至雷州半岛、珠江流域、渤海西岸港口的运输优势较低。化肥农药进港区位商大于1的港口有26个，形成长江下游与上游、北部湾集聚分布区，在环渤海地区形成散点分布；其中，宜宾港有最高的进港优势，为19.6，涪陵、南京、海口、防城港、虎门、镇江等港口区位商为4～7；但长江中游、长江口至珠江三角洲港口的运输优势较低。具备出口优势的港口明显集聚分布在环渤海地区、长江口和北部湾，而进口优势明显的港口集中在环渤海地区和北部湾及珠江三角洲。综合来看，南通、镇江、湛江、重庆、南京、钦州、万州、涪陵、防城港、烟台等港口同时具备进港和出港优势。

2. 盐

盐是唯一不同其他货物发展趋势的货种，其吞吐量存在明显的下降现象。1972年，吞吐量达543万吨，波动式增长到1989年1102万吨，然后逐步降到1999年的518万吨，又逐步增长到2014年的1735万吨；比例呈现稳定的下降态势，从1972年的5.1%降至2014年的0.2%。盐出港区位商超过1的港口有13个，主要分布在长江流域和长江口以北沿海，形成长江上游和长江口集聚区；其中，淮安港最高达132.8，具有最高的出港优势，乐山、万州港分别为49.3和34.3，宜宾和镇江分别为23.3和14.3，但长江口以南沿海、珠江流域、辽宁沿海港口的运输优势较低。盐进港区位商大于1的港口有26个，分布比较分散，但在长江口以北地区形成集聚，

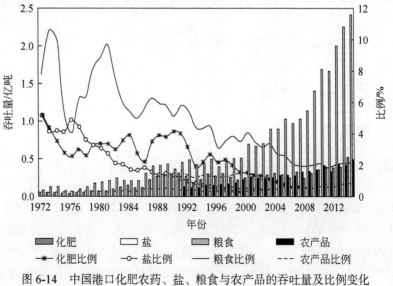

图6-14 中国港口化肥农药、盐、粮食与农产品的吞吐量及比例变化

港口运输与腹地产业发展

包括环渤海、长江口、长江上游等，以南沿海呈现散点分布；其中，锦州港具有最高的盐进港优势，区位商为28.1。综合看，仅泰州港同时具备进港和出港优势。

3. 化工原料

化工原料及制品的吞吐量从1991年开始一直呈现增长态势，2000年之前规模比较小，1999年达2616万吨；此后增幅迅速扩大，2009年增幅超过1000万吨，2014年达2.36亿吨。所占比例从90年代初逐步上升，从1991年的1.1%增长到2005年的2.1%，此后呈现波动式变化。2014年，化工原料出港区位商超过1的港口有45个，数量较多，说明该类货物是一种普遍性货物；形成长江流域、珠江三角洲、北部湾地区三个集聚区，其中株洲港达35.8，具有最高的出港优势，万州、漳州、淮安等港口为10～13，八所、惠州、洋浦、乐山、亳州、宿迁、长沙、宜宾等港口为5～10，上述港口主要是内河支流港口；但长江口以南至闽东南沿海、辽宁沿海及珠江港口的运输优势较低，出口优势港口的分布呈现类似格局但更为稀疏。而化工原料进港区位商大于1的港口有39个，主要分布在长江以南地区，形成长江口、长江上游、闽东南、珠江三角洲等集聚区，乐山港具有最高的进港优势，区位商为11.2，宜昌、宜宾、漳州、广州河港为5～9。进口优势港口分布也呈现类似特征，但长江中上游港口较少，环渤海、浙南闽北港口的运输优势较低；同时漳州、洋浦、乐山、宜宾、宜昌、南京、泰州、天津、江阴、虎门、汕头等港口兼备进港和出港优势。

七、机械轻工类货物

1. 机械设备

从20世纪90年代开始，机械设备电器从原来的其他货物统计中分离出来。机械设备同腹地的装备制造业有紧密的关系，其吞吐量增长有不同的特点，2008年金融危机之前一直呈现增长态势，从1991年的774万吨增长到2008年的2.8亿吨，此后呈现下降趋势，但2010年开始又呈现缓慢增长，2014年达2.18亿吨。占比呈现"先逐步增长，后迅速降低，近年相对平稳"的发展过程，1991年达1%，2008年提高到4.8%，此后循序降到2011年的1.9%，并保持相对平稳。具备机械设备进出港运输优势的港口较少。2014年，机械设备出港区位商超过1的港口有14个，以内河港口尤其是珠江三角洲港口为主；其中，汕头港的区位商较高，达到10.9，具有最高的出港优势；株洲、长沙、上海、海口等港口也较为突出，为5～8，而环渤海、长江、闽东南、浙南、粤北和珠江流域港口的运输优势较低。而机械设备进港区位商大于1的港口仅有9个，相互间差异较小，并以沿海港口为主，乐山、上海等港口均为 5 ~ 7，长江、闽东南、珠江三角洲及北部湾港口的运输优势普遍较低。值得关注的是进出港优势港口大致形成错位分布，但天津、广州和上海等沿海大型港口同时具备两种运输优势。在进出口方面，具备运输的港口均主要分布在长江流域以南地区，北方沿海港口和内河港口较少，形成长江流域、珠江三角洲两个集聚区，尤其是分散分布在长江流域，在上中下游均有分布。

2. 轻工医药

随着中国贸易结构的改善，轻工医药逐步成为重要的港口货物，但仍属于比例较低的货种。如图 6-15 所示，20 世纪 90 年代以来，轻工医药吞吐量一直呈现增长趋势，1991 ~ 1999 年呈现慢速增长，1999 年达 3087 万吨，此后吞吐量增长加快，增长到 2006 年的 1.16 亿吨，增长态势并维持到 2008 年的 1.38 亿吨，但从 2008 年金融危机开始逐年下降到 2011 年的 9099 万吨，然后缓慢回升至 2014 年的 1.16 亿吨。所占比例呈现"缓慢增长，迅速下降，逐步平稳"的过程，从 1991 年的 2% 增至 2001 年的 2.5%，此后迅速降至 2011 年的 1.1%，并维持至 2014 年。2014 年，轻工医药出港区位商超过 1 的港口有 24 个，主要是南方港口且内河港口较多，重点是长江流域以南地区，形成长江中游、珠江三角洲、北部湾三个集聚区，而环渤海、京杭运河及闽东南港口的运输优势较低；其中，汕头、钦州港最高，分别达到 28.9 和 22.9，具有最高的轻工医药出港优势，嘉兴、虎门河港、长沙、虎门港较为突出，为 11 ~ 15。轻工医药进港区位商大于 1 的港口有 20 个，形成长江流域、珠江三角洲及北部湾地区小规模的集聚，闽东南、山东半岛、京杭运河、长江中下游港口的运输优势较低；其中，嘉兴港具有最高的进港优势，

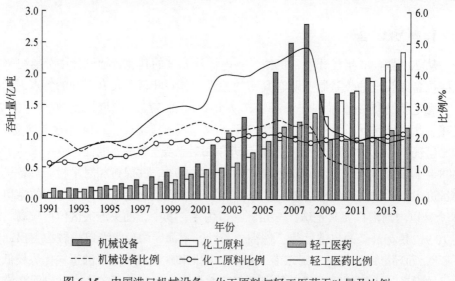

图 6-15 中国港口机械设备、化工原料与轻工医药吞吐量及比例

区位商为 14.1，虎门、天津、常熟港均为 6 ~ 10。在进出口方面，优势港口呈现大致类似格局，形成长江中下游和珠江三角洲两个集聚区，但进口优势港口在环渤海地区明显增多，闽东南、山东半岛及北部湾港口的运输优势较低。

第三节　港口职能类型分异

一、港口运输职能的类型划分

1. 基于规模 – 专业化的类型划分

港口的专业化水平与港口规模的关系，始终是港口地理研究的重要科学问题，是否港口规模越大其职能结构就越趋于综合性，港口规模越小其职能就更加专业化，这需要进一步地考察论证。

综合总吞吐量、进出港量、进出口量与离散系数的关系，可发现以下几点。如图 6-16 所示，第一，港口吞吐量规模与港口综合性 / 专业化之间并未存在明显的线性关系，两者之间的严格数理关系没有普遍性的规律，两者间的相关性较弱。第二，无论港口的吞吐量存在多大的数量规模，多数港口的运输职能结构更倾向于综合性，专业化职能相对较低。第三，港口的吞吐量规模越大，其运输职能结构的综合性特征越显著，反之专业化特征越突出。

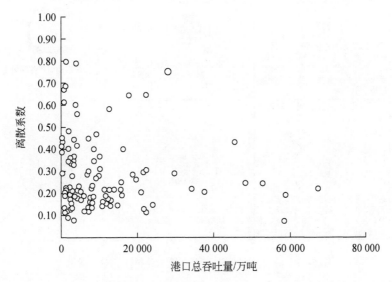

图 6-16　港口总吞吐量规模与港口专业性的基本关系

港口吞吐量规模是港口运输职能的直观体现。根据各港口的总吞吐量规模将中国港口分为三类：大型港口、中型港口和小型港口。划分断点分别是平均值加一个标准差、平均值。在总吞吐量的视角下，港口分为 11 个大型港口、25 个中型港口和 72 个小型港口，出港方面存在 13 个大型港口、18 个中型港口和 77 个小型港口，进港形成 11 个大型港口、26 个中型港口和 71 个小型港口，进口有 14 个大型港口、10 个中型港口和 84 个小型港口，而出口有 7 个大型港口、10 个中型港口和 91 个小型港口。然后以货物离散系数的 0.2 和 0.4 作为划分综合性、专业性、一般性港口的分裂点。基于港口规模与货物离散系数，绘制成图 6-17，正方形代表港口规模，图形越大，对应港口规模越大；圆形代表综合性/专业性，图形越大表明港口运输职能结构越综合。

港口运输与腹地产业发展

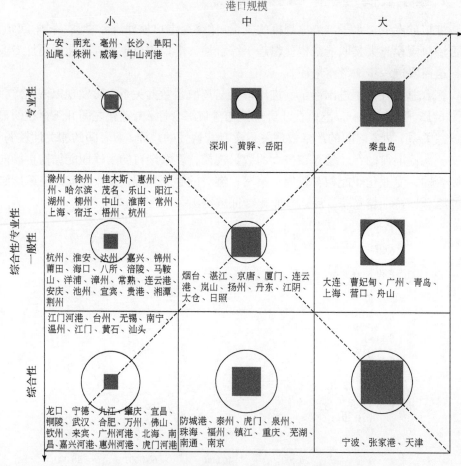

图 6-17　港口总量规模与综合性/专业性的对应关系

如图 6-17 和表 6-9 所示，位于主对角线上的港口规模与综合性/专业性水平相适应，即分属于小型专业性港口、中型一般性港口和大型综合性港口，此类港口在规模与运输职能结构之间存在良好的适应关系。其中，小型专业性港口包括广安、南充、亳州、长沙、阜阳、汕尾、株洲、威海和中山河港等9个，占港口总量的8.3%，主要为内河港口。中型一般性港口包括烟台、湛江、京唐、厦门、连云港、岚山、扬州、丹东、江阴、太仓、日照等11个，比例为10.2%，主要是沿海港口。而大型综合性港口包括宁波、张家港和天津，仅占2.8%，主要分布在长江三角洲。

位于副对角线两端的港口规模与综合性/专业性水平最不相符，港口类型包括小型综合性港口和大型专业性港口。其中，小型综合性港口数量较多，共有26个，比例达24.1%，接近四分之一，包括江门河港、台州、无锡、南宁、温州、江门、黄石、汕头、龙口、宁德、九江、肇庆、宜昌、铜陵、武汉、合肥、万州、佛山、钦州、来宾、广州河港、北海、南昌、嘉兴河港、惠州河港、虎门河港。大型专业性港口仅有秦皇岛，结合秦皇岛运输的货物结构可知，秦皇岛是以煤炭运输为主的大型专业性港口。

表6-9 港口规模与综合性/专业性的数量结构关系

类型	总量		出港		进港		出口		进口	
	数量/个	比例/%	数量/个	比例/%	数量/个	比例/%	数量/个	比例/%	数量/个	比例/%
小型－综合性	26	24.1	13	12	16	14.8	1	1.2	10	11.5
小型－一般性	37	34.3	49	45.4	37	34.3	27	32.9	23	26.4
小型－专业性	9	8.3	15	13.9	18	16.7	37	45.1	30	34.5
中型－综合性	11	10.2	6	5.6	13	12	1	1.2	1	1.2
中型－一般性	11	10.2	8	7.4	11	10.2	7	8.5	9	10.3
中型－专业性	3	2.8	4	3.7	2	1.9	2	2.4		
大型－综合性	3	2.8	1	0.9	4	3.7	1	1.2	1	1.2
大型－一般性	7	6.4	9	8.3	6	5.6	1	1.2	10	11.5
大型－专业性	1	0.9	3	2.8			5	6.1	3	3.5

除对角线港口外，还包括小型－一般性港口、中型－专业性港口、中型－综合性港口和大型－一般性港口4种港口类别。小型－一般性港口最多，达37个，比例达34.3%，超过三分之一，包括滁州、徐州、佳木斯、惠州、泸州、哈尔滨、茂名、乐山、阳江、湖州、柳州、中山、淮南、常州、上海河港、宿迁、梧州、杭州、淮安、达州、嘉兴、锦州、莆田、海口、八所、涪陵、马鞍山、洋浦、漳州、常熟、连云港、安庆、池州、宜宾、贵港、湘潭、荆州。中型－专业性港口较少，主要为深圳、黄骅和岳阳；中型－综合性港口包括防城港、泰州、虎门、泉州、珠海、福州、镇江、重庆、芜湖、南通和南京等11个，比例达10.2%；而大型－一般性

港口有大连、曹妃甸、广州、青岛、上海、营口和舟山。

大型和小型港口均以一般性港口为主，大型港口中的综合性港口和专业化港口、小型港口中的专业化港口，优势均不突出，但从平均货物离散系数看，港口规模越大，综合性特征越显著，反之，专业化特征越突出。因此，港口的综合性／专业化与港口规模存在较弱的相关性，大型港口倾向于更加综合，小型港口倾向于更加专业。这与曹有挥等学者的研究相契合，即少数大型港口因其依托城市产业结构复杂而拥有较为多样化的职能，大部分中小港口因其依托的城镇工业结构单一而只能拥有较为单一的职能。

如图 6-18 和图 6-19 所示，从出港角度来看，小型港口更倾向于一般性的运输职能结构，数量占 45.4%，专业化港口和综合性港口分别占 13.9% 和 12%；中型港口在各种运输职能结构中的差异较小，而大型港口更倾向于一般

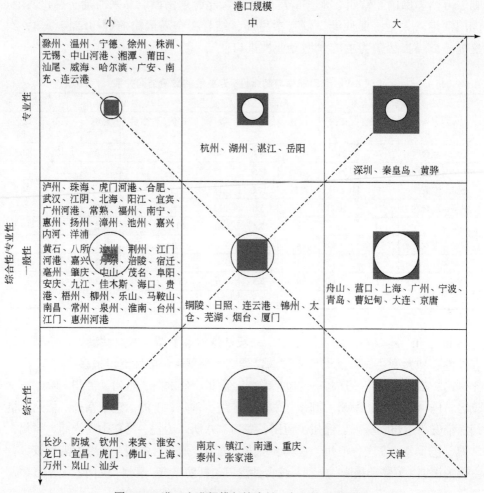

图 6-18　港口出港规模与综合性／专业性对应关系

168
港口运输与腹地产业发展

性的运输职能结构。从进港角度看，小型港口存在类似的运输职能结构，但小型专业化港口比例增多；中型港口和大型港口的专业化特征很弱，港口数量分别仅占 1.9% 和 0.9%。从出口角度看，小型港口主要倾向于专业化职能结构和一般性职能结构，港口数量分别占 45.1% 和 32.9%；中型港口的综合性和专业化职能特征均比较弱，而大型港口的专业化特征突出。从进口角度看，小型港口形成专业化、一般性和综合性的职能结构递减特征，中型和大型港口的职能结构更倾向于一般性特征。

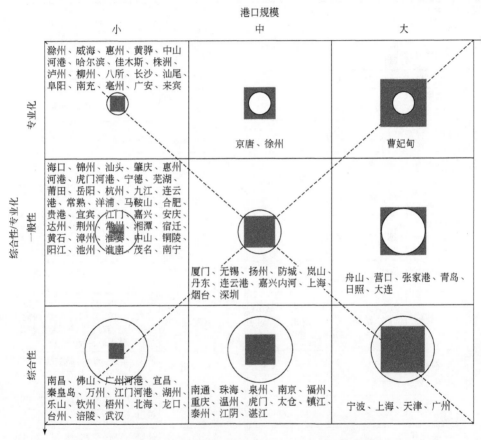

图 6-19　港口进港规模与综合性/专业性对应关系

2. 运输职能类型的细分

　　综合考虑港口优势货种与港口规模的关系，是分析港口结构的重要议题。从出港角度看，大型港口往往具备煤炭和其他货物的运输职能，尤其是后者成为沿海大型港口的优势货种，这主要表现为集装箱运输，煤炭输出也成为环渤海港口规模增长的重要动力机制。金属矿石和集装箱也成为中型港口规模的重要动力。

矿建材料成为小型港口的优势货种，覆盖了众多港口，同时输出煤炭也成为内河港口的重要职能。从进港角度看（表 6-10），输入金属矿石成为大型港口维系规模的重要基础，尤其是环渤海大型港口的优势货种均为金属矿石，部分港口为集装箱货物。金属矿石、矿建材料和煤炭成为许多中型港口的优势货种，而矿建材料成为小型港口的优势货种，并覆盖许多港口，同时煤炭和金属矿石也成为许多小型港口的优势货种。

表 6-10　基于进港货物的港口运输职能与港口规模关系

规模	货物类别	港口名称	规模	货物类别	港口名称
大型	煤炭	秦皇岛、黄骅、京唐、天津	大型	金属矿石	天津、曹妃甸、日照
	其他货物	深圳、大连、营口、青岛、上海、广州		金属矿石、其他货物	青岛、营口
中型	矿建材料	杭州、湖州、岳阳	中型	矿建材料	上海河港、嘉兴河港、徐州
	金属矿石、其他货物	连云港、太仓		煤炭、金属矿石	防城、江阴、镇江、南京
	矿建材料、其他货物	厦门、重庆、铜陵		金属矿石、其他货物	连云港、湛江
	其他货物	烟台、湛江		矿建材料、其他货物	丹东、重庆
小型	煤炭、矿建材料	常熟、阜阳、淮南、泸州	小型	其他货物	深圳、烟台
	矿建材料、非金属矿石	滁州、宜宾、惠州河港		煤炭、矿建材料	扬州、珠海、泰州
	水泥	无锡、合肥、南宁、贵港		金属矿石、矿建材料	连云港、湘潭、武汉、马鞍山、岳阳
	矿建材料	中山、江门、宿迁、嘉兴河港、马鞍山、南昌、涪陵、乐山、南充、广安、中山河港、江门河港、梧州		矿建材料	淮安、荆州、株洲、长沙、中山、涪陵、南充、广安、中山河港、江门河港、滁州、宜宾、阜阳、泸州、亳州、佳木斯、合肥、南宁
	矿建材料、其他货物	台州、温州、佛山		矿建材料、煤炭	汕头、宿迁、台州、哈尔滨、贵港、广州河港、湖州、安庆、莆田、常熟、芜湖
	矿建材料、钢铁	宁德、柳州		石油	漳州、惠州、茂名
	石油、其他货物	泉州、茂名		煤炭	汕尾、八所、江门、池州、嘉兴、铜陵
	钢铁	连云港、湘潭		其他货物、煤炭	梧州、威海
	水泥、矿建材料	安庆、九江、黄石、肇庆		其他货物	来宾、海口
	其他货物	丹东、威海、海口、虎门河港		金属矿石、煤炭	九江、黄石、宁德、常州、阳江、北海
	煤炭	嘉兴、莆田、虎门、防城港、哈尔滨、扬州、徐州			

港口运输与腹地产业发展

二、港口运输职能结构相似性

1. 区域近邻港口

运输职能结构趋同与各港口地理位置接近、自然条件类似密不可分，但最重要的是腹地经济结构相似及港口间争夺腹地的结果。运输职能结构的相似性分析可在两个层面开展。第一，在某区域内近邻港口间进行分析，可考察港口建设的重复性，因为这些港口往往服务于相同腹地。相似水平较高则反映了港口建设的重复性，相似性较低则反映了港口间的互补性。第二，在全国枢纽港与干线港口之间进行分析，这可考察全国主要港口建设的相似性，因为这些港口往往在深远腹地存在竞争。选取值高于0.8的港口对与值低于0.3的港口对，分别反映了运输职能结构相似与差异的两个极端现象。

1）环渤海地区

部分港口间的运输职能结构高度趋同。如图6-20所示，进港运输职能结构趋同的港口对有16对，而互补的港口对有4对。曹妃甸–黄骅、岚山–青岛、京唐–黄骅、曹妃甸–京唐、日照–青岛、曹妃甸–青岛的进港职能结构相似度大于0.9，青岛–威海、青岛–龙口、锦州–丹东、大连–丹东的相似系数小于0.2，上述港口间形成运输职能的互补性。秦皇岛、黄骅、京唐、曹妃甸港进港货物均以金属矿石为主，为70%～80%；青岛、岚山、日照港主要是金属矿石和石油，占50%；丹东港以矿建材料、煤炭和金属矿石输入为主，大连港主要输入石油、金

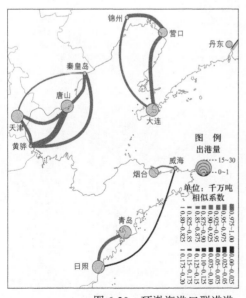 

图6-20 环渤海港口群进港、出港职能结构的相似性及格局

属矿石、粮食、煤炭，龙口港以非金属矿石、煤炭输入为主，锦州港以输入金属矿石、石油为主。出港运输职能结构趋同的港口对有 11 对，互补性的港口对为两对。黄骅 – 秦皇岛、曹妃甸 – 京唐、京唐 – 秦皇岛、京唐 – 黄骅等 8 对港口的相似系数超过 0.9，青岛 – 龙口、青岛 – 威海的相似系数为 0.25。秦皇岛、黄骅、京唐、曹妃甸港均以煤炭输出为出，前两者分别达 94% 和 99% 而曹妃甸港达 70%，青岛港以输出金属矿石、石油运输为主，龙口港以输出水泥、非金属矿石、煤炭运输为主。环渤海运输职能结构趋同的港口集中于渤海西岸，秦皇岛、黄骅、京唐、曹妃甸港均以输入金属矿石、输出煤炭为主要职能，货物结构高度类似。

2）长江三角洲

如图 6-21 所示，进港运输职能结构趋同港口对有 20 对，温州 – 台州的相似系数仍为 0.99，镇江 – 南京、南京 – 江阴、张家港 – 太仓、张家港 – 江阴、张家港 – 南京、镇江 – 南通、张家港 – 上海、南通 – 江阴超过 0.9，不存在进港职能结构互补的港口。温州和台州港均以煤炭和矿建材料输出为主；镇江和南通港以金属矿石和煤炭为主，比例合计为 71% 和 54%；张家港、江阴港均以煤炭和金属矿石为主，镇江港和南京港以煤炭和金属矿石为主，张家港、太仓港好南京港和上海港主要以输入煤炭和金属矿石为主。出港职能结构中，7 对港口的运输职能趋同，镇江 – 南通、温州 – 台州最突出，相似系数分别是 0.98 和 0.96，其余港口对区位商为 0.8 ~ 0.9。出港职能结构互补的港口对数目较多，共计 10 对，太仓 – 常熟、太仓 – 嘉兴、温州 – 扬州的相似系数低于 0.1，互补性最强。温州和台州港均以矿建材料和煤炭输入为主，矿建材料比例分别为 37% 和 38%，煤炭分别为 41% 和 38%；镇江、南通、嘉兴港

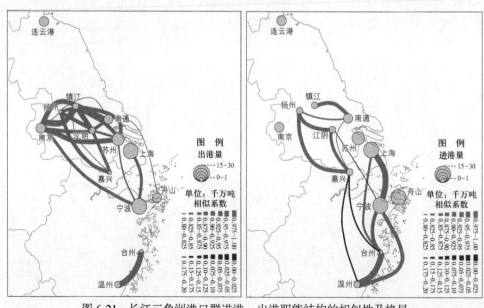

图 6-21　长江三角洲港口群进港、出港职能结构的相似性及格局

则以金属矿石和煤炭为主，太仓港以输出金属矿石为主，达85%；常熟和扬州港分别以输出矿建材料为主，前者比例达70%；温州港以输出矿建材料和石油为主。

3）闽东南地区

进港运输职能结构趋同的港口对有5对，互补性的港口对有4对。其中，宁德–福州、泉州–莆田的相似系数高于0.9，厦门–宁德、厦门–莆田、厦门–泉州高于0.8，宁德–漳州的相似系数低于0.1。出港运输职能趋同的港口对有3对，分别是厦门–宁德（0.98）、漳州–厦门、漳州–宁德，职能互补的港口对有6对，其中莆田–宁德、漳州–莆田、泉州–莆田、厦门–莆田的互补性最强，相似系数小于0.05。在闽东南地区，厦门、宁德和莆田港均为煤炭和矿建材料，漳州港以输入石油和非金属矿石为主，福州以煤炭和金属矿石为主；在出港优势货物上，厦门、宁德、漳州港均为矿建材料，前两者分别占71%和84%，莆田港以输出农产品和煤炭为主，泉州港以石油和化工原料为主。

4）珠江三角洲

按进港计算，运输职能结构趋同的港口对有9对，互补性港口对有13对，如图6-22所示。其中，麻涌–太平、江门–麻涌、江门–太平等港口对的运输职能结构相似系数均高于0.9，港口运输职能的趋同性显著；阳江–中山、海安–湛江、中山–太平、中山–麻涌低于0.1，港口职能的互补性突出。太平港以煤炭输入为主，比例达92%；麻涌和江门港以输入石油为主，前者比例为82%，均以煤炭接卸为主要职能，中山和海安港主要为矿建材料，阳江港为金属矿石和煤炭，太平港以石油为主，湛江港以金属矿石和石油输入为主。从出港来看，

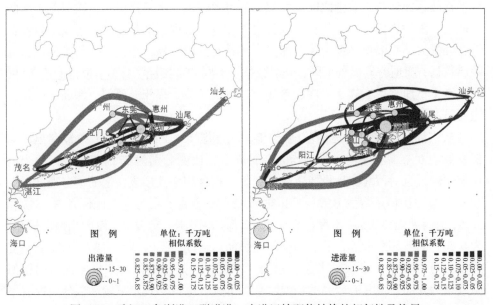

图6-22　珠江三角洲港口群进港、出港运输职能结构的相似性及格局

运输职能趋同的港口对有 5 对，而呈现互补性的港口对有 30 对，其中太平 – 惠州、江门 – 中山、江门 – 珠海高于 0.9，具有很强的运输职能相似性，惠州 – 汕尾、麻涌 – 汕尾、深圳 – 汕尾、中山 – 麻涌、太平 – 麻涌等 17 对港口低于 0.1，运输职能结构互补性显著。太平港以输出石油和化工原料为主，合计占 74%，石油比例为 58%；麻涌、惠州港分别以输出煤炭、石油为主，比例分别为 86% 和 77%，江门、中山和珠海港均以矿建材料为主，比例分别为 75%、60% 和 53%，阳江港主要输出钢铁和石油，海安港以水泥输出为主而湛江港则以金属矿石和石油为主，汕尾港主要输出非金属矿石和木材。

　　5）北部湾地区

　　北部湾地区由于港口较少，运输职能趋同和结构互补的港口对也较少。不存在出港职能趋同的港口，进港趋同的港口仅 1 对，为防城和北海港，相似系数为 0.99，二者的煤炭和金属矿石比例相似，均为 40% 和 30% 左右。洋浦和八所进出港的互补性也较强，相似系数分别为 0.13 和 0.16，洋浦港以输入石油、木材，输出以石油为主，八所港则以输入煤炭为主，输出以金属矿石、化学肥料为主。出港互补的港口还有 4 对，分别是洋浦 – 海口、防城港 – 钦州、防城 – 北海和八所 – 海口，相似系数小于 0.2。其中，洋浦港以输出石油为主，海口港以输出机械设备、轻工医药为主，防城港以输出煤炭为主，北海港以输出非金属矿石、石油为主，八所港则以输出金属矿石为主。

2. 枢纽港 / 干线港

　　比较枢纽港与干线港之间的相似系数可考察主要港口建设与运输职能结构的相似性，因为这些港口往往在深远腹地存在竞争。枢纽港是满足以下 3 个条件：①吞吐量大，在港口体系中排名靠前；②具有区域性枢纽地位；③与其他枢纽港距离较远，腹地差异显著不同，分别服务于不同的直接经济腹地。根据上述条件，确定 9 个枢纽港 – 大连、天津、青岛、上海、宁波、福州、厦门、深圳、广州，主要是沿海港口。

　　从进港角度来看，运输职能结构趋同的港口对中，青岛 – 天津最突出，相似系数为 0.93，主要输入货物均为金属矿石，比例分别为 57% 和 42%，两个港口相距较近且对西北腹地形成重叠或竞争，这种相似性形成一定的不合理性。福州 – 上海的相似系数为 0.92，均以输入煤炭、金属矿石为主，比例各占 68% 和 58%，但两港距离较远，不存在腹地交叉。深圳 – 大连、宁波 – 上海的相似性较高，为 0.86，前者相距较远，后者为空间近邻而运输职能不合理，为典型的职能重复建设与近邻竞争；宁波 – 大连、福州 – 宁波、广州 – 厦门、广州 – 青岛的相似系数均为 0.84，也具有较高的相似水平，但这些港口对间距离较远，分别拥有不同的腹地。相似水平较低的港口为广州－青岛和广州－天津，分别为 0.25 和 0.30，广州港以煤炭接卸为主，青岛和天津港均以输入金属矿石为主。

在货物出港结构中，各枢纽港运输职能结构的平均相似系数达 0.78，比临近港口之间的相似性高出 0.27，说明深远腹地对大型枢纽港的作用结果存在类似现象。有 28 个港口对之间存在相似性职能结构，而仅有两个港口对之间存在互补性。其中，宁波－青岛以 0.995 居首位，均以输出金属矿石和石油为主，比例各占 80% 和 70%，但分别位居山东半岛和长江三角洲。广州－天津的出港相似系数为 0.93，以输出煤炭和石油为主，分别位居南北方；青岛－大连的相似系数为 0.982，居第二位，共同货物为石油，但分别服务于山东半岛和东北地区。出港职能互补的港口较多，共 12 对。其中，厦门－青岛的互补性最强，相似系数为 0.08，厦门港以输出矿建材料为主，比例达 70%，青岛港则以输出石油、金属矿石为主。深圳－天津的相似系数为 0.09，深圳港以粮食、金属矿石出港为主，而天津以煤炭、石油出港为主。深圳－厦门、厦门－上海、厦门－大连、厦门－天津、厦门－宁波的相似系数小于 0.2，具有较强的互补性，广州－厦门、广州－深圳、广州－宁波、宁波－天津、深圳－上海的相似系数小于 0.3，也具有一定的互补性。

单体港口运输职能识别与演化

第七章
腹地重化企业与港口物流组织

第一节　工业化历程与格局

工业化是指一个国家和地区经济结构中工业生产活动取得主导地位的发展过程，通常被定义为工业（特别是制造业）或第二产业产值（或收入）在国民生产总值（或国民收入）中比例不断上升的过程，以及工业就业人数在总就业人数中比例不断上升的过程，是随着科技进步、经济发展、产业结构升级而推动的经济过程。人类社会的工业化最早始于18世纪60年代的英国，20世纪以来特别是第二次世界大战以来成为各国发展的重要目标。

一、中国工业化发展路径

1. 总体工业化路径

中国现代工业化的发展始于新中国初期。中国工业化有不同于西方国家的路径与规律，在20世纪的较长一段时期内，工业化处于初级阶段，产业发展经历了形成、成长和成熟阶段。总体来看，20世纪50年代，中国处于以"单一公有制"为基础的"优先发展重工业"的工业化时期，80年代开始进入以"改革开放"为基础的"外延型全面发展"的工业化阶，21世纪以来进入了以市场经济为基础的"新型工业化"时期。部分学者也将中国工业化进程分为两大阶段，一是1949～1978年的传统社会主义工业化阶段，二是1979年以来的中国特色的社会主义工业化阶段。

2. 改革开放之前

中华人民共和国成立初至改革开放，中国工业化以封闭的计划经济体制为背景，以建立独立的工业体系、满足国内需求为目标，以优先发展重工业、国有经济为工业化战略。"一五"计划的主要任务是发展工业尤其是重工业，以苏联援建"156 项目"为中心，合理利用东北、上海和其他沿海城市的工业基础，在内地建设一批新工业基地。1957 年年底，全部投产和部分投产的项目分别有 428 个和 109 个，中国工业生产能力显著提高，钢和煤产量分别达 535 万吨和 1.3 亿吨，发电量和水泥产量分别为 193.4 亿度和 686 万吨。1958 年开始，建设了武汉、邯郸、济南、杭州、广州、南京、安阳、成都、柳州等一批钢铁企业，主要产品产量大幅增长。"二五"期间，建成大中型项目 581 个。随后的经济调整时期，大庆、胜利、大港油田相继建设，石化、化纤、水泥、汽车、棉纱、食糖等产业大幅增长，工业产值年均增长 17.9%，1965 年钢和煤产量分别达 1223 万吨和 2.3 亿吨，发电量和石油产量分别达 676 亿千瓦时和 1131 万吨。"文化大革命"时期，新扩建了大庆、胜利、大港、任丘、辽河、中原、江汉长庆等油田，新建了高阳、兖州、平顶山、宝顶山、哈密等煤矿，一批新化工和建材企业建立起来。20 世纪 60 ~ 70 年代实施的"三线建设"，建设了攀枝花、十堰、六盘水、酒泉和西昌等一批钢铁、有色金属、机械、汽车、航天等工业基地，70 年代末仅"三线"地区的工业固定资产就占全国的三分之一，1980 年汽车产量达 22.2 万辆，钢产量超过 3000 万吨而居全球第四，石油产量超过 1 亿吨而居世界第八，原煤产量为 6.18 亿吨而居世界第三，发电能力达 5712 万千瓦而居世界第七，棉纱产量达 238 万吨而居世界第一位。经过近 30 年发展，中国建立了比较完整的工业体系，包括冶金、钢铁、能源、汽车、机械制造、化工、轻纺、电子、航天等。

3. 改革开放以来

改革开放以来是中国工业发展的新时期，以市场化改革和对外开放为背景，以农业和轻重工业均衡发展、积极利用外资和国内外市场为工业化战略。1978 年开始，中国进行工业化战略的调整，采取改善人民生活第一、工业全面发展、对外开放和多种经济成分共同发展的工业化战略，优先发展轻工业。该阶段又分为以农产品为原料的轻工业增长时期和以非农产品为原料的轻工业增长时期。随着外资大量进入中国，对外贸易迅速扩张，工业化进程由初级阶段向中期过渡，经济技术开发区和高新技术产业园区成为主要的工业承载体，基础原材料工业强化发展的同时，装备制造、耐用消费品制造、电子信息产业等快速发展。1984 ~ 1991 年，国务院共批准了 14 个国家级开发区，1998 年增加到 32 个，从沿海地区向沿江、内陆城市拓展，1978 年开始轻工业比例连续上升，1981 年首次超过 50%，1982 ~ 1999 年轻重工业大体相当，如图 7-1 所示。为解决能源、交通和原材料等领域的制约问题，20 世纪 90 年代初重化工业开始大发展，1999 年后轻重工业差距拉大，重工业化趋势显著，能源、原材料工业得到加强。

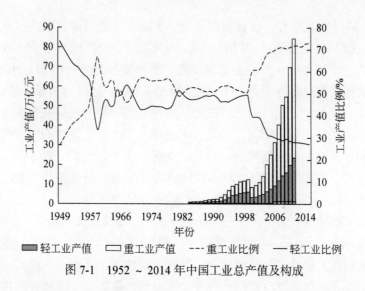

图 7-1 1952 ~ 2014 年中国工业总产值及构成

4.新一轮重化工业发展

1998 年亚洲金融危机期间，中国启动了新一轮重化工业发展。尤其是西部大开发、中部崛起与东北振兴等区域发展战略的制订，以及各省的区域发展战略实施，促使各类工业园区不断扩大发展，截至 2011 年年底，国家级开发区数量增至 131 家。这迅速推动了各地区重化工业的发展，钢铁、煤炭、石油化工、装备制造等产业不断扩大规模，重工业比例不断提高，重工业化趋势显著。经过新一轮的重化工业发展，在能源、冶金、化工、建材、机械设备、电子信息、交通设备及消费品等工业领域形成了庞大的生产能力，原材料工业得到了加强。主要工业产能居世界前列，2009 年电力装机容量达 3714 亿千瓦，原煤超过 30 亿吨而占世界的 38%，化肥达 6600 万吨，粗钢为 5.7 亿吨而占世界的 1/3，水泥超过16 亿吨而占世界的 45%，汽车产量为 1380 万辆。

二、中国工业分布格局

1.省区分布

经过长期以来的发展，中国形成了庞大的工业体系，包括工业资产、就业、生产能力及产品产量等，但空间分布极不均衡，由此塑造了各区域发展与港口的关系不同。2014 年，从省级单位来看，工业资产主要集中在东部沿海地区，中西部的比例较低。其中，江苏的工业资产比例最高，占全国的 10.83%，山东和广东很高，分别为 9.27% 和 9.16%，三省合计接近 30%。其次，浙江较高，达 7.01%。再次，河北、辽宁、河南、四川等省份为 4% ~ 5%，上述省份主要分布在沿海地区。

北京、山西、上海、湖北等省市均低于4%，陕西、湖南、安徽、福建、天津、内蒙古等省区市均低于3%，新疆、甘肃、云南、贵州、重庆、广西、黑龙江、江西、吉林等省份均低于2%；西藏、海南、青海、宁夏等省区均不足1%，上述省份主要分布在中西部。工业企业数量与比例也呈现类似特征，但形成更高的空间集聚性，江苏占13.16%，山东和广东分别占10.96%和10.81%，浙江也达10.47%。工业经济的空间差异决定了各省工业生产原料和产品的规模、类型有所不同，并与港口形成了不同的运输联系与物流组织（表7-1）。

表7-1　2014年中国省区市规模以上工业企业和资产分布　　（单位：%）

地区	企业数比例	工业资产比例	地区	企业数比例	工业资产比例
北京	1.05	3.69	湖北	3.81	3.54
天津	1.53	2.59	湖南	3.78	2.24
河北	3.59	4.24	广东	10.81	9.16
山西	1.12	3.30	广西	1.53	1.54
内蒙古	1.24	2.72	海南	0.11	0.27
辽宁	4.98	4.47	重庆	1.49	1.54
吉林	1.52	1.79	四川	3.73	4.08
黑龙江	1.16	1.65	贵州	0.89	1.14
上海	2.77	3.94	云南	0.96	1.80
江苏	13.16	10.83	西藏	0.02	0.06
浙江	10.47	7.01	陕西	1.27	2.64
安徽	4.29	2.96	甘肃	0.52	1.19
福建	4.48	2.90	青海	0.13	0.54
江西	2.16	1.60	宁夏	0.27	0.66
山东	10.96	9.27	新疆	0.60	1.67
河南	5.61	4.94			

2. 地市分布

工业资产是反映一个地区工业资产历史积累的代表性指标。从地级行政区的角度来看，2014年中国工业分布呈现明显的空间分异，主要集中在沿海中心城市，呈现出明显的空间集中性。其中，上海的工业资产最多，占全国的比例达39.08‰，而北京占36.55‰；苏州、天津、深圳三个城市均超过20‰，广州、杭州、无锡、重庆、成都、南京、宁波、武汉、唐山、佛山、郑州、大连、青岛及沈阳等城市也超过20‰（表7-2）。这些城市成为各区域的工业中心和全国重要的工业基地，并以港口城市为主或邻近港口。

表7-2 2014年中国地市规模以上工业资产和工业产值比例分布 （单位：‰）

工业资产				工业产值			
地区	比例	地区	比例	地区	比例	地区	比例
上海	39.08	潍坊	8.50	上海	31.43	成都	9.67
北京	36.55	济南	8.36	苏州	29.61	常州	9.62
苏州	29.64	长春	8.08	天津	25.49	长春	9.22
天津	25.62	南通	8.06	深圳	22.86	泉州	9.14
深圳	24.41	嘉兴	8.01	广州	19.33	绍兴	8.92
广州	18.43	鄂尔多斯	7.99	北京	17.03	长沙	8.67
杭州	16.76	烟台	7.91	佛山	16.39	合肥	8.52
无锡	16.65	泉州	7.66	重庆	15.23	临沂	8.35
重庆	15.24	济宁	7.36	青岛	14.99	石家庄	8.33
成都	14.14	合肥	6.91	南京	14.97	扬州	8.26
南京	13.85	淄博	6.71	无锡	14.49	泰州	7.94
宁波	13.29	昆明	6.49	沈阳	14.13	德州	7.52
武汉	12.56	徐州	6.03	杭州	13.59	聊城	7.32
唐山	11.97	滨州	5.84	烟台	12.70	镇江	6.56
佛山	11.65	邯郸	5.81	宁波	12.35	福州	6.49
郑州	11.18	宜昌	5.56	郑州	11.86	嘉兴	6.46
大连	10.43	镇江	5.54	东营	11.84	惠州	6.36
青岛	10.41	石家庄	5.53	潍坊	11.16	盐城	6.31
沈阳	10.31	温州	5.31	大连	11.11	滨州	6.26
绍兴	9.57	福州	5.28	武汉	11.10	泰安	6.04
东营	9.30	扬州	5.22	南通	10.90	威海	5.94
东莞	9.16	大庆	5.14	淄博	10.86	西安	5.91
长沙	9.02	哈尔滨	5.04	唐山	10.45	中山	5.44

工业资产				工业产值			
地区	比例	地区	比例	地区	比例	地区	比例
西安	8.73	金华	5.03	东莞	10.38	菏泽	5.18
常州	8.59	聊城	4.99	徐州	10.16	邯郸	5.06

工业产值是反映工业生产能力的关键指标。从工业产值来看，中国工业分布呈现明显的空间分异。上海仍拥有最高的工业产值比例，高达31.43‰，这与其庞大的钢铁、石化及装备制造等工业有关；苏州、天津、深圳三个城市的比例超过2‰；广州、北京、佛山、重庆、青岛、南京、无锡、沈阳、杭州、烟台、宁波、郑州、东营、潍坊、大连、武汉、南通、淄博、唐山、东莞、徐州等地市超过1‰。这些城市多分布在沿江沿海地区。

第二节　工业基地布局与分异

一、工业基地识别

1. 工业基地概念

关于工业基地的界定，不同的学者从不同方面或不同视角给出了各种的论述与概念阐释。李文彦（1986）认为工业体系可分为大经济区、工业地区（基地）、工业中心、工业点四个层次，这说明工业基地是一个与尺度相关联的空间概念，概念界定与其尺度大小、产业类型有直接的关联。地理学大辞典强调工业基地的规模、地位和对区域乃至国家经济、生产、技术的主导作用，但同样指出工业基地的范围可大可小，有的集中在一个地理点上，有的分布在一个相当大的地域范围，大至一个省区甚至一个大经济区，如东北老工业基地，小至一个工业中心或城市。王青云（2007）则更强调工业基地的集中性和规模，包括资产规模、生产能力规模和从业人员规模。

工业基地（industrial base）是按功能划分出来的一种空间地域，是一定时期内一个国家或地区工业活动的集中地。具体是指在国家工业化过程中，在一定地域范围内集中相当发达的工业和比较完整的工业生产体系的城市或地区，在一个或几个工业部门方面往往发展较早、规模较大、水平较高、特色突出。工业基地的形成和发展是一个国家工业化的必然结果，是一个国家或地区实现或加速推动工业化进程的主要空间载体，在经济、生产、技术上对国家或一个地区发挥主导作用的基地，为其他地区提供产品、技术、干部和经验。

工业基地一般是以一个或若干个大型企业为基础逐步发展而形成的，因此与工业基地紧密关联的概念是地域生产综合体。地域生产综合体由不同功能的部分组成，包括专门化企业，属经营类，是综合体的核心；与专门化企业有前后向联系的企业，属关联类；利用专门化企业的废料进行生产的企业，属附属类；为各类企业提供一般性生产条件的多种设施，包括生产性设施、社会性设施及结构性设施，属基础设施类（陈才，1987）。

关于工业基地的识别，多数研究采用定性分析，少数学者采用定量与定性相结合的方法，但指标及标准存在争议，但规模性与专业化往往成为工业基地的重要表征。其中，规模指标是最核心的指标，工业基地应具备较大的工业规模，包括资产、产能、从业人员。专业化水平反映工业基地的产业专业化程度，往往用区位商进行表征，区位商越大，专业水平越高，地方化程度较高（张文忠等，2009）。

2. 工业基地历史

重大产业基地的建设、发展与中国特定的历史阶段有直接的关联。中华人民共和国成立以来，产业基地建设大致划分为两个时期。改革开放之前，以苏联援建"156项目"、"一五""二五"重点布局项目、"三线"建设为重点，形成老工业基地建设的时期。改革开放以来，以沿海城市为主建设新型产业基地，侧重于苏州、厦门、东莞、深圳等沿海城市"两头在外"的出口加工基地布局与发展。这两条路径在空间上是错位的，在时间上具有连续性，均对港口发展产生了深远影响。

1）苏联援建"156项目"时期

20世纪50年代至60年代初，中国以苏联援建的"156项目"为核心，积极建设工业基地，侧重于内地布局。其中，东北地区成为工业布局的核心地区，1950～1952年开工的有17项，其中13项布局在东北地区，全国50%以上的投资额集中在东北地区。同时，国家开始把一些轻工业企业迁到东北北部、西北、华北和华东的一些地区，以接近原料地与消费地区；建设了一批煤炭、电力、钢铁、有色金属、机械等重点项目，许多工厂以联合选厂的形式选择区位。此外，集中建设了武汉、包头、兰州、西安、太原、郑州、洛阳、成都等工业基地。

2）"二五"建设时期

"二五"计划（1958～1962年）前半期主要围绕"大跃进"和"人民公社化"运动展开，后期致力于国民经济结构调整。该时期，中国继续加强东北工业基地建设，加快华北、华东、中南沿海城市的工业发展，继续发展新疆的石油、有色金属工业，启动武汉、包头等新钢铁基地建设，开展西南、西北和三门峡等以钢铁、有色金属和大型水电站为中心的新基地建设。

3）"三线"建设时期

20世纪60年代中期至70年代初，中国以"三线"建设为中心发展重工业。在"三五"和"四五"期间，全国40%的投资集中在"三线"地区，建设重点集中在西南、西北地区，其中川、贵、云、陕、甘、宁、青为"大三线"，一、二线地区的腹地为"小三线"。有计划地把一大批沿海老企业搬迁到"三线"地区，涉及各类工业行业，还建设了攀枝花、酒泉、武汉、包头、太原等五大钢铁基地，新建续建了一批煤炭、电力、石油、机械、化学工业项目。

4）新兴产业基地建设时期

"四五"计划后期到"五五"计划初期，工业基地的建设重点逐步向东转移。1978年，全国引进的22个大型成套设备项目，有10个分布在沿海地区，包括宝钢、南京和齐鲁乙烯工程、仪征化纤厂等。"六五"计划期间，在改革开放政策的支持下，沿海地区加强了20个城市的轻纺工业基地和大中城市现有纺织、机械、电子等企业的技术改造，内陆地区重点加强能源、原材料基地建设，并对"三线"地区机械工业进行改组和配套。20世纪90年代以来，以经济技术开发区和高新技术产业园区为载体的产业基地在沿海地区和内陆中心城市得到快速建设。

5）矿产资源开发基地

产业基地还存在"以资源开发为主的能矿基地建设"的发展路径，包括给工业化提供配套的煤炭、矿产、石油、有色金属、铁矿石等资源的开发利用，这种工业基地的建设贯彻了整个历史过程。苏联援建"156项目"中，许多是资源型产业，包括煤炭采掘、有色金属冶炼、化工、油气开采等。"三线"建设中，许多资源型项目靠近矿产地布局。改革开放以来，以煤炭、石油、矿石为主的工业基地纷纷扩大和新建，21世纪以来仍围绕着煤炭开发形成了部分煤电化基地。一批资源开发基地特别是资源型城市发展起来，如以大庆、克拉玛依、东营为代表的石油型城市，以攀枝花、鞍山、本溪、邯郸等为代表的钢铁城市，以金昌、铜陵、株洲等为代表的有色金属型城市，以牙克石、伊春等为代表的森林工业城市。

二、工业基地类型

工业基地或拥有多样化工业结构，相互间形成密切的技术经济联系，或形成专业化职能分工。从不同角度工业基地可形成不同的划分方案，因此其分类首先要确定原则，包括规模、专业化水平、产业类型等。李文彦（1986）指出工业基地分为资源型、市场型和混合型三类，侯瑜（2011）将工业基地分为专业型、区域性和资源型等类型。按照部门结构特点，工业基地一般分为专业化工业基地和综合性工业基地，这既是自然资源禀赋、区位与市场的原因，也是生产地域分工的结果。

（1）专业化工业基地，以发展某一行业为主，集中生产一定产品或零部件或完成成品过程中某些工艺的专业性工业基地。这种基地往往以开发利用少数矿产资源而延伸拓展为一个主要工业部门，拥有专门的机器设备，采用特定的工艺流程，或有专业化的配套服务，配备相应的生产工人、技术人员和管理干部。该类基地的数量较多，随矿产资源禀赋而布局，如鞍山钢铁基地、大同煤炭基地、大庆石油基地。

（2）综合性工业基地，以行业门类比较齐全为主要特色的工业基地。该类基地往往有着复杂的企业构成，生产设备与生产工艺多样化，技术人员复杂化。例如，上海是冶金、机械、纺织、轻工、化工、造船等工业均比较发达的综合性工业基地。

三、专业化工业基地

工业职能构成复杂，各城市多为综合性城市，但部分城市仍形成了明显的主导产业，由此形成专业化工业基地。按照行业类型的差异，专业化工业基地分为能源基地、石油化工基地、冶金工业基地、机械工业基地、轻工业基地、水泥建材基地。这些专业化的工业基地形成"大出大进"的运输物流特点，与港口航运往往有着紧密的关系。

1. 能源工业基地

（1）煤炭工业基地。中华人民共和国成立以来，能源工业成为国民社会经济发展的基础和最重要的工业部门，尤其是中国能源消费结构以煤炭为主，这决定了煤炭基地的重要性。中国煤炭矿区相对集中于华北、东北、西北、华东北部、河南和滇黔地区，煤炭城市主要分布在这些地区。20世纪50年代重点建设了东北、华北、华东地区的煤炭基地，60年代转向西北、西南和江南诸省，70年代中期又转回华东、华北和东北地区。煤炭基地分为两种类型：单纯型煤炭城市和以煤炭为核心的复合型城市。重要的煤炭城市有山西的大同、阳泉、晋城，河南的平顶山、焦作，辽宁的抚顺、阜新，河北的唐山，内蒙古的乌海、石嘴山，黑龙江的鸡西、鹤岗、双鸭山、七台河，江苏的徐州，安徽的淮南、淮，江西的萍乡，山东的枣庄与兖州，贵州的六盘水。

（2）火电基地。火电站以煤为主要燃料，20世纪50年代初期，为配合新工业基地建设，火电企业主要布局在负荷中心，山西、渭北、豫西、两淮、鲁南、六盘山及内蒙古的准格尔、霍林河及伊敏河等煤矿均建百万千瓦以上坑口电站，目前又建成河北陡河、山西大同和神头、山东十里泉、河南姚孟、陕西秦岭等大型坑口电站。近十年来，火电工业进入大机组、超高压、大电网的新阶段。

2. 石油化工基地

石油和化学工业是把石油或天然气变成材料，再加工成日常用品的工业。由石油或天然气制造出来的石化基本原料如甲烷、乙烷、乙烯、丙烯、丁二烯、苯、甲苯、二甲苯等，经过特定制造程序，可制得中间原料，并经过聚合、酯化、烷化等过程形成塑料、橡胶、合成纤维及化学品。

石油工业是中华人民共和国成立以后才发展起来的，20世纪50年代初开发了克拉玛依和冷湖油田。1959年建设大庆油田，此后相继建设大港、胜利、冀市、辽河、江苏、河南、江汉、中原、延长、塔里木、吐哈、玉门等油田，已形成20多个油气基地。依托石油开采和加工，一批专业化石油城市形成，集中油气田地区。石油工业主要集中在黑龙江、山东、新疆、辽宁及广东，重要的石油城市有大庆、东营、盘锦、任丘、濮阳、南阳、松原、库尔勒、克拉玛依、哈密、潜江、玉门、庆阳。除专业化石油城市外，部分地区也积极发展石油加工业，主要布局在消费市场，如北京、天津、南京等。

化学工业往往与其他工业部门组成联合企业，形成共生关系，如石油—化工、钢铁—煤化工、有色冶金—基本化工、煤炭—煤化工等类型的联合企业。化学工业在大型工业城市中有重要地位，但专业化水平较高的城市较少。1949年以来，中国新建了多个内地化工中心，形成了上海、北京、天津、南京、青岛、大连、沈阳、锦西、广州、重庆、武汉、衢州、太原、泸州等化工业中心。硫酸工业主要分布在南京、上海、大连及白银、株洲、铜陵、葫芦岛等地，纯碱工业主要有大连、天津、青岛、自贡、应城5座大型碱厂和杭州龙山、湖南冷水江、上海浦东等20多座中小型厂，化肥生产集中在南京、衢州、石家庄、大连、吉林、淄博张店、大庆卧里屯、沧州、南京、安庆、枝江、广州、泸州、赤水、安边、潞城、镇海、乌鲁木齐、银川，磷肥生产集中于南京、铜官山、株洲、柳州、湛江、昆明、成都等地。

3. 冶金工业基地

冶金工业包括黑色金属和有色金属工业，黑色金属工业包括钢铁和锰等冶炼加工业，以钢铁工业为主，而有色金属工业包括铜、铅、锌、铝、钨、金、银等金属冶炼加工。中国冶金工业经过多年来的建设，已形成了由矿山、烧结、焦化、炼铁、炼钢、轧钢及铁合金、耐火材料、碳素制品构成的工业体系。

中国专业化冶金工业城市与相应的矿产资源分布相对一致。铁矿资源主要分布于辽宁鞍山和本溪、山西五台和岚县、河北冀东、北京密云、内蒙古白云鄂博、四川攀枝花、辽宁铁岭、河北邯郸、山东莱芜、湖北大冶、海南石碌等地区。基于铁矿资源分布，形成了若干大型钢铁基地：鞍山 - 本溪、冀东 - 密云、攀枝花 - 西昌、五台 - 岚县、南宁 - 马鞍山 - 庐江、包头 - 白云鄂博、大冶、邯郸 - 邢台、酒泉。如表 7-3 所示，重要的钢铁城市有鞍山、上海、苏州、嘉峪关、本溪、包头、曹妃甸、莱芜、中卫、邯郸、唐山、新余、马鞍山、太原、承德、朝阳、邢台、武汉等。多数钢铁基地均以铁矿资源为基础兴建和发展，但部分钢铁企业位于综合性工业城市，虽然其产值在工业总产值的比例较低，但在全国同类工业中却占有重要地位，包括上海、太原、武汉、成都、重庆、西宁、乌鲁木齐。

表 7-3　中国前 50 名钢铁企业与布局城市

钢铁企业	城市	钢铁企业	城市	钢铁企业	城市
上海宝钢	上海	兴澄特钢	江阴	凌源钢铁	娄底
首钢	曹妃甸	安阳钢铁	安阳	梅山钢铁	上海
鞍山钢铁	鞍山	酒泉钢铁	酒泉	广州钢铁	广州
武汉钢铁	武汉	天津钢管	天津	湘潭钢铁	湘潭
江苏沙钢	张家港	新余钢铁	新余	津西钢铁	迁西
莱芜钢铁	莱芜	柳州钢铁	柳州	新兴铸管	邯郸
太原钢铁	太原	包钢集团	包头	东北特殊钢	齐齐哈尔
济南钢铁	济南	天铁冶金	天津	福建三钢	三明
马鞍山钢铁	马鞍山	青岛钢铁	青岛	承德钢铁	承德
邯郸钢铁	邯郸	国丰钢铁	唐山	萍乡钢铁	萍乡
攀枝花钢铁	攀枝花	韶关钢铁	韶关	通化钢铁	通化
唐山钢铁	唐山	涟源钢铁	娄底	海鑫钢铁	闻喜
本溪钢铁	本溪	重庆钢铁	重庆	八一钢铁	乌鲁木齐
南京钢铁	南京	江苏永钢	张家港	江苏淮钢	南京
北台钢铁	北台	宣化钢铁	宣化	四川川威	内江
杭州钢铁	杭州	天津天钢	天津	邢台钢铁	邢台
江苏华西	江阴	成都钢铁	攀枝花		

港口运输与腹地产业发展

有色金属工业城市也是随矿产资源开发而形成的。铜矿资源主要分布在江西德兴、湖北大冶、安徽铜陵、云南东川、山西中条山、甘肃白银，形成铜矿开采和冶炼基地；铝工业形成山西河津、贵州贵阳、河南郑州、广西平果、山东张店等四大基地。以四川、湖南水口山、云南、甘肃、辽宁、广东和广西为主体形成铅锌开采冶炼基地，以湖南、江西郴州和大庾、河南为主形成钨矿开采基地，以广西、云南个旧、广东、湖南、江西和内蒙古为主体形成锡矿开采基地，以广西、湖南冷水江、云南、贵州和甘肃为主体形成锑业基地，以甘肃金昌为主体形成镍业基地。除专业化冶金工业城市外，许多有色金属冶炼企业位于综合性城市，虽然其产值在地区工业总产值中的比例较低，但其规模大于或相当于专业化冶金城市，在全国同类工业中却有重要地位，包括天津、沈阳、郑州、贵阳、昆明、兰州等。

4. 机械工业基地

中华人民共和国成立初，中国就建设了重型机械工业基地，包括富拉尔基、大连、德阳、太原。"三线"时期，国家在"三线"地区布局了一批机械工业企业，一批专业化新兴机械工业城市兴起，如十堰、安顺等。同时形成上海、北京、哈尔滨、长春、洛阳、西安、兰州等大型机械工业基地，但这些城市多是综合工业基地。多数矿山机械工业与所服务的对象密切联系，如鸡西、唐山、大同、洛阳等采煤设备，大庆、兰州、宝鸡等石油机械，大连、吉林、锦西等化工机械；发电设备制造形成"三大"成套发电设备厂（哈尔滨、上海、四川）、"三中"发电设备厂（北京、武汉、天津）、"十一小"主机厂（南京、杭州、重庆等）和各种辅机厂的布局体系。汽车工业集中在长春、十堰、上海，长春、十堰、南京、济南主要生产卡车，四川生产矿山用重型卡车，上海、长春和北京以轿车、吉普和轻型卡车生产为主。

5. 轻工业基地

轻工业基地主要有纺织基地、食品基地、造纸基地、皮革基地、森工基地等。纺织工业形成六大集聚区，此外西北的兰州、呼和浩特、乌鲁木齐、伊宁、和田、西南的昆明、贵阳等城市也发展毛纺和棉纺织工业，尤其伊宁、和田的纺织工业已成为地区主导工业。随着新兴化纤纺织部门的兴起，金山卫、仪征、辽阳等城市形成化纤纺织工业中心。食品工业基地包括粮食加工、食用油脂、肉类加工、制糖、制盐、制茶、卷烟、罐头等类型，造纸、皮革等专业化城市与原材料分布有很大的一致性，具有区域性特征。

6. 水泥建材基地

水泥工业是一种基础原材料工业，具有遍布性，建材产品包括建筑材料及制品、非金属矿及制品、无机非金属新材料三大门类。1949年前，水泥工业主要分布在东北和沿海地区，1949年后建设了大批水泥厂，除天津、宁夏、西藏外，各省区都有大中型水泥厂，小型水泥企业遍布在全国80%以上县份。玻璃工业也是重要的建材工业，有23省区生产平板玻璃，骨干企业分布在秦皇岛、大连、沈阳、上海、洛阳、株洲、蚌埠、兰州、昆明、太原、杭州、厦门、天津、通辽、南宁等地。

第三节　重化企业原燃料供应网络

一、重化工业范围

1. 重化工业概念

工业（industry）是指采集原料并加工成产品的过程，是第二产业的重要组成部分。根据工业的技术属性和经济特点，尤其是根据产品单位体积的相对重量，工业大致分为轻工业和重工业。

（1）轻工业，根据《中国统计年鉴》的界定，轻工业主要是指提供生活消费品和制作手工工具的工业部门。一般而言，轻工业除了少数行业部门外，多数行业的运输量较少，虽与港口发生联系，但运量较少。

（2）重化工业，重工业概念有不同的界定。《中国工业统计年鉴》将重工业界定为国民经济各部门提供物质技术基础的主要生产资料工业，以能源原材料为基础，为国民经济各部门提供生产手段和装备。在工业结构的产业分类中，往往把化学工业独立出来同轻工业和重工业并列，实际研究常将重工业和化学工业合称为重化工业。重化工业的发展水平是一个国家基础产业和体现国力的重要标志。重化工业的类型较多，主要部门有能源、冶金、化工、建筑材料、机械制造等。本书中，重化工业主要是指与港口发生大宗货物运输联系的工业类型，重点包括钢铁、石油化工、火电、建材水泥等原材料产业。

2. 重化工业类型

按生产性质和产品用途，重化工业可以分为下列三类：

（1）采掘业，主要是指从自然界直接开采各种自然资源、原料、燃料的工业部门，是国民经济的基础性产业，为各部门提供了矿物原料。采掘业具体包括石油、煤炭、金属矿（包括黑色金属和有色金属矿产）、非金属矿等开采与采选业，以及木材伐业。中国93%的能源、80%的工业原料、70%的农业生产资料来自采掘业。

（2）原材料工业，主要是指向国民经济各部门尤其是制造业提供基本材料、动力和燃料的工业，是直接对采掘工业产品进行加工、生产各种原材料的工业部门总称，是介于采掘工业和制造工业之间的生产环节。原材料工业包括金属冶炼及加工、炼焦及焦炭、化学、化工原料、水泥、人造板及电力、石油和煤炭加工等工业；其中，金属冶炼及加工业又包括钢铁工业和有色金属工业。

（3）加工工业，主要是指对工业原材料进行再加工制造的工业。加工业具体包括装备国民经济各部门的机械设备制造、金属结构、水泥制品、汽车、修造船等工业，以及为农业提供的生产资料的工业类型（如化肥、农药等）。

二、重化企业生产特性

工业生产是劳动力利用动力和机械设备，将原材料制成产品的过程。重化工业作为工业体系中的基础产业，虽然囊括了不同的行业部门，但总体上呈现出一些类似的生产组织特性。这些特殊性决定了重化工业企业往往有着共同的区位选择法则，并与港口运输之间形成了紧密的联系与各种空间模式。

1. 大规模原料消耗

工业生产就是将原料加工、改造而制成新产品的过程，各种工业投入中，原料占有最重要的地位，工业生产所需原材料均为工业原料，又可细分为原材料和辅助材料。一般，重化工业需要消耗大量的原材料，这不仅体现在重量而且体现在面积或容量上，单位产品或单位工作量平均实际消耗的原料数量较高，是典型的资源密集型产业，属于原料"大进"型工业。例如钢铁工业、石油化工、制糖业、水泥业，所需的基础原材料分别为铁矿石、原油、甘蔗与油菜、石灰石等，均为大规模消耗、大规模运输。这种原料消耗特点要求重化企业往往布局在容易获取大规模原料的区位。

2. 高燃料能源消耗

许多重化行业在生产过程中所消耗的一次能源或二次能源比例较高，尤其是电解铝、钢铁、水泥等在生产过程中需要进行切割、熔化、冷却等耗能很高的工艺，同时多数重化工业生产使用大型重型机器，机器设备运转需要耗费大量的能源，能源成本占有较高比例。根据统计，中国重工业单位产值能耗约为轻工业的 4 倍。因此重化企业往往需要高强度的能量消耗，能源是重化工业生产的重要动力，为典型的能源消费密集型产业。苏联学者 Probst 将能源成本占工业产品成本 45% 以上、产品的能源单耗较高、其能源基地建设费用大于或等于生产设施的直接基建费用的部门为大耗能工业。生产 1 吨电解铝约需要耗电 15 万千瓦时。这种耗能特性要求企业布局在廉价的能源基地及附近地区。

从具体行业来看，高燃料或高耗能性工业主要包括石油加工与炼焦业、化学原料及化学制品制造业、非金属矿物制造业、黑色金属冶炼及加工业、有色金属冶炼及加工业、电力热力生产业，亦即石油炼化、化工、水泥建材、钢铁冶炼、有色金属冶炼（铝、镁、钛、镍、锌）、火电业。

3. 大体量初级产品

重化工业的产品主要是原材料，多为初级产品，部分甚至被称为原始产品，是其他产业部门开展生产活动的原材料。这类产品往往体积大、重量大、笨重，低附加值。这种产品属性决定了企业往往需要便利的交通运输条件，尤其是容易获取廉价的交通方式组织产品外运，甚至部分特殊产品需配备特殊的交通方式。冶金、煤炭、石油化工、基础化工原料、木材、纯碱、造纸等行业的主要产品均具有该特征。

4. 产业链龙头

重化企业往往是为国家各产业提供技术装备和生产原材料的企业，产业关联度高，产品链条长，带动能力强。因此，大型重化企业具有很强的牵动性或引领性，在产业链上围绕大型重化企业的核心产品容易形成若干系列或一批上下游延伸产品的生产企业与配套服务企业。这种生产特性决定了重化企业在空间上具有很强的集聚性，围绕重化企业形成集群式或地域综合体式的布局模式。这促使重化企业成为各地区竞相布局，并以此形成产业集群发展的焦点。

例如，钢铁企业布局往往带来上游和下游产业的发展。上游相关行业有铁矿开采与洗选、煤矿开采、焦炭生产、耐火材料加工、石灰开采与烧制、炼钢设施与设备制造、建筑业及运输产业等。下游相关行业包括轧钢锻造、钢铁制品、精密制造、机械制造、汽车制造、船舶制造、家电制造、废钢回收等产业。

5. 企业体量大，占用空间大

重化企业往往需要一定数量的土地建厂，并雇佣大量的劳动力，积累了庞大的工业资产，形成了较大的企业规模。这种庞大的占地面积和大量的就业人口，促使重化企业与所在城市形成了无法分割的关系，许多城市就是企业，部分企业就是城市，但这种紧密关系也往往决定了重化企业布局具有很强的路径依赖性。庞大的规模使重化企业生产经营更容易形成规模效应。如表 7-4 所示，包钢集团包头基地的产能为 1850 万吨 / 年，厂区占地 37.5 平方千米，其中百米重轨生产线就长达 1.4 千米。鞍钢集团鞍山基地占地面积超过 120 平方千米，厂区面积占据了鞍山市区面积的 1/3 还多，就业关联人口达到 65 万人，占市区总人口的近一半，形成"厂在城中，城在厂中"。

表 7-4　中国部分钢铁企业的占地面积与员工数量

钢铁企业	占地 / 平方千米	员工数量 / 万人
酒泉钢铁	50	4.2
包钢集团包头基地	37.5	5.0
首钢京唐基地	30	—
鞍钢集团鞍山基地	120	16
鞍钢集团鞍钢主厂区	24	—
宝武钢铁集团宝山基地	23	1.6
宝武钢铁集团武钢本部	21.2	8.0
马鞍山钢铁	13.5	4.7
宝钢湛江基地	12.6	—
山钢日照精品基地	10.3	—
太钢集团太原基地	9	—
沙钢集团本部	9	3
鞍钢鲅鱼圈基地	8.3	—
攀钢本部	2.5	7.0

6. 路径依赖明显

路径依赖是指某种事物一旦进入某一路径，就可能对这种路径产生依赖，并在既定方向上不断自我强化。重化企业凭借庞大的体量与产业链龙头作用，成为区域经济发展的主要支撑，并往往成为各地区的龙头企业和核心企业。根据宪法和矿产资源法，矿产等自然资源属于国家所有，是国有性质的，由于多数资源型企业建立于计划经济时期，多数资源型企业为国有企业，其发展模式带有浓厚的行政色彩。在中国，这种龙头性往往以中央企业和省属企业的方身份得以体现，在完成企业生产职能的同时，具有很强的社会责任与城市乃至政府责任，承办学校、医院、建筑队、老年活动中心、物流、物业等功能机构，形成"大而全""小而全"的社会组织模式。

企业技术与制度的双重锁定，决定了重化企业的空间路径依赖性与布局的空间惯性，决定了"不易搬迁"的空间特征。这促使企业布局即使在新时期条件发生了变化的背景下，也难以摆脱空间路径依赖性，无法合理搬迁，而更多的是实施"就地改造"。

7. 地域集中性与资源垄断性

由于自然资源的地域分布上是不均匀的，重化工业往往相对集中在某些区域。依托某一地区特有的自然资源兴建和发展起来的资源型企业具有明显的地域集中性，并形成规模化的生产基地。自然资源是资源型企业生产加工的主要原材料或核心原材料，资源数量的多寡直接决定了其产能与发展，资源型企业通过自然或行政的方式对所需资源进行垄断性占有或独占。这种地域集中性与垄断性促使企业原料供应、产品运输与港口形成了紧密联系。

三、重化企业原燃料供应模式

工业生产所需要的原料分为原材料和辅助材料。一般将作为劳动对象的采掘矿产资源与农牧业产品称为原料，把经过加工的原料（如钢材、水泥等）称为材料，两者合称"原材料"。原材料来源于部分工业企业和农业生产。前者主要包括直接由采掘业生产的产品，如原煤、原油、原木、各种金属和非金属矿石；由采掘业生产又经过加工的产品，如生铁、钢材、水泥、煤和石油制品；合成材料，如合成纤维、合成塑料。后者主要包括农业生产的植物或动物性产品，如谷类、原棉、甘蔗等，及由农业生产又经过加工的产品，如面粉、皮革等。韦伯将工业原料分为遍布性原料和限地性原料，前者分布普遍，对企业区位影响较小；后者只分布在某些地区，对企业区位具有基本塑造作用。

不同类型的重化企业其原材料不同，但一般分为大宗原材料和辅助材料。大宗原材料是工业企业生产产品的直接材料，也称为主料，在生产过程中大量使用的材料也被囊括在主料范围，因此主料有可能为一种材料，也可能为几种材料。辅助材料主要是指生产产品中必须消耗使用的其他材料，但并非大量，如油类、备品备件等。例如，钢铁高炉冶炼所使用的原料主要由铁矿石、燃料和溶剂三部分组成，燃料包括焦炭、喷吹燃料两类，溶剂主要有石灰石、白云石和蛇纹石等。

原材料供应是重化企业供应链的重要环节。原材料的供应数量一般包括经常储备量、保险储备量和季节储备量。对于大宗原材料的供应，重化企业有不同的方式，包括市场采购、投资建立原料基地、投资供货企业等方式。大型的钢铁企业和石化企业往往有自己的铁矿石基地和油田。不同的重化企业所需的燃料类型和规模均存在很大差异。部分燃料既在生产工艺中发挥能源动力的作用，同时发挥辅料的作用。工业燃料是用于工业生产消费的一次、二次能源，主体是化石燃料，包括煤、石油、天然气及其制品、热电和水电等。一般而言，工业燃料按照形态分为固体、液体和气体三种类型，固体燃料有煤、炭、木材、页岩等，液体燃料有汽油、石油、重油和煤油等，气体燃料有天然气、煤气、液化气等。重化企业的原燃料大量消耗，促使其供应链模式有着稳定性，大规模产能的扩张将对原本稳定的供应链产生很大冲击，促使资源保障程度降低，改变了原有的供应链模式与运输物流路径。

四、重化企业区位选择与变化

1. 区位选择模式

区位是指人类行为活动的空间,除了解释为地球上某一事物的空间几何位置，还强调各种地理要素和人类经济社会活动之间相互联系和相互作用的空间综合反映，是自然区位、经济区位和交通区位在地域上有机结合的具体表现。工业区位论是研究工业布局和厂址位置的理论，宏观上是指一个地区或国家的工业布局，微观上是指企业区位的选择理论。区位选择的基本原则是力图选择总成本最小的区位，通过对运输、劳动力、集聚因素相互作用的综合分析，找出企业成本最低的位置，形成工业企业的理想区位。

1）原料指向型

韦伯将工业企业生产所需的原料分为遍布性原料和限地性原料，并设计了原料指数，即限地性原料总重量与制成品总重量的比值，原料指数的不同将导致企业区位的空间趋向不同。原料指向型主要是指原料指数大于1的行业类型，这类工业主要指原料不便于长距离运输或运输原料成本较高，加工后体积与重量大大减少而价格又低廉的工业，即原料消耗量远大于产品重量的行业，或原料不易运输且容易变质的行业（如水果、蔬菜、水产等加工工业）。使用这类原料的企业多布局在原料产地或靠近原料产地。如表7-5所示。这类工业形成原料指向型，包括农产品加工、石油化工、钢铁与有色金属冶金等，如鞍钢、马钢、武港等钢铁企业。

2）燃料指向型

该类工业在生产加工过程中，需要消耗大量的燃料及能源，单位产品成本中能源费用占有很高比例，企业为降低成本而布局在燃料供应量大、便捷、廉价的能源基地。其中，燃料成本与原料成本的比较始终是产生燃料指向型企业布局模式的前提，在能得到廉价原料供应的前提下，如何靠近燃料基地是重要的。例如，一个年产 10 万吨精铝的炼铝厂，需要 20 万～40 万千瓦的发电厂相配合，炼铝企业多布局在能源成本低的电厂附近。山西和内蒙古的钢铁产能较大，与其丰富的煤炭资源关系较为密切，钢铁企业如太钢、唐钢和抚顺钢厂等。

表 7-5　传统工业企业布局模式

工业指向类型	主导因素	工业生产特点	举例
原料指向型	原料产地	原料不便于长距离运输，运输原料成本高	制糖厂、水产品加工厂、水果罐头厂
市场指向型	市场	产品不便于长距离运输或运输产品成本较高	啤酒厂、家具厂、印刷厂等
燃料指向型	动力	需要消耗大量能量	炼铝厂
劳动力指向型	廉价劳动力	需要投入大量廉价劳动力	普通服装、电子装配、包带、制伞、制鞋
技术指向型	技术	技术要求高	集成电路、卫星、飞机、精密仪表

3）市场指向型

该类工业主要是指产品不便于长距离运输或运输产品成本较高，或加工后成品体积增大又不便运输的工业，或随时根据市场需求变化调整产品的行业。这类工业多靠近销售地布局企业，区位多靠近消费市场，但可能远离原料基地与燃料基地。如食品工业、印刷工业、化工业、日用品等。

4）运输指向型

以运输成本定区位选择是假定在没有其他因素影响下，仅就运输与工业区位间的关系而言。韦伯认为，企业应选择在原料和成品二者的总运费最小的区位，运费大小主要取决于运输距离和货物重量，即运费是运输物的重量和距离的函数，亦即运费与运输吨千米成正比关系。该类企业主要布局在交通便利的区位，或便于原燃料大规模输入与产品大规模输出的交通节点。

5）劳动力指向型

劳动力成本是导致以运输成本确定的工业区位模式产生第一次变形的因素。劳动力指向型工业主要指雇佣劳动力数量较多、单位产品中所包含的劳动力费用较高的行业。该类工业企业应接近具有大量廉价劳动力的区位，所需原料和制成品的追加运费小于节省的劳动力费用。此类工业包括纺织、服装、电子装配等工业。

6）技术指向型

该类工业主要指对生产技术要求高，必须经过严格训练、具有一定技能并适合操作机器的工人才能上岗生产的企业。这类企业要求工人素质较高，其内部生产分工很细，专业化很强。该类工业多布局在高等教育和科技发达地区，包括电子制造、卫星、飞机、精密仪表等工业。

2. 区位因素变化

影响工业企业布局或区位选择的因素有很多，主要包括原料、动力（燃料或电力）、劳动力、市场、交通运输、土地、水源、政府政策、资本利率、固定资产购置费及折旧率等。这些成本因素中，固定资产购置费及折旧率、资本利率没有空间意义，不与区位发生直接关系。在诸多的区位因素中，某种工业的区位选择所要考虑的主要因素可能只有一个或少数几个，这些主导性的因子为区位因子（standort factor）。各类区位因子中，促使工业企业向特定地点布局的区位因子为区域性因子。综合来看，具有空间意义的成本因素主要包括原燃料费、劳动成本、运费。获取同种同质量的原料与燃料的价格，因产地不同而不同，企业区位接近原料、燃料地将有利于成本节约，原燃料费是区域性区位因子。劳动力成本因各区域劳动力供给状况、生活水准差异变化很大，直接影响企业区位选择。运费是原燃料获取及产品运输必不可少的成本，是区域性区位因子。工业区位选择以其主导因素为指向，形成上述的指向型区位模式，决定了重化企业布局的基本格局。

近年来，随着企业布局条件的变化，各种因素的作用水平与强度逐步发生了变化，并形成了新的影响因素，并在企业区位与物流组织中发挥日益重要的作用。

1）企业扩能

任何企业的原燃料供应模式与企业生产能力密切相关。中国大量重化企业的布局与选址形成于改革开放之前的苏联援建"156项目"、"二五"时期、"三线"建设时期，当时的企业产能与国家需求规模、技术条件、运输条件相匹配。但20世纪90年代以来，中国的钢铁、石油化工、火电等企业都先后开展了一系列的技术改造与扩建，企业产能大幅提升，部分企业甚至扩大了十几倍左右，企业生产所需的原料、燃料均获得几倍的增长。这促使原材料、燃料不但对企业区位仍发挥基础性作用，而且强化了这种决定性作用。

2）资源枯竭

原材料与燃料是重化企业布局的基本影响因素。但矿产资源、传统能源是典型的化石资源，是不可再生资源，资源开采与消耗造成资源储量的日益减少，最终形成资源枯竭。如果矿产资源累计采出储量占可采储量的70%以上，矿产资源进入枯竭型，资源型企业所依托的原燃料供应面临重大调整。资源枯竭已成为资源型企业布局和发展的突出问题。

中国共有118座资源枯竭型城市，其中煤炭城市有63座，有色金属城市有12座，黑色冶金城市有8座，石油城市有9座，其他城市共有5座，合计占全国城市总数的18%。2008～2011年，国家先后认定了三批资源枯竭型城市（县、区），共计69个。这些资源枯竭型城市都曾是中国的重化工业基地，目前仍占有重要地位。

企业扩能与资源枯竭形成并行推动的路径，形成"原燃料需求扩大"与"原燃料供应萎缩"的矛盾。

3）交通连通性增强

工业企业布局的早期阶段，交通条件对重化企业布局的影响较大。但这需要考究交通条件的类型，在以原燃料型布局为主导的时期，交通条件主要是服务于近距离的原燃料运输和长距离的产品运输。20世纪90年代以来，随着铁路、高速公路、沿海港口和内河港口等交通设施中长期规划的相继实施，完善的铁路网、高速公路网已覆盖全国各大中小型城市，港口体系不断完善，管道日渐形成网络。这促使内陆原重化企业的布局城市的交通条件得到改善，提高了同远距离原燃料基地的连通性，尤其是以沿海港口为门户、构筑出海通道的区域发展模式提高了内陆重化工业基地同沿海港口或内河港口的连通性。由此，促使内陆重化企业的原燃料供应网络与空间模式日渐复杂。

4）企业组织模式

随着经济全球化与国际原材料市场的变动，以及国内重化企业壮大与产能扩张，企业组织模式开始变化，并直接影响了其原燃料供应模式。在早期重化企业布局阶段，许多企业都拥有自备的矿产基地与燃料矿区，形成自我供给模式，但供销为近距离实现。近年来，许多大型企业开始强化这种模式，但原燃料基地从国内邻近地区拓展到国外，而且将整合重点拓展到"运输"环节，开始进入原料、燃料供应市场甚至进入原燃料运输市场，形成原料"生产→运输→消费"一体化经营。大型重化企业的组织模式发生巨大变化，通过产业链形成利益链的一体化经营。

《钢铁产业发展政策》指出，国家将支持有条件的大型骨干企业集团到国外采用独资、合资、合作、购买矿产等方式，建立铁矿等原材料供应基地。武港、山东钢铁是典型的案例。2009年，武钢投资巴西EBX集团下属MMX公司，获得6亿吨铁矿石资源权益；与中非发展基金签订了《利比里亚邦矿项目股权转让协议》，获得了40亿吨项目的控股权。2011年山东钢铁与非洲矿业塞拉利昂公司签署15亿美元的联合采矿协议，获得通科利利铁矿的25%权益，一期阶段山东钢铁每年购买 200 万吨铁矿石，二期每年购买 800 万吨，三期每年购买 1000 万吨。中海油收购加拿大能源公司尼克森，中石化与加拿大塔利斯曼能源签署认购协议，收购后者英国子公司 49% 股份，中石油收购了法国苏伊士环能集团卡塔尔海上第 4 区块 40% 石油勘探开发权。截至 2015 年，中石油在全球 38 个国家和地区开展油气业务，海外全年实现当量产量 13826 万吨，权益当量产量 7204 万吨。海外原料基地的建设与原料进口促使重化企业与港口形成了紧密的物流联系，并对传统的原燃料供应网络产生挑战。

5）企业布局的社会经济路径依赖性

重化企业的规模性与制度性促使企业形成城市性与社会性的特殊性，由此形成了企业布局的社会经济路径依赖性。

重化企业因其占地面积大、就业人员多、工业产值高、工业利税多，往往成为各城市的龙头企业和核心企业，成为城市发展的主要支撑，形成了深固的城市性。城市兴衰与企业效益形成了共荣共衰的关系，在经济收入、居民就业与城市建设方面占据了城市的重要部分。2015 年世界 500 强的 13 家钢铁企业中，人均收入排名末四位的均为中国企业；浦项制铁在人均营业收入相当于沙钢的 1.64 倍、宝钢的 4.67 倍、鞍钢的 13.8 倍。这种城市性导致重化企业的搬迁或关闭会带来城市财政收入的骤降、大量的失业人员，严重影响了城市运营，促使企业问题升级为经济问题，并进一步升级为社会危机并可能演化为政治动荡。社会危机、政治风险与企业问题、经济问题的对比与取舍，则最终往往带来重化企业布局的牢固性。

在中国，大型重化企业往往具有很强的社会责任与城市乃至政府责任，建立和兴办了一些与企业生产、再生产没有直接联系的组织机构和设施，承担了产前产后服务和员工生活、福利、社会保障等社会职能，为企业员工提供"从摇篮到坟墓"一揽子福利的制度设计，包括学校、幼儿园、生活服务、劳动服务、医院、建筑队、活动中心、文化宫、三供一业（供水、供电、供气及物业）、消防等，甚至承担公安和司法等职能。

城市性与社会性的多重锁定，决定了重化企业的布局路径依赖性，形成了兼有生产、社会保障、社会福利和社会管理的社区单位，决定了"不易搬迁"的空间特征。这促使企业布局即使在新时期条件发生了变化的背景下，也难以摆脱空间路径依赖性，只能低效率的运营。

6）原燃料国内外市场比较

传统的区位论并未指出市场价格在区位选择中的作用机制，这主要受当时贸易环境尤其是贸易范围和劳动地域分工的限制。随着全球劳动地域分工的持续推进，生产网络在全球范围内进行布局和组织，大型工业企业在全球内布局企业网络和购置原燃料并销售产品，原燃料采购与产品销售的覆盖范围从区域扩大到全国，并走向国际甚至覆盖全球，原燃料的国内外市场价格比较开始对企业区位选择与物流组织发挥日益重要的影响。20世纪90年代以来，国际大宗商品市场价格的不断变化，并与国内同类商品价格形成较大的差异，这促使市场价格成为影响区位选择和企业原燃料供应网络的重要因素。

这在煤炭、金属矿石、林木、原油等货物运输方面均有体现，并对钢铁、石油炼化、火电、林浆纸、农产品加工、木材加工等企业的区位选择与原燃料供应产生影响。国内煤炭资源整合尤其2001年前后中国关停了占煤炭产量40%的小煤窑，导致国内煤价上扬，4800大卡烟煤由2001年初200元/吨涨至320元/吨，而澳大利亚4800大卡烟煤在产地仅20美元/吨，加上各种费用，进口煤炭约270~300元/吨，价格比较促使部分火电企业转向沿海布局以便于进口高热值煤炭资源。与澳大利亚、巴西等国家相比，国内铁矿石资源品质较差且采矿成本在40美元/吨左右，而必和必拓、力拓在20美元/吨，巴西淡水河谷甚至只有8美元/吨，2014年1~4月62%品位的进口铁矿石到岸价为67美元/吨左右，部分时段降到24.5美元/吨，这促使部分企业关注国内外矿石价格的效益比较而注重沿海企业布局与产能扩张。

3. 区位模式变化

1）原燃料型企业布局仍得到维系

虽然目前经济技术条件均发生了巨大变化，但产业布局不论是地区组合还是企业规模仍受地区资源禀赋的制约。矿产资源或自然资源对工业企业的区位选择仍存在巨大的影响，发挥着基础性作用，但这种作用或影响或依赖性有所减缓。如何靠近丰富的资源基地以提高原料供应便利性、如何靠近燃料动力基地以保障能源供应，仍是许多重化企业选址的基础影响因素。例如，有色金属冶炼加工企业、火电企业等。这促使原燃料型企业布局模式仍得到维系，重化企业集中或近距离分布于矿产资源基地周围，以资源指向型为主的布局格局仍未发生根本改变。河北省的粗钢产量仍局全国各省之首，鞍钢本钢、包钢、太钢、马钢、攀钢、酒钢、八一钢铁等企业仍是中国重要的钢铁基地。

2）企业布局倾向于市场消费地

随着人口和产业进一步向沿海地区或某些地区的集聚，许多工业品的消费市场日益集聚在沿海地区。这促使重化企业布局日益接近市场，企业布局的市场指向性增强，临海型重化企业发展很快；第二次世界大战以来，钢铁工业向沿海地区集中已成为普遍性趋势，全球50多个大型钢铁企业有3/5分布在沿海地区，半数以上为50年代以后建成的，除日本外，法国的福斯和敦刻尔克、德国的不来梅、意大利的塔兰托、美国的雀点厂均为典型临海型钢铁企业。近年来中国以宝钢、曹妃甸、鞍钢鲅鱼圈和宁波钢铁为代表的钢铁产业沿海布局战略逐步推动。上海宝钢是典型的市场指向型布局模式，重点服务于长江三角洲的消费市场，但该企业的转运矿石码头和进口生产设备成本过多等问题是值得反思的。

3）临港型布局模式成为发展趋势

第二次世界大战以后，水运技术、特别是海运的发展，改变了工业生产的区位指向，一些工业部门的原料指向下降，加之原燃料国际市场价格较低且品质较好（如铁矿石、煤炭、原油），企业利用进口原料来发展工业，将企业布局在港区，利用港口（海港或河港）运进矿石、原油、原煤、原盐、纸浆、木材等原料，从事冶炼加工生产，并带动一批协作配套工业，促进了临港工业区快速发展。这促使临港型布局模式成为目前中国工业布局的重要发展方向，而 20 世纪 60 ~ 70年代此模式在日本及韩国得到广泛应用。如首钢京唐基地、鞍钢鲅鱼圈基地等。

第四节　港口 – 重化企业物流模式

一、重化企业原料供应与港口关系

重化企业的分布与区位模式选择，决定了其原料、燃料及产品运输的复杂性。

1. 原燃料路径依赖型

在中国早期的重化企业布局过程中，原燃料地指向型尤其是原料指向型是主要的区位选择模式。20 世纪 80 ~ 90 年代，内陆腹地的重化企业尤其是钢铁企业、石油炼化企业及水泥建材企业等，均进行了大规模的技术改造，并增加了新的生产线，促使企业生产能力大规模扩张。但经过长期的发展，邻近矿区的资源储量日益减少，或资源品质日益下降，或资源开采不断提升，促使原矿区的资源供应日益减少，无法满足迅速扩大的生产能力所带来的原燃料增长。加之重化企业的布局路径依赖性，异地搬迁或向港口迁移的难度较大，只能保持就地艰难运营。这促使腹地企业积极通过沿海港口进口海外原燃料，并经过长距离运输至厂区，以保障企业的正常生产运营。港口成为内陆重化企业原燃料的进口门户。

2. 产品资源输出门户

港口不仅服务于腹地的工业原燃料供应，而且成为腹地资源和产品输出的门户，成为区域资源商品流通的重要环节，成为区域联系的纽带或门户。港口为腹地的工业产品走向全球市场提供输出门户的作用，包括钢铁企业的钢材、装备制造企业的机械设备、电子信息企业的电子产品，港口为腹地企业和全球贸易市场搭起沟通的桥梁。而且，港口成为腹地矿产资源输出的门户，不仅包括国内区际调拨门户，而且成为腹地资源流向全球贸易市场的门户。尤其是港口成为各煤炭基地的煤炭输出门户，形成了中国特有的煤炭运输网络——"西煤东运，北煤南运"铁海联运与铁水联运网络。同时，港口也成为腹地木材与粮食等资源产品的输出门户，在全国资源市场的区际供需平衡中发挥桥梁作用，成为东北粮食基地与东北木材基地的输出门户。

3. 港口企业共生型

20 世纪 90 年代末以来，随着重化企业向沿海地区的迁移及沿海重化企业的持续布局建设，港口成为重要的布局区位，以便于企业获得廉价的海外原燃料与输出产品。许多沿海港口和大型内河港口在其内部开辟一个港区为工业港区，集中布局大型重化企业，包括钢铁、石油炼化、木浆纸、装备制造、农产品加工等企业，多数企业拥有专用泊位和码头岸线，码头泊位成为企业的空间功能区，企业生产链和物流链实现高度融合。港口的货物吞吐量主要来自临港企业，临港企业为码头泊位的建设者和使用者，两者在所有权、经营权和运输系统上形成共生关系。中国大量石化企业集中在沿海和沿江地区，沿海省市已将石化产业、冶金业及火电业作为本地的支柱产业，惠州—广州—珠海—茂名—湛江以临港开发区为载体的沿海石化产业带在广东形成，从南京到上海的长江沿岸布局了 8 个大型临港化工区，杭州湾也正向石化工业区迈进。临港布局降低了重化企业的运输成本，并靠近国内外消费市场。港口与重化企业形成共生的关系，港区码头成为企业生产链的一个环节或厂区的一个功能区。

二、基于距离关系的港口－重化工业空间模式

港口码头与重化企业、产业集聚区存在互为驱动的机制，并在空间上存在各种模式。一般而言，根据空间距离关系，重化企业、产业集聚区、工业城市、工业基地与港口码头的空间关系主要有以下类型，如图 7-2 所示。

类型Ⅰ：工业企业与港口码头形成固定使用关系，港口码头为企业专用码头或业主码头，工业企业一般为有大量运输需求的大型重化企业，码头建设与运营由企业负责，并在企业厂房与码头间形成特殊输送设施，如输送带、管道等。

类型Ⅱ：产业集聚区与港口码头融为一体，工业为临港产业，港口形成工业港区，企业布局在此多为利用港口水运，企业仓库与码头仓库以及堆场融为一体，或厂房同港口码头形成较短的输送通道。

类型Ⅲ：重化企业、产业集聚区离港口码头和公路干线均尚有一段距离，需

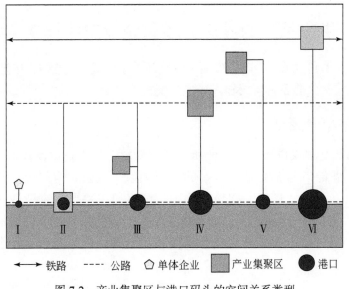

图 7-2　产业集聚区与港口码头的空间关系类型

要通过公路干线与港口间的联络线连接产业集聚区、重化企业和港口码头，产业集聚区多为临港工业，对水运的需求量较高。

上述三种模式均为临港模式，重化企业及产业园区有着很高的港口运输需求，产业或企业也以临港型为主，尤其是随着内陆资源枯竭的约束，腹地重化企业倾向于临港港口布局模式，港口港区及周边地区成为重化企业布局的区位。在此模式中，港口成为准原燃料基地。

类型Ⅳ：重化企业或产业集聚区位居公路干线，通过公路联络线连接港口，港口不但服务于产业集聚区，而且通过公路干线连通其他腹地，有着较为广阔的腹地，港口规模相对较大。

类型Ⅴ：重化企业、产业集聚区离铁路干线和公路干线均有一段距离，同港口的连接需要通过联络线，对水运的需求相对较弱，但部分特定重化企业对港口有着巨大的原燃料输入和产品输出的运输需求。

上述两种模式属于向港模式，反映了运输成本与资源可获得性之间的替代关系，重化企业布局在交通枢纽或消费市场中心，缩短了与港口的运输距离，港口成为腹地重化企业原燃料的输入门户和腹地重化企业产品及矿产资源下水的门户。

类型Ⅵ：在距离较远的内陆腹地，因资源禀赋而形成的原燃料指向型重化企业，在产能扩张和资源枯竭的背景下和布局路径依赖的机制下，形成远港模式。重化企业、产业集聚区直接连通铁路干线，而且有铁路联络线直接连通港口，并且产业集聚区、重化企业和港口有公路联络线连通公路干线，港口同腹地及深远腹地间有着较好的通达性。该模式为远港模式，港口成为腹地重化企业与资源调拨的门户。

三、基于供应关系的港口－重化企业空间模式

从供应关系角度看，港口与腹地企业空间关系模式，可总结为单港单企模式、园区单港模式、单港多企模式和多港多企模式。

1. 单港单企模式

港口码头基本仅供给一个企业所需的原燃料，且该企业也基本从该港口获取原燃料，即港口与企业是一对一的供应关系。该模式适用于港口与企业之间距离较近，可达性良好。在该模式中，港口码头主要是企业业主码头，港口为垄断性使用，规模较小，港口设施高度专业化，非对外经营使用。重化企业布局一般为单体性布局，而非集聚布局。港口码头成为重化企业生产链的一部分。

2. 园区单港模式

众多企业从单一港口获取原燃料或输出产品，且该港口仅供应这些企业，即港口与企业是一对多的供应关系。该模式适用于重化企业集中布局，且仅与 1 个港口的可达性较好或保持唯一的连通性，且距离相对较近，即"港一企密"。企业集中布局在临港工业区，与港口码头相邻或距离很近，港口码头为产业园区的一个功能区，不同企业同港口内部的不同泊位之间有着专业化的连通性，不同泊位或码头分别成为不同企业生产链中的一个环节。为典型的临港产业园区型，湛江东海岛为典型的园区单港模式。

3. 单港多企模式

某港口供给多家企业原燃料，但这些企业基本从该港口获取原燃料，即港口与企业是一对多的供应关系。该模式适用于企业与港口距离较近、可达性良好、区域内企业集中，但港口分散且较少的情况。该模式中，港口往往规模较大而辐射能力较强，但企业规模相对较小且主要分布在直接腹地内，港口码头泊位为公共码头。

4. 多港多企模式

每个港口供给多家企业所需的原燃料，每个企业从多个港口获取原燃料，即港口与企业是多对多的供应关系，形成相互交织的港企供应网络。该模式适用于企业与港口之间距离较远，企业对不同港口的选择对运输成本影响不大，或一定区域内企业和港口均比较集中。多样化的运输模式，使后方集疏运较为复杂。该

模式适用于多数港口与企业的空间关系。

四、港口－重化企业的海陆运输网络组织

1. 运输海向贸易网络

随着经济全球化的发展，世界各国之间形成劳动地域分工，尤其是跨国公司全球生产网络的布局，推动世界贸易快速发展。航运是全球贸易的主要承担运输方式，一直保持在全球贸易量的 80% 左右，成为全球经济和贸易发展的主要支撑。尤其是，各国和地区对基础原材料、能源和消费品的需求增加，世界航运贸易量持续增长，但期间受全球经济发展的影响，航运贸易量也存在波动。1987 ~ 2016 年，世界海运贸易量平均增速 3.85%，期间亚洲金融风暴和美国次贷危机，使世界海运贸易量于 1998 年和 2009 年出现两次负增长拐点，世界海运贸易随着世界经济大幅震荡。近 30 年来，海运贸易货类结构逐步变化，干散货、原油及成品油、集装箱和液化天然气（LNG）等货类均保持持续增长。随着新兴经济体和发展中国家的快速崛起，世界航运贸易重心总体持续向新兴和发展中经济体转移。2008 ~ 2016 年，在中国和印度的强劲需求引领下，亚洲在大宗干散货的地位凸显，中东、南半球和区域集装箱贸易快速发展。

在沿袭长期以来的航运格局，部分重大贸易航线日益形成并强化。总体上来看，全球航线网络分别为太平洋和大西洋形成太平洋航线、大西洋航线。在太平洋贸易圈，重要的航线包括远东—北美西海岸航线、远东—加勒比海及北美东海岸航线、远东—南美西海岸航线、远东—东南亚航线、远东—澳新航线、澳新—北美东西海岸航线；在大西洋贸易圈，重要的贸易航线包括西北欧—北美东海岸航线、西北欧及北美东海岸—加勒比海航线、西北欧及北美东海岸—地中海—苏伊士运河—亚太航线。

表 7-6　中国战略物资主要进口地

物资	中国在全球地位	主要来源地
石油	第一进口国	沙特阿拉伯、俄罗斯、安哥拉、伊拉克、阿曼、伊朗、委内瑞拉、科威特、巴西、阿联酋
铁矿石	第一进口国	澳大利亚、巴西、南非、乌克兰、伊朗、秘鲁、智利、加拿大、毛里塔尼亚、俄罗斯
铜矿	第一进口国和消费国	智利、秘鲁、蒙古国、澳大利亚、美国、墨西哥、加拿大、老挝、伊朗、毛里塔尼亚
煤炭	第一生产国、消费国、进口国	澳大利亚、印度尼西亚、朝鲜、俄罗斯、蒙古国、加拿大、越南、新西兰、美国、菲律宾

物资	中国在全球地位	主要来源地
集装箱	第一生产国（地区）	韩国、瑞典、中国台湾、德国、荷兰、比利时、芬兰、意大利、英国、挪威、捷克
天然气	第三消费国和第二进口国	土库曼斯坦、卡塔尔、澳大利亚、马来西亚、印度尼西亚、俄罗斯、也门、埃及、尼日利亚
铅矿	第一生产国、消费国和进口国	美国、澳大利亚、秘鲁、俄罗斯、朝鲜、波兰、土耳其、墨西哥、德国、南非
镍矿	第一进口国和消费国	菲律宾、澳大利亚、印度尼西亚、西班牙、越南、巴西、津巴布韦、加拿大、芬兰、俄罗斯
锌矿	第二进口国和第一消费国	澳大利亚、秘鲁、俄罗斯、玻利维亚、蒙古国、智利、摩洛哥、西班牙、哈萨克斯坦、朝鲜
锑矿	最大生产国、消费国和进出口国	俄罗斯、澳大利亚、塔吉克斯坦、缅甸、泰国、老挝、哈萨克斯坦、玻利维亚

改革开放以来，中国进出口贸易总额增长不断加快，尤其 2001 年加入 WTO 之后迅速增长。1978 年，中国进出口额仅有 206 亿美元，在世界排名第 32 位，比例不足 1%。2014 年，中国进出口额达 43 015 亿美元，占世界出口额的比例提高到 12.7%，成为全球第一大货物贸易国和第一大出口国。随着中国工业化尤其是重化工业的快速发展，中国对能源和矿产资源的需求量持续增加，在国内能源和矿产资源供给缺口日益扩大和国际市场价格低于国内价格的背景下，促使中国重化企业纷纷加大原燃料的进口。如表 7-6 所示，中国已成为世界上最大的能源消费国、生产国和净进口国。中国稀土、锑矿、磷矿等资源丰富，可供出口，铜矿、铅锌矿、镍矿等战略资源需要进口。其中，中国每年需要大量进口石油资源与天然气，2013 年分别进口 3.41 亿吨石油与 531 亿立方米天然气。2014 年中国铜进口量为 359 万吨，占全球总进口量 43.1%。中国铅矿产量、消费量、铅精矿进口量分别占世界的 46%、45% 与 50%。中国进口锑矿，出口氧化锑、精锑等产品，是全球主要锑品供应国。中国镍资源短缺，对外依存度高的局面将长期存在，缺口约 80 万吨。

表 7-7　中国主要战略物资运输通道

具体航线	战略物资
中国—东海（对马海峡—日本海—津轻海峡）—太平洋—北美大陆西岸	铜矿、煤炭
中国—太平洋—巴拿马运河—北美大陆东岸	
中国—南海—马六甲海峡—东盟	煤炭
中国—东盟	

具体航线	战略物资
中国—马六甲海峡（望加锡海峡）—霍尔木兹海峡—波斯湾	石油
中国—马来群岛、南部岛群（巽他、龙目、望加锡）—澳大利亚、新西兰	铁矿石、铜矿、煤炭
中国—太平洋—南美大陆西岸	铜矿
中国—太平洋—麦哲伦海峡—南美大陆东岸	铁矿石
中国—南海—龙目、巽他、望加锡海峡—印度洋—大西洋—南美大陆东岸	铁矿石
中国—南海—马六甲海峡—印度洋	铁矿石
中国—马六甲海峡—好望角—直布罗陀海峡—地中海—北非	石油
中国—马六甲海峡—好望角—西非	石油

中国海上对外贸易通道包括中国主要海上贸易战略通道及中国在全球范围内的重要远洋通道。如表 7-7 所示，海上贸易战略通道有 5 条，分别为：以欧盟国家为主的中国—欧洲海上通道；以美加为主的中国—北美海上通道；以日韩和俄罗斯为主的中国—东北亚亚海上通道；中国—东盟海上通道；中国—中东通道。对中国具有重大影响的远洋通道主要有 4 条，分别为：中国—澳新通道、中国—南美通道、中国—印度通道、中国—非洲通道。

2. 运输陆向配送网络

从运输方式来看，港口在腹地的陆向配送网络主要由四种类型构成，并形成共存但有所主导的现象。具体来说，港口陆向配送主要形成了临港传送运输模式、近港公水联运模式、远港铁水联运模式、水水联运模式和远港水管联运模式。但不同企业或不同货物在具体物流组织上呈现出明显的差异，具体根据原燃料和产品运量大小与类型、运输距离进行选择。

1）临港传送带运输模式

临水传送带运输主要是指重化企业布局在临港工业区，从港口码头靠岸的原燃料不用卸载，通过传送带运输至企业。这些重化企业包括钢铁企业、石油炼化企业、林浆纸企业、火电企业、粮油企业、有色金属冶炼企业等。该模式可节省大量运费，充分利用国外资源，实现码头和企业间的物流新理念——物流链与生产链的无缝衔接，节省运输时间和费用。

鞍钢鲅鱼圈钢铁精品基地的工业流程依海而设，像流水线一样紧凑型短流程，从营口港到港的铁矿石沿传送带直接进入鲅鱼圈钢厂，不存在倒运过程，建设 1 座受料能力 1470 万吨的现代化大型综合原料场，紧凑型短流程缩短了各工序间的运距，原料经海运输入至大型混匀料场，产品经海运外销，成品库至码头运距仅200米，成品通过皮带直送码头。镇海炼化现有2300万吨/年炼油、100万吨/年乙烯产能，北仑算山码头承担原油进口及成品油出口，建有7个泊位，其中1号可停靠25万吨级原油船舶、2～3号泊位可停靠25万吨级原油＋成品油船舶，其他主要装卸成品油，算山码头至镇海炼化公司的原油管线。首钢京唐钢铁厂一期规模为970万吨/年钢，总图布置实行最大限度地紧凑、高效，各工序间物料运输无折返、无迂回、不落地和不重复，原料场和成品库紧靠码头布置，原料和成品最短距离接卸和发运，高炉到炼钢的运距只有900米。

2）近港公水联运模式

公水联运即港口与重化企业通过公路直接相连，原燃料到港及产品出港时，货轮与公路间直接实现装卸与疏运，并最终运输到重化企业。或港口先通过传送带或公路运输至物流中心或散货储存基地，经中转后再运往企业。该模式下，重化企业与港口距离较近，且没有铁路连接。目前，在许多港口的集疏运系统中，公水联运模式较为常见，但许多港口开始缩减这种集疏运模式。

3）远港铁水联运模式

位于内陆腹地的重化企业，原燃料和产品的运输量较大，当空间距离较远时，重化企业与港口之间采取铁水联运模式。铁水联运即原燃料达到港口接卸港后，通过与港口连接的铁路直接送至重化企业，中途无须公路中转，运量大。目前，港口与铁路实现无缝衔接的比例较低，多数铁路进不到港区，港口铁路场站及码头铁路装卸线等有待建设。当铁路与港口或企业不直接相连，则通过公路衔接，但以铁路运输为主，形成铁公水联运模式。

4）水水联运模式

位于通航的江、河、海岸的重化企业应根据原料来源和产品销售的去向及航运条件，尽量采用水运方式。在沿海和内河相连通的地区及辐射区域，水水联运往往成为港口与重化企业的重要物流组织模式。水水联运指受水深、船舶载重及码头接卸能力等因素限制，大型船舶经过远洋运输抵达接卸港后，一般要通过"海→内河→内河"三程运输、减载运输或江海直达三种方式输送至重化企业。这种模式一般出现在长江、珠江和京杭运河地区，尤其长江流域汇集了大量石化企业、钢铁企业和火电企业，其原料多为进口原油、进口铁矿石及海进江煤炭与进口煤炭。对于煤炭、石油、矿石等不同货物，由于进口原燃料船舶较大，且通航河流各区段的航道存在较大差异，水水联运形成二程联运、三程联运等复杂模式，港口也形成了主接卸港、一程中转港、二程中转港和三程接卸港的功能分异。

5）水管联运模式

位于内陆的石油化工、LNG化工企业，当运输距离较远时，企业原燃料供

港口运输与腹地产业发展

应以水管联运模式为适宜。目前，水管联运模式主要适用于海上进口原油及成品油的运输。水管联运是指油轮抵达接卸港后，通过原油或成品油管道将进口油输送至石化企业。水管联运模式既适用于近距离的临港企业，也适用于远距离的腹地重化企业。管道与港口、重化企业的连通性，水管联运模式也变型形成更复杂的物流组织模式。中国许多港口已经有原油管道连接。这种模式输油量大、耗能小、安全便捷。

第八章
港口煤炭运输与煤电企业布局

能源是社会经济发展的基础资源，其中煤炭是支撑和保障国家经济发展和社会进步的战略性资源，煤炭资源分布与煤炭需求的空间矛盾则产生了煤炭区际调拨。煤炭运输体系一直是中国综合运输体系的重要组成部分，而港口是煤炭运输网络中的关键中转集散节点，深刻影响煤炭流动的方向与路径。

第一节 港口煤炭运输格局及演变

一、港口煤炭吞吐量增长

1. 全国层面

煤炭一直是港口运输的主要货物类型，并主导着许多港口的核心运输职能，也是中国港口所必须承担的战略任务。如图 8-1 所示，20 世纪 70 年代以来，中国港口的煤炭吞吐量一直呈现增长的过程。80 年代之前，煤炭吞吐量较低，但呈现平稳增长。1972 年，全国煤炭吞吐量仅为 2454 万吨，占全国货物吞吐量的比例为 23.2%。80 年代初开始，煤炭吞吐量呈现较快的增长，1982 年达 9245 万吨，占比提高到 27.7%，1984 年突破 1 亿吨，1989 年突破 2 亿吨，占全国比例达最高值 32.2%；1995 年突破 3 亿吨，比例却持续下降并维持到 20 世纪末。煤炭吞吐量和占比在亚洲金融危机期间出现短暂的下降。21 世纪开始，煤炭吞吐量迅速扩张，形成井喷式增长，2000 年达 4.06 亿吨，2004 年突破 7 亿吨，2013 年达到 21.73 亿吨，但占全国货物吞吐量的比例一直持续下降。近几年来，煤炭吞吐量增长放缓，2014 年为 21.9 亿吨，占比降至 19.6%。

沿海港口一直承担着中国港口煤炭的主体运输任务。1972 年，沿海港口的煤炭吞吐量为 2454 万吨，1986 年突破 1 亿吨，占总吞吐量的比例为 69.1%；1992 年超过 2 亿吨，比例提高到 75.3%；2000 年吞吐量达到 3.25 亿吨，比例进

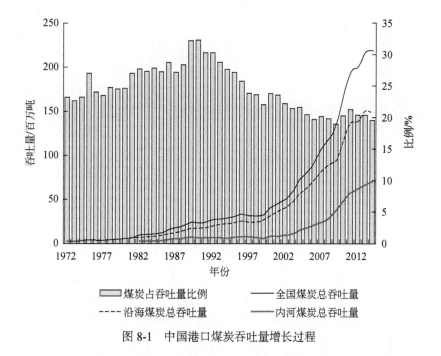

图 8-1　中国港口煤炭吞吐量增长过程

一步提高到 80.2%；此后增幅迅速扩大，2007 年吞吐量达 8.19 亿吨，但比例降至 77.1%；2014 年达到 14.9 亿吨，比例降至 67.9%。内河港口吞吐量也持续扩大，1982 年为 2569 万吨，占总吞吐量的比例为 27.8%；2003 年超过 1 亿吨，占比持续缓慢增长，2006 年吞吐量突破 2 亿吨；2009 年开始急速增长，2014 年达 7.03 亿吨，比例提高到 32.1%。

2. 进出港与进出口量演变

　　煤炭进出港量则有不同的规模和比例，其变化也反映了港口运输职能的总体演变。20 世纪 70 年代以来，煤炭进港和出港量关系虽有差异，但差距较小，1973 ~ 2008 年呈现"出大进小"的特征，而 2008 年以来为"出小进大"。1973 ~ 1982 年，煤炭进港比例持续下降，从 47% 降至 38.9%；此后，进港比例持续增长，2014 年提高到 52.3%，规模达 11.46 亿吨。煤炭出港量呈现相反的发展趋势，1973 年全国煤炭出港量达 1447 万吨，占煤炭总吞吐量的 53%，随后比例持续提高，1982 年达最高值为 61.1%，此后一直呈现"总量扩大但比例下降"的过程，2014 年煤炭出港量达 10.44 亿吨，比例降至 47.7%。从出港和进港量的比例关系看，1973 年前者是后者的 1.13 倍，此后持续提高，1982 年达 1.57 倍并呈现下降趋势，2009 年成为两者关系的转折点而达到 0.98 倍，2014 年降至 0.91（图 8-2）。

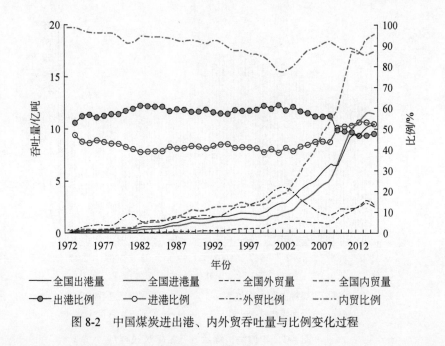

图 8-2　中国煤炭进出港、内外贸吞吐量与比例变化过程

全国出港量　　全国进港量　　全国外贸量　　全国内贸量
出港比例　　进港比例　　外贸比例　　内贸比例

煤炭的内贸与外贸运输也有特定的内涵。20 世纪 70 年代以来，内外贸量均呈现持续的增长，但比例却有不同的关系。1972 ~ 1981 年，外贸量呈现"总量增比例升"的发展过程，从 33 万吨增长到 515 万吨，占比从 1.3% 提高到 8.7%。1982 年外贸量和比例均呈骤降，但此后呈现"总量增、比例升"的发展，规模从 1982 年的 496 万吨增长到 2001 年的 1 亿吨，比例从 5.4% 提高22.2%。2001 ~ 2008 年，外贸量呈现"总量减、比例降"，吞吐量降至 9246万吨，比例降至 7.9%。2008 年以来，外贸量持续增长，扩大到 2013 年的 3.14亿吨，比例提高到 14.4%，但 2014 年总量和比例均有所下降。煤炭内贸量则一直呈现增长的过程，1972 年仅为 2421 万吨，但 2014 年达 19 亿吨，这种特征同全国总吞吐量类似；比例呈现与外贸量相反的过程。外贸量一直远低于内贸量，1972 年仅相当于内贸量的 1.4%，2001 年达最高值 28.5%，此后一直降到 2008 年的 8.6%，近几年又呈现增长，升至 2013 年的 16.9%，2014 年又降至 14.7%（图 8-2）。

二、基于接卸路径的港口煤炭运输演化

任何货物的运输都有始发地与目的地，中国港口的多数煤炭为内贸货物，煤炭装船和卸船发生在不同港口间，下水港和接卸港反映了港口与煤炭基地、消费市场及航线的空间关系。

1. 煤炭下水

煤炭下水主要是指通过陆路运输将煤炭集中输送到码头进行装船并外运，港口是煤炭水运的起始点，也是煤炭输出的陆路门户。下水港的区位、吞吐量及集中水平，深刻反映了港口与后方煤炭基地、集疏运通道的关系。

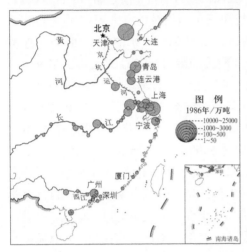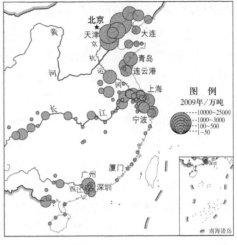

图 8-3　中国港口煤炭下水格局及变化

20 世纪 70 年代以来，煤炭下水格局演变大致分为四个阶段，各阶段有不同的覆盖范围、下水规模及集聚性（图 8-3）。① 70 年代初，全国下水煤炭的港口仅有秦皇岛、上海、青岛、连云港、大连、广州、烟台、湛江、天津、汕头、营口等 11 个港口，多分布在北方地区且以海港为主。全国煤炭下水量很小，1973 年仅为 1447 万吨，其中秦皇岛和上海港分别为 504 和 407 万吨，占 34.8%和 28.1%；其次，青岛港为 273 万吨，其他港口很小，煤炭下水量集中在长江以北的沿海港口。② 80 年代中期，煤炭下水港增至 63 个，尤其长江、西江的下水港逐步增多。1986 年下水量为 9179 万吨，其中秦皇岛港为 3149.7 万吨而占全国的三分之一，上海港达 1350 万吨而占 14.7%，两港差距不断拉大；其次是南京港为 785.5 万吨，青岛、武汉和连云港超过 400 万吨，日照、芜湖和徐州港超过 200 万吨，其他港口较少。下水量较大的港口集中在渤海西岸、山东半岛南侧、长江三角洲，形成"北出"格局，空间集聚水平较高。③ 90 年代始，下水港逐步增多，1995 年为 85 个，下水量迅速扩大到 1.79 亿吨，超过 100 万吨的港口有 16 个。尤其是近年来"三西"煤炭外运能力扩建集中在北通道的大秦线、朔黄线和南通道的侯月线，前两者对应北通道的秦皇岛和黄骅港，促使渤海西岸港口的煤炭下水地位日益显著。其中，秦皇岛港最高为 6488 万吨，占全国的

36.2%，黄骅和日照分别为 2825 和 1204 万吨，占 15.8% 和 6.7%，以上均是以煤炭运输为主要职能的港口，尤其黄骅港为煤炭专用港。上海和徐州港的下水量超过 1000 万吨，连云港、青岛、武汉、南京、广州超过 500 万吨，宁波、京唐和芜湖港超过 200 万吨，枝城、营口与太仓超过 100 万吨。煤炭下水量继续向渤海西岸集聚，山东半岛南侧也进一步强化，长江"三口一枝（南京浦口、武汉汉口、芜湖裕溪口、宜昌枝城）"格局形成，长江三角洲相对稳定。④ 21 世纪以来，煤炭下水量呈现更快增长，2009 年提高到 6.43 亿吨，下水港增至 98 个，有 39 个港口超过 100 万吨。秦皇岛仍是下水量最大的港口，2007 年突破 2 亿吨，占全国的 31.9%，各年份总体保持在全国的三分之一。黄骅港增至 7852 万吨，占全国的 12.2%，天津港从 1995 年的 3000 多万吨增至 2005 年的 7947 万吨，2009 年又降至 6206 万吨；京唐港接近 4000 万吨（图 8-4）。广州和徐州超过 2000 万吨，锦州、上海、日照、青岛及张家港超过 1000 万吨。淮南、连云港、营口、曹妃甸超过 900 万吨。下水"北出"格局未变，但继续向渤海西岸集中，西岸各港下水量增长快，长江三角洲和山东半岛南侧的集聚性也有所增强，而淮河和运河的下水作用显现；长江"三口一枝"格局发生变化，上游港口如重庆、涪陵、万州等下水量急速增长，"内出"格局显现；北部湾港口出现突变，尤其防城港下水量从 2005 年的 64.4 万吨急速增至 2009 年的 680 万吨。珠江口与北部湾港口下水功能的增强主要源于进口煤炭的二次分拨。

港口运输与腹地产业发展

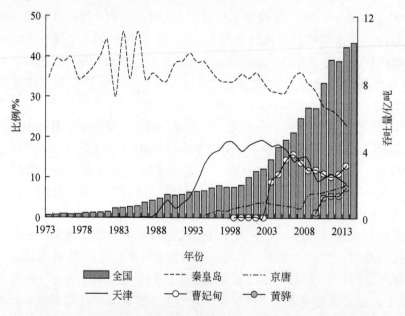

图 8-4　全国煤炭下水量和渤海西岸港口煤炭下水比例发展过程

2. 煤炭接卸

煤炭接卸港主要是指以煤船靠泊并接卸煤炭的港口，是水上煤炭在各地区登陆的门户。接卸港分布及规模不仅反映了煤炭的运输路径，而且反映了煤炭消费市场的区位与范围。

①煤炭接卸港从零散且孤立的南方海港，向所有海港和河港的覆盖布局逐步过渡，即"南进"向"全进"格局演变，接卸煤炭成为多数港口的运输职能，但也反映了通过港口输入煤炭已成为沿海各地区能源供应的普遍模式。全国接卸总量持续增长，但单体港口接卸能力与规模的变化较小，而接卸港口数量的增长促使全国接卸能力增长迅速（图 8-5）。② 20 世纪 70 年代初，接卸煤炭的港口仅有上海、广州、湛江、汕头、海口、八所、北海、烟台和三亚等，主要分布在华南沿海，略显"南进"格局。煤炭接卸量较低，仅为 1289 万吨，其中上海港最高为 1137 万吨，占全国的 88.3%，这一时期，广州港也具有一定规模。80 年代中期，接卸港口有 63 个，仍集中在长江及以南地区，尤其长江三角洲和珠江三角洲，而闽东南和北部湾及长江中上游的接卸港逐步增多，北方港口虽有增加但仍较少。煤炭接卸量增长到 6493 万吨，其中上海港最高为 3214 万吨，占全国的 49.5%；南通、镇江、宁波港超过 300 万吨，"南进"格局得到强化。③随后煤炭接卸量继续增长，1995 年达 1.2 亿吨，接卸港持续增多，达 94 个，接卸量超过 100 万吨的港口增至 21 个。其中，上海港仍居首位，为 4209 万吨，占全国的 34%；广州和宁波港分别为 1642 和 1046 万吨，南通和镇江港分别为 719.9 万吨和 591.5 万吨。接卸量集中在长江三角洲，其次是珠江三角洲，再次是山东半岛和辽东半岛，长江中上游有一定规模。④ 90 中期以来，煤炭接卸量迅速增长，尤其 21 世纪以来呈现爆发性增长，2002 年超过 2 亿吨，2009 年突破 6 亿吨，接

图 8-5　中国煤炭接卸港及吞吐量格局与演变

卸港口增至 110 个，全国大中型港口均接卸煤炭。除长江三角洲的接卸量继续集聚外，闽东南增长迅速，而北部湾和珠江三角洲增长也较为迅速，"南进"格局演变为"全进"格局。环渤海港口的接卸量迅速扩大，具备煤炭下水门户和登陆门户的双重身份。2009 年有 78 个港口的接卸量超过 100 万吨，有 20 个港口超过 1000 万吨，上海港仍居首位，达到 6433 万吨，占全国的 9.9%；广州港增至 5031 万吨，比例提高到 7.8%，宁波港增长迅速，达到 4512 万吨，比例提高到 7%；张家港、江阴分别为 2608 万吨和 2048 万吨。至此，煤炭"全进"格局形成。

3. 煤炭下水与接卸关系

各港口的腹地有着不同的自然和社会经济属性，这种属性差异尤其是产业类型和煤炭资源分布的基础，对港口是下水煤炭还是接卸煤炭及规模大小与发展趋势有重要影响，并影响着区域港口群的整体特征与职能差异。虽然各区域的港口均有煤炭运输职能，但在煤炭接卸和下水职能上仍存在差距，这反映了各区域发展与煤炭资源供需关系的不同。如果仅从下水量比例 R 来看，港口大致分为煤炭下水港、煤炭接卸港与综合性港口。

$$R_i = \frac{T_{ice}}{(T_{ice} + T_{ici})'} \times 100\% \qquad (8\text{-}1)$$

式中，R_i 为某港口 i 的煤炭下水比例；T_{ice} 为某港口 i 的煤炭下水量，T_{ici} 为某港口 i 的煤炭接卸量。

从港口数量来看，23 个港口具有较高的 R 值，为煤炭下水港，约占港口样本的 1/5；83 个港口具有较低的 R 值，为煤炭接卸港，约占港口样本的 3/4；综合性港口仅有 7 个，仅占 6%。这表明煤炭下水职能集中在少数港口，多数港口是接卸煤炭（表 8-1）。

亳州、哈尔滨、淮南、来宾、黄骅、秦皇岛、徐州、阜阳、锦州、乐山及柳州等港口具有很高的 R 值，均高于 90%，是典型的煤炭下水港；其中，秦皇岛、黄骅、天津及徐州、锦州为大型煤炭下水港，均超过 1000 万吨。曹妃甸和部分长江上游港口（如泸州和万州）有较高的 R 值，均高于 80%，曹妃甸和泸州为重要的下水港；重庆、宜宾、京唐、武汉和连云港的 R 值为 70% ~ 80%，京唐港下水量接近 4000 万吨而为大型下水港，连云港接近 1000 万吨而为重要下水港，其他为小型下水港；青岛、芜湖和株洲港也具有较高的 R 值，以煤炭输出为主，前两者是重要下水港，下水量均在 1000 万吨左右。

其他港口均以煤炭接卸为主，尤其长江三角洲和珠江三角洲的中小型港口为典型的接卸港。阳江、梧州、宿迁、深圳、汕尾、南充、茂名、江门、惠州、海安、新塘、五和、太平、虎门、长沙、台州等 16 个港口均为纯粹的接卸港，江门、太平的接卸量在 900 万吨左右。小榄、钦州、常熟等 35 个港口的 R 值为 0.1% ~ 10%，其中台州、温州、汕头、福州、太仓、厦门、宁波、常熟的接卸量均超过 1000 万吨，尤其宁波超过 4500 万吨而福州港也超过 2000 万吨，这些港口是大型的接卸港。合肥、西南、新会等 16 个港口的 R 值为 10% ~ 20%，镇江、珠海、上海、大连等港口均超 800 万吨，尤其上海港超过 6500 万吨，为大型接卸港。张家港、南京、麻涌、丹东、达州、台州等 16 个港口的 R 值为 20% ~ 40%，其中广州港超过 5000 万吨，为大型接卸港（表 8-1）。

表 8-1　中国煤炭港口的下水 – 接卸分类

分类	下水比例（R）/%	港口名称	数量
下水港	80 ~ 100	亳州、哈尔滨、淮南、来宾、黄骅、秦皇岛、徐州、阜阳、锦州、天津、乐山、柳州、曹妃甸、泸州、万州	15
	60 ~ 80	重庆、宜宾、京唐、武汉、连云港、青岛、株洲、芜湖	8
综合港	40 ~ 60	宜昌、日照、贵港、嘉兴、舟山、虎门、营口	7
接卸港	20 ~ 40	丹东、达州、泰州、防城、广州、涪陵、广安、沙河子、滁州、张家港、南京、麻涌、南通、乍浦、扬州、江阴	16
	10 ~ 20	合肥、西南、新会、上海、黄石、大连、岳阳、珠海、无锡、烟台、南昌、常州、龙口、镇江、岚山、番禺	16
	0 ~ 10	小榄、钦州、常熟、中山、巢湖、铜陵、佳木斯、湘潭、宁波、湖州、宜兴、江门河港、九江、肇庆、安庆、南宁、莆田、容奇、马鞍山、厦门、太仓、淮安、杭州、福州、湛江、汕头、荆州、泉州、洋浦、威海、八所、池州、海口、温州、北海	35
	0	台州、长沙、虎门、太平、五和、新塘、海安、惠州、江门、茂名、南充、汕尾、深圳、宿迁、梧州、阳江	16

从空间上看，R 值较高的港口集中在少数区域，形成下水集聚区，包括渤海西岸、长江上游、淮河运河、西江上游、鲁南沿海等地区，这些地区均与邻近的煤炭基地形成铁水联运网络。辽东半岛、山东半岛北侧、闽东南、北部湾乃至珠江三角洲和长江三角洲的 R 值很低，形成以煤炭接卸为主的港口区域。这形成了明显的空间错位，反映了煤炭"下水"与"接卸"或"始发地"与"目的地"的空间对偶。

从时间看，部分港口存在下水和接卸功能的转化，这反映区域对煤炭需求规模及港口定位的变化。部分港口从传统下水港转变为接卸港，从煤炭净输出转变为净输入，这或许是腹地煤炭消费需求的增长，不但消耗了传统的下水煤炭而且从其他地区进行调拨，促使"南进北出"演变为"南进北出北又进"。①大连、南京、营口、岳阳、丹东、烟台等北方港口，与"三口一枝"的南京及厦门、岳阳等港口，在 20 世纪 90 年代中期之前以下水为主，但近年来均转变为以接卸为主，这些港口多分布在环渤海和长江流域。其中，大连和岳阳港的 R 值从 100% 均降为 16.7%，营口和丹东港从 100% 减少至 40% 左右，南京港从 96.6% 减少至

25%，厦门港从 60% 减少至 1% ~ 2%，烟台港从 80% 降低至 0.5%。苏锡常地区在 90 年代末前，煤炭下水量超过接卸量，为净输出港，但近年来又转变为净输入港，如 1998 年无锡的 R 值为 50% ~ 60%，而目前已降为 15%，常州和太仓港的 R 值为 50% ~ 70% 而 2014 年分别仅为 12.8% 和 0.5%。②部分煤炭下水为主的港口，近年来 R 值也持续降低，面临从净输出转变为净输入的情景，如日照、青岛、连云港已从 100% 的 R 值降至 2014 年的 60%、65% 和 70%，芜湖和武汉港的 R 值也从超过 90% 降至 60% 和 75%，传统的"三口一枝"已改变了煤炭的下水与接卸关系，港口在煤炭网络中的角色逐步转变。③部分以煤炭接卸为主的港口，其 R 值越来越强，如舟山的 R 值从 8.7% 增到 46.2%，面临从接卸港转变为输出港的情景，这是由于这些港口力图成为东南沿海的水水中转基地，从一程接卸向二程中转运输发展。总体看，煤炭下水职能不断弱化，而接卸职能不断增强，但职能转换明显的区域主要有环渤海和长江流域。

三、基于进出口的港口煤炭运输演化

中国煤炭进出口贸易主要是通过海运来实现，并在港口完成装卸，港口是煤炭贸易网络的关键节点。改革开放以来，中国煤炭进出口量变化及关系演变对港口运输格局产生了重要影响，而煤炭进出口变化则反映了区域发展与煤炭供需的关系。

1. 煤炭进出口

中国作为煤炭生产大国，自产量为国内消费提供了主要保障，而进口煤炭为国内消费提供了补充。但近十几年来，中国煤炭进口量处于快速上行过程，增幅很大，甚至形成爆发性增长。1980 ~ 2012 年，煤炭进出口量一直呈现明显的变化波动。2002 年前，煤炭进口量一直很低且缓慢增长，1980 年仅为 199 万吨，2001 年也仅 266 万吨，期间增幅很低。2003 年后逐步增长，尤其是 2008 年以来呈现爆发式增长。2003 年煤炭进口量增至 1080 万吨，特别是 2009 年进口量迅速提高到 1.03 亿吨，2010 年继续增长到 1.64 亿吨，占同年全球煤炭贸易量的 1/6。2013 年进口量继续增长，达 3.3 亿吨。2011 年中国成为最大的煤炭进口国。与进口相反的是煤炭出口量的锐减。长期以来，煤炭是中国重要的出口矿产品，1949 年就出口煤炭但规模仅为 150 万吨。20 世纪 80 年代初至 21 世纪初，出口量一直呈现增长趋势，尤其 1998 年亚洲金融危机后增速较快；1980 年出口量仅为 632 万吨，1996 年达 3648 万吨，年增不足 200 万吨；但经过金融危机后的快速增长，2003 年增至 9388 万吨，达到最高规模。2003 年后出口量快速下降，2008 年降至 4543 万吨，萎缩 50% 以上，2013 年仅达 751 万吨（图 8-6）。

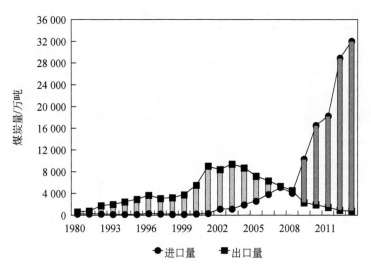

图 8-6　中国煤炭进出口发展过程

煤炭进口量与出口量的对比关系，可反映中国煤炭贸易的发展阶段及变化。长期以来，中国保持着煤炭净出口国的角色，2003 年成为全球第二煤炭出口国。20 世纪 80 年代初到 2000 年，煤炭贸易始终以出口为主，进口量和出口量虽均呈增长趋势，但增速差异明显，出口增长迅速且总量一直远高于进口量，进口比例小且逐步降低。该时期，中国是典型的净出口国。2003～2006 年，中国虽以煤炭出口为主但趋势变化明显。综合来看，煤炭进口逐步增长且比例持续提高，而煤炭出口却稳步下滑。2006 年前，两者差距虽不断缩小，进口比例一直攀升但仍小于出口比例，中国仍是煤炭净出口国。2007 年和 2008 年煤炭进口和出口接近平衡，处于角色转变前期。2009 年始，进出口的逆向增降趋势快速强化，进口量明显高于出口量，而且爆发性地扩大了两者差距，净进口骤增到 1.03 亿吨，中国从煤炭净出口大国迅速转变为净进口大国。2010 年煤炭净进口量增至 1.46 亿吨，2013 年继续增到 3.12 亿吨，净进口国的地位进一步强化。煤炭进出口贸易的快速变化表明中国社会经济发展对外部煤炭的依赖性不断加深。

2. 煤炭出口

中国是煤炭资源禀赋和生产大国，在满足国内需求的同时，将部分富余煤炭出口，这促使出口煤炭成为中国港口的重要运输职能。煤炭出口下水的格局演变可分为四个阶段，各阶段呈现出不同特征（表 8-2）。

表 8-2　中国主要港口煤炭出口格局及演化

港口	1986 年		1995 年		2005 年		2012 年	
	规模 / 千吨	比例 /%	规模 / 千吨	比例 /%	规模 / 千吨	比例 /%	规模 / 千吨	比例 /%
烟台	—	—	—	—	—	—	286	2.4
丹东	—	—	—	—	38	0.0	249	2.1
黄骅	—	—	—	—	10 797	12.8	1 827	15.6
京唐	—	—	55	0.2	2 310	2.7	1 665	14.3
镇江	—	—	103	0.3	342	0.4	435	3.7
青岛	—	—	427	1.2	3 380	4.0	1558	13.3
上海	2.5	0.0	152	0.4	274	0.3	428	3.7
天津	8	0.1	10 579	29.2	19 762	23.5	4 093	35.0
日照	226	2.6	4 604	12.7	7 132	8.5	464	4.0
连云港	1 352	15.4	3 658	10.1	3 870	4.6	191	1.6
秦皇岛	6 618	75.2	16 493	45.5	34 611	41.1	388	3.3

（1）早在 20 世纪 70 年代中期，中国通过港口向周边国家出口煤炭，但出口港仅有秦皇岛和连云港，出口量较少，1976 年仅有 46 万吨。80 年代始，出口港逐步增至 11 个，湛江、日照、大连、广州、张家港、福州、防城港、天津、上海相继出口煤炭。1986 年出口量增至 879.5 万吨，其中秦皇岛配备专业设施而成为主要的下水港，达 661.8 万吨，约占 3/4，连云港为 135.2 万吨，两者合计占 90%。出口量和港口集中在北方沿海，南方沿海的煤炭下水港口较少且出口量也很低。

（2）80 年代末开始，出口港增至 1995 年的 16 个，青岛、镇江、京唐、营口、锦州、岚山和宁波等加入该行列，配置了专业化设施，出口量增至 3600 万吨。部分港口凭借优越区位而成为专用下水港，而其他港口的下水运输主要是附属功能。1992 年重载大秦线连接秦皇岛港和山西煤炭基地，使秦皇岛港成为出口港，1988 年突破 1000 万吨，1995 年增至 1649.3 万吨，占全国出口量的 45.5%；天津港的装船量增长迅速，1995 年达 1057.9 万吨，比例为 29.2%。日照和连云港的装船量也增长明显，比例分别为 12.7% 和 10.1%。这些港口的出口装船量远高于其他港口，合计占 97.5%。该时期，出口量仍集中在北方沿海港口，主要是渤海西岸、鲁南沿海港口。

（3）90 年代末开始，出口量爆发性增长，2005 年达 8400 万吨；出口港继续增多，2005 年为 24 个，黄骅、防城港、锦州、丹东、厦门、海口、威海等相继出口煤炭，主要是北方沿海港口。作为最大的煤炭出口港，秦皇岛的装船量增至 2003 年的 4620 万吨，2005 年降至 3461.1 万吨，比例为 40.9%；天津港在

港口运输与腹地产业发展

2003 年达到最高值 2820 万吨，2005 年减少至 1976.2 万吨，但比例升至 23.4%，两者合计占 2/3。2002 年神黄铁路使黄骅港成为煤炭专用下水港，2003 年开始出口煤炭，2005 年迅速增至 1079.7 万吨，比例为 12.8%；日照港也一直提高出口量，2003 年达 1350 万吨。以上四者合计占 85.5%。连云港、青岛和京唐港的出口量也呈现类似趋势，2005 年分别达 387 万吨、338 万吨和 231 万吨。该时期，煤炭出口量仍集中在北方沿海尤其渤海西岸港口，鲁南沿海港口也有较高规模。

（4）近年来，出口装船量迅速减少，2006 年为 7620 万吨，2009 年骤降至 2280 万吨，各港口随之锐减，但装船量格局和港口数量未有明显变化。2012 年天津港出口量减至 409.3 万吨，黄骅港减至 182.7 万吨，尤其秦皇岛锐减至 38.8 万吨，京唐和青岛港也分别减至 166.5 和 155.8 万吨。尤其，煤炭下水大港秦皇岛的进口量超过出口量，青岛港和连云港的进口量也大于出口量。

经过持续的扩张，煤炭出口港的数量保持在 20 个左右。煤炭出口量和港口主要分布在北方沿海，形成"北出"模式。其中，渤海西岸港口主要出口山西基地的煤炭资源，鲁南沿海港口成为山东煤炭资源的出口门户，而连云港主要出口深远腹地－陕西基地的煤炭资源。

3. 煤炭进口

煤炭进口一直作为中国能源供应的补充途径，长期以来规模较低，但近年来增长迅速并成为国内煤炭供应的重要来源。中国港口的进口煤炭接卸格局分为三个阶段，各阶段的特征明显不同（图 8-7）。

（1）20 世纪 70 年代中期，煤炭进口港的数量较少，1976 年仅有广州、上海、湛江、北海、海口、汕头和三亚等 7 个港口，进口量仅为 84 万吨。进入 80 年代，进口煤炭接卸量增长慢，空间格局未有变化，但大连港开始进口煤炭。这种格局维持到 90 年代中期，1995 年接卸港拓展到 13 个，接卸量增至 160.5 万吨，仍集中在广州港而达 73.5 万吨；其次，宁波和上海港分别达 40.8 和 32.7 万吨，以上合计占 91.6%。总体看，煤炭进口港和接卸量集中在南方沿海尤其华南沿海，北方沿海不但进口港数量少而且接卸量也很低，"南进"模式显现。

（2）20 世纪 90 年代末始，进口格局迅速改变。2002 年接卸量迅速增至 1010 万吨，翻了 4 倍，进口港增至 26 个，沿海各港口逐步进口煤炭。其中，广州港仍居首位，达 259.6 万吨而比例为 25.7%，超过 100 万吨的港口有太平、莆田、湛江、宁波，上海港达 71.8 万吨，以上港口集中在南方沿海，接卸量合计占 86.9%；北方的日照港也扩大接卸规模，达 43.8 万吨。空间上，进口接卸量集中在珠江三角洲、长江三角洲和闽东南，"南进"模式成熟。随后格局迅速变化，2004 年接卸量增至 1430 万吨，进口港达 41 个，沿海大中型港口普遍进口煤炭，作为煤炭下水门户的环渤海港口也开始进口煤炭。其中，广州港仍占首位，达

330.6万吨但比例降至23%，湛江港增至208万吨而比例升至14.5%，宁波和上海港也分别达155.8和115.4万吨。作为最大煤炭输出港的秦皇岛也进口煤炭且增长迅速，达到86.6万吨，日照和天津港也大量进口煤炭，分别达56.3万吨和53万吨。在北部湾地区，防城港大规模进口煤炭，达到42.6万吨。煤炭进口仍呈现三个集聚区，但演变为长江三角洲、珠江三角洲与环渤海地区，环渤海港口增长迅速，"南进"模式演变为"南北进"模式，但"南多北少"。

（3）近年来，这种格局继续深度变化。2006年进口接卸量达2430万吨，尤其2012年飞跃增至2.51亿吨，进口港增至58个，接卸量超过100万吨的港口有39个，而超过1000万吨的港口有6个。其中，防城港增长尤为迅速，2012年达2758万吨，成为最大的进口接卸港；广州港在2012年增至1888万吨，京唐港也增至1619万吨，日照、上海和福州港达到1284万吨、1220万吨和1219万吨，以上合计占39.7%，成为煤炭进口的主要门户。沿海各港口均大规模接卸进口煤炭，"南多北少"模式继续演变为"南北齐头进"。需要关注的是环渤海港口进口接卸量迅速增长。尤其部分传统出口港开始转变角色，成为净进口港，其中秦皇岛、日照、青岛、连云港、京唐港的进口量大于出口量，连云港的进口量是出口量的40.5倍，而日照和京唐港分别达27.7倍和9.7倍，青岛和连云港分别达3.1倍和2倍。

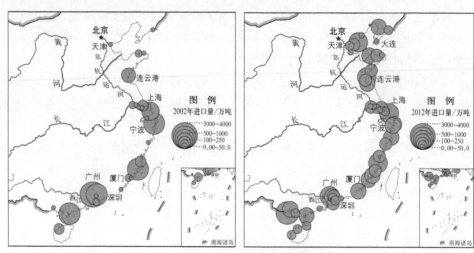

图 8-7　中国港口煤炭进口格局及演化趋势

　　煤炭进口格局从长江三角洲和珠江三角洲向南方的闽东南和北部湾进行扩展，继而向环渤海地区扩散，形成从局部区域向整个沿海地区的拓展。无论哪个时期，华南始终是煤炭进口的主要地区，但环渤海地区的份额增长迅速，这是值得关注的特征。

第二节　煤炭生产基地建设与布局

一、煤炭生产分布

1. 全国煤炭生产

煤炭资源储量、生产与社会经济系统的空间错位分布是决定煤炭运输模式与港口煤炭运输格局的基础因素（Todd，1997）。20世纪80年代以来，中国煤炭产量一直呈现平稳的增长，但亚洲金融危机期间出现短暂的下降。1980～1996年，煤炭产量呈现平稳增长，1980年仅为6.2亿吨，1996年稳步增长到14亿吨。1996～2000年，煤炭产量呈现急速下降，降至2000年的8.8亿吨。2001年以来，煤炭产量急速增长，2014年达38.6亿吨（图8-8）。

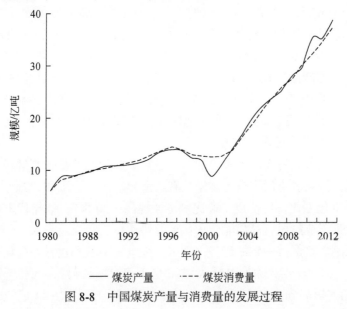

图 8-8　中国煤炭产量与消费量的发展过程

2. 省际煤炭生产

尽管多数省份都开采煤炭，但产量集中在少数省份。2007年山西的煤炭产量为6.3亿吨，占全国总产量的1/4，2009年保持在5.9亿吨，居全国第二；内蒙古为3.54亿吨，占14%，位居全国第二，但2009年增至6亿吨，比例升至20.4%而居全国第一；陕西和河南分别为3亿吨和2.3亿吨，占全国的10%和7.8%。以上四省区的煤炭生产量已占全国的60%，是中国煤炭资源的主要供应区域。其次，山东、贵州、安徽的产量超过 1 亿吨，四川、黑龙江、河北、新疆、辽宁、湖南、云南、宁夏等省区均超过 7000 万吨。总体来看，中国煤炭产量集中在"三西"基地，2008 年其原煤产量接近全国的 50%，也成为中国煤炭资源的主要调出区域。全国生产煤炭的县区约有 1100 个，但高度集中在少数地区。

二、煤炭资源消费

1. 人口与产业集聚

煤炭消费与产业和人口、城市布局直接相关，这些因素的布局与发展是不平衡的，直接影响了煤炭运输路径。中国经济和人口分布在沿海和内陆地区之间存在明显的差异和集聚水平。改革开放以来，国土开发重点转向沿海地区，成为中国城镇化、工业化和现代化快速推进的先行地区（Todd and Zhang，1994），承载了主要人口和产业实体，2012 年沿海地区集中了中国 57.9% 的 GDP 和 65.1% 的工业产值、44.9% 的人口。这表明沿海地区承载了中国多数的社会经济，尤其是环渤海地区、长江三角洲、珠江三角洲、闽东南成为重要的人口 – 产业集聚区，有大量的煤炭消费需求。1990 ~ 2012 年，四大地区的能源消耗量占全国能源消耗量的 45.9 ~ 49.1%。其中，沿海地区集中了 56.7% 的电力消耗量，其中江苏、广东、山东、浙江、河北和辽宁就占 44.3%。煤炭资源富集区主要是欠发达地区，这些地区仅集中了全国 29.7% 的 GDP 和 25.8% 的工业产值，人口也仅占 37.6%。

煤炭既是社会经济发展的重要能源，也是工业生产的基础原材料。经济发展阶段的不同，国家对煤炭需求的规模就有所差异。"一五"和"二五"期间，中国重点发展重化工业，促使重工业比例迅速提高。20 世纪 90 年代末始，中国进入了新一轮重工业阶段，高耗能的重化工业快速发展，煤炭需求大，煤炭消费量与重工业比例大致保持一致的趋势。其中，火电、钢铁和建材等高耗能产业扩展迅速，1997 ~ 2009 年火力发电量从 9396 亿千瓦时增长到 3.1 万亿千瓦小时，生铁从 1.15 亿吨提高到 5.53 亿吨，水泥从 5.12 亿吨增长到 16.44 亿吨，平板玻璃从 1.66 亿重量箱增长到 5.86 亿重量箱；在沿海地区，重化工业发展更迅速，火力发电量从 5128 亿千瓦时增长到 1.61 万亿千瓦时，华能、大唐、国电和华电等供电企业在沿海地区布局大量电厂，生铁从 6089.6 万吨飞速增长到 3.54 亿吨，水泥和平板玻璃也分别从 5.12 亿吨和 1.66 亿重量箱扩张到 16.4 亿吨和 5.9 亿重量箱。工业耗煤占据了煤炭消费量的主体，2009 年比例达 94.8%，而高耗能工业占工业耗煤的 84.8%，其中火电占 51.8%，钢铁占 9.5%，石油化工占 9.7%，化工占 5.4%，有色金属业占 8.5%。重化工业和高耗能产业的快速扩张加速了煤炭消费量的增长（图8-9）。

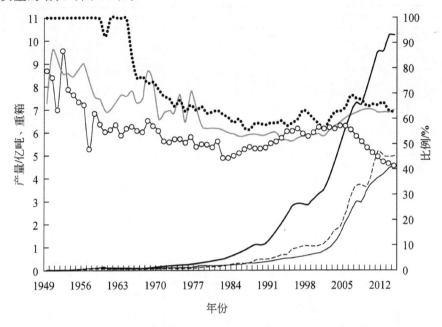

图 8-9　沿海地区生铁、平板玻璃、水泥产量及占全国比例

2. 煤炭资源消费格局

中国煤炭消费量一直呈现增长的过程，并主导了中国的能源消费结构。1980年，全国煤炭消费量仅为 6.1 亿吨，1989 年突破 10 亿吨，1996 年达 14.5 亿吨，但此后几年受金融危机影响而逐步下降；2003 年煤炭消费量开始剧增，2014 年达到 43.17 亿吨。2012 年，煤炭消费量占中国能源消费量的 66.6%。中国的煤炭消费量集中在华北和环渤海地区，尤其是山东消费量占全国的 9.2%，山西、河北、河南、内蒙古、江苏集中了全国的三分之一。其中，山西、内蒙古、山东成为集煤炭消费、生产和出口三种身份的省份（表8-3）。

表 8-3　2012 年中国各省区市煤炭储量、产量、火电、人口与 GDP 比例　（单位：%）

省区市	基础储量	GDP 占比	人口	煤炭产量	动力煤占煤炭消费量比例
北京	0.16	3.10	1.54	0.12	28.68
天津	0.13	2.24	1.05	0.00	56.93
河北	1.72	4.61	5.41	2.83	31.66
山西	39.52	2.10	2.68	21.96	23.53
内蒙古	17.47	2.75	1.85	25.05	48.83
辽宁	1.39	4.31	3.26	1.59	38.08

省区市	基础储量	GDP占比	人口	煤炭产量	动力煤占煤炭消费量比例
吉林	0.43	2.07	2.04	1.52	30.20
黑龙江	2.68	2.37	2.84	2.19	25.00
上海	0.00	3.50	1.77	0.00	73.14
江苏	0.47	9.38	5.88	0.51	61.90
浙江	0.02	6.01	4.06	0.00	61.86
安徽	3.50	2.99	4.44	3.62	44.20
福建	0.19	3.42	2.78	0.49	54.55
江西	0.18	2.25	3.34	0.71	43.80
山东	3.47	8.67	7.19	4.25	32.15
河南	4.31	5.13	6.98	3.82	36.98
湖北	0.14	3.86	4.29	0.21	24.39
湖南	0.29	3.84	4.93	2.17	27.88
广东	0.01	9.90	7.86	0.00	68.16
广西	0.09	2.26	3.47	0.18	41.62
海南	0.05	0.50	0.66	0.00	74.29
重庆	0.86	1.98	2.18	0.84	21.47
四川	2.37	4.14	5.98	2.28	21.46
贵州	3.02	1.19	2.58	4.35	27.17
云南	2.57	1.79	3.46	2.50	31.32
西藏	0.01	0.12	0.23	0.00	
陕西	4.74	2.51	2.78	11.24	25.15
甘肃	1.48	0.98	1.90	1.17	54.48
青海	0.69	0.33	0.43	0.63	25.02
宁夏	1.41	0.41	0.48	2.07	49.78
新疆	6.63	1.29	1.66	3.70	41.19

港口运输与腹地产业发展

3. 煤炭资源消费缺口

20世纪80年代以来,快速推进的工业化和城镇化带来巨大的煤炭消费需求。许多省份面临着能源短缺,形成了巨大的煤炭缺口。煤炭缺口地区主要集中在沿海地区。1986年,缺口省区达到17个,缺口量低于3000万吨;1991年增长到19个,2000年则为26个,呈现不断扩大的趋势。而且,缺口量迅速扩大,尤其是江苏、河北、山东等地区在2005年均超过了1000万吨,目前广东、辽宁、浙江、河北也超过了1000万吨。这种煤炭缺口量的日益扩大对社会经济发展产生了重大影响。

煤炭资源供需的空间错位，促使许多地区尤其是沿海地区面临煤炭短缺，甚至部分煤炭资源富集省区也出现缺口。1986 年，辽宁、江苏、上海、湖北、浙江、天津、北京、广东、吉林、湖南、广西、山东、甘肃、福建、河北、青海和江西等 17 个省（自治区、直辖市）面临缺口，囊括所有沿海省份，但多低于 3000 万吨。2000 年，缺口省（自治区、直辖市）增至 26 个，其中 13 个省（自治区、直辖市）超过 3000 万吨，尤其是江苏、河北和山东超过 1 亿吨；2009 年 6 个省（自治区、直辖市）的缺口超过 1 亿吨，包括山东、江苏、河北、广东、浙江和湖北，合计占各省煤炭缺口量的 2/3，以上地区主要分布在沿海地区，辽宁和上海的缺口量分别达 9400 万吨 和 5300 万吨，其次，广西、福建、吉林、湖南、天津、云南、四川、江西、黑龙江、北京等省（直辖市）约 2000 ~ 7000 万吨。

　　部分煤炭生产大省开始面临煤炭缺口（Todd，1997）。1986 年，辽宁、湖南、山东、河北、江西开始缺口；2000 年，河北和辽宁存在巨大缺口，四川也跻入该行列，而吉林、湖南、重庆、贵州、安徽、河南、黑龙江、陕西、山东、江西等既有较高的产量，也有很高的缺口量。2009 年山东、河北、辽宁煤炭生产大省有很高的缺口量，但缺口量为 2.04 亿吨、1.8 亿吨和 0.95 亿吨，而湖南、河南、江西、安徽等煤炭富集省份和生产大省也存在大量缺口。煤炭缺口省份以沿海为主，富裕省份多分布在西部，尤其以陕、晋、内蒙古最为富裕。2012 年，江苏、山东、河北、广东、湖北、浙江、辽宁等省有较高的缺口量，尤其是发达省的缺口量大，前 10 位省（自治区、直辖市）占缺口量的 75.9%，而后 10 位欠发达省（自治区、直辖市）有 9950 亿吨的富余量（图 8-10）。

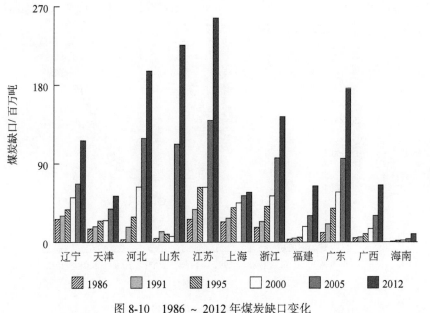

图 8-10　1986 ~ 2012 年煤炭缺口变化

煤炭缺口较大且趋于增大的现象，促使许多地区的工业生产甚至社会发展存在制约甚至风险。21世纪以来，部分地区的煤炭资源供应偏紧，出现不同程度的"电荒"和"煤荒"，许多省份几乎每年都面临电煤的紧缺和"拉闸限电"，成为沿海地区发展的重要瓶颈并影响了国家系统的安全运行。这促使沿海地区依赖交通系统从区外调拨煤炭，西煤东运和北煤南运的铁海联运成为东南沿海解决煤炭需求的主要物流模式。除了长距离的铁路和沿海航运调拨外，通过远洋进口煤炭也成为沿海地区满足煤炭需求的重要途径，尤其是华南省份成为煤炭进口快速增长地区，这就决定了中国煤炭输入长期存在"南进"格局。

第三节 沿海电企布局与煤炭供应

一、沿海地区火电产能增长

1. 沿海地区装机容量

电力工业是能源工业的重要部分，在中国电力工业结构中，火力发电占80%以上。中国火电企业以燃煤发电企业为主，燃煤发电占火力发电量的95%。中国火电工业发展较快，1980年沿海地区火电产能仅为600万千瓦，2013年已有2.7亿千瓦，增长了44倍。30余年来，沿海地区电力工业发生了巨大变化。1980～2013年，沿海地区火电装机容量的变化大致经历了缓慢增长、快速增长、高速增长、平稳发展阶段（图8-11）。

港口运输与腹地产业发展

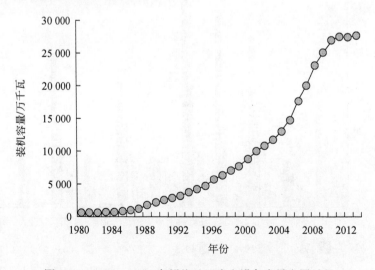

图8-11 1980～2013年沿海地区火电设备容量发展过程

缓慢增长阶段：1987年以前。80年代中期之前，中国电力工业缓慢增长，总体分布不均衡。只有少数地市布局有火电企业，且火电工业主要分布在浙江以北省份。火电设备容量小，仅有600万千瓦，增长速度慢，平均为54万千瓦/年，基数较小。

快速增长阶段：1987～2003年。随着改革开放后经济的突飞猛进，沿海地区电力工业快速发展，火电装机容量快速增长，平均增速为620万千瓦/年。1993年，火电装机容量达到7194万千瓦。除海南、广西外，其他省份的火电业都有很大增长，火电工业分布的南北差异进一步消除，2000年则扩张达到1.29亿千瓦。其中，广东凭借巨大市场需求而带动火电工业高速发展，装机容量迅速扩大，安徽依托丰富的矿产资源而火电工业迅速发展。

高速增长阶段：2004～2010年。由于国民经济的稳步发展和新一轮重化工业的迅速扩张，工业耗电和居民耗电需求继续增大，这促使沿海地区的火电装机容量高速增长，平均增速为1995万千瓦/年。2006年装机容量迅速增长到2.62亿千瓦，2010年则扩张到3.47亿千瓦，增幅和增速都很高。

平稳发展阶段：2010年以后。中国火电工业平稳发展，火电设备容量增长缓慢，并且增速逐步降低，未来新增装机容量的潜力较小，火电产能达到高峰。2014年火电装机容量达到4.3亿千瓦。

2. 省区火电装机容量

由于沿海省份的产业和人口基础有明显的差异，火电装机容量也存在很大的差异。2014年，火电企业主要分布于江苏、山东、广东等地区。其中，江苏的装机容量最高，为7727万千瓦，占沿海地区总量的18%；山东和广东较高，分别为7203万千瓦和6863万千瓦，分别占沿海地区的16.8%和16.4%。其次，浙江为5746万千瓦，比例为13.4%，河北达到4283万千瓦而占比为10%。辽宁、上海和福建具有一定规模的装机容量，比例分别7.2%、5%和6.2%。天津和广西比例分别为3.1%和3.7%。海南的火电产能最低，仅为376万千瓦，仅占0.9%（表8-4）。

表8-4　沿海地区火电装机容量概况　　　　（单位：万千瓦）

省市	1993年	1995年	2000年	2006年	2010年	2014年
天津	319	338	503	651	1091	1323
河北	844	1037	1509	2609	3664	4283
辽宁	903	964	1394	1672	2772	3084
上海	765	806	1060	1453	1843	2138
江苏	1246	1497	1922	5178	5998	7727

省市	1993 年	1995 年	2000 年	2006 年	2010 年	2014 年
浙江	529	725	1233	3539	4360	5746
福建	173	248	510	1300	2307	2667
山东	1117	1273	1993	4940	6002	7203
广东	1074	1626	2301	4062	5287	6863
广西	170	219	326	543	1039	1572
海南	54	101	125	198	297	376

　　20 世纪 90 年代以来，沿海各省份的火电装机容量发展速度不同，比例也有所变化。其中，辽宁的装机容量比例一直呈现下降的过程，从 1993 年的 12.6% 减少至 2014 年的 7.2%；上海的比例下降也较为明显，从 10.6% 减少至 5%；河北、天津也呈现缓慢的减少过程。而浙江呈现明显的增长过程，从 7.4% 提高到 13.4%；福建的基数虽小但增长明显，从 2.4% 提高到 6.2%；江苏、山东、广东等装机容量基数较大的省份，其比例也呈现缓慢的增长。

二、火电企业布局模式与演化

1. 布局模式

　　火电耗煤量大，如何保障燃料动力煤是发电企业布局的重要选址因素。通过对区位、煤炭基地和燃料供应方式的综合分析，火电企业布局大致分为以下类型。

　　（1）坑口电站，是在煤炭基地尤其是煤矿区建立的火电企业，就地就近燃料地发电，变"输煤"为"输电"。该模式的优势是减少燃料采购、运输、储藏等成本，节约运输成本。在少数地市中，部分火电企业为坑口电站，但数量较少，重点分布在安徽的淮南与淮北、河北的邢台、山东的枣庄和济宁等地。

　　（2）路口电站，是指位于燃料产地和负荷中心之间并靠近交通枢纽的火电企业，在交通枢纽进行发电并输出电力。交通枢纽通常是指运能大、多种方式相衔接的地区，能便捷输入煤炭资源，路口电站一般布局在铁路旁边并修建有配套的专门铁路设施（包括轨道线、站场等），铁路能为火电企业提供大量且稳定的煤炭运输。

　　（3）港口电站，港口电站本质上是路口电站的一种，但在沿海地区这种模式具有普遍性且数量较多、装机容量大。港口电站主要是指在港区内部及周边地区建设的火电企业，主要是利用港口大容量输入的优势，减少煤炭转运，而且利用海水进行发电冷却。

（4）市场型电站，也称为消费型电站，一般是指在消费市场建立火电企业并为邻近地区或本地提供电力消耗的布局模式。该模式多分布在人口和产业相对集中的地区或煤炭资源极度贫乏的地区，有效保障消费市场的电力供应，缓解跨区电力输配的压力。

2. 布局演化

火电企业布局始于 20 世纪初期，截至目前已有百年历史，但规模性地布局与发展始于改革开放以来。80 年代之前，沿海地区尚未开放，经济产业主要是新中国成立以来的基础，能源需求较低，火电企业布局较少，装机容量较低。1980 年，火电企业覆盖的地市仅为 22 个，装机容量仅为 624.5 万千瓦，单体企业装机容量较低。火电企业分布稀疏，零星分布于上海、南京、北京、天津、辽宁中西部等地市，呈现非均衡的空间格局。其中，镇江和天津的装机容量最高，分别达 120 万千瓦和 115.7 万千瓦；其次是上海为 71.5 万千瓦，邢台、朝阳和阜新均高于 40 万千瓦。从区位来看，火电企业主要是临近煤炭基地布局，形成坑口模式；部分火电企业靠近市场，如北京、南京、沈阳等中心城市，属于市场模式。

20 世纪 80 年代，沿海地区开始实施改革开放，对外经济逐步发展，城镇建设开始起步，能源需求开始增长。这促使火电企业逐步扩张，数量日益增多，装机容量不断扩大。1990 年，火电企业的覆盖地市拓展到 54 个，装机容量达 2654.7 万千瓦，年均增长 200 万千瓦。火电企业的"北密南疏"格局特征明显，杭州湾以北地区的火电企业相对较多，规模相对较大，尤其是山东分布密度较大；闽东南、珠江三角洲和北部湾地区的火电企业呈现散点状布局，而且沿京沪轴线布局的模式比较明显。其中，上海的装机容量增长最快并最高，达到 294.2 万千瓦；其次，淮南、唐山、大连等地区具有较高的火电装机容量，分别达 180 万千瓦、155 万千瓦和 153.6 万千瓦，东莞、济宁、天津、镇江和宁波等地区均超过 100 万千瓦。该时期的火电企业仍以坑口模式为主，主要围绕煤炭基地扩大产能和扩张布局；但在东南沿海地区，如宁波、福州、东莞等地，开始出现较大型的火电企业且临近港口布局，同时随着铁路交通运能增大，鲁西地区出现一些路口电站。

经过 90 年代改革开放的深入推动，沿海地区形成规模庞大的经济体量，城市发展尤其是城市群日益扩大，人口不断集中，这促使火电企业迅速扩大。2000 年，火电企业覆盖的地市拓展到 92 个，装机容量提高到 9654 万千瓦，年均增长 700 万千瓦，增速明显提高。"北密南疏"格局未发生明显变化，火电企业仍主要分布在杭州湾以北地区，数量较多、密度较大，装机容量较高；但火电企业的集聚开始显现，出现了长江三角洲集聚区，同时在珠江三角洲、渤海西岸、鲁南地区形成小型集聚区，闽东南和北部湾地区仍呈现散点状分布。上海和天津的装机容量最高，分别达 544 万千瓦和 516 万千瓦，石家庄和宁波分别达 444 万千瓦和 419 万千瓦；

其次，东莞、淮南和大连的装机容量较高，均超过300万千瓦，济宁、无锡和北京均超过200万千瓦。各种模式的火电企业均呈现明显扩张，具备煤炭资源禀赋的地区均建设了较大规模的火电，多数大中型港口建设了火电企业且单体产能较大，例如宁波的临港火电扩张明显，福建、广东、海南儋州出现港口电站。

21世纪以来，沿海地区进入了新一轮重化工业发展阶段，工业化和城镇化快速推动，京津冀、长江三角洲、珠江三角洲成为世界级城市群，人口和产业体量庞大，能源需求庞大，这促使火电工业急速发展。2014年，火电企业覆盖的地市拓展到124个，装机容量达3.02亿千瓦，年均增长超过2000万千瓦，增速极快，而且单体企业的装机容量迅速扩大。火电企业形成了沿海地区的全覆盖，但"北密南疏"格局仍有体现，长江三角洲仍是最主要的火电企业集聚区，鲁南苏北、珠江三角洲仍是明显的集聚地区，在东南沿海地区形成了自杭州湾向南延伸至北部湾的临海布局轴线，广西和海南仍呈现散点状布局。其中，上海、天津、宁波和嘉兴具有很高的装机容量，均超过1000万千瓦；徐州、苏州均超过800万千瓦，淮南达到779万千瓦；其次，济宁、石家庄、福州超过600万千瓦，台州、唐山、无锡、聊城等地区超过500万千瓦。在布局模式，坑口型、港口型、路口型和市场型四种模式并存，均发展加快（图8-12）。

图8-12　沿海地区火电企业分布格局及演化（1990年、2014年）

三、火电布局与煤炭供需矛盾

1. 电煤消耗

2011年，沿海地区的火电装机容量和发电量占全国总量的48.7%和50.4%。

尤其是江苏、山东、广东、浙江成为核心，产能和产量合计分别占沿海地区的
30.2%和31.4%。其中，长江三角洲的火电企业主要消耗国内煤炭，并进口一部
分国外的煤炭资源。长江以南的火电企业主要依赖于进口煤炭。2012年，进口
煤炭的70%直接被火电企业所消耗。2011年，山东、江苏、广东和河北的动力
煤超过1亿吨，浙江、辽宁、福建也超过了5000万吨。几乎所有沿海省份都有
很高的动力煤消耗比例，其中广东和浙江超过60%，上海、福建、江苏和天津也
均超过50%。21世纪以来快速推进的工业化和城镇化促使电力消耗量快速增长，
并带来许多省区的煤炭资源短缺（表8-5）。

表 8-5   沿海地区的火电装机容量与发电量

地区		装机容量 / 万千瓦	火力发电量 / 亿千瓦时
全国		76 834	39 003
沿海地区	小计	37 392	19 675
	全国占比	48.67	50.44
	北京	514	258
	天津	1 083	612
	河北	3 810	2 151
	辽宁	2 851	1 316
	上海	1 943	1 022
	江苏	6 480	3 731
	浙江	4 626	2 343
	福建	2 510	1 272
	山东	6 448	3 129
	广东	5 635	3 046
	广西	1 177	637
	海南	315	158

2. 煤炭稀缺性

沿海地区虽然集中了大量产业实体和人口，有着巨大的煤炭消耗需求，但
煤炭资源极度贫乏。2015年，沿海地区的煤炭基础储量仅有171.1亿吨，占全

国的比例非常小，仅为7%。其中，上海的基础储量为零，浙江、广东、海南、天津、北京、广西六省区市合计仅为9.6亿吨，比例仅为0.4%，福建的比例也仅为0.17%；山东和河北的煤炭储量相对丰富，分别为77.6亿吨和42.5亿吨，比例合计为4.9%；辽宁和江苏具有较低的煤炭储量，分别为26.8亿吨和10.5亿吨，合计占全国的1.5%。这决定了其原煤产量较低，仅占全国的14.03%。此外，沿海地区的煤炭储量多是开采条件复杂、质量较次的煤类，开发成本大，综合利用价值不高，但因其巨大的煤炭消费需求，被迫加大了煤炭开发力度，如辽宁、山东，长期开发已经使其资源储量日渐枯竭。山东煤矿井开采深度已达800米，成本增长明显。

3. 煤电企业利益错位

电煤供应和消费的主体分别是煤炭企业和火电企业，煤炭企业开展煤炭采掘、洗选加工，供给下游的发电企业；发电企业利用煤炭生产电力，与煤炭企业形成纵向关系。煤电企业之间的博弈长期存在，并影响了中国港口的煤炭运输。2005年之前，中国能源供应和价格一直由中央政府来控制（Todd and Zhang, 1994）。煤炭采选和火电生产是典型的上下游产业，其交易关系是一种长期的固定合同。2005年，国家发展和改革委员会放开电煤价格管制，赋予煤企、电企更多的自主定价权，但煤企力图提高价格，而电企则力图降低价格、减少直接交易电价让利幅度或暂缓直接交易，电企和煤企之间的矛盾加剧。这导致电煤合同不断陷入僵局和订货会的失败，产生了煤炭不降价、不签约断供的现象，近年来部分产煤大省甚至执行电煤"封关"政策，禁止煤炭出省销售。这迫使沿海地区的电力企业主动走出去，大举海外购煤。例如，2006年浙能燃料从澳大利亚采购100万吨煤炭，2008年粤电集团等广东企业与越南煤炭总公司达成700多万吨的年度购煤合同，在越南煤炭总公司的投标会上，多数参与者是中国企业。沿海地区尤其是东南沿海地区的煤炭资源匮乏，通过调入煤炭资源发展本地火电是主要的能源供应模式。在这种情况下，沿海省份大量进口煤炭资源。

4. 煤电运一体化

20世纪90年代以来，煤炭企业和火电企业进行资源整合和产业链拓展，实行"煤电一体化"经营。煤电一体化是指基于共同控制下的或同一企业下的不同内部生产单位，可以股权关系为基础、煤电企业相互参股或合营等方式，实现资产一体化运营。在以往的煤价上涨过程中，火电企业为了降低成本纷纷进入煤炭领域。2010年10月，时任总理温家宝召开国务院常务会议，鼓励各种煤企和电企以产权为纽带、以股份制为主要形式参与兼并重组，随后下发《国务院办公厅转发发展改革委关于加快推进煤矿企业兼并重组若干意见的通知》，鼓励煤电运一体化经营。2014 年，华能、大唐、国电、国投、华电五大集团均持有煤矿，总产能达 1.8 亿吨 / 年；其中，华能集团的煤炭产能为 6893 万吨 / 年，占总量的 38%，而神华也早已进入发电领域，2020 年火电装机容量将达 1.2 亿千瓦。

煤电一体化经营主要表现出以下模式：一是电企组建煤炭业务平台，向电煤生产领域拓展；二是电企入股、控股或收购煤矿；三是电企和煤企进入煤化工、冶金行业；四是电企和煤企参与煤炭物流建设。近年来，煤企和电企加快对铁路、港口和航运的投资，打造煤电运一体化产业链。目前，领先企业有神华能源、华能伊敏煤电、国网能源、山西西山煤电、淮沪煤电、兖州煤业、华能国际、大唐国际发电、华电国际电力、国电电力等企业。

神华集团是以煤为基础，集电力、铁路、港口、航运、煤化工为一体，产运销一条龙经营的特大型能源企业。十几年来坚持煤电一体化模式，2015 年有 54 个煤矿，自产煤达 4 亿吨，煤炭销售量达 4.9 亿吨。火电机组按照"点、线、面"的策略，围绕坑口、港口、路口、电网输送要道、经济中心和沿海经济强省，建设了一批火电企业，覆盖全国，2015 年装机容量达 7851 万千瓦。神华运输涉及铁路、港口、航运等领域，拥有包神、神朔、朔黄、大准、甘泉、新准、准池、塔韩、巴准、新街—海勒斯豪等铁路线，2015 年自营铁路线达 2155 公里，自营铁路运量 3.6 亿吨；构建了"9+5"的港口码头布局，"9"指天津、黄骅、珠海高栏等 9 个沿海码头；"5"指镇江、安庆等 5 个沿江码头，建设了专业化煤炭泊位 22 个、通用散杂货泊位 2 个，拥有神华中海航运公司和 40 艘船舶，形成 2.7 亿吨的港口吞吐能力，完成货运装船量 6787 万吨、港口吞吐量 1.76 亿吨。以此，形成北达蒙古国边界，西连宁夏，横穿山西、河北，东抵渤海的自有铁路网，依靠黄骅与天津自有煤炭下水港及储备基地珠海煤码头和自有船队，自有运输网络已覆盖沿海各地区及中西部主要省区。

近年来，部分中国企业加快海外煤炭资源的投资与开发，企业从海外购煤转变为煤矿股权投资。如中冶海外工程、中国电力国际与澳大利亚的源库资源联合开发昆士兰的煤炭资源，2014 年开始向中国出口 3000 万吨 / 年的动力煤；2009 年 7 月，华能竞购印尼 PT Berau Coal 的 51% 股权，并收购澳大利亚蒙托煤矿项目 25.5% 的股权；2009 年年底，兖州煤业收购澳大利亚的 Felix Resources 公司，中国主权财富基金对印度尼西亚煤炭企业 PT. Bumi Resources Tbk 投资 19 亿美元；百营集团在印尼南加里曼丹收购 3 个煤矿区。中国企业投资国外煤炭资源，促进了煤炭资源的进口增长。

第四节 港口与煤炭基地、电企的关系

一、煤炭进口分配网络

1. 进口国别网络

国家之间的煤炭资源和生产存在明显的不均衡，带来全球煤炭市场供给与需求间的不匹配，主要通过海洋煤炭贸易来调剂各国需求。目前，全球煤炭海洋贸易大致形成大西洋和太平洋贸易圈。在太平洋贸易圈内，主要需求方为日本、韩国、印度和中国台湾，日本和韩国一直是进口大国，印度因经济发展而进口量逐步增长，但近年来中国成为最主要的进口国；主要输出国是中国、澳大利亚、印度尼西亚和越南，澳大利亚一直是第一出口国，而中国已退出出口大国行列。

（1）长期以来，中国作为煤炭出口大国，主要是向周边国家和地区出口煤炭。2005年中国煤炭出口量中，日本进口占30.8%，而韩国和中国台湾分别占25.3%和19.3%，印度占5.9%，比利时、菲律宾、巴西和土耳其分别占2.7%、2.4%、2.1%和2.1%，其他国家或地区占9.4%。目前，中国煤炭出口虽有新特征，但格局未有变化。2010年输出目的地仍主要是日本、韩国和中国台湾等周边国家与地区。

（2）煤炭进口存在截然不同的国别网络，进口煤炭的运距比出口煤炭要长但日趋缩短。进口煤炭主要源于越南、印度尼西亚和澳大利亚等国家，但各时期主要源国有所不同且日益多元化。2005年之前澳大利亚是中国煤炭进口的主要源国，2005年越南跃居首位，比例为38.92%，澳大利亚位居第二而占22.47%，朝鲜、印度尼西亚、蒙古国各占10%左右。2008年煤炭进口格局发生变化，进口源国趋于多元化，澳大利亚占近一半而居首位，印度尼西亚和俄罗斯分别占22.48%和12.96%，而越南呈现减少趋势，降至8.43%；2009年澳大利亚仍是最大源国，但比例降至34.9%，而印度尼西亚比例持续增至24.1%。随后两年内，进口源地进一步多元化，除印度尼西亚、菲律宾、越南、澳大利亚、俄罗斯，还拓展到美国、南非、哥伦比亚、加拿大等，而印度尼西亚成为最大进口源国，2011年升至43.73%，2012年略降至41%；澳大利亚的规模虽仍增长但比例持续下降，2011年为16.43%，2012年又升至20.67%；越南降至5.91%。主要进口源国大致形成"澳大利亚→越南→澳大利亚→印度尼西亚"的转移路径，运距不断缩短（表8-6）。

从省区来看，南方省份主要从越南、印度尼西亚、澳大利亚进口煤炭，尤其

港口运输与腹地产业发展

东盟的煤炭较多；华东省份主要从澳大利亚、俄罗斯进口煤炭，北方省份主要从朝鲜、澳大利亚与俄罗斯进口煤炭，尤其前两者较多。这种国别网络的分异主要受海洋运输距离的影响。

表 8-6　主要煤炭进口源国的进口量及比例

国家	2005 年		2008 年		2011 年		2012 年	
	规模 / 万吨	比例 /%	规模 / 万吨	比例 /%	规模 / 万吨	比例 /%	规模 / 万吨	比例 /%
印度尼西亚	244	9.31	1912	22.48	7976.9	43.73	11800	41
越南	1020	38.92	717	8.43	1201.2	6.59	1700	5.91
澳大利亚	589	22.47	4183	49.18	2997.7	16.43	5946	20.67
俄罗斯	94	3.59	1102	12.96	1138.7	6.24	2000	6.95
蒙古国	254	9.69	196	2.3	2719	14.91	2200	7.64
南非					1327.8	7.28	1400	4.86
朝鲜	280	10.68	106	1.25	1104.6	6.06	1200	4.17
其他	140	5.34	289	3.4			2533	8.8
合计	2621	100	8505	100	18240	100	28779	100

2. 二级分配网络

随着煤炭进口量的迅速增长，运输组织模式逐步变化。中国有超过 50% 的码头为 3.5 万～5 万吨级泊位，部分码头为 5 万～10 万吨级，许多码头是 1 万～3 万吨级，这影响了靠泊船型大小及航线组织，促使进口煤炭形成不同运输组织方式。第一种是 5 万～7 万吨级海轮将煤炭直接运到企业码头；第二种是 20 万吨海轮将煤炭集中到深水中转港，由小型船舶再分拨到邻近的企业码头或中小型港口；第三种是大型海轮将煤炭集中到深水中转港，再通过铁路运往内陆腹地。多数港口的接卸煤炭以港口城市为主要市场，消费终端包括火电厂、钢铁厂、铝厂、煤化工企业等。随着船舶的大型化，许多港口的航道和泊位无法通行并靠泊大型船舶，部分具备 5 万～15 万吨级以上航道、靠近煤炭消费地的港口，利用便利的集疏运条件为内陆腹地或利用沿海航线为邻近的中小型港口提供进口煤炭。

这促使进口煤炭的一程接卸和二程中转网络逐步发展，形成水水和铁水二程中转运输，而具备条件的港口成为一程接卸和二程中转的基地。这些中转基地主要有防城、广州、厦门、泉州、宁波、舟山、张家港等港口，主要是东南沿海港口，但北方的部分港口如京唐、日照、营口港也在发展二程中转运输。①在广东，2008 年港口煤炭进口量达 1.46 亿吨，一程接卸量占 75.3%，二程装船量占

24.7%。其中，广东的接卸门户主要是广州，2012 年进口煤炭接卸比例达 36%，除满足本地煤炭消费，广州港通过京广铁路将部分进口煤炭转运到湖南的铁路沿线地区，并通过湘桂铁路中转到江西。②防城港是广西进口越南和印度尼西亚煤炭的主要门户，其接卸比例占广西港口进口煤炭的 76.4%。除了供应邻近地区的电厂，防城港通过水水中转运输，转运到海南和广东沿海地区，同时通过湘桂—南防铁路发展铁水联运，供应广西的来宾、合山、贵港、柳州、永福等电厂。③福建进口煤炭主要由福州和厦门港接卸，2012 年分别达 34.7% 和 26.8%，近年来泉州港的接卸比例增至 14.7%，而且中转量增多，2010 年泉州中转闽赣省市的煤炭占进口量的 53%。厦门港的部分进口煤炭通过海铁联运运往江西。随着肖厝深水码头、赣龙复线、向莆铁路的建成和闽赣跨省进出口货物直通放行制度的实施，江西的火电企业、钢铁企业等用煤大户将通过福建港口进口煤炭。④浙江进口煤炭的主要门户是舟山、台州和宁波港，接卸比例分别达 37.3%、26.5% 和 25.5%，江苏主要通过连云港、南通和镇江进口煤炭，比例分别为 35.7%、20.4% 和 18.1%。目前长江三角洲港口的煤炭转运量近 5700 万吨，上海港通过长江向长江三角洲进行集散，南通、镇江港通过长江向长江三角洲和安徽、湖北、江西等中游地区进行二程运输，宁波—舟山港主要通过沿海航线为浙南沿海提供水水中转，少量通过长江流向中游地区。⑤山东进口煤炭主要通过日照港接卸，比例达 55.2%。除了满足本地的产业需求（如钢铁业），日照港通过铁水联运将大量进口煤炭输送到长治、晋城等地，为焦化厂提供焦煤。河北的进口门户是京唐港，比例达 74.4%，通过铁水联运供应唐山的钢铁、煤焦企业。辽宁主要通过营口港接卸进口煤炭，比例达 68.9%，为辽中南的鞍钢、本钢、华能、五矿等冶金电力企业提供进口煤炭。

二、铁水联运模式

煤炭资源的分布本底、生产差异与煤炭需求的时空矛盾，决定了中国煤炭资源的长距离调拨。铁路和水运是其长距离调拨的主要手段，公路运量虽然比例较高但集中在短程运输。目前，承担煤炭运输的主要交通方式有铁路、公路和水运，其中铁路运量约占煤炭运量的 60%，水运占 30%，公路占 10%。由于中国煤炭资源"南贫北富"，铁路能力南北受限，长期以来铁路和水路的联合运输形成中国特有的煤炭运输走廊，形成"西煤东运、北煤南运"模式。目前，全国已形成了几条铁水联运通道，包括沿海、运河、长江、珠江四大铁水联运通道，前两者是"西煤东运，北煤南运"，后两者是"西煤东运"。

铁水联运是中国煤炭运输的战略性途径，是实现中国"西煤东运、北煤南运"

的重要运输组织模式。铁水联运首先通过铁路将煤炭从煤炭基地汇集到港口，再运向环渤海、华东和华南地区的煤炭接卸港口，并直接输送到火电企业或通过铁路、公路输送到火电企业，基本路径是"基地→铁路→下水港→水运→接卸港→用户"，其中"水"包括内河和沿海，即铁水联运分为铁海联运和铁河联运。铁海联运和铁河联运分别承担了 25% 和 5% 的煤炭运量。20 世纪 90 年代之前，煤炭铁水联运量比较少，但 90 年代中期开始加强铁水联运网络建设，包括大同—秦皇岛、兖州—日照、神府—黄骅等铁水联运网络（Todd，1997）；1995 年，全国铁水联运运量为 1.54 亿吨，占煤炭总运量的 19.6%，近年来随着北方沿海港口的建设，铁水联运量增长迅速，2005 年达 3.9 亿吨，占煤炭运量的 27.3%。

三、铁海联运网络

1. 铁海联运路线

铁海联运主要将"三西"基地的煤炭资源通过北方海港运往华东、华南沿海各省市，为东南沿海地区提供 60% 的电煤。"三西"基地通过 13 条铁路线组成若干通道，连通北方主要下水港。根据煤炭基地、铁路线、下水港的不同，铁海联运可分为下述通道（表 8-7）。

1）北通道

该通道比较复杂，主要由大秦线、丰沙大线、京原线、集通线、神朔黄线、迁曹线等铁路组成，下水港包括秦皇岛、唐山、黄骅、天津等港口，负责晋北、陕北和蒙西"西煤东运，北煤南运"的主要任务。

第一条线始于晋北、蒙西、陕北等煤炭基地，通过大秦铁路，连通秦皇岛港。2012 年大秦线运煤量达 4.26 亿吨，占全国煤炭运量的 24%。

第二条线主要始于蒙西和中部的煤炭基地，通过大秦线、迁曹线等铁路，连通京唐和曹妃甸两个下水港。

第三条线始于晋中、晋北等煤炭基地，通过京原线、丰沙大线、津霸线等铁路，连通天津港，形成铁海联运通道。

第四条线始于神府东胜、陕北等煤炭基地，通过神朔线、朔黄线等铁路，连通黄骅港，形成铁海联运通道。

2）中通道

该通道主要始于晋中、冀中和晋东等煤炭基地，通过石太线、太中线、石德线、胶济线、邯长线、邯济线、胶济线等若干铁路，连接青岛港，形成铁海联运通道。

3）南通道

该通道主要始于晋东南、鲁西等煤炭基地，通过侯月线、太焦线、新石线等若干铁路，连通山东的日照港，形成铁海联运通道。同时，日照—吕梁铁路将该通道进一步向西拓展到晋西煤炭基地，拓展了煤炭输出的腹地范围。

4）其他通道

此外，还有陇海线连接黄陇基地和连云港港，形成一条重要的铁海联运通道。

北方港口下水煤炭的流向以华东和中南地区为主，华东地区的接卸量约占北方下水总量的 55% ~ 60%，华南地区占 30% ~ 35%，福建和东北地区仅占 5% ~ 8%。

表 8-7　连通沿海地区的煤炭基地与铁路

煤炭基地	产量 /10^8 吨	铁路线	下水港
晋北	3.3	大秦、丰沙大、集通	秦皇岛、天津港
神东	1.8	神骅	黄骅港
晋中	2.4	石太、侯月、邯长、京原	天津港
晋东	2.0	太焦、邯长、邯济	华东
陕西	2.0	陇海、侯西、宁西、西康	连云港
河南	1.5	京广、焦枝	华中、华南
鲁西	1.9	新石、京沪	日照港、长三角
两淮	1.3	京沪、淮南	长江三角洲
云贵基地	2.5	南昆、株六、黔贵	华南
内蒙古中西部	14.5	蒙华	华中

2. 煤炭下水港

煤炭下水港主要分布在北方沿海和长江流域，形成渤海西岸、鲁南苏北沿海、长江和珠江下游集聚区（图 8-13）。其中，渤海西岸和鲁南苏北沿海的下水港的下水量大。沿海地区有北方七港，并形成北中南三通道的下水门户港。北路下水区主要是指渤海西岸，分布有秦皇岛、天津、黄骅、京唐等下水港；中路下水区主要是指山东半岛，下水港有青岛港；南路下水区主要是指鲁南苏北沿海地区，分布有日照和连云港等下水港。早在 2005 年，北方下水港就已拥有 42 个煤炭泊位，煤炭下水量达 5.6 亿吨，占沿海下水量的 50% 以上。北路四下水港因邻近"三西"煤炭基地和冀煤基地，煤炭下水量高，占北煤南运总运量的 88%；其中，秦皇岛港的下水量达 1.45 亿吨，天津和黄骅港分别达 0.8 和 0.67 亿吨。2010 年，北方七港煤炭装船泊位有 63 个，综合通过能力为 5.33 亿吨。

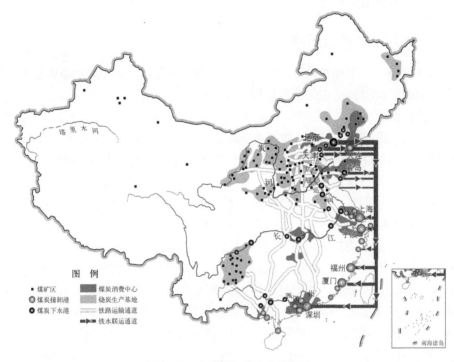

图 8-13　中国煤炭铁水联运网络

北方沿海煤炭下水港主要供应上海、江苏、浙江、福建和广东，即长江三角洲、珠江三角洲和闽东南，占煤炭下水量的88.7%，重点是上海和广东。其中，秦皇岛港重点供应上海、浙江和广东的火电企业，天津港重点供应广东和浙江地区，京唐港重点供应上海、江苏和广东地区，黄骅和日照港重点供应上海和广东地区，连云港和青岛港重点供应上海地区。

3. 煤炭接卸港

煤炭接卸港主要在长江以南的沿海地区，重点是长江三角洲、闽东南和珠江三角洲地区。煤炭接卸港与下水港形成空间错位分布，这反映了两者的煤炭运输职能不同与区际煤炭供需体系。接卸港主要有上海、宁波、舟山、广州等港口，早在2005年就拥有专用煤炭泊位120个，煤炭接卸量占海港煤炭接卸量的62.5%；其中，上海港的接卸量为0.65亿吨，广州和宁波港分别达0.49和0.25亿吨。内河水系主要有苏州、镇江、南通、南京、江阴和嘉兴等接卸港口，其中苏州港接卸煤炭约0.23亿吨。各区域都有1～2个大型接卸港，长江三角洲主要是上海和宁波港，珠江三角洲是广州港，闽东南主要是漳州港。

四、铁水联运网络

1. 长江铁水联运网络

长江流域是一个相对独立的经济区域，港口一直是区域发展的重要支撑。长江上下游地区的能源生产与消费格局，导致长江运煤走廊的形成。长江沿线地区的煤炭资源供应除区内的云贵、两淮及邻近的鲁西基地外，还从海外进口和从"三西"基地调入煤炭。长江流域的煤炭运输系统以铁水联运、"海进江"运输为主，运输煤炭成为长江流域港口的重要职能。总体上，以芜湖、荆州、泸州、连云港、襄阳、南京、徐州等为煤炭下水港，以宁波—舟山、苏州、盐城和镇江等港口为接卸和中转储运枢纽，形成铁路干线、下水港、沿江火电企业及钢铁企业自备码头共同组成的铁河联运网络，包括海进江水水中转和长江中上游铁河联运。

传统上，长江铁河联运通道主要是指将长江中上游地区及"三西"基地的煤炭资源，运到邻近的长江港口，通过长江运往下游的缺煤地区。上游地区通过焦柳铁路连接河南煤炭基地，中游地区通过京广铁路连接河南煤炭基地，下游地区通过淮南铁路连接两淮煤炭基地、通过宁西铁路连接陕西煤炭基地，将两淮、河南、陕西等基地的煤炭输送到苏中和长江三角洲。各铁水联运通道的铁路线与下水港分别是焦柳线—枝城港、京广线—武汉港、淮南线—芜湖、宁西/京沪线—南京港，下水港形成著名的"三口一枝"（即南京浦口、芜湖裕溪口、武汉汉口、宜昌枝城），接卸港主要是长江三角洲的上海、宁波、舟山、苏州、镇江、南通、江阴等港口。

近年来，在铁路运力不足、公路运输成本较高的背景下，湖北、湖南、安徽、江苏等省被迫采取"海进江"模式输入煤炭，即来自华北、东北地区的煤炭从北方下水港经海运到江苏江阴或南通等港口换船，逆长江转运至沿江各港口，再运至各火电企业。2005 年，"海进江"煤炭主要服务江苏，鄂湘赣皖地区仅占 4%（表 8-8）。2011 年"海进江"煤炭有 20% 是服务鄂湘赣皖地区。在市场机制作用下，目前湖北、湖南、江西、安徽等沿江地区的火电企业多采用"海进江"模式输入煤炭。随着国外煤价的降低，长江中游地区从沿海港口进口并通过长江转运的煤炭比例逐步增高，2011 年从沿海转运长江的煤炭运量达 2 亿多吨。

表 8-8　长江流域各省的煤炭供需情况　　　　（单位：万吨）

年份	省	水路调运量	海进江
2005	湖北	450	—
	湖南	80	—
	江西	80	—
	安徽	640	200
	江苏	9 900	5 250

年份	省	水路调运量	海进江
	湖北	800	350
	湖南	550	400
2011	江西	650	450
	安徽	2 150	1 800
	江苏	20 500	15 800

2. 西江铁水联运网络

20 世纪 80 年代中期以来，广东和广西的煤炭消费量一直快速增长，尤其 21 世纪以来消费规模高速增长，但两广地区煤炭资源贫乏。这种资源本底决定了煤炭产量很低，尤其是随着工业结构调整，2006 年广东退出煤炭生产业。这决定了两省煤炭生产离自我满足的要求甚远，煤炭供应一直存在缺口。2006 年广东缺口比例达 100%，2008 年广西缺口比例达 90%。两广煤炭消费的区外依赖性大，主要依靠省外调入或进口。

除了进口煤炭、铁路运煤和南北海运运煤外，西江铁河联运是解决两广地区煤炭缺口的重要途径。西江联运通道是将中上游的富集煤炭运往下游的缺煤地区。广东和广西的煤炭供应结构中，有相当比例来自云贵煤炭基地，以铁河联运为主，以铁路和公路运输为补充，尤其是运往广东的煤炭以铁水联运为主。历史上，西江干支流曾是云贵与两广的主要通道，西江与红水河、南盘江、北盘江形成系统化的航运网络。铁河联运是云贵煤炭运往广东的主要途径，具体通过南昆、黎湛铁路连通云贵煤炭基地，运至广西南宁、贵港等港口下水，或通过黔桂铁路或红水河连通来宾港下水，再利用西江干流运至珠江三角洲，2005 年运量为 700 万吨，主要供应火电、水泥、石化等重化企业。下水港有贵港、来宾、柳州、梧州和南宁等港口。贵港位于西江干线中游，是最主要的下水港，拥有近 60 家水运企业和 2100 多艘船舶；近年来煤炭下水量增长迅速，1995 年仅为 73.8 万吨，2005 年增长到 608.3 万吨，2008 年达 800 万吨，主要运至广州、肇庆、中山等地。黎湛线、黎钦线是贵港的主要铁水联运路线，目前黎湛线运能为 3800 万吨，西段为贵港港的集疏运路线，而黎钦线运能仅为 500 万吨。但长期以来其他港口下水量很少，南宁港仅 2000 吨，柳州港约 1.1 万吨，梧州港仅为 1000 吨。来宾港自 2009 年开始下水煤炭，规模达 22.9 万吨，贵州煤炭可通过 500 吨级船舶直达来宾港，换装 2000 吨级船舶中转到珠江三角洲，实现水水联运。而贵州有北盘江与红水河的百层、羊里及都柳江的从江等下水港，煤炭下水能力仅 10 万吨。珠江三角洲的火电企业主要沿江布局，同港口之间有固定专用设施如输送皮带，或各大型电厂有自用煤炭接卸码头。

3. 运河铁河联运网络

京杭运河通道主要是连接鲁西煤炭基地，并通过陇海线连接陕西煤炭基地，将煤炭在运河港口下水，包括济宁、邳州和徐州港，通过京杭运河输送到长江三角洲或运河沿线地区的火电企业。其中，济宁港是鲁西煤炭基地的下水港，邳州港是苏北煤炭基地的下水港，徐州港是陕西煤炭基地通过陇海铁路在京杭运河的下水港。

港口运输与腹地产业发展

第九章
港口铁矿石运输与腹地钢铁企业

第一节　港口铁矿石运输格局

一、港口铁矿石吞吐量增长

港口是铁矿石贸易和物流运输的核心节点，其总体吞吐量、进出港量、内外贸量、进出口量可直观反映该港口铁矿石的运输能力、运输规模及结构。

1. 全国层面

在全国层面上，港口铁矿石吞吐量的总体特征，归纳如下。

（1）截至 2013 年年底，港口的铁矿石吞吐量为 16.7 亿吨，其中沿海港口占 74.4%，外贸量中沿海港口占 92.6%。中国铁矿石运输主要由沿海港口来承担，尤其是进口贸易更加依赖于沿海港口。铁矿石内贸运输中，内河港口的吞吐量稍高于沿海港口，尤其是内河港口成为铁矿石进港装卸的承担主力，其接卸量约是沿海港口的 4 倍。铁矿石的进出港、进出口量均以沿海港口主导，尤其是进口接卸量（图 9-1）。

（2）从进出港来看，铁矿石运输以进港为主，比例为 78.8%，进港与出港量呈现 "3：1" 的关系。沿海和内河港口铁矿石吞吐量均以进港量占主导，分别占 81% 和 72%，进港与出港量分别呈现 "4：1" 和 "3：1" 的关系，中国港口的铁矿石运输整体以输入职能为主。沿海、内河进出港的吞吐量组成结构差异显著，沿海港口的进港量基本由进口量构成，比例达 94%，而内河港口主要由内贸量组成，比例为 76%，但沿海和内河港口出港部分基本为内贸运输，其比例均为 99.8%。

（3）从内外贸来看，港口铁矿石运输总体以外贸为主，约占 61.2%，而沿海和内河港口的铁矿石吞吐量构成有明显的差异。沿海港口吞吐量以外贸运输为主导，约占港口总吞吐量的 3/4，具体为 76.2%；而内河港口则以内贸量为多，

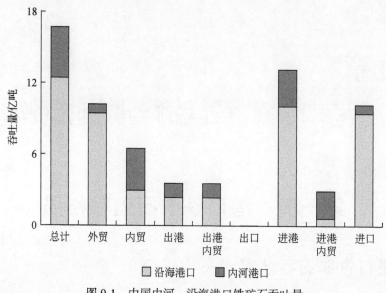

图 9-1　中国内河、沿海港口铁矿石吞吐量

比例达 82.3%。沿海和内河港口的外贸吞吐量基本是输入，出口铁矿石极少。值得关注的是，沿海和内河港口的内贸量结构明显不同，并存在一定的对偶现象，沿海港口内贸主要是输出矿石，约占 79%；而内河港口内贸部分中，铁矿石输入量是输出量的 2 倍。

2. 区域层面

从区域层面分析中国铁矿石吞吐量的总体特征，归纳如下。

（1）从总吞吐量来看，环渤海港口的铁矿石吞吐量最高，达 7.67 亿吨，占全国港口总吞吐量的 45%，其次是长江三角洲为 6.74 亿吨，两者合计占 84%。而东南沿海、珠江三角洲港口的吞吐量较少，各占 3% 左右，西南沿海港口的规模最小，比例仅为 2%，这与码头泊位的靠泊能力相对应。内河港口的铁矿石吞吐量共计 1.42 亿吨，仅占全国总量的 8%，主要由长江港口完成，占内河港口吞吐量的 94%，其次是京杭运河港口，占内河港口吞吐量的 5%，珠江水系港口仅占 1%（图 9-2）。

（2）从进出港量来看，上述八大区域均是以进港量居多，即港口以铁矿石输入为主导运输职能。沿海港口除长三角（63%）以外，进港量均超过 80%，尤其是环渤海、珠三角港口有 90% 以上铁矿石是进港量。这说明环渤海、珠三角港口主要进口矿石并转运到腹地的钢铁企业；东南沿海和西南沿海港口有少部分铁矿石由水路转运至其他港口，而长三角港口作为长江流域门户，有相当一部分铁矿石中转至长江港口群，促使长江水系港口的进港比例高达 85%。京杭运河基

港口运输与腹地产业发展

本为进港接卸量，而珠江水系进港比例为 61%。

（3）从内外贸的角度来看，八大地区港口的吞吐量构成差异显著。环渤海港口的铁矿石进港量占九成，其中外贸占 95%，即进口量占总吞吐量的比例高达 87%，环渤海港口以进口铁矿石为主要特征。长江三角洲与其他地区有明显不同，超过三分之一是出港量，其中多为内贸，其出港内贸量占总量的 37%，高于其他地区港口，这是因为长江三角洲港口位于长江流域出海口，受水深限制，大型矿石船无法直接进入，须在出海口港口进行减载或通过中小型船舶进行中转。南方沿海港口吞吐量构成差异不大，均以外贸量为主导。内河港口的外贸比例与沿海相比明显下降，长江港口仅有 4% 为外贸量，而京杭运河、珠江港口则基本没有进口铁矿石。珠江和长江港口的出港内贸量分别占 39% 和 15%，说明铁矿石的内河运输模式不只是二程运输，可能是三程或四程运输。

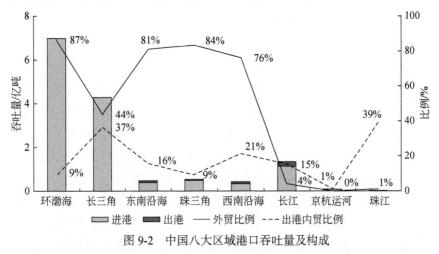

图 9-2　中国八大区域港口吞吐量及构成

二、港口铁矿石运输的空间结构

1. 进出港

本部分以单体港口为单位，考察港口铁矿石吞吐量的进出港结构，进一步了解港口铁矿石运输的方向性。

（1）港口进港量呈现"北多南少"格局。宁波—舟山以北出现三个集聚区，即渤海西岸、山东东南沿海和长江三角洲港口群。长江三角洲与其他两个集聚区相比，单港进港量规模偏小，但港口数量较多。进港量超过亿吨的港口有 4 个，分别为日照、青岛、曹妃甸和天津港，均位于环渤海区域。进港量超过千万吨的港口有 24 个，宁波以南有 4 个，其中福州、湛江和防城港的进港量均为两千万吨级，且分别属于东南沿海、珠江三角洲、西南沿海区域，成为各省区的主要接卸港；进港量超过百万吨级港口有 14 个，多位于宁波以南（图 9-3）。

图 9-3　中国港口铁矿石进口格局

（2）港口出港量较小，与进港格局不同的是，渤海西岸港口出港量较小，出港高值区的港口集中在山东东南沿海和长江三角洲，尤其是后者，其中舟山港出港量达 5511 万吨，与上海、宁波、南通、太仓港位列前五，主要原因是舟山马迹山港区、宁波北仑港区、南通狼山港区和太仓武港均建有 10 万吨级以上矿石泊位，是中国进口铁矿石中转港，主要供应长江三角洲及长江沿线的钢铁企业。上海港输入铁矿石主要供给宝钢。出港量过千万的港口有 9 个，除青岛和日照外，全部为长江三角洲港口；百万吨级港口有 15 个，五大区域均有分布。

（3）沿海港口基本以输入铁矿石为主要职能。采用出港量与进港量比值 i 来判定港口输入输出及中转职能，比值在 1 附近，说明该港口以铁矿石中转为主导职能，值越大（$i>1$）说明铁矿石输出职能越显著，越小（$i<1$）则该港口的铁矿石输入职能突出。多数沿海港口主要负责铁矿石的接卸，以铁矿石中转为主导职能的港口多位于长三角和珠三角，海南港口均以输出为职能，八所港只出不进。津冀沿海、珠三角和东南沿海多数港口吞吐量由进港量贡献，港口的铁矿石输入职能明显（表 9-1）。

表 9-1　沿海港口基于输入输出职能划分

i 范围	职能	港口
+ ∞	纯输出	八所
(2，+ ∞)	输出为主	洋浦

i 范围	职能	港口
(1.1，2)	偏向输出	海口
（0.9，1.1）	中转	沙田、常熟、中山、南通、威海、太仓、舟山、镇江
(0.5，0.9)	偏向输入	大连、宁波、丹东、上海、烟台、扬州、汕头
(0，0.5)	输入为主	江阴、深圳、南京、龙口、连云港、福州、嘉兴、青岛、防城、厦门、湛江、营口、日照、张家港、锦州、岚山、温州、钦州、秦皇岛、广州、泉州、北海、天津、珠海、京唐、曹妃甸
0	纯输入	黄骅、阳江、宁德、莆田、江门、茂名

2. 进出港

中国铁矿石的进口依赖度相当高，主要通过远洋运输，沿海港口承担着接卸进口铁矿石的职能。数据表明，多数沿海港口进港部分基本由外贸组成，比例高达 90% 以上的港口有 27 个，进港部分外贸小于内贸的港口仅有 12 个，以长江流域和南片区港口居多。以国外市场为导向的港口输入量与沿海港口总体进港量的分布格局类似，但长江港口群进口量较小。

第二节 港口铁矿石运输演化

一、铁矿石吞吐量演变路径

1. 演变过程

20 世纪 80 年代以来的港口铁矿石总吞吐量经整理后绘制图 9-4，可得出以下特征。

（1）从全国来看，港口铁矿石运输规模逐渐扩大、能力逐渐增强。总吞吐量呈逐年增长，尤其 21 世纪以来增速明显提高。铁矿石吞吐量以 1989 年、1999 年和 2003 年为界，呈现四个发展阶段。20 世纪 90 年代以前是初级阶段，铁矿石吞吐量基数小，未超过 0.5 亿吨，增长极其缓慢，年均增长 317 万吨。90 年代是过渡阶段，吞吐量波动增长，增速较低，年均增长 843 万吨。21 世纪初至 2003 年年底为稳步发展阶段，铁矿石吞吐量年均增速达 3613 万吨，这是因为 1998 年中国步入新一轮重化工业阶段，推动了钢铁产业快速发展，拉动了铁矿石运输需求。2004 年至今是飞速发展阶段，吞吐量呈现线性增长，年均增长 1.2

亿吨。2004年《港口法》施行后，各地区陆续编制了港口总体规划（姚育胜，2012），沿海港口进入了超大型铁矿石泊位的建设高潮，各港口陆续突破码头靠泊能力的瓶颈，促使铁矿石吞吐量实现"井喷式"增长。

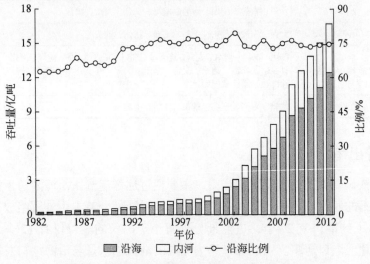

图 9-4　中国沿海、内河港口铁矿石吞吐量及比例

（2）从区域层面来看，铁矿石吞吐量均呈增长趋势，但存在明显的地域差异。沿海港口和内河港口吞吐量增长态势与全国港口相吻合，即21世纪以前皆增长缓慢，21世纪以后增速显著提高，尤其是沿海港口与全国的变化趋势类似。各时期沿海港口吞吐量远大于内河港口，且比例比较稳定。其中，1990年以前沿海港口占全国的65%左右，1990年以后平均为75%；21世纪以来，沿海港口吞吐量增速明显高于内河港口，沿海港口年均增长8031万吨，是内河港口的3倍。八大区域的港口铁矿石吞吐量均有所增长，但增幅差异显著。1985年以前，长江流域港口吞吐量居全国第一，后被快速增长的长三角港口所赶超；90年代长三角港口的比例维持在全国一半以上，21世纪以来环渤海、长江流域、长三角港口的吞吐量迅猛增长，尤其是环渤海港口，年均增速达4879万吨，全国占比也从18%提高到43%，2004年稳居全国第一。

2. 进出港与进出口量演变

港口总吞吐量反映了铁矿石运输的总体情况，却无法反映铁矿石运输的方向性，而运输方向直接关系到铁矿石的市场供需关系，有必要从进出港的视角进行分析。

（1）全国港口铁矿石进、出港吞吐量呈现上升趋势，表现为铁矿石输入、输出职能的增强，其变化趋势与总吞吐量变化相吻合，尤其是进港量。进出港量大致以21世纪为转折点，之前增长滞缓，进入21世纪之后增长迅速，且进

港口运输与腹地产业发展

港年均增速明显高于出港，进港年均增长 8550 万吨，是出港量的 4 倍。港口历年均以铁矿石输入职能为主且逐渐增强，所占比例达 70% 左右并呈逐年小幅递增，1985 年之前达 60% 左右，1985 ~ 1990 年平均达 67%，1990 ~ 2000 年为 72%，21 世纪以来提高到 77%（图 9-5）。

（2）无论是沿海还是内河港口的进、出港量均为逐年递增，且曲线与全国态势一致，2003 年为重要转折点，由"缓慢增长"变为"飞速增长"，因为 2003 年以来汽车、机械、房地产等钢铁行业的下游行业强劲增长，创造了巨大的钢铁需求，铁矿石供应不足，各钢铁企业大量进口铁矿石，同时各大港口迅速

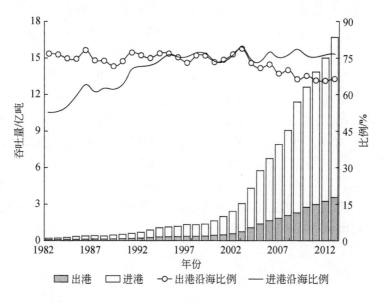

图 9-5　中国港口进出港铁矿石吞吐量演化

扩建矿石码头，铁矿石运输达到繁荣时期。无论是进港量还是出港量，沿海港口均占绝对优势，可见中国铁矿石运输以海运为主，内河港口多承接沿海港口中转的铁矿石。20世纪80年代以来沿海港口的进港吞吐量波动上升，从80年代初的沿海、内河不分伯仲，到90年代以后沿海成为内河的3倍，反映了铁矿石输入职能中沿海港口的地位提升。与此相反，沿海港口的出港量比例逐渐下降，但降幅不大，表明铁矿石输出职能中内河港口的地位缓慢提升。

（3）20世纪80年代以来，沿海港口和内河港口均以输入职能为主，但演变趋势不甚相同。沿海港口的进港比例增长明显，80年代初沿海港口的进、出港量大致相当，近几年沿海港口进港量约占80%，铁矿石输入职能逐渐增强。内河港口一直以铁矿石输入职能为主，进港比例保持相对平稳，在70%~80%浮动。

（4）港口内外贸量反映了铁矿石运输的对外依存度与外向性。内外贸呈上升趋势，以21世纪为转折点，之前为低速增长，21世纪后增速显著提高。外贸量占全国总吞吐量的比例大体呈现增长态势，即中国铁矿石的对外依存度逐渐升高，从2001年之前的内贸量为主转变为外贸量占主导，21世纪以来外贸量增速明显高于内贸，达7111万吨/年。随着对外开放的推进，进口铁矿石的依赖度越来越高，2009年沿海港口铁矿石吞吐量急速升高，增速达26%，原因是2008年金融危机后中国刺激经济增长，钢铁需求量巨大，推动铁矿石大量进口。进口铁矿石在部分港口减载转运至其他港口，内贸中有很大一部分是外贸的延伸，所以外贸高速增长也带动了内贸增长（图9-6）。

港口运输与腹地产业发展

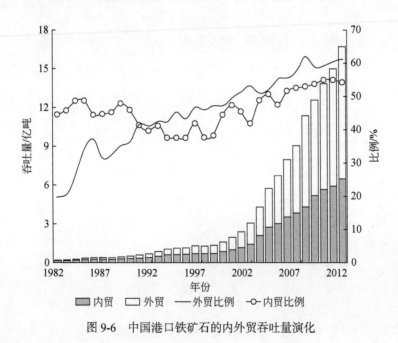

图9-6　中国港口铁矿石的内外贸吞吐量演化

二、铁矿石港口数量与规模结构演变

1. 港口数量结构

研究港口铁矿石运输的结构演变，重点是分析港口数量结构和规模结构。如图 9-7，可解读出以下特征。

（1）随着时间的推移，中国从事铁矿石装卸的港口不断增多。装卸港口的数量变化经历了三个阶段。"七五"期间（1986～1990年）是铁矿石港口建设的高潮期，尤其是 1987 年新增 8 个港口；20 世纪 90 年代是铁矿石港口建设的波动期，港口在 60 个左右波动。21 世纪以来，进入又一轮港口建设高潮，各港口积极开展深水化、专业化泊位的建设，该时期也是钢铁业快速发展的时期，铁矿石装卸港口不断增多，尤其 2009 年大规模扩大内需的背景下，铁矿石港口数量达到峰值 88 个。沿海和内河的铁矿石港口也呈现不断增多的趋势，而且各时期沿海和内河的铁矿石港口数量大体一致。内河铁矿石港口发展高潮在"七五"时期，和全国港口第二个建设高峰期相吻合，沿海铁矿石港口发展的高潮是 90 年代中期，发生在第三次港口建设高峰时期。

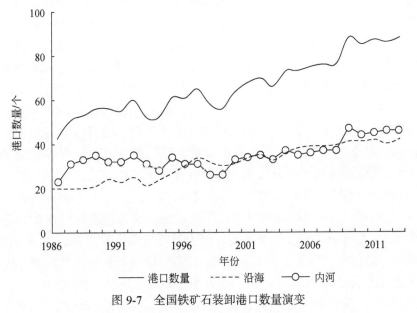

图 9-7 全国铁矿石装卸港口数量演变

（2）沿海五大区域和三大内河流域装卸铁矿石的港口数量随时间呈小幅波动，大体呈上升趋势，尤其环渤海和珠三角区域。其中，长江流域的港口呈周期性增长，其余区域大体呈小幅增长且波动显著。长江流域的港口数量历年最多，由于沿岸钢铁企业众多，水水联运是铁矿石主要运输模式，促使许多港口承担铁矿石接卸职能。1982~2013 年长江流域铁矿石装卸港口增加了 18 个，但浮动较大，这是因为装卸泊位多为通用散货泊位，铁矿石装卸量受市场影响显著。沿海港口中，环渤海港口数量增长趋势最为明显，由 1982 年的 5 个增至 2013 年的 15 个，尤其是 20 世纪 90 年代中期增长显著，这与沿海铁矿石港口数量的增长趋势相吻合。近几年来，珠江港口呈现明显的增多趋势，其余区域的港口数量基本稳定。

2. 港口规模结构

港口规模结构是指大小不等规模的港口在质和量方面的组合结构，随着钢铁产业的快速发展和港口数量的变化，铁矿石装卸港口的规模结构也发生了较大的变化。①铁矿石装卸港口的规模逐渐扩大，首位港口的装卸规模呈指数增长，多数港口规模呈现不同程度地增长。②除小规模港口以外，中等规模和大规模的港口数量均呈现不同程度的增多趋势。吞吐量小于 10 万吨的港口呈现"先增多后减小"的过程，20 世纪 80 年代末是发展高潮，1989 年达 35 个港口的峰值，占当时铁矿石港口总量的 63%。90 年代，小于 10 万吨的港口数量"先下降后上升"，1997 年达到峰值后再下降；21 世纪初小幅上升后持续下降，2006 年以来基本平稳。10 万吨级的港口数量保持波动性增长但增幅不大，2003 年以前在 10 ~ 15 个区间波动，之后在 15 ~ 20 个区间波动。百万吨级的港口保持稳定增长，主要是因为一部分小港口规模扩大并进入百万吨级。千万吨级港口自 1985 年出现后一直低速增长，2003 年后增速加快，2004 年增加 9 个港口，2007 年占港口样本的 32%，随后平稳增长。2009 年亿吨港口诞生后一直保持在 1 ~ 2 个，2013 年突增 5 个港口。③各规模等级的港口数量结构从"弱金字塔形"向"两头小中间大形"转变。1994 年以前，随着规模的增大，港口数量比例逐渐减小，小于 10 万吨级港口平均占 57%；10 万吨级、100 万吨级、1000 万吨级分别为 23%、18%、3%，呈现"弱金字塔形"结构。1994 ~ 2005 年，100 万吨级港口占比升至 27%，10 万吨级保持在 21% 左右，同时小于 10 万吨级的港口不断下降，而千万吨级则上升显著，各等级占比趋于相等即为趋于平行结构。随后，小于 10 万吨级港口数量占比降至 18%，10 万吨级港口继续保持 20% 的比例，百万和千万吨级均达 30% 左右，亿吨级港口自 2009 年出现后平均比例为 3%，近几年港口规模结构呈现"两头小中间大型"特征（图 9-8）。

港口运输与腹地产业发展

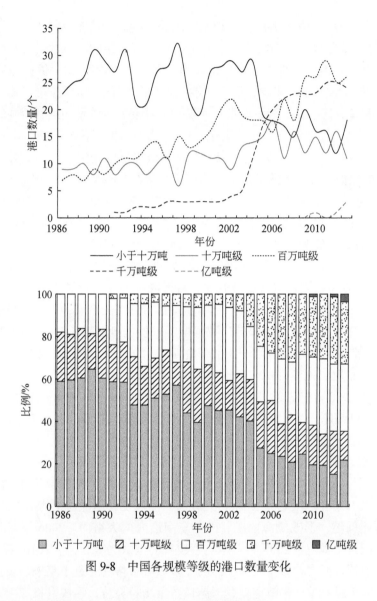

图 9-8 中国各规模等级的港口数量变化

三、基于接卸路径的铁矿石运输演化

进出港吞吐量的变化反映了铁矿石水路运输的具体路径及港口职能的改变，更直观地揭示了港口铁矿石运输与腹地钢铁产业发展的互动关系。

1. 进港格局演变

港口铁矿石输入职能主要是指港口接卸从其他港口运来的铁矿石，不仅反映了铁矿石的运输路径，而且反映了铁矿石与后方钢铁企业的供给关系。进港格局演变大致分为三个阶段，各阶段呈现不同的分布格局、接卸规模及集散性特征。

20世纪80年代是港口接卸铁矿石的初级阶段，接卸港口数量及吞吐量规模小，铁矿石接卸集中在少数港口，港口差异较大。80年代初，铁矿石港口中约有70%的港口承担输入职能，呈现"零散点状"分布，零星分布于长江流域和几个沿海港口。其中，上海、南京、武汉和湛江港的进港量均达百万吨级，合计占全国的70%，吞吐量分布较为集聚。80年代中后期，铁矿石输入港口数量有所增长，年均增长3个港口，主要是10万吨级以下的内河港口。上海港作为接卸首位港的地位增强，进港量占全国的比例维持在30%以上，形成"上海极核"的格局；吞吐量变化不大，上海港年均增长15万吨，1989年接卸量为933万吨。

20世纪90年代是过渡阶段，沿海港口逐步兴起，集中在环渤海地区和珠三角地区。尤其是宁波和青岛港，分别于1991年和1994年超过武汉港，进入前三位。铁矿石进港规模和港口数量略有增长，输入港口数量比例提高到80%以上。吞吐量小于10万吨的港口保持高位波动，百万吨级的港口数量增长较快，从1990年的9个增长到1995年的16个。新增港口基本分布于沿海，千万吨级的港口开始兴起。90年代中后期，沿海港口数量增长较快但规模增长较慢。1993～1997年年均增长3个港口，首位港——上海港年均增长114万吨。由于宁波港快速崛起，上海港的地位逐渐降低，形成"上海—宁波"双核心格局。1998年宁波港进港量突破2000万吨，超过上海港，成为首位港口，但1999年又被2347万吨规模的上海港超越。由于首位港增速缓慢，而其他港口如宁波和青岛港迅速崛起，进港量分布趋于分散。

21世纪以来是发展阶段，港口数量与规模都呈高速发展态势。2013年港口数量达82个，是1999年的1.7倍。首位港吞吐量年均增长724万吨，数量和规模分别占90%和75%以上。其中，北方沿海港口发展迅猛，尤其是青岛、天津、日照和曹妃甸港，形成渤海西岸、山东东南沿海两大组团。2006年青岛和天津港进港量超过上海港，2009年天津港超越青岛港成为首位港，2010年又被青岛和日照港超越，形成北方港口为主体的"多核心"格局。近十年来，长江流域港口的发展势头虽不及环渤海港口，但港口数量增长显著，形成以长江中下游为主体的条带状格局。同时，南方沿海港口逐渐发展，形成几个小组团，如北部湾、珠江入海口、东南沿海港口。此阶段，全国接卸港口数量不断增多，且中小规模港口发展迅速，港口倾向于均衡发展，但近几年港口进港的分散化趋势有所减缓。

80年代以来铁矿石输入港口数量和布局形态与装卸港口高度类似。输入港口数量大体呈现线性增长，占铁矿石港口比例也逐年上升，呈现从"零散点状"分布到"组团"和"条带状"分布的模式演变。且输入港口从集中于长江流域向沿海、从南向北转移，首位港从长三角向环渤海转移，港口发展呈现均衡化趋势。由于沿海铁矿石进港量主要为进口量，所以铁矿石进口格局演变与进港

港口运输与腹地产业发展

格局相似，且内河水深有限，进口大型矿船无法进入，铁矿石进口则集中于沿海地区（图 9-9）。

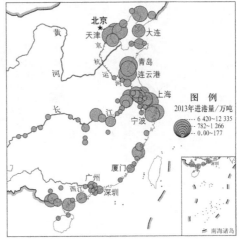

图 9-9　中国港口铁矿石进港吞吐量格局及演化

2. 出港格局演变

铁矿石输出职能指铁矿石从港口码头下水装船并通过水路运送至其他港口的职能，其区位、吞吐量及集散水平，深刻反映了港口与后方铁矿石采选基地、集疏运通道的关系。

（1）具有铁矿石输出职能的港口逐渐增多，尤其进入 21 世纪后，增速明显提升。1986 年有 35 个港口输出铁矿石，随后港口数量迅猛增长，主要是内河港口贡献。20 世纪 90 年代数量在 45 个左右波动，21 世纪后增多显著，年均增长 2 个港口，2011 年达 80 个。输出港口的全国占比大致呈上升趋势，2005 年之前输出港口占比在 78% 左右，2005 年后升到 88%（图 9-10）。

（2）20 世纪 80 年代以来，分布大体呈现"先分散后集聚再分散"的过程。80 年代，铁矿石输出量呈现明显的分散化趋势，主要由于上海、宁波等港口铁矿石输出迅速增多，内河港口数量和规模迅猛增长，促使八所等港口的地位下降。90 年代，分布趋向于集聚，宁波港的出港量飞速增长，首位港的地位更加突出。进入 21 世纪，倾向于均衡发展，这与首位级港口的垄断水平下降、宁波等核心港口的份额降低、部分中小型港口发展迅速有关。2009 年港口间输出量差距最小，近几年由于舟山马迹山港的崛起而呈现差距拉大的趋势。

（3）输出港口经历了从"零星点状"到"广布点状"和"条带状分布"的演化路径，从"一带一点"向"两带多点"演变。20 世纪 80 年代初，输出港数量及吞吐量小，大致呈零星点状分布，尤其是八所港和长三角的上海、南通港，

图 9-10　中国港口铁矿石出港吞吐量格局及演化

形成"一带一点"格局，"一带"为长江流域，"一点"指八所港。90 年代开始，长三角港口出港量增长明显，尤其是宁波港，年均增长 171 万吨，且稳居第一输出大港，而八所港地位逐年下降，"一带一点"变为长江流域和宁波港。21 世纪初，舟山和青岛港崛起，铁矿石输出港集中于"一带一点"，即长江三角洲和青岛港。近十年来，港口数量与规模都呈现高速发展，其中环渤海和长三角港口增速显著，尤其是连云港、日照、大连和太仓港，形成了山东东南沿海和长江三角洲两个带状布局，长江流域港口规模的发展虽不及环渤海港口，但港口数量增长显著，同时南方沿海港口逐渐发展，如福州、防城、湛江和深圳港，"两带多点"格局已然形成。

（4）从首位港口布局来看，转移路径大体从北部湾的八所港向长江三角洲的宁波、舟山港转移。20 世纪 80 年代，八所港一直是铁矿石输出大港，因为其海南岛铁矿资源丰富，通过水路向其他港口输送铁矿石，80 年代中期被长江流域承担进口铁矿石中转的上海港短暂超越；90 年代开始，宁波港成为主要的铁矿石中转港，2010 年又被舟山马迹山港超越。首位港口出港量增长显著，尤其 2009 年以后，年均增长 600 万吨。

（5）铁矿石进港规模和港口数量始终大于出港，初期均集中在长江流域，20 世纪 90 年代开始北方沿海港口的进港量增长明显，而出港量增长集中在长江三角洲，目前渤海西岸港口进港量较多，形成一个大组团，而该地区铁矿石出港量极少，南方港口进港的发展速度远高于出港。港口铁矿石出港的空间集聚度高于进港，大型输出港的地位更加突出。

第三节　钢铁企业与原料供应

一、钢铁企业生产特性

钢铁产业是以从事铁矿石矿物采选、冶炼、加工成材等生产活动为主的集合或系统，包括金属矿物采选、炼铁、炼钢、钢加工、铁合金冶炼、钢丝及其制品等细分产业。由于钢铁生产涉及非金属矿物采选和制品等其他产业，如焦化、耐火材料、碳素制品等，通常这些工业门类也纳入钢铁产业范围。钢铁生产需要消耗大量的铁矿石、煤炭、电力和水等原材料，与采矿业、能源工业、运输业等上游产业关联性较强。同时，钢铁业所提供的产品是其他许多产业的原材料，与建筑、机械、汽车制造、家电、交通运输等下游行业存在密切的联系。

钢铁工业的基本步骤为铁矿石冶炼成生铁，生铁炼成粗钢，粗钢轧制成钢材。钢铁生产的主要原材料包括铁矿石、锰矿石、铬矿石、石灰石、耐火黏土、白云石、菱铁矿等矿物原矿及成品矿，人造块矿，铁合金，洗煤、焦炭、煤气及煤化工产品，耐火材料制品，炭素制品等。钢铁产品形态包括生铁、粗钢、钢材、铁合金等（图 9-11）。铁矿石是钢铁企业的主要原材料，天然铁矿石经过破碎、磨

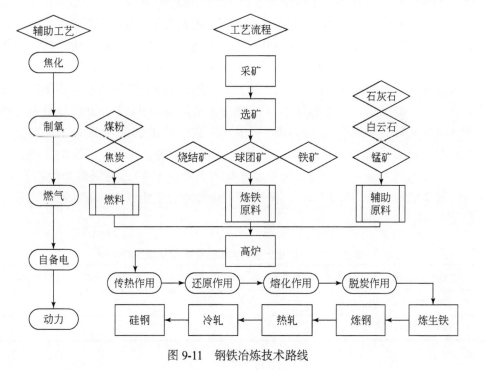

图 9-11　钢铁冶炼技术路线

碎、磁选、浮选、重选等程序逐渐选出铁精粉。

炼铁工艺是将含铁原料（烧结矿、球团矿或铁矿）、燃料（焦炭、煤粉等）及其他辅助原料（石灰石、白云石、锰矿等）按一定比例炼成生铁。其中，钢铁生产过程所需原料及配比随着技术进步有所变动，但大体生产 1 吨生铁，需要消耗 1.5 ~ 2 吨铁矿石，燃料即焦炭约为 0.4 ~ 0.6 吨，熔剂即石灰石大约 0.2 ~ 0.4 吨，合计消耗原燃料大约 2 ~ 3 吨，按此计算 1000 万吨产能的钢铁企业，每年需要消耗的原燃料大约为 2000 ~ 3000 万吨。这反映了钢铁企业有着庞大的原料和燃料运输需求，这对钢铁工业的布局有重要影响。

二、钢铁企业布局特征

1. 钢铁企业构成

多数钢铁企业冶炼的生铁直接炼成粗钢，其生铁与粗钢产量相差不大。由于主要探讨钢铁企业与铁矿石的关系，所以钢铁企业产量、产能数据以生铁为主。

（1）全球生铁产量大部分由中国所贡献，中国钢铁产量基本由重点大中型钢铁企业所贡献。2013 年全球生铁产量为 12 亿吨，中国为 7.5 亿吨，全球占比达 62.5%，自 1992 年开始一直蝉联全球第一。中国重点大中型钢铁企业生铁产量为 6.44 亿吨，占全国钢铁企业产量的 86%，说明中国钢铁生产基本由重点大中型钢铁企业所承担。所以本书以重点大中型钢铁企业作为研究对象。

（2）钢铁企业产能集中在 100 ~ 500 万吨级，大于 1000 万吨级的企业虽然数量不多，但产能贡献度大。截至 2013 年，钢铁企业已达 14624 家，其中冶炼及压延加工企业有 11034 家，占 75.5%。通过整理《钢铁工业年鉴》，以铁矿石为原料的重点大中型钢铁冶炼集团企业重组后为 94 个，重组成员企业单独计算，共计有炼铁企业 126 家。其中，生铁产量在 2000 万吨以上的有宝钢和鞍钢；1500 万吨以上有 9 家，累计产量达 1.7 亿吨，占样本产量的 27%；有 74 家企业产量在 100 ~ 500 万吨，总产量与 500 ~ 1000 万吨级的企业差不多，均接近 2 亿吨，比例为 30%；产量少于 100 万吨的企业仅有 9 家，产量比例仅为 1%（表 9-2）。

表 9-2　中国重点大中型钢铁企业产量及数量结构

产量级别 / 万吨	企业数量	数量比例 /%	总产量 / 万吨	产量比例 /%	产量累计比例 /%
2000 以上	2	2	5 270	8	8
1500 ~ 2000	7	5	12 175	19	27

产量级别 / 万吨	企业数量	数量比例 /%	总产量 / 万吨	产量比例 /%	产量累计比例 /%
1000 ~ 1500	7	5	7 712	12	39
500 ~ 1000	27	21	19 766	30	69
100 ~ 500	74	60	19 611	30	99
100 以下	9	7	693	1	100

2. 钢铁企业布局

工业地理研究范式出现伊始，研究者就对钢铁工业配置问题进行了大量的理论和实证探讨。原料和燃料地、市场区位、运输条件、技术水平、历史和社会经济环境等一系列因素被用来解释钢铁工业的布局问题（魏心镇，1982），总结了原燃料指向、市场指向、港口指向等空间模式（张文忠，2000）。

（1）钢铁企业临水布局特征显著。沿海地区的钢铁企业明显多于内陆地区，内陆钢铁企业也较多地布局于内河附近。这种布局模式与原料、燃料、产品运输及水资源密切相关，而且邻水地区往往经济发展水平高、人口密集，也是钢铁消费市场所在地。距离海岸线 10 千米以内的钢铁企业有 7 家，占样本的 6%，其中宝钢和日照钢铁集团的产能均超过 1000 万吨。50 千米以内有 20 家，占 16%；100 千米以内有 40 家，占三分之一，有一半的钢铁企业距离海岸线 200 千米以内。以距离海岸线每 1 千米进行计算，钢铁企业的数量与离海岸线的距离基本呈反比关系，即越深入内陆，钢铁企业越少。但反比关系并不是绝对的，内陆部分地区钢铁企业数量也较多。距海岸线 400 ~ 500 千米的区域企业数量比距海岸线 200 ~ 400 千米的区域更密。说明钢铁企业布局具有多样化特征，如何接近原料地也是重要布局原则。

钢铁企业数量、产量与距港口距离大致呈现反比例关系，钢铁企业数量随着与港口距离的增大而不断减少。2013 年有 13 家钢铁企业与港口距离小于 5 千米，即位于港口的临港工业园区内部，占全部样本的 10%，分别是首钢—曹妃甸港、湖北新冶钢—黄石港、鄂钢—鄂州港、宝钢—上海港、萍钢—南昌港、广西盛隆—防城港、东北特钢—大连港、华菱湘潭—湘潭港、柳钢—柳州港、马钢—马鞍山港、广西贵港—贵港、沙钢锡兴—无锡港、江苏镔鑫—岚山港，合计产能超过 1.1 亿吨，占样本产能的 16%。与港口距离在 10 千米以内的重点钢铁企业有 21 家，占 17%，累计产能为 1.6 亿吨，比例达 24%。前 10 位的钢铁企业，有一半与港口距离在 10 千米以内，包括宝钢、首钢、马钢、武钢和日照钢铁集团。总体来看，重点钢铁企业的临港布局模式较为明显（表9-3）。

表 9-3　中国钢铁企业数量、产量与港口的距离关系

距离 / 千米	企业数量 / 家	合计产量及占比		累计产量及占比	
		产量 / 万吨	比例 /%	产量 / 万吨	比例 /%
<5	13	10 627	16	10 627	16
5 ~ 10	8	4 919	8	15 546	8
10 ~ 15	4	1 466	2	17 012	2
15 ~ 25	4	1 420	2	18 432	2
25 ~ 50	12	6 497	10	24 929	10
50 ~ 100	21	9 823	15	34 752	15
100 ~ 200	22	12 436	19	47 188	19
200 ~ 300	9	4 059	6	51 247	6
300 ~ 500	24	9 872	15	61 119	15
>500	9	4 108	6	65 227	6

（2）钢铁企业临矿布局依然普遍存在（邬珊华等，2014）。重点铁矿石矿区均有钢铁企业布局，且企业规模大、产能高。临矿布局的典型钢铁企业见表 9-4。重点大中型钢铁企业中有 85 家布局在铁矿产地，占全国企业样本的 67%，因此多数钢铁企业接近原料地布局，为原料地布局指向（李国平，1999；陈汉欣，2006；贺灿飞和朱彦刚，2010）。

表 9-4　部分临矿布局的钢铁企业及产能

企业简称	产能 / 万吨	临近铁矿石生产基地
包钢集团	1100	白云鄂博矿
攀钢集团	1200	攀西地区钒钛磁铁矿
本钢集团	1800	南芬露天铁矿、本溪大台沟铁矿等
马钢集团	1900	南山矿、姑山矿、桃冲矿、罗河矿、张庄矿等
重钢集团	600	西昌矿
四川川威	500	在内江、凉山、阿坝和云南以及印度尼西亚拥有 15 座矿山
陕西略阳	100	陕南铁矿富集区

（3）钢铁企业的非均衡性布局特征明显，呈现"北多南少、东多西少"的格局。大致以胡焕庸线为界，界线以东钢铁企业广泛分布，界线以西钢铁企业零

星点状分布。界线以东形成由五大组团、几个小组团和若干散点组成的空间格局，钢铁企业主要集中在渤海西岸、冀晋豫三省交汇处、长江下游、鲁中南、辽中南等区域。其中，渤海西岸集聚了首钢等30家企业，2013年产量达1.5亿吨，数量和规模均占样本的23%；邯钢等20家企业集中在冀晋豫三省交汇处，产能占11%；宝钢等12家企业布局于长江下游地区，产能超过1亿吨，比例达15%；全国钢铁产能的1/10分布在鲁中南，有莱钢等12家重点企业；辽中南有5家重点企业，分别是鞍钢、本钢、抚顺新钢、五矿营口中板、海城后英集团，产能约为5000千万吨，占全国的8%。目前，中国钢铁产能分布相对集中，主要分布在华北、华东地区，华南地区相对匮乏。铁矿石运输也集中在渤海圈和长江三角洲港口群。从区位需求和优化产能角度看，华南地区在新的一轮钢铁企业布局中具有区位优势，因此珠三角、北海湾地区有可能成长为新的铁矿石运输增长区域。

三、钢铁企业布局演化

以重点钢铁企业单体为样本，其生铁产量的布局演化可反映钢铁企业的扩能历程及淘汰和新增企业的演化过程。

（1）企业数量增长显著，重点钢铁企业数量也呈增多趋势，21世纪以来尤为明显。1985年钢铁企业有1318家，1995年增长到1639家，2005年进一步提高到6686家，10年增长了3倍，2013年达14 624家。重组的成员企业单独计算，1985年以铁矿石为原料的重点钢铁企业和地方骨干企业有58家，2005年重点企业增长到77家，2013年达到126家。重点钢铁企业在2000年以后进入发展高潮期，2005年《钢铁产业发展政策》颁布后，钢铁企业加快了兼并重组和淘汰落后产能的步伐。

（2）从产量来看，钢铁企业通过不断扩能，实现产量持续增长，全国产量已多年居世界第一位。1985年，鞍钢生铁产量最高，有660万吨；1995年达800万吨，排名第二，2010年突破2000万吨，超越宝钢，排名第一；2013年达2373万吨。1985年，上海宝钢生铁产量只有54万吨，产量排名第18；经过10年时间，宝钢超过鞍钢成为产量最多的企业，达801万吨；2005年产量为1704万吨，继续蝉联第一；2013年近3000万吨而超过鞍钢成为首位企业，增速达102万吨/年。

（3）从集中度来看，以重组后的钢铁集团为样本，钢铁产业集中度大体呈现先下降后升高的趋势。1985年排名前四位的集团为鞍钢、武钢、首钢和本钢，集中度为39%，2000年宝钢、鞍钢、首钢、湘潭钢铁四企业集中度下降到29%，2005年宝钢、唐钢、鞍钢和武钢占比降至17%，2010年河北钢铁、宝钢、武钢、首钢集中度又上升至27%。

（4）随着原料供应方式的改变，近几年重点钢铁企业临海布局开始显现，许多学者也发现该特点，如田山川和张文忠（2009）、邬珊华等（2014）。其中，北方沿海省份和长江入海口地区的钢铁企业临海布局最明显，临江钢铁企业也发展迅速。空间格局从"零星点状"分布模式向"广布组团"分布模式演化。20世纪80年代，钢铁企业零散布局在北方地区，如辽中南、渤海西岸、鲁中、冀南等区域；90年代，长江流域的钢铁企业开始崛起，尤其是长江入海口、长江中游、赣江和湘江附近区域的钢铁企业发展迅速。21世纪以来，北方和长江流域钢铁企业数量和规模显著增长，逐渐形成了渤海西岸、冀晋豫三省交汇处、长江下游、鲁中南、辽中南五大组团和若干小组团的格局。同时，南方钢铁企业也不断壮大，重点钢铁企业广泛分布于除西藏、海南、宁夏外的各省区。

四、钢铁企业的铁矿石供应网络

铁矿石是钢铁企业的主要原材料，铁矿石的供需情况深刻影响着钢铁企业的经济效益、发展战略和空间布局。中国钢铁企业的原料供应网络受国内铁矿石产地、铁矿石需求量、国内铁矿石供给量及进口铁矿石供给量等因素的综合影响。

1. 铁矿石产量分布

中国铁矿石产量分布是钢铁企业供应网络形成的决定因素。①在全国层面上，2013年生产铁矿石15.2亿吨，其中规模以上企业生产铁矿石14.5亿吨。2013年全国小铁矿减少106家，占全部矿山数量的3%。②在区域层面上，华北地区铁矿石产量为7.76亿吨，占全国一半以上；其次是西南和东北地区，分别占15%和13%，合计占81.5%；西北地区铁矿石产量最少，仅占5%，可见铁矿石产量的分布极不均衡。东北铁矿主要是鞍山矿区，是目前中国储量、开采量最大的矿区，大型矿体多分布在鞍山、本溪，部分矿床分布在通化，鞍山矿区是鞍钢、本钢的主要原料基地。华北铁矿主要分布在河北宣化、迁安和邯郸、邢台的武安、矿山村及内蒙古和山西各地，山西90%以上的铁矿储量分布在五台山区和吕梁山区。中南地区铁矿以湖北大冶铁矿为主，其他如湖南的湘潭，河南的安阳、舞阳，江西、广东及海南等地都有一定的储量分布。华东铁矿主要分布在自安徽芜湖至江苏南京一带的矿山，此外山东的金岭镇等地也有铁矿储藏，是马鞍山钢铁及其他钢铁企业的原料供应基地。西部地区以攀枝花—西昌、镜铁山、大红山等矿山为主。

2. 钢铁产量及矿石需求演化

钢铁产量决定了铁矿石的需求量，需求量与中国铁矿石产量的差值即为铁矿石产量缺口。中国钢铁产量及铁矿石需求量演化特征如下。

（1）总体上，全国生铁、粗钢产量均呈上升趋势，尤其是 21 世纪初以来，增速显著提高。这与港口铁矿石总吞吐量、进港和进口吞吐量的增长趋势相一致。生铁和粗钢产量曲线基本重合，说明历年生铁和粗钢产量基本相同，近几年粗钢产量略高于生铁，但增长趋势相同。历年铁钢比（铁水入炉量与出钢量之比）大致在 1 左右，即钢铁冶炼过程中，生产 1 吨粗钢所需要的生铁大致在 1 吨左右（图 9-12）。

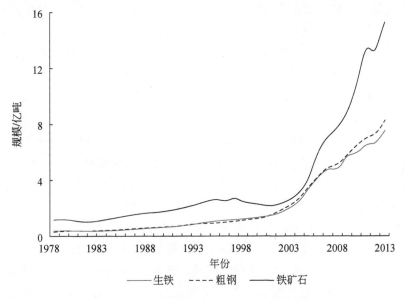

图 9-12　新中国成立以来中国钢铁产量演化

中华人民共和国成立后，钢铁产量呈现明显的三段式特征。改革开放之前，生铁产量低且年增长率波动幅度较人。中华人民共和国成立后，钢铁企业迅速复苏，50 年代生铁产量年均增长达 69%，因为该时期经历了两次基本建设高潮。80 年代始，年均增速趋于稳定，1982～2000 年生铁产量稳步增长，增速为 503 万吨/年。1996 年钢产量突破 1 亿吨，跃居世界第一位，占世界的 13.5%。进入 21 世纪后，钢铁工业又进入新一轮高速增长期，生铁产量增速显著提高，年均增长 4408 万吨。2008 年生铁产量为 4.8 亿吨，首次超过世界生铁产量的一半，2013 年达 7.48 亿吨，占世界生铁产量的 62%。

东北和京津冀地区是环渤海港口的腹地，该区域是中国钢铁企业的重要布局地。京津冀地区的首钢、河北钢铁、渤海钢铁的钢产量分别为 3100 万吨、1700 万吨和 5300 万吨；辽中南的鞍钢、本钢的产量分别为 2100 万吨和 1000 万吨；山东的山东钢铁、日照钢铁的产量分别为 2300 万吨和 980 万吨，环渤海地区主要钢铁企业的钢产量合计约为 1.67 亿吨，占全国总产量的 1/4。长江三角洲及长江沿线地区也是钢铁企业的主要分布区，宝钢、江苏沙钢、武钢、华菱钢铁的产量分别为 4400 万吨、3000 万吨、3600 万吨和 1500 万吨，合计约占全国钢产量的 1/5。华南沿海港口腹地的企业规模较小，主要分布在云南、贵州、四川、广西、广东、湖南、福建等地。

（2）铁矿石需求量增长趋势、变化率与生铁产量相同。按 1 吨生铁需 1.6 吨成品矿计算，1978 年中国铁矿石需求量突破 5 千万吨，1991 年达到 1 亿吨，1999 年突破 2 亿吨，2005 年达到 5 亿吨，2011 年突破 10 亿吨，2013 年铁矿石成品矿需求量达到 12 亿吨。

中国铁矿石消费量与钢铁产量演变趋势基本相同。21 世纪为转折点，之前铁矿石消费量保持在较低水平且增长缓慢。1981 年消费量为 1 亿吨，1991 年突破 2 亿吨，90 年代中后期消费量在 3 亿吨左右徘徊，改革开放至 21 世纪，铁矿石消费量年均增长率为 5%。进入 21 世纪，钢铁工业持续高速发展，铁矿石消费量迅猛增长，2004 年突破 5 亿吨，2007 年突破 10 亿吨，2013 年已达 23.4 亿吨，是 2000 年消费量的 8 倍，这与港口的铁矿石吞吐量变化趋势基本一致。

（3）铁矿石原矿产量大体呈现上升趋势，21 世纪以前增长缓慢，波动较为明显，20 世纪 90 年代中后期，铁矿石产量出现负增长；进入 21 世纪后，钢铁行业高速发展对铁矿石需求大幅增加，带动铁矿石产量不断增长。2002 年原矿产量为 2.33 亿吨，同比增长 7%，随后增速均超过 10%，2005 年铁矿石原矿产量达 4.2 亿吨，2013 年达 15.2 亿吨。成品矿产量按 30% 的原矿品位折算成品矿（62.5%），得到成品矿产量为原矿产量的 48%，其与原矿产量变化趋势相同，1987 年成品矿产量突破 1 亿吨，2013 年达 9.5 亿吨。

（4）铁矿石缺口计算公式为

$$Gio=Ppi \times 1.6\text{-}Pio \times 48\%$$

其中，Gio 为铁矿石缺口，Ppi 为生铁产量，Ppi × 1.6 为铁矿石的需求量，Pio 为铁矿石原矿产量，Pio × 48% 为铁矿石成品矿产量。铁矿石缺口即为成品矿需求量减去成品矿产量。铁矿石缺口基本呈现增长趋势。中华人民共和国成立后，中国铁矿石缺口演化分为四个阶段（图 9-13）。

阶段 I：改革开放之前，铁矿石缺口呈现波动性变化，变化幅度较大，"大跃进""文化大革命"和随后的"闹翻番""洋跃进"时期，铁矿石缺口均维持负值，说明这些时期中国铁矿石成品矿有盈余，产量大于需求。

阶段 II：改革开放至 21 世纪之前，铁矿石缺口逐渐增大，缺口占需求量比例也逐年升高。1979 年铁矿石缺口规模为 176 万吨，2000 年突破 1 亿吨，年均增长 459 万吨，缺口占需求量比例也从 1979 年的 3% 增长到 2000 年的 49%。

阶段 III：21 世纪伊始至 2007 年，是钢铁工业发展的黄金时期。铁矿石缺

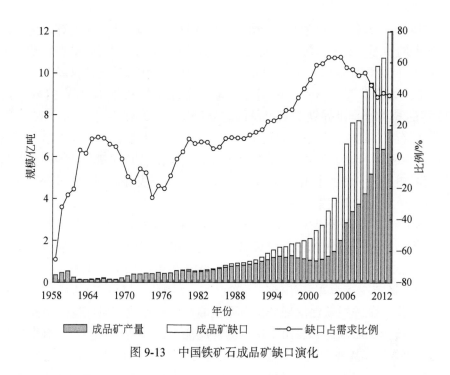

图 9-13　中国铁矿石成品矿缺口演化

口迅速拉大，增速显著提高，年均增长 4000 万吨以上，2007 年缺口达 4.23 亿吨，占需求规模的比例在 58% 左右，2001 年开始缺口已达需求量的一半以上，2003 ~ 2005 年达峰值 63%。

阶段Ⅳ：2007 年以来，铁矿石缺口保持高位浮动，年均缺口为 4.35 亿吨，2009 年达峰值 4.85 亿吨，2013 年为 4.66 亿吨。由于进口铁矿石价格飙升，国内铁矿石产量的迅猛增长，促使缺口占需求量比例呈现下降趋势，2013 年已降至 39%。

3. 世界铁矿石贸易与中国进口

改革开放尤其是 21 世纪以来，铁矿石需求量增长显著，而国内铁矿石供应量有限，需求大于供应，缺口逐渐拉大，中国开始大规模进口铁矿石。世界铁矿石贸易格局与中国铁矿石进口特征如下。

（1）全球铁矿资源集中分布在澳大利亚、巴西、俄罗斯、印度、乌克兰、中国、哈萨克斯坦、印度、美国、加拿大、南非等国，尤其是俄罗斯、巴西和澳大利亚储量合计占世界的 48.8%。中国尽管铁矿石储量很大，但含铁量偏低。从铁矿石出口看，2013 年全球铁矿石出口由澳大利亚和巴西主导，分别出口 6.13 亿吨和 3.3 亿吨，除印度出口量下降以外，其他国家的铁矿石出口均呈增长态势，卖方有必和必拓、巴西淡水河谷和力拓矿业三大巨头。从铁矿石需求量看，主要粗钢生产方依次为中国、日本、美国、俄罗斯、印度、韩国、德国、乌克兰、巴西、意大利、土耳其、法国、西班牙及墨西哥等。由于资源分布与钢铁生产存在错位，欧洲及亚洲的中国、日本、韩国等成为主要的矿石进口国。世界铁矿石贸易形成由澳大利亚、巴西等国家向中国、日本、韩国、欧盟等国家输送的格局。

（2）从铁矿石进口看，中国进口量占全球比例从2004年的31%增长到2013年的64%，是世界铁矿石贸易的主要进口国。2013年，中国从76个国家进口铁矿石8.2亿吨；其中，超过1000万吨的进口源国有12个，占总进口量的90%，最大源国为澳大利亚，提供铁矿石4.17亿吨，占中国进口量的一半；其次是巴西1.55亿吨，约占中国进口量的五分之一。其余从南非、伊朗、印度尼西亚、乌克兰、加拿大和印度等国家进口。

（3）铁矿石对外依存度是指一个国家铁矿石净进口量占本国铁矿石消费量的比例，反映一国铁矿石消费对国外市场的依赖程度。铁矿石消费量的飞速增长促使铁矿石储量不断下降，2001～2012年中国铁矿石储量从121.3亿吨下降到52亿吨（王海军和张国华，2013），国内原材料资源消耗与生产需求的矛盾凸显，资源短缺促使部分具有可运输性的产业改变供应链的空间方向。中国铁矿石消费需求已远超出了国内的供应能力，致使钢铁企业原料供应源地从附近的铁矿石基地向港口转移，2004年以前以国产矿石为主而之后主要依靠进口。由于铁矿石实际消费量较难获取，本书利用表观消费量替代。中国铁矿石产量的统计口径为原矿，计算时需要按30%的原矿品位折算成品矿。中国进口依赖度呈现明显的上升趋势，1988年开始逐年递增，21世纪以来超过

港口运输与腹地产业发展

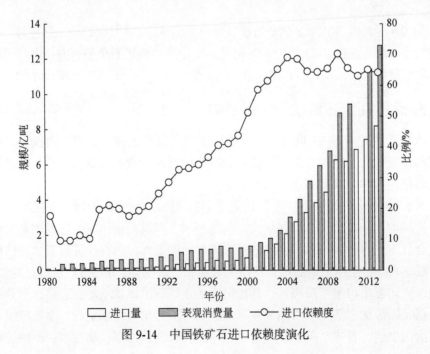

图9-14　中国铁矿石进口依赖度演化

50%，增速明显加快，2005 年后依赖度保持 65% 左右，2009 年达峰值 70%。进口铁石产铁量占比也呈增长态势，2009 年以来有所回落，但也维持在 67% 的高位（图 9-14）。

4. 原料供应空间分异及演化

随着钢铁企业不断扩能，铁矿石需求量远大于国内铁矿石的供应量，铁矿石进口依赖度逐年上升。在此背景下，钢铁企业的原料供应路径发生了变化。选择位于不同区域的企业案例进行分析，即东北地区的本钢、西北地区的包钢、长江流域的武钢和西南地区的攀钢（图 9-15）。

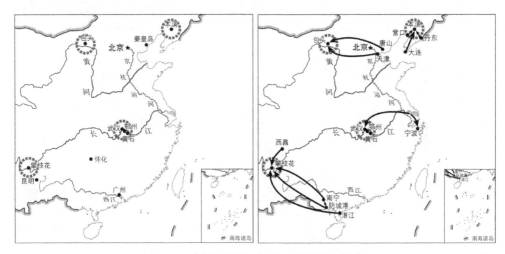

图 9-15　案例企业铁矿石主要来源路径演化

1）本钢

本钢位于本溪市，始建于 1905 年，2010 年合并北台钢铁等企业。现已形成年产能 2300 万吨，拥有六座矿山，分别是南芬、歪头山、北台、马耳岭、贾家堡子、徐家堡子和花岭沟铁矿区，其中南芬矿是大型矿山。由于本溪市重点钢铁企业只有本溪钢铁和北台钢铁，2010 年合并为本钢集团，本研究的本钢数据为本溪钢铁和北台钢铁之和。本钢集团的产能规模持续扩大，1990 年生铁产能为 350 万吨，2000 年扩能到 500 万吨，2010 年达 1800 万吨，进入 21 世纪，企业不断扩能改造，年均增长 130 万吨。这促使铁矿石需求出现爆发式增长，企业本身的矿石产量与需求量之间的缺口越来越大，铁矿石进口量越来越多。铁矿石流入量从 1990 年的 577 万吨，增长到 2010 年的 2177 万吨。从铁矿石源地看，1990 年本钢铁矿石基本从本地获得，大致为 518 万吨，自给率达 90%，其余从唐山、朝阳等地区输入。2000 年，本钢从本地矿山获取铁矿石 553 万吨，自给率降到 84%，从丹东输入 3%

的铁矿石。本钢在 2008 年以前铁矿石自给率在 60% 以上，2009 年自给率降到 52%。2010 年铁矿石供给源发生了较大变化，从本地获得铁矿石最多为 890 万吨，自给率已降到 41%，剩余分别从营口（28%）、大连（26%）、丹东（5%）等港口流入，尤其是营口和大连成为进口铁矿石的登陆港。从原料供应范围看，21 世纪以前铁矿石基本由本地矿山供应，进入 21 世纪，企业规模不断扩大，本地铁矿石产量已无法满足企业需求，缺口基本来自进口。目前，本钢外购铁矿石合同中约 30% 通过长期进口合同锁定，70% 来自现货。国内铁矿石供应的范围扩大并向海外偏移，企业原料模式从本地供应向进口供应转变，2010 年企业 50% 以上的铁矿石源于进口，主要是从营口、大连、丹东港上岸，港口成为本钢原料供应网络的重要节点。总体来看，随着企业不断扩能，本钢原料供应模式从原料自给型向原料进口兼自给型演变，原料自给程度越来越低（图 9-16）。

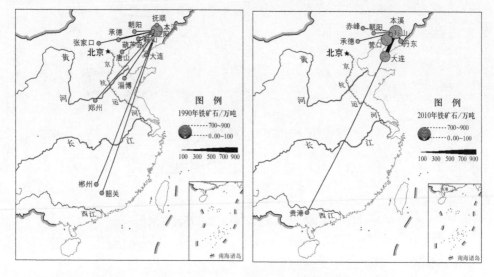

图 9-16　1990 年和 2010 年本钢铁矿石铁路来源地及演化

2）包钢

包钢位于包头市，成立于 1954 年，拥有白云鄂博矿等矿山，靠近山西、内蒙古煤炭富集区，稀土、煤、铁、水、电等资源组合优势明显，与澳大利亚、蒙古国等国的企业有广泛的资源合作。包钢的生产能力不断扩大，1990 年为 260 万吨，2000 年扩能到 400 万吨，2010 年达 1000 万吨。进入 21 世纪，包钢为实现规模经济而扩能改造，10 年内生铁产能增长了 600 万吨，原料需求也不断增长。铁矿石输入量从 1990 年的 950 万吨，增长到 2010 年的 1669 万吨。从铁矿石源地看，1990 年包钢约有 88% 的铁矿石原料由本地提供，约为 834 万吨，3% 的铁矿石从秦皇岛流入，其余从天津、青岛、淄博等地区输入。2000 年，包钢铁矿石的本地

港口运输与腹地产业发展

供应率降到79%，其余从朝阳等地区运达；2010年铁矿石供应源发生了一定变化，从本地获得1272万吨，占比为76%，其余有14%的矿石从天津流入，3%从唐山流入，6%从其他地市输入。从原料供应范围看，21世纪以前铁矿石基本由本地供应，进入21世纪，包钢生产规模不断扩大，缺口铁矿石基本来自进口，国内供应地的范围逐渐扩大并向沿海地区偏移，但沿海铁矿石供应主要来自港口的进口。包钢的本地原料供应率很高，一直保持在70%以上，但进口比例逐渐增长，2010年17%的铁矿石从天津、唐山等港口输入。总体来看，包钢是以原料自给型为主，随着生产能力扩大，进口铁矿石逐渐增多，且进口铁矿石主要从天津港上岸。

3）武钢

本书的武钢是指武钢本部。武钢是中华人民共和国成立后兴建的第一个特大型钢铁联合企业，1958年投产，本部厂区布局在武汉长江南岸。武钢拥有鄂东、程潮、灵乡、大冶铁矿，分布在黄石、大冶、鄂州等地，同澳大利亚、南非、巴西等国的矿石供应商建立了良好的合作关系。武钢长期合作进行矿石中转的港口有北仑、舟山绿华山港。武钢的生产能力呈现成倍的增长，1990年为460万吨，2000年扩能到650万吨，2010年达1600万吨。进入21世纪，钢铁产能大幅提高，企业本身的铁矿石产量与需求量之间的缺口越来越大，进口量越来越多。铁路输入量从1990年的327万吨，增长到2010年的537万吨，20年来铁路流变化不大，铁矿石需求却增长了近2.5倍，剩余需求量由水路运输，2000年以前水路运输比例变化不大（60%），2010年增长到80%，基本依赖进口。从陆路源地看，1990年铁矿石主要从黄石和鄂州输入264万吨，比例达81%，其次从怀化和广州各流入3%，其余矿石从东莞、唐山、攀枝花、承德等地区输入；2000年武钢从黄石和鄂州获取铁矿石409万吨，比例达94%，剩余矿石从合肥、攀枝花、梅州等地市输入；2010年陆路供给源基本还是鄂东南地区，为511万吨，比例达95%，剩余铁矿石从襄樊、赣州、孝感、攀枝花等城市流入。从水路源来看，进口铁矿石方式为三程运输：一程海轮抵达海港卸载后，通过二程船进入长江转运至长江下游各港口，再由各港口通过驳船运至企业码头。武汉港进港量从1990年的471万吨，2000年增长到672万吨，2010年达2145万吨。近20年飞速增长的铁矿石需求量基本依靠进口，由宁波、舟山等港水水中转抵达武汉港，水路供应率从1990年的60%上升到2010年的80%。从原料供应范围看，21世纪以前铁矿石基本由临近矿山和进口水路中转供应；进入21世纪，企业规模不断扩大，进口铁矿石越来越多，80%以上依靠外购而70%为进口矿，10%为国内采购。武钢通过与主要铁矿石供应商BHP、RioTinto、巴西CSARMACO、南非KUMBA、ASSMANG等公司签订长期合同，锁定进口来源。国内铁矿石供应的范围也逐渐扩大。总体来看，武钢原料供应一部分自给，一部分进口，但企业扩能促使铁矿石进口依赖度增强，进口水水中转成为主要的运输方式。

4）攀钢

攀钢所处的攀西地区是中国乃至世界矿产资源的富集地区，拥有兰尖、朱家包、泸沽、拉克、轿顶山、白马等铁矿。攀钢产能呈现持续扩大的趋势，1990年生铁产能为250万吨，2000年扩能到420万吨，2010年达900万吨。进入21世纪，攀钢生产规模显著增长，铁矿石需求量随之增加。铁路输入量从1990年的567万吨，增长到2000年的664万吨，2010年降到611万吨，说明21世纪后部分原料通过公路输入。从铁矿石源地看，1990年铁矿石基本从本地获得，大致为515万吨，自给率达91%，其余矿石从昆明等周边地市输入；2000年本地供应量为526万吨，比例降到79%，从南宁输入11%的铁矿石；21世纪以来，本地供给比例下降，2010年从本地获得405万吨，比例已降到66%，剩余矿石从南宁（16%）、西昌（13%）、湛江（4%）等城市输入，南宁的铁矿石从防城港上岸通过公路运往南宁、再通过铁路运往攀枝花。从原料供应范围来看，21世纪以前铁矿石基本由本地矿山供应，进入21世纪，企业规模不断扩大，原料采购区域扩展到周边的凉山和滇西地区，其中自产矿占55%。进口矿为44万吨，主要供应商为力拓和BHP公司，从湛江港上岸。总体看，攀钢的原料供应是自给率不断下降，从邻近港口（防城港、湛江港）输入量逐渐增多（图9-17）。

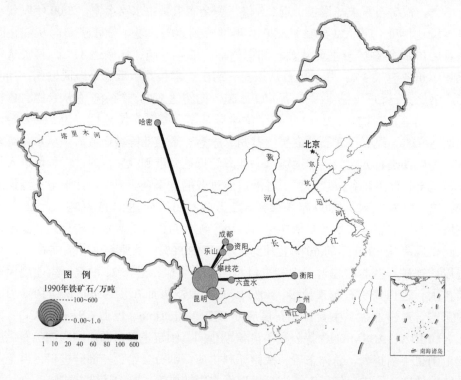

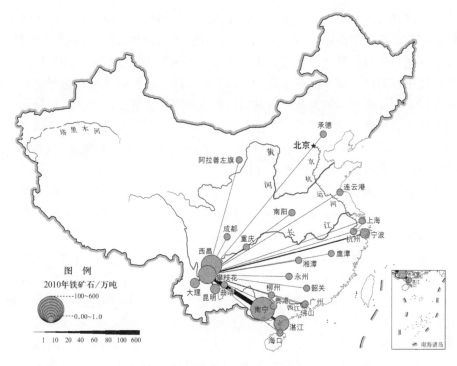

图 9-17　1990 年和 2010 年攀钢铁矿石铁路来源地演化

第四节　港口与钢铁企业空间模式

　　港口的铁矿石运输规模、运输路径与钢铁企业的布局、原料供应之间存在着某种空间关联。本部分从物流网络组织、距离关系、供应链关系和运输方式的视角，总结港口与钢铁企业的空间关系，凝练联动模式。

一、港口－钢铁企业的海陆运输网络

1. 铁矿石海向贸易网络

　　中国钢铁企业的铁矿石原料主要依赖于进口，进口贸易路线大致形成了南支、西南支、西支、东支四条。南支路线主要始于澳大利亚、马来西亚、印度尼西亚等国家，西南支源于巴西、南非等国家，西支路线主要联系印度、伊朗、乌克兰、毛里塔尼亚等国家，东支起始于加拿大、秘鲁、智利、墨西哥、俄罗斯等国家。通过四条路线，中国基本形成了覆盖全球的铁矿石进口贸易网络。

从海运路线看，中国主要从澳大利亚、巴西等国家进口铁矿石。由于澳大利亚的铁矿石集中在西澳地区，西岸有矿石输出港，由南向北依次为达尔文、黑得兰、丹皮尔、兰伯特角和奥斯德林港，澳大利亚至中国的海运通常从这些港口出发。而巴西至中国的路线则从巴西东海岸港口出发，绕过非洲好望角，途经马来西亚到达中国。印度至中国的海运通常从印度西海岸出发，穿过印度洋，经马六甲海峡到达中国。从海运距离来看，中国与巴西、南非、印度和澳大利亚的海运距离分别为 11 000 海里（1 海里 =1.852 千米）、8000 海里、4100 海里和 3600 海里，澳大利亚是距离中国最近的主要供矿国。

中国铁矿石来源分散化趋势越来越明显。2013 年，中国从 76 个国家进口铁矿石 8.2 亿吨，超过 1000 万吨的源国有 12 个，占总进口量的 90%。原因是中国与巴西淡水河谷、澳大利亚必和必拓、力拓三大巨头的铁矿石价格谈判中一直处于不利地位，为降低成本，钢铁企业的铁矿石来源逐渐走多元化渠道，向更多的国家购买铁矿石或到更多国家开矿。近几年来，中国从乌克兰进口铁矿石的增速明显加快，通过铁路和海路输入中国港口。受航线及运距影响，铁矿石进口源存在空间分异，南方港口主要从澳大利亚、巴西、南非、伊朗、印度等国家进口，长三角港口主要从澳大利亚、巴西等国家进口铁矿石，而环渤海港口则除接卸澳大利亚和巴西的铁矿石外，还接卸加拿大的铁矿石。但由于主要进口源国相同，各地区之间差异较小。

2. 铁矿石陆向集疏网络

集疏运体系是连接多种运输方式的平台和纽带，是衡量港口运输系统的关键因素。进口铁矿石的陆向运输线路繁杂，运输方式构成多样，空间分布广，形成了复杂的铁矿石陆向集疏网络。该网络特征主要取决于各港口与腹地钢铁企业运输联系的规模、方向和运距等。进口铁矿石作为大宗货类，到港后主要以水路和铁路转运为主、以公路运输为辅。

1）铁路

铁路网是港口铁矿石集疏网络的重要部分，是港口与钢铁企业联系的基本载体。由于钢铁企业数量众多，除了西南和东北北部地区及个别地市外，90% 以上的地市均有钢铁企业布局。其中，重点大中型钢铁企业达 100 多家。多数企业的铁矿石依赖进口，港口的铁路集疏网络覆盖面积广。主要集疏运铁路有京广、京哈、沈大、胶济、邯济、沈丹、辽溪、津山、京包、辛泰、石德、新石、京沪、陇海、太焦、沪昆、峰福、鹰厦、黎湛、益湛、京九、武九、襄渝等线路，尤其是京广线为铁矿石运输大动脉。这些铁路线有的与港口直接相连，有的与港口铁路专用线相连，有的通过公路与港口连接。

铁矿石源流地市逐渐增多，范围逐渐扩大，流出量显著提高，主要源流地从内陆铁矿富集区向沿海转移。1990年铁矿石源流地覆盖了162个地市，2010年增加到225个，目前西北地区覆盖范围扩大较为明显。随着钢铁产业的飞速发展，铁矿石流出量增长显著，尤其是环渤海地区和两广地区。全国铁路流量从1990年的8551万吨增长到2010年的3.85亿吨，增长了3.5倍。1990年流出量超过500万吨的地市有3个，2010年达17个，最高流出量从852万吨增长到3893万吨。90年代初源流区集中在内蒙古中部、辽中南、山东东部和攀枝花、黄石等地市。近几年，集中区位于渤海西岸、山东东南沿海、辽中南、杭州湾南岸、雷州半岛和南宁、攀枝花、包头等个别地市。沿海、长江流域和内蒙古两侧源流功能增强。总体上，铁矿石源流区集聚格局从内地资源富集区向沿海港口转移的趋势明显。

从铁路汇流来看，钢铁产能较高的地市往往成为汇集点，沿海汇流地市明显增多，华北地区汇流功能增强，长江流域、华中和西南地区有所减弱。1990年，铁矿石汇流地覆盖了197个地市，主要分布于华北地区和长江流域，多计划经济时期部署的钢铁基地。2010年有247个地市通过铁路输入铁矿石，新增50个地市主要位于西北和沿海地区，鲁、晋、冀等省份的城市流入量增长明显，长江流域铁路汇流功能减弱。这是由于进入21世纪后长江流域铁矿石汇流的途径为水路，铁路功能弱化。1990年，包头流入量最高，为950万吨，流入量大于500万吨的城市依次是北京、鞍山、本溪和攀枝花。2010年，邯郸运进2589万吨，成为铁路流入最多的城市，其次为本溪，流入量也超过2000万吨，包头、柳州、安阳、莱芜、临汾高于1000万吨。

从流动格局来看，铁矿石流辐射范围、密度和流量增长显著，主要交流对从近距离运输为主向中长远距离运输转变，从"内地局部地市相连"向"以沿海港口为起点向内地发散辐射"转变。1990年地市间交流对为1848对，2010年交流对增长到3772对，覆盖率和交流密度不断提高，空间跨度不断扩大。1990年最大铁路流为包头境内的834万吨，2010年增长为1272万吨；1990年交流对最大的是从辽阳到鞍山的292万吨，2010年是湛江到柳州的816万吨，流量增长较快。20世纪90年代初，主要铁矿石流基本为市域内和短途运输，最高的依次是包头、本溪、攀枝花的境内交流，其次是从附近矿山调出的交流对，如辽阳到鞍山、黄石到武汉，城际交流对主要分布在华北和华南地区。近几年，中远程交流对明显增多，且均从沿海港口调出，运量超过5百万吨的交流对依次为青岛→邯郸、青岛→莱芜、天津→邯郸、营口→本溪、日照→临汾、大连→本溪、天津→唐山、南宁→柳州、日照→运城。由此发现，辽宁港口主要服务于东北地区的钢铁企业，渤海西岸港口主要服务于京津冀蒙晋即华北和西北地区的钢铁企业，山东沿海港口主要服务于鲁冀晋陕豫等地区的钢铁企业，珠三角港口主要服务于湘赣地区的钢铁企业，湛江港的主要辐射范围较广，西至攀枝花、东至萍乡（表9-5）。

表9-5　主要港口铁路辐射地市、钢铁企业

港口	主要辐射地市、钢铁企业	铁路线
丹东	本溪：本钢	丹大线
大连	本溪：本钢；鞍山：鞍钢、海城后英；营口：中板	沈大线
营口	本溪：本钢；鞍山：鞍钢、海城后英；营口：中板；通化：首钢通化；抚顺：抚顺新钢	沙鲅线、沈大线
秦皇岛	唐山：首钢、唐钢、津西集团、唐山国丰等	京哈线
唐山	北京：建龙重工	迁曹线
天津	邯郸：邯钢、天津天铁、新兴铸管、新武安明芳等；唐山：首钢、唐钢、津西集团、唐山国丰等；张家口：宣钢；北京：建龙重工；包头：包钢	津山线、京广线、京包线
烟台	邯郸：邯钢、天津天铁、新兴铸管、新武安明芳等；济南：济钢、济南庚辰；莱芜：莱钢、山东富伦、山东泰山	蓝烟线、胶济线
青岛	邯郸：邯钢、天津天铁、新兴铸管、新武安明芳等；莱芜：莱钢、山东富伦、山东泰山；济南：济钢、济南庚辰；石家庄：河北敬业、辛集奥森、石钢；太原：太钢；晋中：山西新泰；安阳：安阳集团、河南凤宝；泰安：山东石横	胶济线、邯济线、辛泰线、石德线
日照	临汾：山西建邦、新临钢；安阳：安阳集团、河南凤宝；长治：首钢长治；莱芜：莱钢、山东富伦、山东泰山；邯郸：邯钢、天津天铁、新兴铸管、新武安明芳等；济南：济钢、济南庚辰	新石线、京广线、京沪线
连云港	临汾：山西建邦、新临钢；安阳：安阳集团、河南凤宝；邯郸：河北邯钢、天津天铁、新兴铸管、新武安明芳等；长治：首钢长治；南阳：南阳汉冶	陇海线、京广线、太焦线
宁波	新余：新余钢铁；衢州：衢州元立；杭州：杭钢	北仑线
福州	三明：三钢	峰福线
厦门	三明：三钢	鹰厦线
深圳	湘潭：华菱湘潭；韶关：韶钢	广九线
广州	娄底：华菱涟源、湖南冷水江；韶关：韶钢	京广线
湛江	柳州：柳钢；娄底：华菱涟源、湖南冷水江；六盘水：首钢水城；湘潭：华菱湘潭	黎湛线、益湛线
九江	新余：新余钢铁；南昌：萍钢、方大特钢	京九线
黄石	鄂州：鄂钢	武九线
岳阳	湘潭：华菱湘潭	京广线
重庆	达州：四川达州	襄渝线

2）水路

由于成本和运力优势，内河运输成为铁矿石集疏运体系的重要方式。承担铁矿石运输职能的内河是长江、京杭运河和珠江水系，但历年来京杭运河和珠江水系铁矿石运量极为有限，其铁矿石吞吐量占内河港口吞吐量的比例不足5%。长

江流域是钢铁企业的集聚区，中国九大钢铁基地中有 5 个分布在长江流域，分别是上海、马鞍山、武汉、重庆、攀枝花基地，重点大中型钢铁企业有 32 个，生铁产能超过 2 亿吨，占全国重点大中型钢铁企业产能的 1/3，区域内使用进口矿的钢铁企业均建立了以港口为核心的直卸或铁水转运体系。

长江流域内，主要钢铁企业的铁矿石来源分异明显。因航道水深的变化，水运比例向上游呈现逐级递减的趋势。主要支流赣江、湘江、岷江沿岸的钢铁企业由于航道水深有限，主要以铁路或铁水联运为主，如新余、湘潭等。长江流域多数地市的水运比例均有所增加。20 世纪 90 年代初，下游地市以水路或公路运输为主，中游除武汉外是铁路为主，下游企业原料基本是铁路运输。非紧邻长江航道的部分地市的钢铁企业因铁路通达性和运力不足，则以公路或公水联运为主，如汉中、内江、萍乡等。近几年，长江下游主航道地市的钢铁企业的原料来源基本为水运，中下游主航道地区均以水运为主（图 9-18）。

目前，铁矿石港口覆盖众多。其中，上海、南通、太仓、镇江、南京、常州、张家港、江阴等铁矿石出港内贸量超过 500 万吨，位于长江下游，是中国重要的铁矿石中转港口。

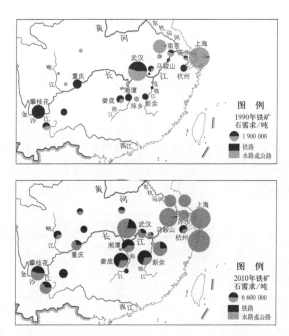

图 9-18　1990 年和 2010 年长江流域钢铁企业铁矿石来源

选取长江口的上海、下游的马鞍山、中游的武汉、上游的重庆四大钢铁基地为案例，总结铁矿石原料的水运路径。宝钢拥有马迹山港、宝钢原料码头等货主码头（赵咨，2007），进口矿石通过远洋运输抵达舟山马迹山、宁波北仑、青岛、日照等大型码头，经减载好望角型散货船可挂靠宝钢原料码头、罗泾散货码头。马钢进口矿石部分通过马迹山、北仑、青岛等港口减载后直接送达马鞍山，还有部分经南通、镇江、南京等港口转运。武钢与上海、宁波、太仓港通过协议或投资码头的方式，取得优先卸货转运的权利，进口矿石首先运到马迹山、北仑、青岛、日照等港口卸载后转运到上海、南通或太仓等港，再运到武汉港（刘莉，2007）。重钢进口矿石在马迹山、北仑港卸载后转运到南通、南京等港，再运达重庆（图9-19）。

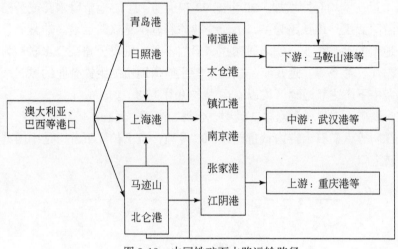

图9-19　中国铁矿石水路运输路径

3. 铁矿石海陆运输网络

对上述海向贸易网络和陆向集疏网络进行叠加，可发现集疏运系统中通道和节点的分化与功能分异，形成了更复杂的网络组织模式。铁矿石运输网络的主要节点包括港口、铁路站点等交通节点和矿石生产、消费地等功能性节点（表9-6）。

表9-6　中国铁矿石运输网络要素

环节		区位
交易中心		北京铁矿石交易中心、日照国际铁矿石交易中心、上海矿石国际交易中心、中国南方铁矿石现货交易中心（湛江港）
期货交割	仓库	天津港（2个）、连云港港、日照港、青岛港、京唐港、曹妃甸港
	厂库	司家营、连云港港、日照港
生产基地		鞍本矿区、冀密矿区、攀西矿区、五吕矿区、宁芜矿区、包白矿区、鲁中矿区、邯邢矿区、鄂东矿区、海南矿区
消费基地		鞍本钢铁基地、京津唐钢铁基地、上海钢铁基地、武钢基地、攀钢基地、包钢基地、太钢基地、马钢基地、重钢基地
进口口岸	陆地	满洲里、阿拉山口、喀什
	港口	日照、青岛、曹妃甸、天津、连云港港、京唐、舟山、宁波、上海、岚山

环节		区位
运输通道	铁路	京广线、京哈线、沈大线、胶济线、邯济线、京包线、京沪线、京九线、陇海线、太焦线等
	水路	长江水系
中转基地	国内	南通港、太仓港、镇江港、南京港、张家港、江阴港
	国际	宁波港、舟山港、上海港、青岛港、日照港

（1）铁矿石交易中心是指铁矿石现货交易电子商务平台，主要功能是为国外矿山与钢铁企业提供物流、保险、保税、国际清算及结算等服务，是铁矿石贸易的核心节点。大型铁矿石交易中心多分布铁矿石进口大港和政治中心，北京主要服务于华北地区，日照港主要服务于华北和华东地区，上海港主要服务于长江流域，湛江港主要服务于华南地区，覆盖全国主要钢铁企业。铁矿石交易中心是港口作为第三方平台，直接参与铁矿石贸易的重要体现。

（2）铁矿石期货交割采用仓库、厂库、提货单交割相结合的交割模式，交割仓库是指期货交易所为实现实物交割而在商品主产区或主消费区特意设立的商品存储区域，如果交易所指定交割仓库就是指定生产厂家的仓库，即为交割仓库。其主要功能是期货的存储和交割的地点。交割仓库主要分布于环渤海的铁矿石进口港，交割厂库设在河北唐山内陆矿区和主要进口港。港口不仅是铁矿石水陆运输枢纽，还承担了铁矿石期货物流链中的仓储功能。

（3）口岸是由国家指定对外往来的门户，是国际货运的枢纽。中国铁矿石进口口岸以港口为主，主要由环渤海港口和长三角洲港口承担；铁路口岸较少，均为亚欧大陆桥的进口门户。钢铁企业进口原料依赖度很高，口岸就成为铁矿石运输体系的核心节点，一般为陆向运输网络的起点。

（4）货物从起航港前往目的港，途经行程中的第三港口，货物进行换装运输工具或减载继续运往目的地的港口，即为中转港。中国铁矿石的中转基地主要位于长江三角洲和山东东南沿海的铁矿石进口港，是铁矿石海运网络与内河运输网络的重要连接节点。国内中转基地主要位于长江下游，实现铁矿石二程转运，是铁矿石内河运输网络的关键节点。

（5）铁矿石基地是国产铁矿石的源流区，即国内铁矿石运输网络的起点，主要位于辽宁中东部、内蒙古中部、京津冀及周边、山东中南部、四川南部等地区。铁矿石消费地为钢铁企业所在地，是铁矿石的汇流区，即铁矿石运输网络的终点，主要分布于华北和长江流域等钢铁企业集聚区。

中国铁矿石运输网络的主要通道是铁路、公路和内河航道，通道连接各种节点，实现铁矿石的流通，铁矿石流向基本为单向，从铁矿石进口口岸或铁矿石基地流向铁矿石消费基地。干线通道呈现"四横五纵"的格局，主要分布于中部、东部和西部极少数地区，中部最为密集，尤其是钢铁企业集聚的华北地区。通道基本连通了主要的铁矿石港口、铁矿石基地、铁矿石消费基地和重点钢铁企业。

二、基于距离的港口–钢铁企业空间模式

钢铁企业与港口的距离，直接关系到钢铁企业的原料供应源结构和途径，且21世纪以来钢铁企业布局的重要因素就是与港口的距离关系。按照钢铁企业与港口、原料产地和交通枢纽的距离关系，可分为自给模式、向港模式和临港模式（图9-20）。不同的港口–钢铁企业空间关系模式在不同时期处于主导地位。

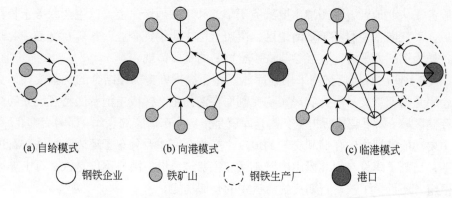

(a) 自给模式 (b) 向港模式 (c) 临港模式

○ 钢铁企业 ● 铁矿山 ⦿ 钢铁生产厂 ● 港口

图9-20 基于距离视角的港口与钢铁企业空间关系模式

1. 远港模式

该模式也称为自给模式。20世纪90年代以前，受冶炼技术和运输条件的限制，钢铁企业对港口进口铁矿石的依赖度较低，而依靠内陆邻近矿山实现原料供应，形成远港模式。传统区位理论认为资源密集型产业的分布依赖于资源禀赋（Weber，1909；Ohlin，1957），为了使运输成本最小化，钢铁企业的早期布局一般是靠近铁矿石和煤炭资源的地方。中国铁矿资源富集区多在内陆地区，与港口距离较远。在早期阶段，钢铁企业数量较少，产能较低，铁矿石需求量较少。为节省原料运费，钢铁企业一般建立在远离港口的铁矿石基地。多数钢铁企业拥有矿山的使用权，原料直接从矿山通过公路或铁路输送到钢铁企业，实现原料自给。此类钢铁企业有包钢、攀钢、邯钢、本钢等。

2. 向港模式

20世纪90年代，钢铁产业逐渐向港口靠近，在交通枢纽或市场附近新建钢

铁企业，即形成向港模式。随着技术发展，运输成本与资源可得性之间存在替代关系，新贸易理论提出"源地市场效应"假设，认为企业集中在通达性好的区域（Haaland and Kind，1999），钢铁产业倾向于集聚在交通畅达的市场地。快速发展的工业化和城市化带动了各地区的钢铁产业发展，钢铁企业的数量和产能均不断增长，邻近矿山的矿石产量无法满足其需求，许多钢铁企业依靠国内其他矿山和通过港口进口矿石。钢铁企业的原料供应范围不断扩大，运距不断增长。为节约成本，在交通枢纽和市场附近布局钢铁企业成为趋势，并逐渐向港口靠近。此种模式的钢铁企业有武钢、重钢、建龙重工、首钢长治、四平现代等。

3. 临港模式

21世纪以来，随着钢铁工业的发展和国内原料的短缺，中国原料对外依存度不断提高，为节约运输成本，钢铁企业选择邻近港口布局，或原有内陆钢铁企业在临港工业区新建钢铁厂，即形成临港模式。钢铁工业向沿海大转移，是摆脱原有发展模式，即主要利用本国资源，依赖全球市场并靠近消费市场。21世纪以来，中国钢铁产业呈现爆发式增长，多数钢铁企业的原料中大部分是进口，通过铁路、水路或公路从港口运至企业。同时，临港产业发展迅速，钢铁企业进入临港阶段。如武钢在广西防城港建设千万吨级钢铁厂，首钢把主要产能搬迁到曹妃甸港，宝钢在湛江建设千万吨级的钢铁基地。

三种模式具有时间阶段性。由于资源密集型产业进入门槛高、投资额度高、规模效应显著、具有很强的"路径依赖"特性（贺灿飞和朱彦刚，2010），虽然近几年钢铁企业倾向于沿海布局，但钢铁企业内陆型布局仍十分明显，所以目前钢铁企业与港口的三种空间关系模式并存（表9-7）。

表9-7　港口与钢铁企业空间关系演化阶段及特征

阶段	远港阶段	向港阶段	临港阶段
时间	20世纪90年代前	20世纪90年代	21世纪
港口辐射范围	东部	东部、中部	东中部和西部少数地区
企业数量及产能	较少	增多	爆发式增长
布局区位	邻近矿山	交通枢纽或邻近市场	邻近港口
新建企业与港口距离	较远	较近	邻近
主要原料构成	自产矿石	进口、国产矿石	进口矿石
原料来源地	邻近矿山	港口或附近矿山	港口或国内矿山
主要物流链	铁路、公路	铁路、公路	铁路、水路、公路

三、基于供应关系的港口-钢铁企业空间模式

从供应关系角度看，中国港口与钢铁企业空间关系模式，可总结为单港单企

模式、多港单企模式、单港多企模式和多港多企模式，如表9-8和图9-21所示。

表9-8　港口与钢铁企业供应关系模式及特征

模式	单港单企	多港单企	单港多企	多港多企
港企距离	较近	较近	较近	较远
集聚程度	港疏企疏	港密企疏	企密港疏	港密企密
港企规模	港企平衡	大企小港	大港小企	大港大企
产业集中度	较高	最高	最低	较低
案例	马鞍山港与马钢	新余钢铁与宁波港、九江港和泰州港	湛江港与首钢水城、柳钢、华菱涟源、湖南冷水江	青岛港、日照港和连云港及其腹地的钢铁企业

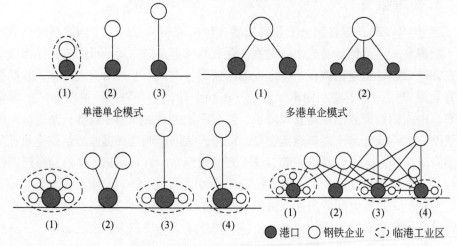

图9-21　单港多企模式和多港多企模式

1. 单港单企模式

　　港口基本仅供给一个钢铁企业所需的原燃料，且该钢铁企业也基本从该港口获取原燃料，即港口与钢铁企业是一对一的供应关系。该模式适用于港口与钢铁企业之间距离较近，可达性良好，港口铁矿石、煤炭的吞吐能力与钢铁企业产能相匹配，即"港企平衡"。根据距离可分为三种类型。

　　（1）临港工业型。钢铁企业布局在临港工业区内，与铁矿石或煤炭码头相邻或距离很近，典型情况为：利用港口而在其附近新建钢铁企业。进口铁矿石和煤炭到港后通过传送带从码头直接运进企业，或通过公路短程运输至企业。该类型可为钢铁企业节省大量运费，实现物流链与生产链的无缝衔接。湛江东海岛港与湛江钢铁基地的关系就是如此。

　　（2）近港运输型。钢铁企业与港口距离相对较近，典型情况为：钢铁企业在邻近港口修建配套码头，原燃料上岸后通过公路运至企业。

　　（3）中远程型。钢铁企业与港口距离相对较远，但因某种协议如价格优势而建立的长期合作机制，或港口和钢铁企业相对孤立，为效益最大化而形成协作。进口铁矿石和煤炭进港后通过公路或铁路或公铁联运至企业。

中国钢铁企业众多，铁矿石港口也较多且相对密集，所以单港单企模式较少。典型的是马鞍山港与马钢。1990年马钢铁矿石基本源于周边矿山，2010年马钢铁矿石的96%来自马鞍山港，从马鞍山运出矿石的77%供应马钢。马钢邻近马鞍山港布局，属于单港单企模式中的临港企业型。

2. 多港单企模式

某钢铁企业从多个港口获取原燃料，且这些港口仅供应该家企业，即港口与钢铁企业是多对一的供应关系。该模式适用于钢铁企业与几个港口的可达性相差不大，且距离相对较近，一定区域内港口集中但钢铁企业分散，即"港密企疏"。单个港口的铁矿石和煤炭的吞吐能力，不足以提供钢铁企业所需的原燃料或单个港口只提供一种原料、燃料的情况，即"大企小港"。该模式的钢铁产业集中度最高，但在中国该模式少见。

根据距离，又可分为两种类型。

（1）港距相等型。钢铁企业与几个港口的距离相差不大，运输成本相当，且单一港口吞吐规模不足以支撑该企业的原燃料供应。

（2）多港补给型。钢铁企业与一个港口距离最近，但该港口的原燃料供应小于钢铁企业的需求，则需要其他相邻港口补充。进口铁矿石和煤炭进港后通过公路或铁路或公铁联运至企业。

新余钢铁主要从宁波、九江等港口运入矿石，而宁波和九江港铁路运出的铁矿石，运量最大的均为新余，分别占42%和53%，附近小型铁矿石港口如泰州，其运出的铁矿石多供应新余钢铁，占比达84%。新余钢铁与港口的供应模式属于多港单企模式中的多港补给型。

3. 单港多企模式

某港口供给多家钢铁企业原燃料，但这些钢铁企业基本从该港口获取原燃料，即港口与钢铁企业是一对多的供应关系。该模式适用于钢铁企业与港口距离较近、可达性良好、区域内钢铁企业集中但港口分散的情况，即"企密港疏"，且港口铁矿石和煤炭吞吐能力大于每个钢铁企业所需的原燃料，即"大港小企"。

根据距离，又可分为三种类型。

（1）临港工业型：多个小型钢铁企业坐落在临港工业区内，与铁矿石或煤炭码头相邻或距离很近。进口矿石和煤炭到港后，通过传送带直接运进钢铁企业，或通过公路进行短程运输至钢铁企业。

（2）近港运输型：几个钢铁企业与同一个港口距离相对较近，港口规模较大，可同时供应几个钢铁企业，原燃料上岸后通过公路运输至钢铁企业。

（3）中远程临港综合型：港口吞吐规模和辐射能力较强，不仅供给临港工业区内的钢铁企业，对于中远程的钢铁企业亦有吸引力。

（4）多距离混合型：港口规模大，竞争力强，直接腹地和间接腹地范围宽广，为不同距离的钢铁企业提供原燃料，其运输模式多样，后方集疏运系统复杂。

湛江港是南方唯一的铁矿石交易中心，铁矿石运输体系较为完善。而华南港口的铁矿石运输职能整体较弱，港口数量较少，导致湛江港铁矿石运输的优势突出，南方许多钢铁企业均选择湛江港作为其原料进口门户，如水城、柳钢、涟钢和湛江附近的小钢铁企业大部分原料来源均为湛江港。湛江港与腹地钢铁企业基本属于单港多企模式的多距离混合型。

4. 多港多企模式

每个港口供给多家钢铁企业所需的原燃料，每个钢铁企业从多个港口获取原燃料，即港口与钢铁企业是多对多的供应关系，形成港企供应网络。一般与腹地运输联系规模大、方向多、运距长及货种复杂多样的港口，其集疏运系统的线路往往较多，运输方式与分布也较为复杂（刘铭，2010）。该模式适用于钢铁企业与港口之间距离较远，企业对不同港口的选择对运输成本影响不大，或一定区域内钢铁企业和港口均比较集中，即"港密企密"，且港口铁矿石和煤炭的吞吐能力与钢铁企业产能都较大的情况，即"大港大企"。多样化的运输模式，使后方集疏运较为复杂，港口竞争激烈。

该模式适用于多数港口与钢铁企业的空间关系。典型的是青岛、日照和连云港及其腹地的钢铁企业。三个港口均为中国主要的铁矿石进口门户，地理位置邻近，腹地交互叠合且钢铁企业数量、规模较高，促使多港多企模式突出。例如安阳钢铁从港口运入的铁矿石中，日照港、连云港、青岛港分别占47%、29%和16%。

四、基于物流组织的港口－钢铁企业空间模式

中国铁矿石长距离运输以水路和铁路转运为主，短距离运输以公路为主（图9-22）。近几年，短距离的传送带运输兴起。进口铁矿石以国外原料产地为起点通过铁路、公路或水路运送至出口港，再通过远洋运输至中国主要接卸港即进口港。之后有两条路径，一条是减载或换小船经水路运达中转港，再由水路运至辅接卸港，通过铁路、公路或传送带送至钢铁企业；另一条从各港口直接通过铁路或公路或传送带运至钢铁企业。国产铁矿石直接通过铁路、公路、传送带运送至钢铁企业或经水路中转。

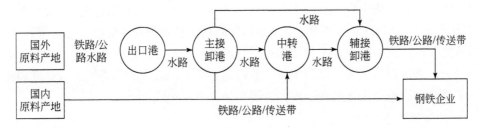

图 9-22　中国钢铁企业铁矿石海陆运输模式

1. 运输模式分类及特征

从运输方式来看，进口铁矿石运输模式有四种，分别是临港传送带运输模式、近港公水联运模式、远港铁水联运模式和水水联运模式。

1）临港传送带运输模式

临港传送带运输主要是指钢铁企业布局在临港工业区，从港口靠岸的铁矿石不用卸载，通过传送带运输至钢铁企业。该模式可节省大量运费，充分利用国外资源，实现码头和钢铁企业间的物流新理念——物流链与生产链的无缝衔接，使每吨钢的成本下降 200 元左右。目前，天津港、曹妃甸港等沿海港口接卸的铁矿石可通过传送带直接运输。这种物流组织模式对促进中国钢铁工业发展有长远意义（图 9-23）。

2）近港公水联运模式

公水联运即港口与钢铁企业通过公路直接相连，铁矿石到港及出港时，货轮与公路间直接实现装卸，并最终运输到钢铁企业。或港口先通过传送带或公路运输至散货物流中心，经中转后再运往钢铁企业。主要适用于两种情况：钢铁企业与铁矿石接卸港距离较近；钢铁企业与铁矿石接卸港之间没有铁路相连。具体案例有青岛港–青岛集团、天津港–霸州新利、青岛港–山东西王、岚山港–日照集团和江苏镔鑫等（图 9-24）。

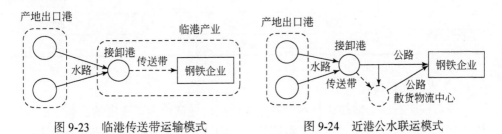

图 9-23　临港传送带运输模式　　　　图 9-24　近港公水联运模式

3）远港铁水联运模式

铁水联运即铁矿石到港及出港时，货轮与铁路间直接实现装卸并运输到目的地，中途无须公路中转，运量大、中间环节少。目前，港口与铁路实现无缝衔接的比例较低，多数铁路进不到港区，港口铁路场站及码头铁路装卸线等有待建设。当铁路与港口或钢铁企业不直接相连，则通过公路衔接，但以铁路运输为主，形成铁公水联运模式。大连港到本钢、营口港到鞍钢、天津港到邯钢、青岛港到莱钢等铁矿石运输均为铁水联运模式（图 9-25，表 9-9）。

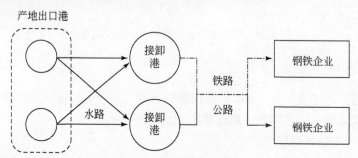

图 9-25　远港铁水联运模式

表 9-9　远港铁水联运案例

钢铁企业	地市	来源港口	主要铁路线	运量 / 万吨	离港距离 / 千米
邯钢、天津天铁、新兴铸管、新武安、河北纵横、河北文丰、武安金鼎、武安裕华等	邯郸	青岛港	邯济线	740	526
		天津港	津山线	613	387
		烟台港	蓝烟线	427	615
		日照港	新石线	201	477
		连云港	陇海线	270	488
山西建邦、新临钢等	临汾	日照港	新石线	597	735
		连云港	陇海线	320	734
华菱湘潭等	湘潭	深圳港	广九线	138	600
		湛江港	京广线	138	792
		岳阳港	京广线	106	169
福建三钢	三明	福州	峰福线	141	207
		厦门	鹰厦线	156	209

4）水水联运模式

进口铁矿石的运输模式是由钢铁企业所处的地理位置所决定的。长江流域汇集了宝钢、武钢、马钢、沙钢、重钢等重点钢铁企业，其原料大部分源于进口。进口矿石船舶大部分是来自巴西、南非、澳大利亚的大吨位船舶。由于船舶载重大、吃水深，难以进入长江港口，一般经过三程运输、减载运输或江海直达运输，方可彻底完成铁矿石运输（图 9-26）。

港口运输与腹地产业发展

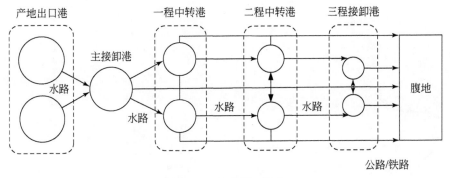

产地出口港　　　　一程中转港　二程中转港　三程接卸港

主接卸港

水路

水路

水路　　　　水路

腹地

公路/铁路

图 9-26　水水联运模式

三程运输：用海轮将矿石从国外海港运输到中国海港（如宁波北仑港），再由 2 万 ~ 4 万吨级船舶运输到长江港口（如上海、南通、张家、镇江港），形成二程接卸，再由 1000 ~ 2000 吨驳船运输到钢铁企业，形成三程接卸与分拨。

减载运输：较大吨位的海轮装满铁矿石，到达中国第一个深水港后，卸载一部分货物后继续向长江航行，把剩余部分矿石运达目的港。

江海直达运输：用海轮将铁矿石从国外海港运输到中国海港，再通过江海直达船舶，直接将铁矿石运输到企业。该方式减少一次中转装卸作业，运输周期有所缩短（朱丽丽，2008）。

21 世纪以前，钢铁企业原料基本为国产矿石，来源地为附近矿山，运输方式主要为公路、铁路或公铁联运，长江流域钢铁企业主要为铁水联运或公水联运。21 世纪以来，钢铁企业向沿海地区转移，是依赖境外资源、靠近消费市场的必然选择，原料从国产矿石向进口矿石转变，铁矿石运输方式也发生很大变化，港口成为进口门户。

2. 运输模式的地域分异

中国地域辽阔，经济产业及自然资源因素复杂，铁矿石运输模式的地域差异显著。综合分析铁路和水路可达性、企业与港口的距离和企业产能等要素，划分出港口与钢铁企业运输模式的空间格局（图 9-27）。

（1）铁水联运模式是中国铁矿石运输的主要模式，覆盖范围最大。主要分布于与港口铁路通达性良好的地区，即位于铁路干线附近。承担铁水联运的港口主要位于环渤海、东南沿海和西南沿海地区，连接铁路有沈大线、京哈线、胶济线、邯济线、太焦线等，主要服务于东北、华北、东南和西南地区的钢铁企业，包括鞍本钢铁基地、太原钢铁基地等。

（2）水水联运模式成本最低、运力充足，有条件的钢铁企业优先选择该模式。长江流域的铁矿石运输以水水联运模式为主，形成"一级接卸、二级中转"的三

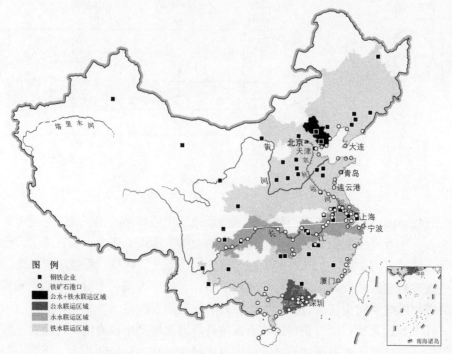

图 9-27　中国港口铁矿石运输模式的地域分异

程接卸运输模式。承担水水联运的港口主要位于长江三角洲，主要服务于长江流域的钢铁企业，包括上海、马鞍山、武汉和重庆等钢铁基地。

（3）公水联运模式主要分布在沿海铁路不发达的地区，承担公水联运的港口主要位于珠江三角洲，主要服务于珠三角钢铁企业。冀东沿海地区的钢铁企业高度集聚，铁路运力有限，促使该地区由公水联运和铁水联运两种模式共存。

第十章
港口原油运输与腹地石化产业

石油的含义比较广泛，狭义上的石油是指原油，广义上的石油包括原油、成品油（汽油、石脑油、煤油、柴油、燃料油、润滑油和液体石蜡等）、天然气（丙烷、丁烷和混合液化气）和其他石油产品（石蜡、石油焦和石油沥青等）。其中，原油为炼化企业的基础原材料，本书的目标是分析港口与腹地重化企业的物流链组织，下述内容以原油为对象进行分析。

第一节　港口原油运输格局及特征

一、港口原油吞吐量总体特征

1. 全国层面

2014 年，全国规模以上港口实现原油吞吐量 4.29 亿吨，其中沿海港口超过4 亿吨，占比达 97.4%，远远超过内河港口，两类港口在原油运输体系中的角色明显不同（图 10-1）。其中，内外贸量分别占 31.2% 和 68.8%，外贸运输占主导地位；进港和出港的比例分别为 81.6% 和 18.4%，中国更多的是输入原油。因此，原油运输更加依赖沿海港口，尤其外贸部分全部由沿海港口承担，形成"以沿海港口进口为主、内外贸相当"的格局（图 10-2）。

从内外贸来看，沿海和内河港口的原油吞吐量构成有明显差异。沿海港口以外贸量为主，其比例为 71%，而内河港口全部为内贸量。从进出港来看，沿海和内河港口均以进港量为主，分别占 82% 和 76%，无论沿海系统还是内河体系都以输入原油为主。进港量中，沿海和内河港口有相反的内外贸结构：沿海港口进港以外贸为主，比例为 85.3%，内贸量很少，而内河港口的进港量全部为内贸运输。出港量中，沿海港口主要是内贸量，比例超过 4/5，而内河港口的出港量全为内贸运输（比例为 100%）。

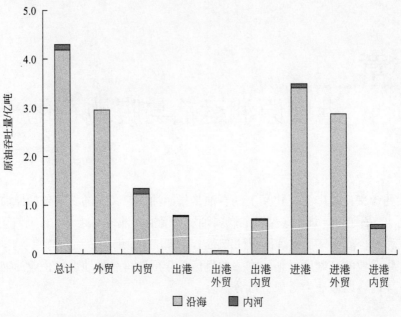

图 10-1　2014 年中国港口原油吞吐量构成

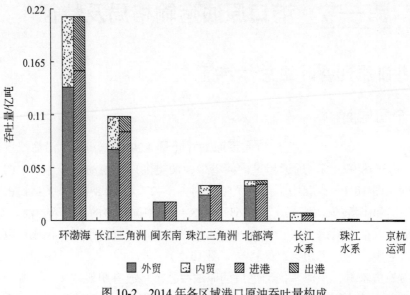

图 10-2　2014 年各区域港口原油吞吐量构成

2. 区域层面

受大型油码头及炼厂布局、多程中转运输方式不一等因素影响，北方、华东、南方地区港口原油吞吐量的特征明显不同。从总吞吐量看，2014 年环渤海港口的原油吞吐量最多，达 2.12 亿吨，占全国港口总吞吐量的 49%。其次是长江三

港口运输与腹地产业发展

角洲港口，为1.08亿吨，全国占比超过1/4。这与码头装卸和管道输送能力相对应。位居其后的是珠江三角洲、北部湾港口，合计贡献20%。在沿海地区，闽东南港口群的原油规模最小，比例仅为5%。内河港口原油吞吐量为1132万吨，占比为3%，主要由长江流域港口完成，占比为2%，珠江和京杭运河港口比例均较小。

内外贸量与比例结构呈现明显的两极分化，沿海港口与内河港口形成明显的差异，沿海港口的外贸量较高（均高于1/3）而内河港口均以绝对的内贸运输为主。闽东南港口的外贸比例最高，达99.9%，呈现绝对优势，北部湾港口达86.5%；长江三角洲港口和珠江三角洲港口分别为77.9%和73.2%，环渤海港口为65.5%，这些地区外贸比例相对较低与部分港口作为原油中转枢纽的角色相关。内河港口的外贸比例最低，仅长江流域港口为0.2%，这因为内河港口主要是接卸沿海港口的中转原油。

从进出港量看，八大港口群的原油进港比例均超过60%，各港口群均以原油输入职能为主。其中，闽东南港口进港比例最高，达100%，有99.9%的进港量源于进口，为典型的国外原油接卸港；珠江三角洲港口的进港比例高达98.6%，其中进口量占3/4；北部湾港口的进港比例为90.9%，进口量占95.1%，而出港量以内贸为主。长江三角洲的进港比例达87%，其中进口量占89.2%但出港量的内贸运输为97.3%；环渤海和长江水系及运河港口的进港规模虽差异巨大，但进港比例均超过70%，环渤海港口以进口原油为主，比例达85%，后两者为绝对的内贸原油接卸，珠江水系也是绝对的进港和内贸原油接卸。闽东南和珠江三角洲港口基本是从海外进口原油并运往腹地炼油厂。长江三角洲、环渤海港口除以进港外贸量为主外，还有1/4的出港内贸量，表明有部分石油由水路转运至其他港口，承担进口原油国内中转港的职能。内河港口群进港量基本源于内贸运输，如长江三角洲港口有相当一部分石油中转至长江水系、珠江水系港口。

二、中国港口原油运输的空间结构

1. 进出港空间结构

原油吞吐量的规模、流向和进出港构成体现了油港在国际或地区间原油运输网络中的作用。高等级油港往往是水上油运和管道、铁路、公路等其他运输方式相衔接的枢纽，低等级油港原油运输职能则较弱、规模较小。大致以宁波、舟山港为分界线，各港口群原油进港量的空间格局及集中港大致呈现"北多南少""北片三大集聚区、南片三大次集聚区"特征。2014年，全国有40个港口接卸原油，其中千万吨级以上港口有11个，包括宁波、青岛、日照、大连、舟山、惠州、湛江、天津、泉州、茂名、曹妃甸等港口，包括北片区7个和南片区4个港口，合计原油接卸量达2.84亿吨，占全国的81%。北片区形成三大集聚区，分别是渤海湾、山东半岛和长江三角洲港口群，尤以后者集聚度最高；南片区也形成三个集聚区，分别是闽东南、珠江三角洲和北部湾港口群，但规模均小于北片区。其中，宁波港以 5352 万吨的原油进港量居首位，占全国的 15.3%；青岛港达 4482 万吨，占比达 12.8%；日照港为 3255 万吨，占比为 9.3%；惠州、舟山和大连为 2000 万～3000 万吨，占比均超过 6.5%；湛江、天津、泉州、茂名、曹妃甸港为 1000 万～2000 万吨，占比均超过 3.5%。南京、洋浦、钦州、营口等港口介于 500 万～1000 万吨之间，岳阳、烟台、锦州、厦门、上海、黄骅、秦皇岛、佛山等港口超过 500 万吨。百万吨级以下港口有 16 个，南北分布相对均衡。

出港量总体规模较小，空间格局与总吞吐量略有区别，呈现"环渤海→长江三角洲→南片区"依次递减的格局。全国仅有 21 个港口具有原油输出职能，超过千万吨的港口有 2 个。其中，首位港是天津港，2014 年原油出港量为 2682 万吨，其次是青岛港为 1506 万吨，两者合计占中国原油出港量的 52.9%。500 万吨级以上港口还有宁波和大连港，合计占比为 19.9%。100 万～500 万吨的港口有 7 个，分别是秦皇岛、舟山、南京、北海、扬州、湛江和营口港，原油出港量占比为 24.4%。南片区具有原油输出职能的港口共 5 个，其中仅北海、湛江和广州三港存在出港规模，依次为 224.8 万吨、147 万吨和 51.6 万吨。

以出港量与进港量的比值 t 来识别港口输入、输出及中转职能。存在北海、杭州 2 个原油纯输出港，其中北海出港量为 224.8 万吨，杭州港 2013 年时仍以输入为主，2014 年转变为输出港，主要是受杭州炼油厂停产搬迁影响。以输出为主及偏向输出的 4 个港口分散分布在北方、中部及南方地区。以原油中转为主的港口主要位于长江三角洲和珠江三角洲。以输入职能为主的原油港共 11 个，除肇庆、湛江港外，其余均分布在环渤海和长三角（图 10-3）。总体上看，

图 10-3　2014 年中国港口原油进港外贸、内贸量格局

48.8% 的原油港只进不出，在各港口群均有分布（表 10-1）。

表 10-1　2014 年全国港口原油输入输出职能划分

t 范围	职能	港口
0	纯输入	黄骅、曹妃甸、威海、日照、上海、嘉兴、温州、泉州、漳州、惠州、茂名、钦州、洋浦、八所、安庆、九江、武汉、岳阳、佛山、泸州
0 ~ 0.5	输入为主	锦州、肇庆、烟台、湛江、营口、宁波、舟山、大连、淮安、青岛、南京
0.5 ~ 0.9	偏向输入	江阴
0.9 ~ 1.1	中转	泰州、南通、广州
1.1 ~ 2	偏向输出	天津
2 ~ ∞	输出为主	秦皇岛、扬州、海口
+ ∞	纯输出	北海、杭州

2. 内外贸空间结构

外贸量反映了港口作为原油国际流动的门户地位及与海外原油市场的联系，内贸量反映了油港之间的联系强度，分别承担着不同的职能。2014 年有一半原油港具有外贸运输职能且全部位于沿海地区。有 13 个分布在环渤海和长江三角洲地区，其中环渤海港口外贸量较大，而长江三角洲地区除宁波、舟山港外，其余港口极小。从具体港口看，宁波和青岛港的外贸量最高，分别为 4864 万吨和 4788 万吨，合计占全国原油外贸量的 32.7%，接近 1/3。日照、舟山、大连港均超过 2000 万吨，合计占 26.2%；湛江、泉州、天津、惠州、茂名、曹妃甸等港口均超过 1000 万吨，合计占 29.9%。上述港口的外贸原油合计占 88.9%。洋浦、钦州、营口的外贸量也接近 1000 万吨（图 10-4）。

几乎所有油港都具有内贸运输职能，共计 37 个港口，"北多南少"格局明显，形成长江三角洲、环渤海、珠江三角洲三大集聚区，同时呈现"天津港一枝独秀"局面。天津港原油内贸量达 2922 万吨，占全国的 21.8%，是紧随其后宁波港的 2.3 倍，超过 1000 万吨的还有南京、青岛和大连港，均分布在北片区，上述合计占全国的 57.5%。500 万吨级以上港口有惠州和秦皇岛，合计占 11.6%；100 万吨级以上港口共 21 个，其中 5 个位于南片区，分别是岳阳、湛江、北海、佛山和广州港；100 万吨级以下港口共 14 个，除威海港外，均分布在长江及以南地区。

原油有很高的进口依存度，曹妃甸、漳州、茂名和洋浦港的进港量 100% 由外贸贡献，泉州、青岛、舟山、宁波、湛江、钦州、营口等港口的进口量均超过 90% 以上；日照、大连、天津港超过 80%，这反映了沿海港口在远洋进口原油运输中的重要地位。不容忽视的是，上海和岳阳港的进港量全部源于内贸，前者可能是受长江水深限制，大型油轮无法进入，高桥石化和金山石化承接来自宁波港中转的进口原油，后者隶属内河港口，主要是承接其他沿海港口中转的原油。出港量的内外贸结构则相对一致，有 13 个港口出港量 100% 源于内贸，所有港口出港量中内贸均超过 70%，这表明中国港口极少对外出口原油。

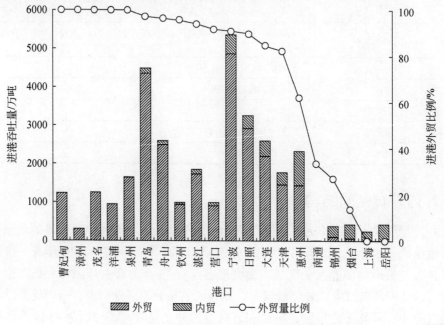

图 10-4　2014 年原油进出港吞吐量的内外贸结构

第二节　港口原油运输的空间演化

一、港口原油吞吐量演变

1. 总吞吐量演变

从全国层面看，中国港口原油运输呈现了"吞吐量逐渐扩大、吞吐能力逐渐增强"的发展过程，尤其 21 世纪以来，吞吐量增速显著提高。原油吞吐量大致以 1985 年、1999 年和 2010 年为界，呈现明显的"四段式"增长过程。1985 年以前，原油吞吐量低，不超过 9000 万吨，增长缓慢，处于起步阶段。1985 ~ 1999 年，原油吞吐量增幅有所扩大，1998 年受亚洲金融危机影响，吞吐量下降，1999 年达 1.4 亿吨。21 世纪以来，吞吐量增长迅猛，增幅迅速扩大，2000 ~ 2010 年年均增长 2262 万吨，该时期是中国新一轮重化工业的集中发展时期，高耗能工业

港口运输与腹地产业发展

发展迅速拉动了原油运输，2009年突破3亿吨。2010年后，原油吞吐量增长放缓，2014年年底达4.29亿吨（图10-5）。沿海港口占有绝对的地位，各年份均高于88%，呈现"先下降、后上升"态势，1980年为91.6%，随后趋于下降，1998年降至最低值88.9%，2005～2008年大幅上升，2008年超过97%，之后稳定于96.5%～97.5%，原油运输对沿海港口的依赖程度更大。

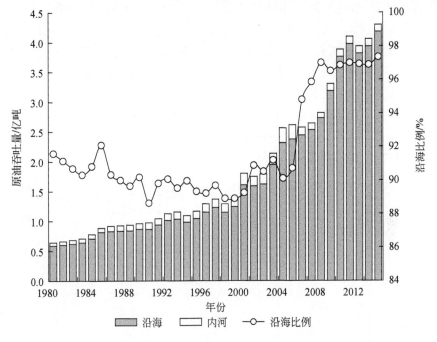

图 10-5　中国沿海、内河原油吞吐量及比例（1980～2014年）

各港口群的原油吞吐量均不断增长，但增速及所占比例存在明显差异。环渤海、长三角港口群以1992年、2008年为界，呈现明显的"交错发展"特征，尤其21世纪以来，环渤海港口呈现"指数增长"态势，2014年达2.12亿吨，是长三角港口群的1.95倍。位居第三位的是北部湾港口群，从1980年的458万吨增长至2014年的4197万吨，比例呈现"先减少，再增加"趋势，近几年稳定在10%左右。珠三角港口群屈居第四，从1980年的2.79%增加至2014年的8.56%。内河港口群中，长江港口群1980年居第三，随后25年也有一定增长，2005年为2310万吨，但近10年有所下降，2014年仅838.5万吨，比例从1980年的8.4%降至2014年的1.95%；其余两个港口群均承担不到1%的吞吐量。

2. 进出港量演变

20世纪80年代以来，全国港口原油进港、出港量均呈现不断增长趋势，经

第十章

港口原油运输与腹地石化产业

历了"由出港转变为进港"的演化过程，且进港倾向更加明显。1980～2014年，进、出港量年均增速分别为7.98%、2.14%，尤其21世纪以来进港量增长将近3倍，而出港量仅增长2511万吨，2014年进港量达到出港量的4.4倍。进出港量中沿海港口贡献均更大，1980年以来沿海进港比例从34.5%升到81.7%，内河从100%不断下降，近几年稳定在75%左右。其中，环渤海港口原油进港运输发展更早且更快，1980～2014年年均增速达23.2%，1997年进港规模超过珠江三角洲和北部湾港口，2010年超过长江三角洲。长期以来，环渤海、长江三角洲港口共承担90%以上的出港量；其中，环渤海港口出港量起伏波动较大，呈现"增→减→增"演化态势，长江三角洲港口则"先增后减"，2004年出港量达峰值4556万吨；二者出港量占全国比例均以2004年为转折点，分别呈现"V"字形和倒"V"形交错分布，环渤海港口的出港量跌至最低27.5%，而长江三角洲港口达最高值64.8%。其余港口群比例极小，尤其内河港口群在90年代后才开始承担原油输出职能（图10-6）。

图10-6　1980～2014年中国港口原油进出港量演化

3. 内外贸量演变

分析吞吐量的内外贸结构演变过程，有助于了解石油、原油的对外依存度与外向性。原油吞吐量以2006年为转折点，经历了从"以内贸为主"向"以外贸为主"的演变过程。1980年，原油内贸量为5159万吨，是外贸量的4倍多。21世纪以来，外贸量迅猛增长，2006 年首次超过内贸量，这与中国入世及更深层次地参与全球化活动密切相关。2006~2014 年，内贸量增长缓慢，内、外贸量年均增速分别为 1.9%、9.56%，2014 年外贸量达 1.34 亿吨，是内贸量的 2.2 倍。中国港口原油贸易有很高的对外依存度，近 10 年来，沿海港口的原油外贸输入职能更趋于强化。

长期以来，沿海港口是原油对外贸易的主要门户，内河港口群基本没有外贸运输。环渤海港口群在早期阶段外贸量占全国比例高达 90% ~ 98%，现阶段也仍承担全国近一半的原油外贸运输。近几年来北部湾港口外贸量超过珠江三角洲，跃居第三位，这与洋浦港 30 万吨级原油码头及大型石化项目有关。环渤海港口在原油内贸运输中的地位更加显著，35 年以来持续增长，尤其 21 世纪以来年均增长 358 万吨，2008 年超过长江三角洲，比例从 1980 年的 33.4% 演变为 2014 年的54.4%。长江三角洲港口群原油内贸量起伏波动较大，呈现"先增后减"态势，从 1980 年的 2295 万吨增长至 2004 年的 7860 万吨，近 10 年以 8% 的速率负增长，2014 年仅 3432 万吨，占比从 44.5% 增至 56.9%，再降至现阶段的 25.6%，但仍位居第二。长江港口群也呈现类似演化特征，内贸量从 1980 年的 540 万吨增至 2004年的 2432 万吨，随后逐渐下降，2014 年仅 838.5 万吨，位列第四。除闽东南港口群几乎不存在内贸运输外，其他港口群内贸量演化特征与石油内贸量差异较小。

二、基于供需路径的港口原油运输演化

中国原油装卸港口沿着"零散点状→条带状→组团状"特征，经历了"初级阶段→过渡阶段→稳步发展→快速发展"的四阶段演化过程，且呈现明显的"从长江流域向沿海地区转移"的布局趋势。但从供需路径即进港与出港的角度，分析港口原油运输格局及演化规律，更有助于揭示腹地工业对港口发展的动力机制。

1. 原油进港运输演化

原油进港量的多少反映了腹地原油市场的需求和消费情况，也反映了后方地区是原油资源短缺地区。20 世纪 80 年代以来，中国具备原油输入职能的港口不断增多，占原油装卸港口比例逐渐提高，空间上呈现从"沿长江分布"向"沿海分布""由南向北"的转移态势（图 10-7）。

（1）20 世纪 80 年代初，除青岛和秦皇岛港外，其他原油港口均具有输入职能。原油输入港数量较少、吞吐量较小，1980 年共有 10 个输入港，总进港量仅 2571 万吨，不到出港量的 67%。其中，上海进港量最大，为 729 万吨，占全国总进港量的 28%；其次是南京、湛江港分别为 531 万吨、448 万吨，超过 150万吨的还有岳阳、广州和安庆港。输入港集中分布在长江流域，南方仅有广州、

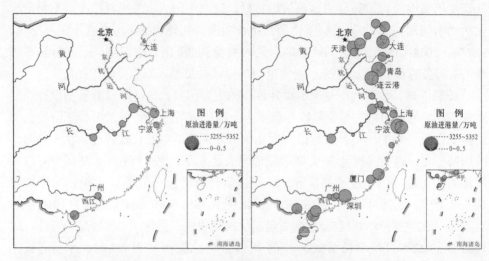

图 10-7　1980～2014 年中国港口原油进港量布局演化

湛江港，而长江以北仅有进港量极小的大连港（13 万吨）。

　　（2）20 世纪 90 年代初，沿海港口逐步兴起，原油输入港口的数量和规模均有一定增长，具备输入职能的港口增加至 31 个。1995 年，进港量最大的港口是南京港（1336 万吨），15 年间年均增长 80.5 万吨。上海港屈居第二，进港量从 729 万吨增加至 964 万吨。宁波港增长迅猛，1980 年进港量仅为 131 万吨，1995 年为 741 万吨。进港量超过 500 万吨的还有广州、湛江港，分别为 606 万吨和 586 万吨。输入港除集中于长江沿岸外，沿海条带状格局出现；长江沿岸各港口进港量均有所增长，多为 200 万～400 万吨；新增输入港多分布于沿海地区，南片区中茂名、泉州港发展较快，长江以北地区则以大连和青岛港为主。

　　（3）20 世纪 90 年代中期至 21 世纪初，所有原油装卸港口均具有原油输入职能，尤其沿海港口发展迅猛，沿海带状格局明显，与长江港口组成"T 字形"格局。宁波、青岛港增长迅猛，2001 年超过南京港而居前二位，2004 年进港量达 3550 万吨和 2259 万吨，合计占全国总进港量的 1/3。其次是大连、南京港分别为 1881 万吨和 1811 万吨。进港量超过 800 万吨的还有茂名、舟山港，其中茂名港是南片区最大的原油接卸港。原油接卸量提高较快的港口集中在环渤海、长江三角洲和珠江三角洲，而长江港口进港量增速趋于平缓。同时"北多南少"格局显现，北片区中除青岛、大连港外，天津、锦州、秦皇岛港的进港量也从 10 万吨级及以下增长至百万吨级；南片区中除茂名港外，惠州和中山港有较大增长，但广州港接卸量呈减少趋势，从 606 万吨减至 293 万吨。

　　（4）2004 年以来，接卸港口数量变化不大，但接卸量高速发展。长江港口接卸职能开始弱化，沿海港口接卸能力大幅提升，形成明显的"沿海带状及团状并存"格局。前两位接卸港仍是宁波和青岛港，2014年宁波港进港量达5352万吨，年均增长180万吨，青岛港接卸量比2004年翻一番（4482万吨），两港共完成全国28%的原油接卸量。其次是日照港，进港量为3255万吨，接卸量超过2000万吨的还有大连、舟山和惠州港。"北多南少、沿海带状"格局明显，沿海港口承担全国近98%的原油进港量，接卸职能突出。北片区中，环渤海港口原油接卸量增长迅猛；长江港口的接卸量呈减少趋势，除岳阳港减幅较小外（34%），上一时期具备200万～450万吨/年接卸能力的安庆、武汉、九江、荆州等港口，2014年接卸量均不足20万吨甚至不再具备原油输入职能。南片区中，港口原油接卸职能也开始发展，除惠州港外（2321万吨），湛江和泉州港进港量也均超过1500万吨，另有进港量为800万～1500万吨的茂名、钦州、洋浦港，形成东南沿海、珠三角和西南沿海三大组团。

2. 出港运输格局演化

原油出港量反映了后方油田、原油生产基地的供给量。80年代以来，原油输出港口数量及布局演变与原油装卸港口明显不同（表10-2）。数量上，具备原油输出职能的港口集中增长于21世纪之前，空间上经历了从"零星点状分布"到"条带状、组团状分布"的演化过程，"北多南少"格局更加明显，且呈现从以"环渤海港口为主"向"集中于环渤海、长江三角洲地区"的演化特征。首位港呈现"大连（1980～1985）→南京（1996～2005）→宁波（2006～2007）→天津（2008～2014）"的转移路径，即"环渤海→长江三角洲→环渤海"的演化过程。

表10-2　中国主要原油出港规模

港口	1980年		1995年		2004年		2014年	
	规模/万吨	比例/%	规模/万吨	比例/%	规模/万吨	比例/%	规模/万吨	比例/%
大津			9.4	0.17	839.9	11.94	2682.4	33.88
青岛	521	13.52	822.5	15.22	559.9	7.96	1505.7	19.02
宁波			212.7	3.94	1413	20.09	800.8	10.11
大连	1335	34.64	1612	29.82	417.7	5.94	775.9	9.80
秦皇岛	1069	27.74	1102.4	20.40	107.8	1.53	497.2	6.28
舟山					929.7	13.22	431.9	5.46
南京	919	23.85	1398.7	25.88	2138.5	30.41	343.8	4.34
北海					0.8	0.01	224.8	2.84
扬州							160	2.02
广州			177.7	3.29	277.2	3.94	51.6	0.65
湛江	10	0.26	42.9	0.79	56.7	0.81		

（1）20 世纪 80 年代初，仅有大连、秦皇岛、南京和青岛等 4 个原油下水港，总出港量为 3854 万吨。其中，大连港下水量最大，1980 年达 1335 万吨，占全国 34.64%；其次是秦皇岛港为 1069 万吨，占全国 27.74%；南京、青岛港原油出港量分别为 919 万吨和 521 万吨。这些港口均位于北部片区，除南京港外均属于环渤海港口群。

（2）20 世纪 80 年代至 90 年代中期，原油出港量持续增长，1995 年达 5404 万吨，下水港有 13 个。大连、南京、秦皇岛和青岛港仍居前四位，合计承担全国 91.3% 的原油出港量；首位港大连港下水量达 1612 万吨，占全国近 30%，南京、秦皇岛港也属千万吨级下水港，下水量分别为 1399 万吨和 1102 万吨。出港量较大的港口还有宁波和广州港，分别为 213 万吨和 178 万吨，其中广州港是南部片区最大的下水港。大型下水港的格局变化小，沿海地区个别港口下水职能开始发挥，呈零星点状分布。

（3）20 世纪 90 年代中期至 21 世纪初，下水港扩张到 2004 年的 20 个。南京港成为最大的输出港，出港量达 2139 万吨，占全国比例超过 30%；其次是宁波港，增加至 1413 万吨。下水量超过 500 万吨的还有舟山、天津和青岛港，分别为 930 万吨、840 万吨和 560 万吨。须关注的是，大连、秦皇岛港的原油输出职能开始弱化，仅为 418 万吨和 108 万吨，不到 1995 年的 30% 和 10%。发展较快的下水港集中在长三角，形成以南京为龙头、宁波 - 舟山港为主要下水港、其他港口为辅的"条带状"格局；除天津港外，多数环渤海港口的出港量均呈现不同程度的缩减；南片区中，唯一的下水港广州港增加至 277 万吨，远低于北方原油下水港。

（4）21 世纪以来，原油出港增长放缓，总出港量增加至 2014 年的 7917 万吨，2004 ~ 2014 年仅增长不到 900 万吨，下水港也仅增加 1 个。环渤海港口原油输出职能突出，出港量进入新一轮增长阶段，尤其天津港增加至 2682 万吨（占全国 34%），2008 年超过宁波港，成为中国最大的原油下水港。其次是青岛港，出港量达到 1506 万吨。大连、秦皇岛港也有较大幅增长，分别为 776 万吨和 497 万吨。上一时期位列前三的宁波、舟山和南京港尽管仍位列前七位，但原油输出量均呈现减少趋势，分别为 801 万吨、432 万吨和 344 万吨。南部片区仅有北海、湛江和广州港三个下水港，出港量为 50 万 ~ 250 万吨。总体看，原油下水港形成"环渤海、长江三角洲"两大组团，尤其出港量呈现倾向于"环渤海港口"集聚的趋势，南片区下水港仍呈零星点状分布，"北多南少"格局更加明显。

三、基于进口的原油运输格局演化

原油进口格局及演化反映了区域发展与原油的需求关系。20 世纪 80 年代以来，原油进口港数量不断增多，集中分布于沿海地区，进口量增长迅猛，从 1980 年的 51 万吨增加至 2014 年的 2.9 亿吨，空间上经历了"较长期单一进口港→长期零星点状分布→短期爆炸式扩张"的演变过程，各阶段呈现不同的特征。首位港变化较大，呈现"湛江（1980）→南京（1981～1987）→烟台（1988）→宁波（1989～1995）→茂名（1996）→宁波（1997～2011）→青岛（2012）→宁波（2013～2014）"的转移路径，除个别年份外，首位港始终位于长江三角洲地区（表 10-3）。

表 10-3　中国主要港口原油进口规模

港口	1980 年		1995 年		2004 年		2014 年	
	规模 / 万吨	比例 /%	规模 / 万吨	比例 /%	规模 / 万吨	比例 /%	规模 / 万吨	比例 /%
宁波			385.5	22.97	3203.4	28.68	4863	16.85
青岛			100.1	5.97	2230.3	19.97	4352	15.08
日照					4.3	0.04	2920.8	10.12
舟山					908.4	8.13	2498	8.66
大连			118.5	7.06	1571.4	14.07	2195.2	7.61
湛江	36	70.59	242.7	14.46	380.1	3.40	1734.4	6.01
泉州			132.6	7.90	386.6	3.46	1639.9	5.68
天津			6	0.36	230.5	2.06	1458.4	5.05
惠州					758	6.79	1438.9	4.99
茂名			130.6	7.78	1035.5	9.27	1253.3	4.34
曹妃甸							1238.3	4.29
钦州					13.2	0.12	943.5	3.27
营口							906.5	3.14
南京	15.0	29.32	130.2	7.76	21.7	0.19	2.6	0.01
广州			304.4	18.14	62.2	0.56		

（1）20 世纪 80 年代初，全国仅有湛江、南京两个进口港，进口量分别为 36 万吨和 15 万吨。随后一段时间内，仅南京港从事原油进口。80 年代末至 90 年代初，烟台、宁波、青岛、广州、大连等港口陆续加入该行列，1995 年有 16 个港口具备原油进口职能。宁波、广州港发展较快，进口量分别达 385.5 万吨和 304.4 万吨，成为北南片区的"进口门户港"，合计超过全国原油总进口量的 40%。其次是湛江港，增至 242.7 万吨，超过 90 万吨的还有泉州、茂名、南京、大连、青岛和上海港。这些港口均位于沿海地区，呈"零散点状"分布。

（2）20 世纪 90 年代中期至 21 世纪初，新增 5 个进口港，进口量增至 2004 年的 1.12 亿吨，年均增长 1054 万吨，进入"指数增长阶段"。宁波港仍是最大的进口港，达3203.4万吨，是1995年的8.3倍，其次是青岛港，进口量增加至2230.3万吨，共承担中国48.7%的原油进口量。超过1000万吨的还有大连和茂名港，分别为1571.4万吨和1035.5万吨，舟山、惠州港的进口量也均超过500万吨。除泰州港外，其余港口均分布在沿海地区，长期以来呈"零星点状"分布。

（3）2004~2014年，原油进口进入"爆炸式"扩张，增长至2014年的2.9亿吨，年均增长1769万吨。宁波、青岛港仍是前两位港，分别为4863万吨和4352万吨，合计占全国的32%。其次是日照港，进口量迅速扩大至2920.8万吨，超过2000万吨的还有舟山和大连港；这些港口均位于环渤海、长三角地区。进口规模在1000万~2000万吨的港口有6个，包括湛江、泉州、惠州和茂名港4个南片区港口和天津、曹妃甸港2个环渤海港口，其中湛江港是南片区最大的进口港，为1734万吨，而天津、曹妃甸港分别达1458万吨和1238万吨。随后是洋浦、钦州和营口港，均超过900万吨。这些港口集中在沿海地区，由北至南分别以青岛、宁波、泉州、惠州和湛江为龙头港，其中环渤海原油进口港最多、规模最大。

第三节　石化企业布局及供应链网络

一、石化产业与石化企业结构

1. 石化产业

作为一种战略性资源，原油除直接用作燃料外，主要用于炼制汽油、煤油、柴油、润滑油、石蜡、沥青、石油焦、液化气等石油产品，用作汽车、火车、拖拉机、飞机、轮船等的燃料和润滑剂，沥青则是修筑公路的重要材料。这是原油的第一次加工过程，所得产品占比约90%，其次将这些半成品中的一部分或大部分作为原料，进行原油的第二次加工，如催化裂化、催化重整、加氢裂化等向后延伸的炼制过程，可生产得到塑料、合成纤维、合成橡胶、合成洗涤剂、化肥、农药等化工产品，约占产品总量的10%。表10-4是原油加工提炼的投入–产品比例关系，反映了石化企业对原料和燃料的运输需求。

表10-4　原油加工投入–产出比例关系

石化企业	原料	产品		
	原油/吨	汽油/吨	柴油/吨	成品油率/%
中石化		0.177	0.383	60.8
中石油	1	0.215	0.394	63.7
国际水平		0.29	0.49	80

石化产业是以原油为原料，炼制成各种油品、化工产品的产业总称（刘鹤等，2012b）。作为国民经济支柱产业，石化产业经济总量大，产业关联度高。关于石化产业的称谓存在一定差异，包括"石化产业""炼油工业""石油石化产业"等。本书的"石化产业"主要指炼油工业和以原油为原料的石油化工产业（图 10-8）。

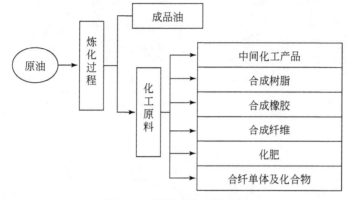

图 10-8　石化产业主体内涵

2. 石化企业

石化企业是石化产业发展的主体，包括炼油企业和石油化工企业两部分，以前者为主。其中，炼油企业是指通过常减压蒸馏等复杂工艺，将原油裂解为燃料油品（煤油、汽油、柴油、重油等）、润滑油品（润滑油、润滑脂及石蜡等）、沥青产品等石油产品的企业；石油化工企业是指以石油为原料制取烯烃、芳烃、醇、酮、醛、环氧化合物及合成树脂、合成橡胶、合成纤维等有机化工产品的企业，通常与炼油企业结合，互相提供原料、副产品或半成品。

根据《中国化学工业年鉴》统计，2014 年全国共有 237 个石化企业，炼油能力达 7.02 亿吨。中国已形成以中国石油化工集团公司（简称"中石化"）、中国石油天然气集团公司（简称"中石油"）、中国海洋石油总公司（简称"中海油"）和中国中化集团公司（简称"中化集团"）等国有企业为主导，地方炼油企业和民营企业为辅，道达尔、埃克森美孚、沙特阿美等外国公司持股参与的多元化石化企业格局。这些石化企业均遵循靠近原料地、市场、沿江沿海建设的原则，形成以东部为主、中西部为辅的梯次分布。其中，中石化、中石油分别有炼厂 32 个和 26 个，炼油能力分别为 2.74 亿吨 / 年和 1.71 亿吨 / 年，合计占全国的 63.5%，中石化的企业主要分布在华东和中南地区，中石油的企业主要分布在东北和西北地区。地方炼厂数量最多，共 147 家，占全国炼厂总数的 62%，承担全国 20.7% 的炼油能力，主要分布在山东、陕西及河北地区；中海油、中国化工、陕西延长、中化和中国兵器共有石化企业32个，炼油能力合计1.1亿吨/年，占比为15.7%，中海油的石化企业分布比较零散（表10-5）。

表10-5　中国石化企业结构、数量及炼油能力

石化企业集团	2014年			2011年		
	炼厂数量/家	炼油能力/万吨	占总炼油能力比例/%	炼厂数量/家	炼油能力/万吨	占总炼油能力比例/%
中石化	32	27 451	39.1	34	24 890	44.6
中石油	26	17 131	24.4	29	16 605	29.8
中海油	13	3 581	5.1	1	1 200	2.2
中国化工	12	2 879	4.1	3	1 460	2.6
延长集团	3	2 106	3			
中国中化	2	1 685	2.4	84	11 645	20.9
中国兵器	2	772	1.1			
地方炼厂	147	14 533	20.7			
合计	237	70 208	100	151	55 800	100

从大中型石化企业来看，2014年产能在200万吨/年及以上的炼油企业共92个，集中了全国93.2%的炼油能力。其中，1000万吨级及以上炼油企业有25个，合计炼油能力3.24亿吨/年，占全国总炼油能力46.1%；500万～1000万吨/年的炼厂有40个，合计炼油能力2.51亿吨/年，占比为35.8%；200万～500万吨/年的炼厂有27个，合计炼油能力0.79亿吨/年，占比为11.3%。目前，中石油已形成9个1000万吨级炼油基地，中石化也形成了环渤海湾、长江三角洲和珠江三角洲三大炼厂集群、13个1000万吨炼油基地，中石油和中石化1000万吨级规模炼厂分别占各自总炼油能力的54%和68%。

二、石化企业布局演化路径

以中国159个主要大中型石化企业为样本，涵盖中石化、中石油、中海油、中国化工、中化集团及地方炼厂。2014年这些企业的总炼油能力为6.71亿吨，占全国总炼油能力比例超过95%，其炼油能力布局演化可反映各石化企业的扩能、产能淘汰历程及新建成投产石化企业的演化过程。

1. 石化企业数量

中国石化企业数量不断增多，20世纪90年代以来增长明显。中华人民共和国成立初，仅有玉门、延长、独山子、锦州、抚顺、大连、齐齐哈尔、锦西等历史遗留下来的 8 家小炼厂（刘鹤等，2012a）。随后，随着吉林、克拉玛依、大庆、胜利、江汉、辽河、长庆等油田的投产，国家在克拉玛依、兰州、锦西、济南、大庆、清江、无锡、杭州、茂名、大庆、松原、淄博、北京、盘锦、辽阳、哈尔滨、安庆、乌鲁木齐、沧州、青岛、西安、岳阳、上海、宁波等地区建设炼厂。1975 年，全国共有 48 个炼厂，但规模较小，总炼油能力仅 5000 万吨。159 个企业样本中，1985 年已建成投产的有 75 个，1995 年为 116 个，10 年间增加 41 个。21 世纪以来，石化企业加快了兼并重组和淘汰落后产能的步伐，2005 年石化企业增至 148 个。须关注的是，尽管近 10 年来石化企业数量增长放缓，但大型企业数量增长显著，炼油能力明显提高（表 10-6）。

表 10-6　中国石化企业样本产能结构变化

产能 / 万吨	1985 年		1995 年		2005 年		2015 年	
	炼厂数 /个	产能比例 /%	炼厂数 /个	产能比例 /%	炼厂数 /个	产能比例 /%	炼厂数 /个	产能比例 /%
>1000					10	26.9	24	50
500 ~ 1000	7	28.2	27	55.9	31	42.5	33	31.4
200 ~ 500	24	50.6	31	30.1	31	19.3	27	12
100 ~ 200	15	13.1	23	10	26	7.5	19	3.7
50 ~ 100	13	5.5	14	2.6	18	2.2	19	1.7
<50	16	2.6	21	1.4	32	1.6	37	1.2
合计	75	100	116	100	148	100	159	100

2. 石化产业基地

随着石化产业的发展，中国逐渐形成"十大石化产业基地"。中华人民共和国成立初，东北、西北油田资源丰富，率先形成吉 - 黑、辽中南和西北三大石化基地。其中，吉 - 黑基地有大庆油田、吉林油田，是俄罗斯进口原油的主要接卸地。辽中南基地内有辽河油田及大连港、营口港等大型原油码头，原油接卸能力相对较高。西北基地拥有克拉玛依、塔里木、西北、吐哈、玉门、青海等油田。改革开放以来，胜利、大港油田及沿海大型原油码头的投产，促使京津冀、长江三角洲和山东石化基地形成。其中，京津冀基地有大港、华北和冀东三大油田，主要依赖曹妃甸和天津港进口原油。长江三角洲基地原油消费市场大，虽然仅有江苏油田和浙江油田，但紧邻长江，原油码头接卸能力强。山东基地炼厂最多，有胜利油田及青岛、日照、烟台等原油接卸港，炼油能力较大。随后，珠江三角洲、长江中下游及黄河中上游石化工业发展加快，形成了珠江三角洲、长江中游、黄河中上游等新兴石化基地。其中，珠江三角洲基地几乎没有油田，但存在惠州、湛江、茂名和洋浦等原油装卸港。长江中游基地内原油产量也较低，仅有江汉油田，但便利的长江航运也促使石化基地的形成。黄河中上游基地有长庆、河南两大油田，油气资源相对丰富。成渝基地仅有 16.9 万吨原油产量的四川油气田，炼厂规模也较小。

3. 石化企业产能

中国炼油装置不断大型化、规模化，工艺技术不断提高，石化企业也通过不断扩能，实现石油加工量的持续增长。1985 年炼油能力仅 1.41 亿吨，1995 年为 3.07 亿吨，2005 年为 4.66 亿吨，2015 年为 6.71 亿吨，1985 年以来年均增长 1768 万吨，尤其 21 世纪以来增长迅猛。1985 年炼油能力在 200 万～500 万吨的企业最多，产能占比 50.6%，随后不断扩能为大中型企业。2015 年，炼油能力超过 500 万的有 57 个，产能占比超过 80%。20 世纪 80 年代中期以来，石化企业经历了从"以 200 万～500 万吨企业为主"向"以 500 万吨级及以上企业为主"的转变。

从单体企业角度，石化产能呈"四阶段"演变。① 20 世纪 80 年代中期，东北、华北地区炼厂产能较大。大连石化炼油能力最高，达 730 万吨/年，其次是茂名石化，为 600 万吨/年，也是前十大炼厂中唯一的南方炼厂。产能超过 500 万吨的还有抚顺、燕山、锦西、辽阳和长岭炼化，产能为 400 万～500 万吨的有大庆、乌鲁木齐、永坪、吉林和高桥石化。② 1985～1995 年，大连石化扩能 150 万吨，茂名、抚顺和燕山石化也均有不同程度的扩能，仍是中国前四大炼厂。高桥、齐鲁、兰州、金陵、乌鲁木齐、独山子石化和延安炼油厂扩能较快，从 1985 年的 0～430 万吨扩能至 1995 年的 600 万～800 万吨，产能超过 550 万吨的还有大庆、锦西、辽阳、安庆、扬子、镇海和锦州石化。③ 1995～2005 年，炼厂产能分布格局变化较大。其中，镇海炼化、上海石化两次经历扩能改造，分别从 1995 年的 550 万吨、530 万吨扩大到 2005 年的 1850 万吨、1400 万吨，成为最大的两家炼厂。茂名石化、扬子石化分别扩能至 500 万吨、800 万吨，以 1350 万吨/年的产能并列第三。产能超过 1000 万吨的还有金陵、兰州、大连、齐鲁和高桥石化。④ 2005 年以来，石化企业进入集中扩能阶段。其中，茂名、金陵、大连、福建、天津、海南石化扩能量高达 800 万～1000 万吨，扬子、广州、长岭、高桥石化等也均有超过 400 万吨的扩能。镇海炼化炼油能力稳居全国首位，扩大至 2015 年的 2360 万吨，其次是茂名石化、金陵石化和大连石化，产能也均超过 2000 万吨。此外，还新建了泉州石化、青岛炼化、惠州石化、广西石化和四川石化 5 个千万吨级炼厂（图 10-9）。

港口运输与腹地产业发展

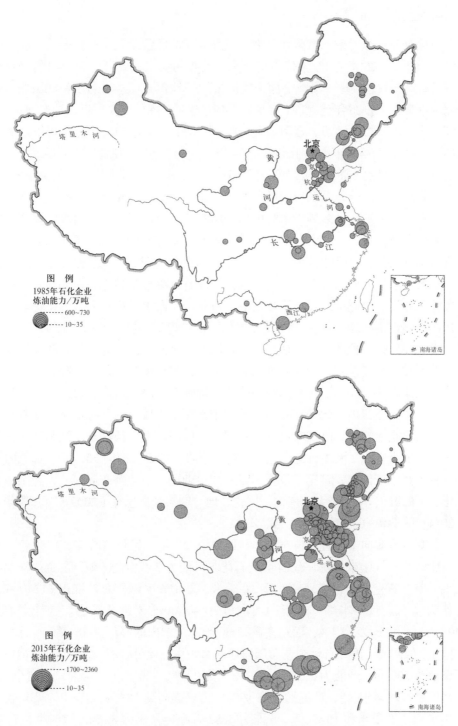

图 10-9 中国主要大中型石化企业布局及产能演化

4. 企业布局模式

石化企业有原料地、消费地和港口三种典型的区位模式（梁仁彩，1982；董科国，2008），20 世纪 80 年代中期以来，其布局演化大致可分为"内陆分散布局→沿海局部快速集聚→沿海全面加速扩张"三个阶段，这与刘鹤等（2012a）的研究结论类似。①90 年代以前，受原料供应的影响，炼厂主要靠近原油产地布局，尤其围绕大庆 – 吉林油田、辽河油田、胜利 – 华北 – 大港油田、克拉玛依 – 塔里木油田、江苏 – 江汉油田分别形成"吉 – 黑""辽中南""京津冀""西北""长江沿岸"炼厂组团，而长江以南仅有茂名石化、广州石化两个炼厂。须关注的是，资源密集型产业的分布具有很强的"路径依赖"特征，受规模大、战略意义强、占地面积大、员工数量多等一系列因素的影响，这种特征短时间内难以改变（贺灿飞和朱彦刚，2010），截至 2014 年中国石化企业布局的原料地模式仍具有很强的烙印，石化企业搬迁可能性极小，早期建于内陆的多数企业实施就地扩能改造，导致原料供应扩大而通过港口进口原油。②随着改革开放的深入，环渤海、长江三角洲和珠江三角洲地区经济迅猛发展，石化产品需求增加，大型炼化企业向三大片区集聚，消费地布局模式凸显（梁仁彩，1989）。③2005~2015 年，随着沿海大批原油码头的投产，大量从海上进口原油，沿海地区成为原材料和市场的双重指向区域。扩能量超过 800 万吨的石化企业，包括茂名石化、金陵石化、大连石化、福建石化、天津石化和海南炼化等，均临海布局；新建成投产的千万吨级石化企业中，除四川石化外，其余也均位于水深条件较好的沿海地区。随着时间推移，石化企业临海、临江布局的趋势明显，以环渤海、长江三角洲和珠江三角洲石化基地为主的"沿海石化产业带"初步形成，集中了全国 70% 的炼油能力和50% 的乙烯生产能力，甚至出现港口 – 石化企业的"成组"布局模式，包括镇海炼化、上海石化等 14 个大型炼化一体化基地。这与张文忠等（2009）、邬珊华等（2014）等学者的研究结论相一致。

石化企业倾向于靠近港口布局，从原料地型向港口区位型转变。1985 年，与港口距离小于 5 千米的炼厂仅有安庆石化，产能为 350 万吨 / 年，占企业样本的2.5%；有 7 家企业与港口距离小于 10 千米，新增 6 家炼厂总产能仅 612 万吨，占比为 4.3%。近一半炼厂位于距离港口 50 ~ 300 千米的范围内，合计产能为7491 万吨，占比为 53.1%，而距离港口 50 千米范围内的炼厂仅 16 家，合计贡献全国 1/5 的产能，因此石化企业布局以原料型为主。此外，有 18 家炼厂与港口的距离超过 500km，产能为 2925 万吨，占比为 20.7%。2015 年，与港口距离小于 5千米的炼厂增至 14 个，产能达 1.25 亿吨，占比提高到 18.7%；有 10 个炼厂与港口距离介于 5 千米和 10 千米，产能为 5882 万吨，占比为 8.8%。该时期，有 49家炼厂位于港口 50km 范围内，承担全国将近一半的产能；仍有 46% 的炼厂与港口距离为 50 ～ 300 千米，但产能占比仅为 35.9%，比 1985 年下降了 17 个百分点；而与港口距离超过 500km 的炼厂产能占比不断下降，达到 14.6%。这说明石化企业愈加重视运输成本的权衡而将港口作为企业的重要选址，促使从"原料型"模式为主向"原料型与港口型"模式并重进行转变。近年来，石化企业临港布局的特征显著，实现了港口码头和石化企业之间物流链与生产链的高效衔接。从成立时间看，石化企业大致呈现"建成时间越晚，距离港口越近"的规律，21 世纪以来，新建炼厂中，一半位于港口 50 千米内，其中大榭石化、岚桥石化、舟山石化、泉州石化、青岛炼化、惠州石化临港布局。石化企业数量、产能与港口间距离大致呈现"负相关关系"（图 10-10）。

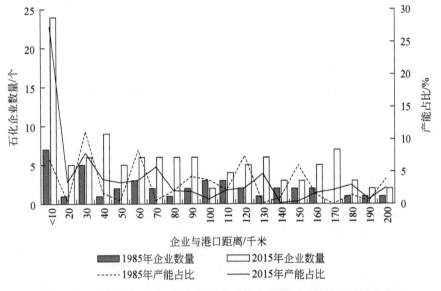

图 10-10　中国港口 200 千米范围内石化企业数量、产能的区间分布

三、石化企业的原油供应网络及变化

1. 国内油田分布

陆上油田集中分布于东北、西北、华北和江淮地区，海上油田主要来自渤海湾、东海及南海地区，总体呈现"北多南少，北强南弱"的格局。近年来，中国主要油田原油产量稳定增长，2014 年原油产量达 2.1 亿吨。大庆、胜利、长庆、克拉玛依、辽河油田及渤海海域原油产量均超过 1000 万吨。其中，大庆油田是中国第一大油田，1960 年建成投产，原油产量连续 12 年保持 4000 万吨；胜利油田 1961 年建成投产，原油产量连续 14 年保持 2700 万吨以上；渤海海域、长庆、

克拉玛依和辽河油田原油产量分别为 2611 万吨、2505 万吨、1180 万吨和 1122 万吨。目前石油生产形势严峻，一方面东部主力油田已进入高含水率和高采出度的双高阶段，油田生产已出现产量下跌的趋势，后续开发难度趋大；另一方面，西部石油资源虽然丰富，但地质条件复杂，尚未形成储量、产量战略接替区。

2. 石油产量及消费

20 世纪 80 年代以来，随着油田勘探、开采技术的提高，中国原油生产稳步发展。1990 年，原油总产量为 1.38 亿吨，随后持续增长，2010 年首次突破 2 亿吨，2014 年达 2.09 亿吨，连续 5 年保持 2 亿吨以上，占世界原油总产量 5.4%。21 世纪以来，随着油田的不断开采，国内老油田逐渐老化，产量趋于下降，尽管新油田产量略微增加，但也只能弥补空缺量，导致原油总产量增长缓慢，基本维持在 1.8 亿～2.1 亿吨。中国原油自给能力已进入"瓶颈期"，尤其面对石化产业结构调整及社会经济迅猛发展，国内原油自给能力远不能满足消费需求。中国原油消费量从 1990 年的 1.17 亿吨增长至 2014 年的 5.17 亿吨，年均增长 1666 万吨（图 10-11）。

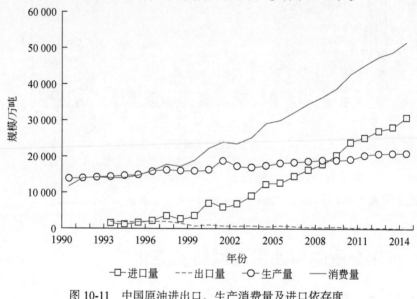

图 10-11　中国原油进出口、生产消费量及进口依存度

经济发展、新增炼油能力投产及新建战略石油储备基地的投用带来了持续、快速增长的原油需求，加大了中国对进口原油的依赖度。中国原油经历了从"以出口为主"到"以进口为主"的转变。原油进口是中国弥补原油需求缺口的重要途径（邱研等，2012）。改革开放以来，中国原油需求量增长显著，20 世纪 90 年代以来原油进出口量呈现"此消彼长"的趋势。1993 年，原油进口量仅 1567 万吨，比出口量少 376 万吨，进口依存度为 −18%；1997 年进口量首次超过出口

量，中国成为原油净进口国；随后，进口量迅猛增长，2000年进口量为7027万吨，2015年达3.33亿吨，进口依存度不断提高，2008年首次突破50%，2012年进一步超过60%，前后连续六年突破50%警戒线（周晓波，2013）。这反映了中国原油严重依赖国外进口的现象，而石油进口运输高度依赖于港口。

现阶段东北、西北和华北地区仍呈现出原油"供过于求"局面，而华东、华南片区国民经济和石化工业的迅猛发展刺激了大量的原油需求，出现原油"严重供不应求"问题。从原油缺口量看，辽宁、山东、广东、江苏、浙江、上海超过2000万吨，占总缺口量的65%，这些省份均分布于沿海地区。因此，除进口原油外，未来相当长一段时间内，中国原油的国内运输路径仍将以"北油南运"为主（图10-12）。

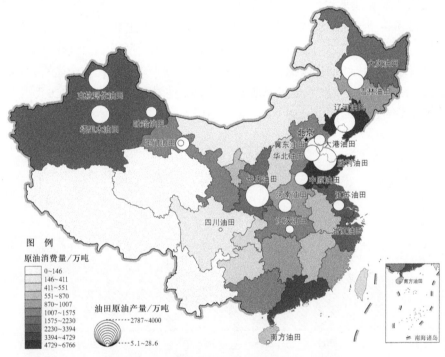

图10-12　2014年中国各省原油产量、消费量

3. 企业原油供应网络及演化

随着石化企业不断扩能，原油需求量远大于国内自产原油供应量，原油进口依存度逐年上升，石化企业的原油供应路径也发生了巨大变化。综合考虑区位、投产时间、企业规模、历次扩能及炼油能力大小等因素，具体选取金陵石化、大连石化、镇海炼化和荆门石化进行供应链演化分析。

1）金陵石化

金陵石化位于南京，组建于1982年，主要从事石油炼制及石化产品的加工生产。该企业为中石化第三大原油加工基地，2015年加工原油1750万吨，除供应华东市场外，还出口美国、加拿大等30多个国家。金陵石化扩能次数不多，但历次扩能量均较大。20世纪80年代中期，金陵石化产能为150万吨，1995年扩能至800万吨，跃居全国第4位，仅次于大连石化、茂名石化和抚顺石化，与高桥石化同为长三角地区最大炼厂。90年代末，通过技术设备升级，金陵石化炼油能力扩大至1300万吨/年，进入千万吨级炼厂行列。近年来，金陵石化完成扩建800万吨/年炼油主体装置建设，炼油能力提高至2100万吨/年，成为仅次于镇海炼化、茂名石化的第三大石化企业。

从原油来源地来看，2002年以前，金陵石化主要依靠国内原油，主要源于江苏油田和胜利油田。90年代末，区外调入及自产原油量合计达70%，但2003年开始，国内原油与进口原油趋于1：1。近十年来，随着油田老化及金陵石化的扩能改造，国内产油量降低与炼厂日益增长的需求矛盾突出，金陵石化转向依赖进口原油。2011年，输入进口原油1231万吨，是国内原油供应量129万吨的9.5倍，占原油需求量的比例高达90.5%（图10-13）。

港口运输与腹地产业发展

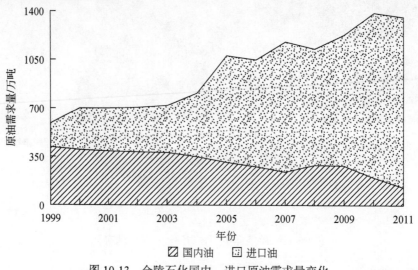

图 10-13　金陵石化国内、进口原油需求量变化

21世纪之前，金陵石化的原油主要由胜利油田、江苏油田供应，少部分来源于溱潼油。其中，胜利油田经鲁宁管道输送原油至南京。但随着金陵石化规模的扩大，缺口原油基本来自进口。21世纪以来，胜利油加工量持续降低，从2000年的359万吨下降至2011年的114万吨，占金陵石化国内陆上油加工量比例降至82%。2014年，金陵石化超过90%的原油来源于进口，主要从中东、地

中海、南美和西非地区输入，少部分源于东南亚，经宁波–舟山港接卸及甬沪宁管道输送。从运输方式上看，2007年以来，金陵石化水运比例变化不大，维持在30%～35%内，鲁宁管道运量从2007年的19.1%降至2010年的9.5%，甬沪宁管道运量则从46.1%增至58.9%。总体上看，金陵石化是高度依赖进口原油及大型原油接卸港的企业，以21世纪初为转折点，原料模式从"以区外油田输入为主"向"以海外进口为主"转变（图10-14）。

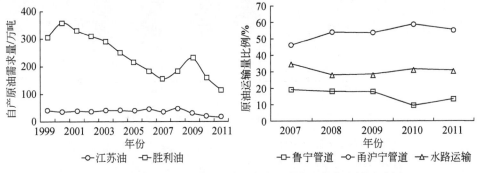

图 10-14　金陵石化国内陆上原油需求量变化及各方式输油比例

2）大连石化

中石油大连石化位于大连，前身建立于1933年。大连石化的产能规模持续扩大，20世纪30年代初仅有15万吨/年的原油加工能力，1985年增加至730万吨，1991年扩能到880万吨，2005年产能达到1050万吨；近10年来，炼油装置不断升级，2007年扩能1000万吨，将总产能提高到2050万吨。这促使原油需求出现爆发式增长，国内供应量与企业需求量之间的缺口越来越大，原油进口量不断增加。从原油来源地看，1985年大连石化原油全部从国内获得，来源于省内、外的原油比例大致为4∶6，除源于辽河油田，外省原油主要来自大庆油田，经铁岭运输至大连。随着辽河油田的开发，供给大连石化的原油量逐渐增加，1995年自给率达53.3%，从其他省份调入的原油比例降至39.7%，此外开始从国外进口原油但仅占7.03%。随后大连石化从省外调入的原油量增长较快，2005年自给率下降至22.5%，外省调入比例不断上升，2005年为63.7%，进口比例也增至13.8%。近10年来，原油供给源发生了较大变化，2015年自给率仅为15.4%，进口量迅速增加，比例高达44.5%，外省原油占比降为2015年的40.1%。90年代中期以前，大连石化的原油基本上由辽河油田、大庆油田供应；21世纪以来，缺口原油基本来自进口，主要是从中东、委内瑞拉、巴西、安哥拉等国家输入，并经大连港接卸。总体上看，大连石化的原料模式从"本地供应"向"进口"转变，呈现从"原料自给兼省外调入型"向"原料进口兼省外调入型"演变，港口成为大连石化的重要供应链节点（图10-15）。

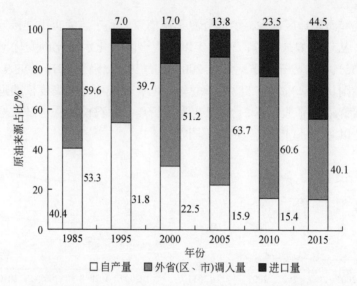

图 10-15　大连石化自产、区外调入及进口原油需求量变化

3）镇海炼化

中石化镇海炼化分公司位于宁波，前身是始建于 1975 年的浙江炼油厂。2016 年，镇海炼化共加工原油 2012 万吨，是目前国内最大的含硫原油加工基地和原油集散基地，也是中国首家进入世界级炼厂的企业。镇海炼化的产能规模也是持续扩大，20 世纪 80 年代中期，镇海炼化产能为 250 万吨/年，1993 年扩能至 550 万吨/年，1994～2000 年完成炼油 700 万吨/年改造及建成扩建 800 万吨/年炼油工程的主体装置，进入千万吨级炼厂行列。2001～2006 年，通过技术设备升级，镇海炼化扩大至 1850 万吨/年，此后仍不断扩能改造，提高至 2360 万吨/年，实现由传统炼油向炼化一体化的转型。长期以来，因附近江苏油田和江汉油田的年产油量均不足 200 万吨，浙江油田低于 10 万吨，镇海炼化几乎所有原油均从区外调入或海外进口。80 年代中期，镇海炼化所需原油全部源于国内油田。但随着产能的增加，镇海炼化开始从国外进口原油，从省外调入的原油比例在 1985～1995 年急剧降至 40.9%，而进口迅速增至 59.1%。21 世纪以来，镇海炼化进口原油保持在 70% 以上，甚至一度高达 80.9%，剩下的 20%～30% 则源于区外油田，2015 年两者比例大致为 3∶1。90 年代以前，原油主要由大庆油田、渤海油田供应，经铁岭、大连等以管道运输及江海联运方式输入镇海，少部分源于江苏油田和江汉油田，形成长江中下游独特的"管道–水运"网络。目前，镇海炼化超过 3/4 的原油来源于进口，主要从中东、非洲输入，少部分源于南美，经宁波–舟山港接卸。总体上，镇海炼化是典型的高度依赖进口原油及大型原油接卸港的企业，以 90 年代中期为转折点，企业原料模式从"以区外油

田输入为主"向"以海外进口为主"转变（图10-16）。

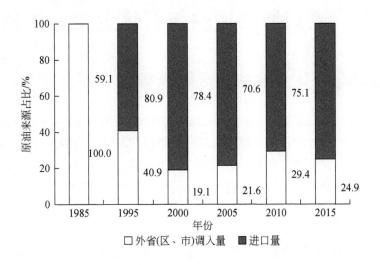

图 10-16   镇海炼化区外调入、进口原油需求量变化

4）荆门石化

中石化荆门分公司位于荆门，前身是始建于 1970 年的荆门炼油厂。该企业是随着江汉油田的开发而成立的，目前炼油能力为 550 万吨 / 年，是中南地区最大的润滑油、石蜡生产基地。荆门石化扩能次数较少，扩能量不大；20 世纪 80 年代中期，荆门石化产能为 350 万吨，是除长岭炼化外，长江流域最大的炼油企业；1990 年，荆门石化产能扩大至 500 万吨 / 年；1990 ~ 2015 年，荆门石化扩能量仅 50 万吨，目前产能为 550 万吨 / 年。从原油来源地看，21 世纪之前，荆门石化主要依靠国内原油，主要来源于江汉、河南和胜利油田；80 年代初，荆门石化区外调入及自产原油比例超过 80%，随后不断下降，1995 年降至 71.7%，进口原油比例为 28.3%；2000 年输入宁波港转运的进口原油量不到 20 万吨。21 世纪以来，江汉油田年产油量不断下降，2005 年已不足 100 万吨，胜利油田供应量也趋于下降，必须依赖进口原油，2005 年进口原油比例达 58.1%，近年来趋于增加。从原油供应的范围来看，21 世纪之前，江汉油田、中原油田分别通过潜荆线、魏荆线输送原油至荆门石化，胜利油田则经过鲁宁管道输送原油至南京，再由南京港水水中转至荆门石化；目前缺口原油基本来自进口，经宁波 - 舟山港接卸再经过原油管道中转输送。荆门石化是典型的由于"路径依赖"、非"大规模扩能改造"而改变原油供应路径的石化企业，以 21 世纪初为转折点，原料模式从"以自产和区外油田输入为主"向"以海外进口为主"转变。长江流域的长岭炼化、岳阳石化也呈现类似模式。

第四节 港口原油运输与石化企业的关系模式

一、港口与石化企业的布局距离模式

石化企业与港口的距离关系直接影响其原油的来源结构和运输路径。按照石化企业与原料产地（油田）、消费市场、交通枢纽和港口的距离关系，可将港口与石化企业的布局距离模式划分为远港、向港和临港三大类。不同的港企空间模式在不同时期地位不同，反映了物流成本的变化（图 10-17）。

1. 远港模式

传统区位理论认为资源密集型产业的地理分布依赖于资源禀赋（Ohlin，1957），以炼油为主体的石化工业是典型的资源密集型产业（董科国，2008）。受原油供求状况及运输条件、炼油技术限制，原料运输成本决定了中国早期阶段石化企业的区位选择。20 世纪 90 年代以前，石化企业直接依靠内陆油田实现原料供应，一般在靠近油田的区位布局炼厂，与港口距离较远，形成"远港模式"。原油开采后通过铁路或管道运输直接进入石化企业进行油品炼制，实现原料自给。此类企业主要有大庆石化、黑龙江石化、松原炼油厂、克拉玛依石化和乌鲁木齐石化等。其中，大庆石化、克拉玛依石化分别是依托大庆油田、克拉玛依油田成立的。

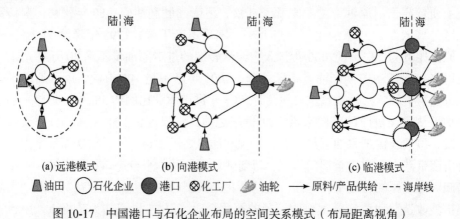

(a) 远港模式　　　(b) 向港模式　　　(c) 临港模式

🔺油田　○石化企业　●港口　⊗化工厂　🚢油轮　——原料/产品供给　- - -海岸线

图 10-17　中国港口与石化企业布局的空间关系模式（布局距离视角）

2. 向港模式

20 世纪 90 年代以来，石化企业不再直接布局在采油区，而是逐渐接近交通条件较好的市场地区，形成"向港模式"。Haaland 和 Kind（1999）认为随着运输技术的发展，"运输成本"逐渐替代"资源可获取性"，市场、交通可达性较高的地区往往成为企业的区位选择。中国城市化、工业化的快速推进刺激了石化产业的迅猛发展，石化企业数量不断增加，产能不断提高，国产原油无法满足企业原料需求，开始依赖进口原油。同时，消费市场逐渐集中于东南沿海地区，石化企业倾向于靠近市场布局。因此，在交通枢纽和消费市场布局石化企业成为趋势，石化企业逐渐靠近港口布局（张文忠等，2009；刘鹤等，2012b）。其原料来源主要有两部分。其一是国内油田开采的原油通过管道、铁路或油罐车输入石化企业，其二是通过油轮运输、港口码头接卸进口原油。此类石化企业主要有燕山石化、上海石化、天津石化和大港石化等。其中，燕山石化依赖大庆、大港、辽河等东北、华北油田供给原油及天津港进口原油（董科国，2008），天津石化、大港石化依托大港油田而布局，临近原油接卸大港——天津港，保证原料供应链的稳定性。

3. 临港模式

21 世纪以来，大量石化企业扩能改造，产能成倍扩张，促使原油需求急剧增加。受内陆资源枯竭的约束，腹地石化企业开始大量进口原油，对外依存度逐年上升，为节约运输成本，石化企业倾向于临近港口布局，形成"临港模式"，采用进口原油进行油品炼制。随时间推移，原油港口的辐射距离逐渐增大，辐射范围也持续扩大，一方面港口逐渐成为进口原油的集散地，另一方面部分进口原油通过江海联运或管道转运至内陆其他石化企业，使港口成为一定意义上的原料地，即"准原油产地"。在港口城市成为石化产品消费市场及港口维系腹地原料进口门户的同时，港口本身也成为石化企业布局的区位，有些企业直接布局在港口，向下游延长产业链，形成大型石化基地及"炼化一体化"模式（Jacobs et al.，2010；Ducruet et al.，2010）。此类石化企业主要镇海炼化、舟山石化、大连石化、泉州石化、惠州石化、青岛炼化、茂名石化和湛江石化等，临近港口均具备 30 万吨级原油码头。

须关注的是，资源密集型产业准入门槛高、规模效应显著、投资额度高，具有很强的"路径依赖"特征（贺灿飞和朱彦刚，2010）。尽管远港、向港和临港这三种模式具有一定的时间阶段性，近几年来石化企业也倾向于临港、临海布局，但受油田区位以及重化工业发展政策等历史因素影响，中国仍有部分大型石化企业布局在内陆地区。中国也存在一些内陆中小型石化企业，其原油供应仍以附近油田为主，因此现阶段石化企业与港口的空间关系仍是远港、向港和临港布局三种模式并存（表 10-7）。

表 10-7　中国港口与石化企业布局的空间关系模式

模式	远港模式	向港模式	临港模式
主导时间	20 世纪 90 年代前	20 世纪 90 年代	21 世纪以来
港口辐射范围	东部	东、中部	东中部和西部少数地区
石化企业数量、产能	较少	数量迅猛增加	产能成倍扩张
布局区位	邻近油田	交通枢纽或市场区	邻近港口
新建企业与港口距离	较远	较近	邻近
原料构成	自产原油	进口、自产原油	主要是进口原油
原料来源地	邻近油田	港口或附近油田	港口或国内油田
主要物流链	管道、铁路、公路	管道、铁路、公路	水路、管道、铁路

二、原油海向贸易运输网络

世界石油生产地和消费地分布格局，决定了海运是全球石油运输的主要方式。在全球运输网络中，超过 60% 的石油是通过海运（汪玲玲，2015）。中国石化企业所需原油主要依赖于进口，但主要进口源国与中国距离较远，进口原油主要是以海运为主，以管道、铁路为辅。目前，中国超过 90% 的进口原油通过海运方式输入。

1. 原油进口的国别网络

中国自 1996 年成为原油净进口国以来，原油进口量不断增加，2015 年原油对外依存度超过 60%，进口地也不断变化。① 20 世纪 90 年代初，中国仅从印度尼西亚、阿曼、马来西亚、伊朗、巴基斯坦和澳大利亚进口原油，其中印度尼西亚占比高达 42.5%。1990 ~ 1995 年，原油进口量增长缓慢，从 1990 年的 290 万吨增加至 1995 年的 1665 万吨，原油进口国数也增至 16 个，主要分布于亚太和中东，合计超过 90%，印度尼西亚、阿曼和也门是最大的 3 个来源国，合计占 68.5%。② 1995 ~ 2000 年，进口国增至 30 个，进口量达 6967 万吨。源于中东的原油占比提高，阿曼、伊朗和沙特超过印度尼西亚成为第一、三、四来源国；非洲进口比例也开始提高，尤其安哥拉以 864 万吨的进口量成为第二源国。③ 21 世纪初，中东仍是中国进口原油的主要地区，其中沙特阿拉伯超过阿曼、安哥拉和伊朗，成为最大的原油来源国，2005 年占中国进口量的 17.7%。源于俄罗斯的原油量增长迅猛，居第四位；苏丹、刚果、利比亚等非洲国家对中国的原油出口量增长较快，此外中国的原油进口网络开始覆盖巴西、委内瑞拉和阿根廷等拉美国家。④ 2004~2014年，中国原油进口量进入"指数式"增长，有42个进口国（邱研等，2012；周晓波，2013），形成五条线路，南支路线始于印度尼西亚、澳大利亚、马来西亚等国家，西支始于沙特阿拉伯、阿曼、伊拉克、哈萨克斯坦等国家，西南支始于安哥拉、苏丹、刚果、巴西等国家，北支源于俄罗斯，东支线路源于哥伦比亚、墨西哥、加拿大等国家。沙特阿拉伯仍是最大的进口源国，俄罗斯居第二，中国与阿曼、安哥拉、也门、阿联酋、科威特等主要源国均签订了长期进口原油合同，源于委内瑞拉、巴西和哥伦比亚等拉美国家和哈萨克斯坦的原油也较多，其中2009年委内瑞拉与中国达成协议，将合资开发奥里诺科重油带，供给中国2个千万吨级大炼厂（丛薪雨，2011）。原油进口国经历了从"以亚太、中东国家为主"向"以中东为主、俄罗斯及非洲为辅"的演变过程（表10-8）。

表 10-8　2000 ~ 2014 年中国原油进口来源

年份	2000	2005	2010	2014
进口量总计 / 万吨	7 026.5	12 708.3	23 931.1	30 835.8
中东地区 / 万吨	3 765	5 999.2	11 275.6	16 058
亚太地区 / 万吨	1 061.3	968.4	880.1	600.9
非洲 / 万吨	1 694.9	3 847.1	7 085.3	6 804.1
欧洲 / 原苏联 / 万吨	472	1 458.4	2 586.1	4 038.2
美洲地区 / 万吨	33.3	435.3	2 104.1	3 334.6
中东比例 /%	53.6	47.2	47.1	52.1

2. 进口原油的海向运输网络

原油进口源国的地理区位决定了原油运输通道。2014年，中国进口原油达3.08亿吨，通过水运的进口原油量为2.69亿吨，占比为87.3%。这反映了港口是完成原油进出口贸易的重要节点。目前，中国拥有中东、西非、北非、南非、拉美、东南亚等海上原油航线，其中中东、北非、西非和拉美航线是最主要的原油贸易航线，80%以上的 Suezmax（苏伊士型）船舶和90%以上的超大型油轮（VLCC）通过四条航线向中国输送原油（表10-9）。

表 10-9　中国原油进口海上航线

来源地区	比例 /%	航线
中东地区	52.08	波斯湾—霍尔木兹海峡—阿拉伯海—印度洋—马六甲／龙目海峡—中国
亚太地区	1.95	马六甲海峡—台湾海峡—中国
非洲	22.07	北非：地中海—苏伊士运河—红海—曼德海峡—印度洋—马六甲／龙目海峡—南海—中国；地中海—直布罗陀海峡—好望角—马六甲／龙目海峡—中国
		西非：几内亚湾—好望角—莫桑比克海峡—印度洋—马六甲／龙目海峡—中国
		东非：索马里—印度洋—马六甲海峡—中国
欧洲	5.58	地中海—直布罗陀海峡—好望角—马六甲海峡—中国
美洲地区	10.81	大西洋—巴拿马运河—太平洋—中国；大西洋—好望角—莫桑比克海峡—印度洋—马六甲／龙目—南海—中国

（1）中东是原油输出集中区，其航线承担中国超过一半的原油进口量。中东原油从波斯湾沿岸出发，经霍尔木兹海峡运输到阿曼海、阿拉伯海，进入印度洋，再到科伦坡，随后分东南两条线路运输至中国，包括龙目海峡北上线路及马六甲海峡南下线路。马六甲海峡水深限制 21 米，仅限 20 万吨级及以下船舶通过，而龙目海峡水深达 30.5m，可通行 ULCC 和 VLCC 油轮（赵冰和王诺，2010）。

（2）非洲航线分为北非、西非和东非航线，北非原油从沿岸油港出发，经过地中海、苏伊士运河，绕过亚丁湾进入印度洋，经科伦坡后分东南两路运至中国。西非原油主要经过几内亚湾、好望角到达印度洋，再经过南海输送至中国。东非航线直接从印度洋经马六甲海峡或龙目海峡到达中国。北非航线受苏伊士运河的满载吃水和最大船宽限制较大，最大可通行 21 万吨满载油轮，大型油轮仍需绕道好望角支线。

（3）美洲航线除巴西等南美洲东部国家是通过好望角支线运输原油外，其他地区原油主要经过巴拿马运河进入太平洋，再远洋运输至中国，可通行 VLCC 油轮。

（4）欧洲和亚太地区对华出口原油较少，前者主要是经过直布罗陀海峡，绕过好望角进入印度洋，再经过马六甲和台湾海峡输入中国。

三、进口原油陆向运输网络

原油集疏运体系是连接多种运输方式的系统集成，也是构建港口 – 石化企业物流网络的关键承载体。受港口与腹地石化企业运输联系方向、距离及规模的影响，中国进口原油经沿海原油码头接卸后，以管道为主、以铁路和内河为辅，运送至各地炼厂，运输线路复杂、空间分布广，形成复杂多样的陆向配送网络。

1. 管道运输

20世纪70年代以来，原油管道建设加快，形成以庆铁线、铁大线、铁抚线、铁秦线、秦京线、阿独线、东黄线、东临线、鲁宁线、甬沪宁线和仪长线等干线管道为主体，以油田和原油码头为中心，覆盖主要炼化企业，国内原油与进口原油灵活调运的管道网络。原油管道的起止点基本与石化企业区位一致，东部及长江沿岸地区大多原油管线均直接或间接与原油港口相连。早期，原油管道主要围绕油田外输任务而布局建设，随着对进口原油依赖度逐渐变大，管道从内陆向港口延伸尤其连接大型原油码头，包括甬沪宁、仪扬、仪征、日仪等线，管道网络形成港口导向。这些管道多呈现"港口↔炼厂"布局模式，即港口将所接卸的进口原油直接通过管道输送至炼厂，多分布在渤海湾、长三角和珠三角地区，包括渤海港口↔炼厂管道（锦州港、天津南疆码头）、长江港口↔炼厂管道（岳阳陆城码头、洪湖码头）、东海港口↔炼厂管道（上海陈山码头、镇海算山码头、福建鲤鱼尾码头）及南海港口↔炼厂管道（马鞭洲-广州、湛江-茂名）等，促进水-管道、水-管道-内河、水-管道-铁路等多式联运模式的形成（图10-18）。

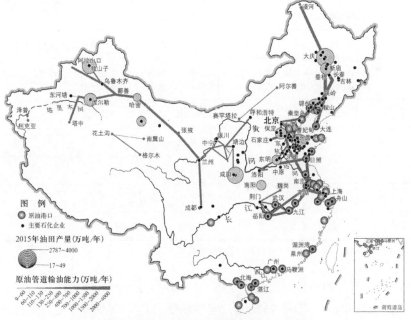

图 10-18　中国原油陆向管道集疏运网络

宁波、舟山港各有 4 个大型原油码头，通过甬沪宁线和沿江管线将原油输送至长江中下游炼厂；大连、青岛港各有 3 个大型原油码头，青岛港原油供应范围较广，主要通过东黄、黄潍等管线连接青岛石化、青岛炼化、齐鲁石化等山东、河南、河北大中型炼厂、山东地方炼厂及部分长江沿岸炼厂。此外，日照、湛江、惠州、泉州、天津、曹妃甸、营口、锦州等港口也都通过各自连接的管道将原油输送至腹地石化企业（表 10-10）。

表 10-10　主要港口连接原油管道线及所供炼厂

港口	码头 / 个	连接管道	供应炼厂
宁波	4	甬沪宁线、沿江管线	镇海炼化、大榭石化、高桥石化、金山石化、金陵石化、扬子石化及长江沿岸炼厂、山东地炼
舟山	4	甬沪宁线、岙册线、册岚线	舟山石化、上海、南京及长江沿岸炼厂、保税油库
大连	3	铁大线	大连石化、大连西太平洋石化
青岛	3	东黄线、黄潍线、胶青线	青岛石化、青岛炼化、齐鲁石化等山东、河南、河北炼厂、长江沿线炼厂、山东地炼
日照	2	日东 – 东临 – 临濮线、日仪线	南京及长江沿岸炼厂、东明石化等地方炼厂
湛江	2	湛茂线、湛北线	东兴石化、茂名石化、北海石化
惠州	2	马广线	中海油惠炼、中海壳牌、广州石化
泉州	2	鲤鱼尾码头线	福建联合石化、泉州石化
曹妃甸	1	曹津线	沧州炼厂、石家庄炼化、天津石化等华北炼厂、河北地炼
天津	1	曹津线、津华线、大周线、津京线、津河线、沧津线	天津石化、燕山石化、华北石化、沧州炼厂、石家庄炼厂等华北地区炼厂、河北地炼
营口	1	鞍大线	辽阳石化、辽河石化、华锦化工等
洋浦	1	—	海南炼化
茂名	1	—	茂名石化
锦州	1	锦绥线	锦州石化、锦西石化
南京	0	沿江管线、仪扬线、鲁宁线	扬子石化、岳阳石化等长江沿岸炼厂

　　注：大型原油码头指接卸能力 25 万吨级及以上原油码头。

　　甬沪宁、日仪和沿江管道是输送进口原油能力最大、辐射炼厂最多的管道。甬沪宁管道长 665km，管径 762mm，年输油能力达 4000 万吨，起始站为宁波大榭油库，经过镇海炼化后再穿越杭州湾海底到嘉兴的白沙湾油库，由此分成三路，一路至上海石化，另一路去浦东高桥石化，还有一路往南京方向，先到金陵石化，再穿过长江输送至扬子石化。沿江管线也辐射长岭炼化、荆门石化、武汉石化、巴陵石化、安庆石化、九江石化等炼厂。日照—仪征原油管道长390千米，管径914毫米，年输油能力为3600万吨，与鲁宁管道、甬沪宁管道、仪长管道连接成管网。以宁波港为例，2000年除自身石化企业外，主要炼油企业在宁波港共接运原油759万吨。其中，高桥石化接运量达188万吨，占宁波港总转运量的24.8%，其次是金陵石化和金山石化，接运量分别占13.8%和11.8%，其余炼厂接运量均不超过7%。随着甬沪宁管线及沿江管线的投产，宁波港的原油转运格局发生较大变化，2005年主要炼油企业在宁波港共接运原油3010万吨，其中管道公司接运量达1847万吨，比2004年629万吨增加了2倍，占总接运量的比例达61.4%。其次是高桥石化和金山石化，接运量占比分别为7.4%和6.5%，而南京炼油厂接运量仅3.1%（图10-19）。

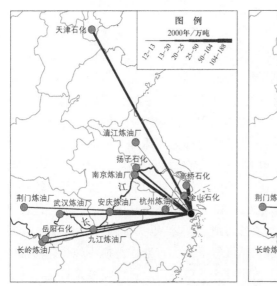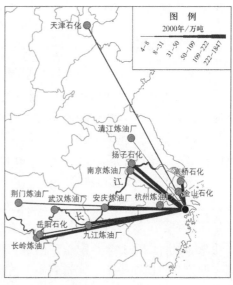

图 10-19　主要炼油企业在宁波港接运原油情况

2. 铁路运输

　　铁路是港口原油集疏运网络的组成部分，尤其在原油管道建设之前，是港口与石化企业关联的重要载体。长期以来，主要原油运输铁路有兰新、京广、京九、京山、京秦、京包、集二、滨洲、通让、哈大、沈山、焦柳、胶济、石太、西康、津浦、广茂、陇海、宝成、襄渝线等，这些铁路线较少与港口直接相连，但部分与港口的铁路专用线或通过管道、公路与港口相接。在早期阶段，铁路主要围绕油田外运组织运输，与港口发生的联系较少。现阶段，石化企业所需原料除来自国内油田外，对天津、河北、山东、广东、江苏等沿海省份进口原油的依赖度加大，如河南主要依赖新疆油田供油及山东港口进口原油，云南主要依赖广东、广西进口原油，山西主要依赖天津、河北原油等，安徽主要依赖江苏原油。从石油净发送量看，主要石油净发送地呈现从"内陆油田省区"逐渐向"石油大港省份"转移的趋势，天津从净到达市转变为净发送市，广东、山东净发送量也均有较大幅提高，这与天津、青岛、日照、茂名港大量进口原油，再通过管道或水运转铁路运输至内陆炼厂有关。从石油铁路流动格局看，20世纪90年代以来，局部铁路网甚至呈现从"内地局部地市相连"向"以沿海港口为起点向内地辐射"转变的布局模式。2010年，超过100万吨、与沿海港口有关的省际铁路流有辽宁→北京、广东→广西、天津→河北、河北→北京、河北→山西、江苏→安徽、辽宁→河北，从河北流入北京的运量为127万吨，主要是满足燕山石化等炼厂原料需求，依赖于曹妃甸港的进口原油。

3. 内河运输

受水深及码头接卸能力等因素限制，一般大吨位油轮无法直接进入沿江、沿河地区，因此中国原油水运形成三程运输。其中，进口原油长距离运输至国内海港为一程运输，从海港至国内主要中转港为二程运输，而从中转港运往货主码头则为三程运输（雪连萍，2001）。第三程运输也称为江运即"内河运输"，一般出现在华东、华南水系丰富的地区，包括长江、京杭运河和珠江流域等（赵媛等，2009），尤其在长江口及长江沿岸地区，原油在港口到内陆沿江炼厂的运输往往呈现"江海联运"方式。首先采用20万~30万吨级油轮从中东、非洲等地区进口原油，运至宁波—舟山等沿海港口，在25万吨级原油码头接卸，采用1.5万~2.5万吨级油船转运至上海、南京、南通和镇江等下游中转港，再换小吨位内河油船或大型分节驳顶推船队，配送到中上游沿江企业或港口。长江流域是石化产业的集聚区，企业数量多、规模大，主要有上海、高桥、金陵、扬子、清江、安庆、九江、武汉、荆门、长岭、巴陵、重庆石化等，使用进口原油的石化企业均建立了以港口为核心的直卸、水转管道或水水中转的原油运输体系（图10-20）。

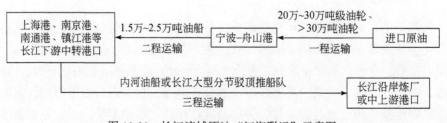

图10-20　长江流域原油"江海联运"示意图

长江沿岸炼厂原油主要是海进江和管道供油，其中海进江原油包括国内原油和海上进口原油。根据不同时期长江流域炼厂所需原油来源及运量，绘制图10-21。

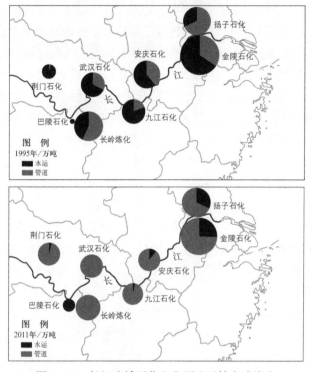

图 10-21　长江流域石化企业原油运输方式演变

　　（1）20世纪90年代中期，除扬子石化和长岭炼化外，长江中上游炼厂所需原油均以内河运输为主。扬子石化原油主要源于胜利、华北和中原油田，通过鲁宁管道（临邑至仪征）运输，管道供油占比达69%。金陵石化是下游最大的炼厂，原油需求量为583万吨，67%源于内河运输，包括39.2%的国内原油和26.8%的进口原油。其次是长岭炼化原油需求量为351万吨，管道和海进江供油比接近56∶44，进口原油量为60万吨。此外，安庆、武汉石化水运原油比例为50%~60%，九江、荆门、巴陵石化为80%~100%，且除荆门石化外，水运原油均以国产原油为主，尤其武汉石化94%的水运原油源于国内油田。尽管连接荆门石化与江汉、河南油田的魏岗—荆门、黔江—荆门管道在70年代早已建成，但仍未能满足其炼油需求，因此荆门石化所需原油中，内河运输比例高达94.8%，近一半源于海上进口原油。

　　（2）21世纪初，沿江炼厂原油从"以海进江供油为主"逐渐向"以管道供油为主"演变，两者比例从1995年的55∶45变化为2005年的43∶57，呈现"内河和管道方式并存且相当"的格局。该时期，甬沪宁管道投产，分流了大量原油水运量，如金陵石化原油内河运输比例从 1995 年的 72% 降为 2005 年的 30%，扬子、荆门、武汉和九江石化的管道供油量也均超过海进江供油量，内河比例为 30% ~ 40%。与 20 世纪 90 年代不同的是，长江流域水运原油中，海上进口比例不断提高，运载进口原油的大型油轮经宁波大榭、舟山册子及岙山码头接卸后，换 1.5 万 ~ 2.5 万吨油船中转至南京港，再通过驳船队输送至沿岸炼厂。此外，来自鲁宁管线的原油到达南京港后，部分原油经过驳船队输送至中上游炼厂。

（3）近 10 年来，随着仪长、仪扬等沿江输油管线的投产，南京以上原油运输体系发生显著变化。海上进口原油的"水 – 管道"中转比例不断上升，而原油内河运输职能逐渐弱化，整个流域呈现"管道占绝对优势"的格局，2011 年管道、海进江供油比为 83 : 17。武汉石化、长岭炼化原油全部由管道输送，荆门石化除 1.02% 的铁路运量外，其余也源于管道，九江、安庆石化的内河运输比例也不足 10%。一方面，随着长三角石化企业的扩能改造，江苏、江汉、中原及胜利油田原油难以满足长江沿岸炼厂需求，转向宁波 – 舟山港及环渤海湾接卸港的进口原油。甬沪宁管道除与宁波大榭码头相接外，还与舟山册子岛、岱山通过海底管道相接，分流了水运中转量（晋安岑，2007）。另一方面，鲁宁管道来油直接通过仪征 – 长岭原油管道输送至中上游炼厂，使长岭、武汉、荆门、九江和安庆石化的原油水运比例急剧下降。须关注的是，由于临近长江流域最重要的原油中转港——南京港，金陵石化、扬子石化仍有相当比例的原油源于水运，2011 年占比分别为 25.9%、32.2%。巴陵石化因原油需求量小且无管道连接，长期以来原油均源于水运，重庆炼厂因受航道水深及运距影响，所需原油仅 30% 经由长江水水转运，其余由中西部管道供应。

四、港口原油海陆运输网络要素

将原油运输的海向贸易网络和陆向配送网络进行空间叠加，可发现集疏运系统中节点、通道和片区的空间分化与功能分异，形成更复杂的物流网络，因此本部分对原油的海陆运输网络要素进行分析。运输网络要素主要包括港口、口岸等节点，管道、铁路和内河水系等运输通道，消费基地和战略储备基地等面状要素。中国原油海陆运输网络要素如表 11-11 所示。

表 10-11　中国原油海陆运输网络要素

运输网络要素		具体要素
消费基地	沿海	吉 - 黑石化基地、辽中南石化基地、京津冀石化基地、山东石化基地、长三角石化基地、泛珠三角石化基地
	沿河	长江中游石化基地、黄河中上游石化基地
	内陆	西北石化基地、成渝石化基地

运输网络要素		具体要素
进口基地	港口	宁波港、舟山港、大连港、青岛港、日照港、湛江港、惠州港、泉州港、曹妃甸港、天津港、营口港、洋浦港、茂名港
运输通道	管道	甬沪宁线、日仪线、日东线、仪长线、仪扬线、铁大线、铁秦线、曹津线、东黄线、鲁宁线、东临线、黄潍线、呇册线、湛茂线、湛北线、马广线、河石线、东辛线、秦京线、盘锦线、津华线、临濮线、大周线、津京线、魏荆线、潜荆线、临济线、锦绥线、津河线、胶青线、平岱线、鲤鱼尾码头线、陆城码头线
运输通道	铁路	广茂线、陇海线、京秦线、胶济线
运输通道	水路	长江水系、珠江水系、京杭运河
中转基地	国际	宁波港、舟山港、青岛港、天津港、大连港
中转基地	国内	南京港、南通港、江阴港、上海港、日照港、泉州港、湛江港、秦皇岛港、营口港
战略储备基地	已建	地面库：镇海、舟山、黄岛、大连、独山子、兰州、天津 洞库：黄岛国家石油储备洞库
战略储备基地	在建	鄯善、惠州、锦州、湛江、舟山二期

1. 港口口岸

原油进口口岸以港口口岸为主，陆地口岸为辅。其中，港口口岸主要由具备大型原油码头接卸能力的港口承担。港口口岸主要接卸来自中东、非洲和南美远洋运输的原油。随着石化企业原油对外依存度的提高，港口口岸成为原油运输体系的核心节点，通常也是原油运输网络的另一起点。日益增多的原油进口量决定了中国进口原油的主流油轮为 20 万～30 万吨级的 VLCC，这需要与之匹配的大型原油码头。目前中国基本形成环渤海、长江三角洲、东南沿海、珠江三角洲和北部湾五大进口原油接卸港群。接卸码头分布及需求分布，决定了进口原油经过沿海大型原油码头接卸后，还须进行二程运输，才能最终输送到终端——石化企业。中国进口原油二程运输网络集中在环渤海、长江三角洲和珠江三角洲港口群（表 10-12）。

表 10-12　中国原油进口主要航线起止港

航线	起始港口	主要目的港
中东航线	哈尔克、法奥、艾哈迈迪港、阿卜杜拉、达斯岛、费赫勒	大连、天津、青岛、宁波、舟山、泉州、惠州、湛江
非洲航线	苏丹、阿尔泽、锡德尔、蒙巴萨、卡宾达、洛比托、邦尼	大连、天津、青岛、宁波、舟山、泉州、惠州、湛江
拉美航线	里约热内卢、克鲁斯、巴约瓦尔、何塞	大连、宁波、舟山、泉州、惠州、湛江
东南亚航线	丹戎不碌	泉州、惠州、湛江、茂名

（1）环渤海港口群，以大连、青岛和天津港为主，日照、营口和秦皇岛港为辅，接卸进口原油；原油在大连、天津、青岛和日照港 30 万吨码头接卸后，利用港口储油基地仓库，将满载的 VLCC 船舶减载，再利用沿海油轮进行二程运输，靠泊营口、秦皇岛、锦州等中小型接卸码头，将原油转运至东北、华北等地，该区域的二程中转量占总接卸量的 25% ~ 30%。

（2）长江三角洲港口群，以宁波、舟山港为核心，南京、上海和南通港为辅，接卸进口原油；依托长航集团的进江油轮船队完成水水中转，或依靠甬沪宁管道实现水 – 管道中转运输，二程转运比例为 20% 左右。

（3）珠江三角洲港口群，以惠州港为主，广州、虎门和佛山港为辅，利用沿海油轮和进江油轮接卸来自中东和非洲的进口原油。

此外，闽东南和北部湾地区则以湛江、茂名、泉州和洋浦等原油接卸港为主导。但随着湛江—茂名原油管道的建成，利用沿海油轮进行二程运输的原油比例趋于降低。

2. 中转港

货物从起始港前往目的港，途经第三方港口并在此进行换装运输工具、补给或减载货物，进而继续航行至目的港，该港口称为"中转港"。沿海港口进港运输以外贸为主，内贸不足 1/4，而内河港口的进港原油几乎全为内贸，因此原油中转港主要分布在沿海地区，分为国际中转港和国内中转港。须关注的是，中石化、中石油和中海油代表国家进口石油和开发境外市场，三大集团直接关联中转港的选择。如 2006 年中石化全资子公司册子岛原油码头和配套储油罐的建成直接导致宁波港 900 万吨原油的分流（顾亚竹，2006）。

国际中转港是连接原油海洋和内河运输网络的重要节点，也是原油水水中转、水—管道等中转的起点，包括宁波、舟山、青岛、天津和大连港。以宁波港为例，进口原油抵达宁波港后，通过原油码头或海上锚地接卸到储罐或二程油轮，再通过原油管道或二程油轮输送至长江沿线炼厂，中转原油主要有锚地过驳、算山码头中转、大榭码头进罐、大榭码头水路运输等方式。大榭原油码头建成之前，宁波港仅有锚地过驳和算山码头中转两种方式，锚地过驳占比超过 80%；2003 年大榭码头开始转运原油，锚地过驳比例降至 47%，大榭水路和算山转运量分别为 34% 和 18%，而大榭进罐原油量仅 10.8 万吨，占总转运量比例为 0.63%。2004 年随着甬沪宁管道的投产，大榭进罐成为宁波港最主要的原油转运方式，当年进罐量达 1218 万吨，占总转运量比例超过 50%，2005 年达 63%。近年来，镇海炼化产能扩张促使原油量迅猛增加，带动算山码头转运量大幅提高，2011 年原油转运量占总转运量的 48%，其次是大榭进罐比例达 40%，另有 11% 的原油通过水路转运，锚地过驳则占比不到1%（图10-22）。

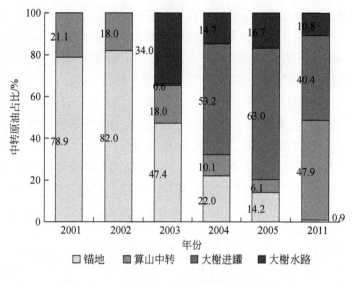

图 10-22　2001 ~ 2011 年宁波港中转原油方式

国内中转港临近内河水系分布，是原油运输网络的关键节点，实现原油在国内的二程转运，主要有南京、南通、江阴、上海、泉州、湛江、日照、秦皇岛和营口港。南京港是江苏最重要的原油中转港，2005 年中转原油 2173 万吨，其中管道中转量为 1185 万吨。秦皇岛港也是重要的下水港，2008 年接卸原油 261 万吨，出港量达 453 万吨。受航道限制，进口大型油轮无法直接进入上海港，上海承接来自宁波港的进口原油，除供应本地炼厂外，其余转运至长江流域其他炼厂。

3. 集疏运通道

原油运输网络的主要通道是管道、公路和内河，连接港口和石化企业等点要素，实现原油流动。这些通道主要分布在东部省市，尤其石化企业集聚区。其中，管道包括甬沪宁线、沿江管线、曹津线、东黄线、湛茂线、马广线等 32 条连接接卸港与炼厂。铁路线有京广、京九、京秦、京山、沈山、哈大、胶济、津浦、陇海、兰新、焦柳、集二、滨州、通让等与港口、口岸直接或间接相接的线路。内河主要是长江、珠江和京杭运河，公路线则较少。须关注的是，各种方式交通线路在不同时期占主导地位。随着原油运距加大，铁路、水运逐渐取代公路，70 年代以来管道的不断完善分流了铁路、水运原油量。

4. 战略储备基地

战略储备基地是一国为了保障国家能源安全、国防安全而建设，为国家所有并直接控制，用于应对战争、自然灾害等突发事件引起的紧急、大量的石油需求（黄光炯，2007）。战略储备基地是由港口、石化中心、转运站、输油管网结合的储运分配系统，其选址的基本条件是具有深水港口条件、能将原油经济方便地送往炼油厂，同时靠近大型炼油厂和消费市场，因此战略储备基地布局在沿海港口是合理的。2004 年开始，中国建设国家战略石油储备基地，截至 2016 年年底共建成 8 个，总储备库容 2680 万立方米，包括镇海、舟山、黄岛、大连、独山子、兰州、天津 7 个地面库及黄岛储备洞库。其中，镇海石油储备基地设计库容最大，达到 520 万立方米，拥有 52 个油罐。鄯善、惠州、锦州、湛江、舟山二期等基地仍处于在建状态，其中锦州、惠州基地为地下水封洞库（表 10-13）。

表 10-13 中国重大石油战略储备基地

地点	储油能力 / 万立方米	年份	所属企业
天津	1000	2013	中石化
鄯善	800		
舟山	750	2008	中化集团
独山子	540	2012	中石油
镇海	520	2006	中石化
惠州	500		中海油
黄岛	320	2008	中石化
大连	300	2008	中石油
兰州	300	2012	中石油
锦州	300		中石油
金坛	300		中石油

五、港口原油海陆运输网络模式

中华人民共和国成立以来，石化企业所需原油从"国产原油"的单一来源演变为"进口原油 + 国产原油"的双向来源。早期，油田供油是石化企业获取原油的主要方式，主要有三种运输方式：一是管道运输，起点多为油田；二是经管道转内河运输供应炼厂，如胜利油田经鲁宁线输送原油至南京，再通过南京港转运至长江沿岸炼厂；三是管道转铁路供应炼厂，少量由铁路直接运输。大庆原油除供应东三省炼厂外，还经大连港下海供应其他炼厂，渤海原油也先经过大连港再进行调配；胜利油田主要供应华北及长江沿岸炼厂；辽河、大港、中原和华北油田的原油及南海、东海原油均以就地加工为主（图10-23）。

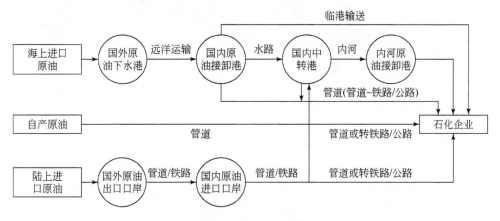

图 10-23　中国石化企业原油来源的海陆运输模式

进口原油以国外原油下水港为起点，通过远洋、管道或铁路运输至中国原油接卸港，经接卸后，大部分原油通过管道或通过管道转内河/铁路/公路方式输送至石化企业，部分原油通过减载或换船经水路运输至中转港，再沿内河水系送至内河原油接卸港，部分原油则直输炼厂，还有极小部分原油通过铁路、公路输送至企业。从运输方式看，海上进口原油主要有五种运输模式，分别是临港运输、水-管道联运、水水中转、铁水联运和公水联运。海上进口原油以水-管道联运为主，长江、珠江仍保留水水中转模式，铁水联运和公水联运较少（图10-24）。

1. 临港运输模式

临港运输主要是指石化企业位于临港工业园区，大型油轮运至原油接卸港后，从原油码头直输至石化企业炼油。这种方式实现码头和石化企业之间物流链、生产链的无缝衔接，节省运输时间和费用，提高原油资源利用率。这些石化企业主要是临港布局的炼化一体化企业，如镇海算山码头的镇海炼化、大港区的天津石化、大亚湾的惠州石化、泉州泉港区的福建炼化等。典型案例是镇海炼化，大榭、算山码头所接卸的进口原油占宁波港总接卸量各一半，而算山码头接卸的原油全部直输至镇海炼化（图10-25）。

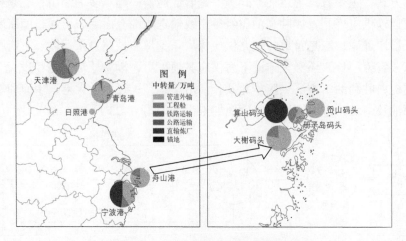

图 10-24　2013 年主要中转港原油转运情况

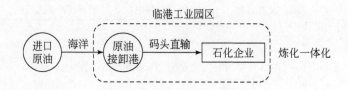

图 10-25　原油临港运输模式

2. 水管联运模式

水管联运是现阶段中国最主要的原油运输方式，指油轮抵达接卸港后，通过原油管道将进口原油直接输送至石化企业，部分未有管道连通的炼厂则通过管道转内河或公路运输。目前，宁波、舟山、大连、青岛、日照、湛江、惠州、曹妃甸、天津、南京等接卸港均与原油管道连通。中国接卸港原油的管道外输量占总中转量比例均在 40% 以上，青岛、舟山港达 82% 和 96%，尤其日照和舟山册子岛码头 100% 通过管道外输。其中，抵达宁波港的进口原油经甬沪宁线直输金山石化、高桥石化和金陵炼化，或到达仪征输油站后再经仪扬、仪长管道至扬子石化、长岭炼化，均属于"水→管"直输方式；到达仪征站的部分原油则通过南京港经长江转运至中上游企业，属于"水→管道→内河"运输方式；水系匮乏且尚未直接连通管道的地区，如洛阳石化，来自日照港的进口原油一般采取"水→管道→铁路"方式输送原油。这种模式输油量大、耗能小、安全便捷，有利于进口原油及时疏运至腹地石化企业，也是目前最普遍的原油运输方式（图 10-26）。

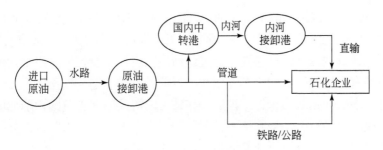

图 10-26　原油水管联运模式

3. 水水中转模式

水水中转指受水深、油轮载重及码头接卸能力等因素限制，进口大型油轮经过远洋运输抵达国内接卸港后，一般要通过"海→内河→内河"三程运输、减载运输或江海直达三种方式输送至石化企业。这种模式一般出现在长江、珠江和京杭运河地区，尤其长江流域汇集了金山、高桥、金陵、扬子、安庆、九江、武汉、荆门、长岭、巴陵等石化企业，其原料多为进口原油。以长江流域为例，三程运输即 20 万～30 万吨油轮将原油从国外海港运至国内接卸港（如宁波、舟山港），再由 1.5 万～2.5 万吨油船运至南京、上海、南通、镇江等中转港，形成二程接卸，最后由内河油船或分节驳顶推船队将原油运至石化企业，形成三程接卸与分拨。减载运输即"海→海"运输，是指大型油轮抵达沿海第一个深水接卸港并卸载部分原油后，继续沿海航行至第二个目的港进行接卸。江海直达即"海→内河"运输，是指大型油轮抵达接卸港后，直接通过江海直达船将原油运至石化企业（图 10-27）。

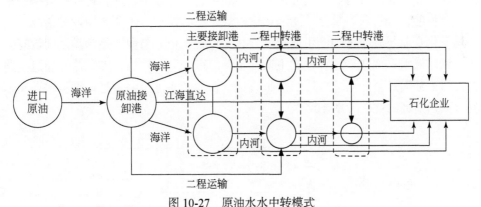

图 10-27　原油水水中转模式

4. 铁水联运模式

铁水联运是指进口原油抵达原油接卸港后，通过与港口相接的铁路直接运

至石化企业。青岛港接卸的进口原油中，直接通过铁路外运的原油占比为2.02%，主要是通过胶济铁路往西供应山东、河北、河南和山西部分炼厂。天津港有0.43%的进口原油通过铁路外运，主要是通过津浦线供应河北及长江北岸个别炼厂；汇丰石化也拥有港口至炼厂的火车专用线。目前国内原油港与铁路实现无缝衔接的比例较低，多数铁路线尚未进入港区。在缺乏内河及原油管道的内陆地区也存在铁水联运模式，呈现"水→管道→铁路"和"水→内河→铁路"多次分拨的运输模式，如日照港输送进口原油至洛阳石化（图10-28）。

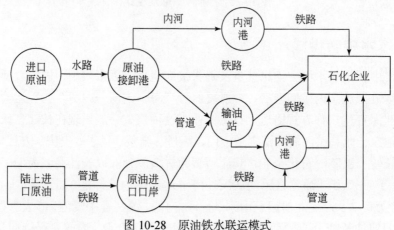

图 10-28　原油铁水联运模式

港口运输与腹地产业发展

5. 公水联运模式

公水联运是指进口原油抵达接卸港后，通过与港口相接的公路，直接运至石化企业，或先经过管道、内河分别到达输油站、内河港中转后，再通过公路送至企业。目前，公水联运是原油海陆运输中最少见的模式，主要适用两种情况：其一是石化企业与原油接卸港距离较近，其二是石化企业与原油接卸港之间没有管道、铁路或水系相连。这种模式主要分布在山东、河北地炼，如天津港通过公路将进口原油输送至鲁西北炼厂及燕山石化、青岛港通过公路将进口原油输送至烟台、莱州地区的炼厂（图10-29）。

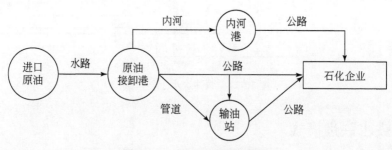

图 10-29　原油公水联运模式

六、原油海陆运输网络的空间分异

综合分析管道覆盖程度、水路可达性、石化企业产能及与港口距离等要素，绘制中国原油港口与石化企业海陆运输模式的空间分异图（图10-30）。

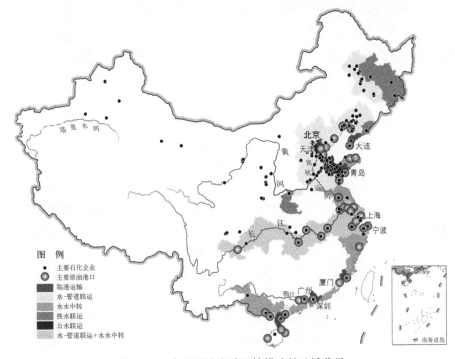

图10-30　中国原油海陆运输模式的地域分异

（1）辽宁沿海地区以大连港为主，以营口、锦州港为辅，进口海上原油，主要利用港口疏运管道，即水管联运模式，供应大连石化、大连西太平洋石化、锦西石化、辽河石化、抚顺石化等炼厂。此外，部分原油通过后方管道和铁路输送至吉—黑石化基地。目前，该区域已形成以港口、油田为节点，管道、铁路为主要通道的原油海陆运输体系。

（2）津冀沿海地区以天津港为主，以曹妃甸、秦皇岛和黄骅港为辅，接卸海上进口、渤海油田及二程中转原油，利用港口疏运管道，供应后方天津石化、石家庄炼化、燕山石化、大港石化、沧州炼化等炼厂，利用公路供应河北部分地方炼厂。此外，天津港还通过公路输送原油至鲁西北个别炼厂。

（3）山东沿海地区以青岛、日照港为主，以烟台、威海港为辅，进口海上原油，形成二程接卸格局，主要通过东营—黄岛、东营—临邑、沧州—临邑等原油管道，供应青岛炼化、青岛石化、齐鲁石化、济南炼油厂等。此外，青岛港通过公路将部分进口原油输送至地方炼厂，部分原油则直接水水中转至烟台、威海地区。

（4）长三角地区有17个原油港口，形成以宁波、舟山港为核心接卸港，以南京、南通、上海港为二程中转港，其余港口为内河接卸港的二、三程接卸港口布局。甬沪宁管线和沿江管线建成之前，宁波—舟山港进口原油主要通过水水中转进江至南京、上海港，再由长江驳船队输送至长江沿岸炼厂，而青岛港进口原油与胜利油田原油通过鲁宁管线向安庆、九江、武汉、长岭、荆门石化等炼厂供油。目前该地区仍保留一定的水水中转能力，形成了以宁波—舟山港和胜利油田为主要输出地，以甬沪宁、沿江、鲁宁和日仪等大口径干线管道为主要通道，以宁波—舟山港至南京、上海及长江中上游各炼厂的水运线路为辅助通道的"水–管道联运"和"水水中转"相结合的原油运输网络（杨足膺等，2014）。

（5）闽东南以泉州港为主、漳州港为辅接卸海上原油以及二程中转原油，主要通过湄洲湾鲤鱼尾码头输油管线，供应福建联合石化、泉州石化和古雷石化基地，部分尚未连接管道的沿海地区则通过水水中转方式供油。

（6）珠三角地区以惠州港为主、广州港为辅，接卸海上进口、南海油田及二程中转原油，形成二、三程接卸格局。进口原油利用港口疏运管道供应后方中海油惠州炼油、中海壳牌南海石化、广州石化、小虎石化、华德石化等炼厂，部分尚未连接管道的地区则通过珠江以水水中转方式供油。

（7）北部湾地区有7个原油港，形成以湛江、茂名、洋浦港为主要接卸港，以钦州、北海港为中转港的二程原油接卸体系。其中，湛江港供应东兴石化外，通过湛茂线、湛北线供应腹地茂名石化和北海石化；茂名港为浮筒型单点系泊原油接卸码头，所接卸进口原油仅供应茂名石化；洋浦港所接卸原油主要供应海南炼化，广西沿海港口则以接卸内贸原油为主。

第十一章
港口其他运输职能与腹地发展

第一节　港口粮食运输与腹地农业基地

　　中国是农业大国和人口大国，粮食安全至关重要。联合国粮食及农业组织对粮食的定义为谷物，包括麦类、粗粮类和稻谷类三大类，中国统计口径中粮食包括小麦、稻谷、玉米、大豆、薯类五类，本书的"粮食"采用该口径进行分析。由于中国各地自然环境差异显著，工业化和城市化的快速推进对传统农业生产格局产生了巨大冲击，促使粮食产量与需求存在地区间、品种间差异，需要调剂余缺来确保各地供需平衡，而港口成为粮食运输的重要节点。

一、港口粮食吞吐量增长

　　中国港口的粮食吞吐量不断增长，大致分为三个阶段。20 世纪 80 年代中期以前，粮食吞吐量较低，增幅较小甚至出现负增长。1986 年，吞吐量增长了45.3%，突破 3000 万吨；随后进入缓慢增长阶段，年均增长 210 万吨。进入 21 世纪，粮食吞吐量增长迅速，突破 5000 万吨，年均增长 1248 万吨，2005 年和 2013 年相继达到 1 亿吨和 2 亿吨。粮食吞吐量的增长得益于港口专业化泊位与设施的修建（图 11-1）。

二、粮食进出港格局及演变

1. 出港格局

　　1982 年以来，港口粮食出港量一直上升，尤其是 2006 年以后增势显著，年均增长率达 11.6%。粮食出港总量较少，2013 年达最高值，也仅为 7500 万吨。从分布来看，粮食出港形成以环渤海港口为主的格局，尤其是大型输出港的地位突出。2013 年，环渤海港口出港量占全国出港量的 44.2%，长江三角洲和珠江三

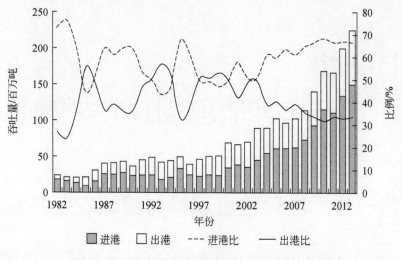

图 11-1　中国港口粮食吞吐量、进出港量及比例关系

角洲港口分别为 28.5% 和 20.4%；出港量前五位港口分别是大连、泰州、深圳、营口、锦州，其中大连、营口、锦州均港位于辽东半岛，说明东北地区是主要的粮食输出地区。长江三角洲粮食输出港虽数量多但规模小。值得关注的是，自北向南各港口的粮食出港量呈现递减现象。输出粮食的内河港呈现零星点状分布，规模较小而多低于 50 万吨。1982 年起，输出粮食的沿海港口增多，环渤海港口出港量增长明显，而内河港口变化较小，20 世纪 80～90 年代有所增加，进入 21 世纪后数量减少明显。1982～1985 年，粮食出港量不断向环渤海地区集中，比例不断上升，达 61.7%，随后比例下降，1987 年再次攀升，1994 年最高达 70.8%，集聚态势增强。1995 年比例骤减之后在波动中又略有上升，2003 年达 67%。随后环渤海地区的比例一直减小，粮食出港"轻度分散"的格局逐步形成（图 11-2）。

2. 进港格局

粮食进港反映了腹地的粮食需求状况，进港量越大，腹地粮食缺口越大。1982～1985 年，粮食进港量呈缓慢下降，1985 年降至 941 万吨，年均下降 290 万吨；随后有所回升，1989 年达 2746 万吨；1990～1994 年变化较小，此后不断上升，年均增长 736 万吨，尤其 2007 年以后增长迅猛，2010 年突破 1 亿吨。2013 年进港量分布较为分散，除内河港口的规模较小外，沿海港口以中大型居多。进港量明显集中于南方地区，北方仅占 22%，与出港量的比例相差较大。20 世纪 80 年代初，北方沿海港口是粮食进港的主要登陆门户；80～90 年代，南方粮食需求量增加，从事粮食输入的港口数量及规模增加明显，同时北方港

港口运输与腹地产业发展

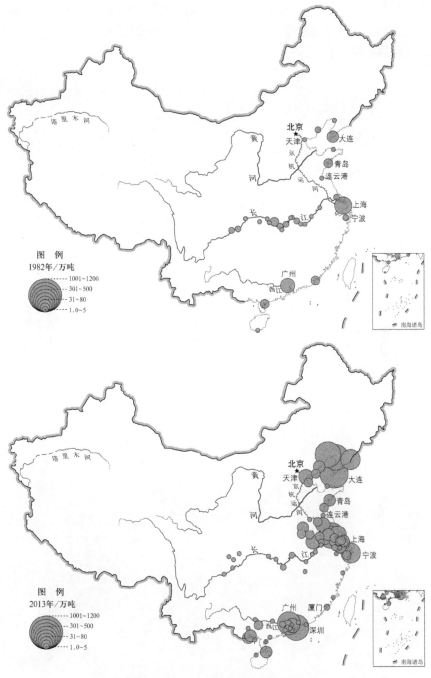

图 11-2 中国港口粮食出港量分布格局及变化

口的进港量也在增加。90 年代,南方进港量进一步增加,而北方港口迅速减少。
进入 21 世纪,南北方港口的进港量均增长迅猛,粮食输入的"分散"格局最终形成（图 11-3）。1982 ~ 1987 年，输入粮食的内河港口有所增加，随后变化不大；多数港口的进港量在 10 万吨以下，2013 年重庆及岳阳港突破 100 万吨，2012 年南昌港突破 50 万吨。

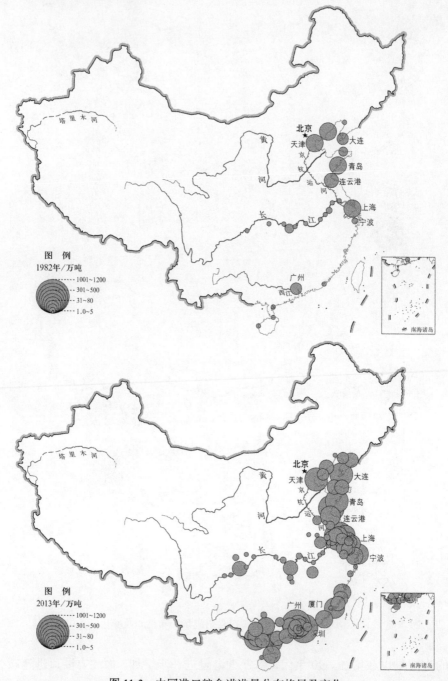

图 11-3 中国港口粮食进港量分布格局及变化

港口运输与腹地产业发展

综合分析，2004 年以来中国港口的粮食运输格局中，进港比例不断上升并稳定在 70% 左右，出港比例不断下降并稳定在 30% 左右，两者形成"7∶3"的结构关系。2004 年以前，进港与出港量之比虽波动较大，但总体仍是进港多于出港，中国粮食供给与需求长期处在供小于求的状态。从区域差异来看，20世纪 80 年代初北方港口的进港量与出港量之比最高达 8.2，港口以输入粮食为主，之后迅速降低；进入 90 年代后，进港量与出港量之比低于 1，北方港口以粮食输出为主；2010 年后，北方港口的粮食进港量增加并与出港量持平。南方港口自 1982 年以来，进港量与出港量之比普遍大于 1 并呈扩大的过程，南方港口的粮食输入职能不断加强。这说明中国粮食运输由 80 年代以前的"南粮北运"演化为"北粮南运"格局。

三、粮食进出口格局及演变

1. 出口格局

港口粮食进出口量的分析对解释港口在粮食贸易网络中的地位尤为重要。粮食出口不仅反映了中国供应国际粮食市场的能力，也反映了中国粮食生产的剩余情况。如图 11-4 所示，中国港口的粮食出口量一直较少，并集中在 1984 ~ 2007年；1984 ~ 1986 年粮食出口量缓慢增长，年均增长 257 万吨；1986 ~ 1989 年变化不大且略有减少，但比例持续降低；1990 年后，出口量增长较快且比例再次上升，超过 50%；1995 ~ 1996 年出口量骤减，1997 年迅速增长，2003 年达到最大量 2117 万吨；2004 年开始，出口量不断下降，比例降至不足 5%，2013

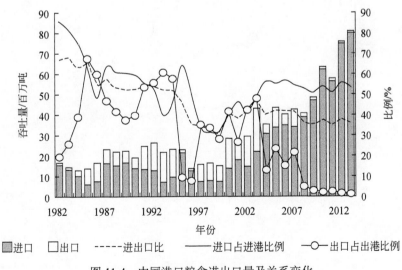

图 11-4 中国港口粮食进出口量及关系变化

年仅为 98.1 万吨。粮食出口集中在东亚、东盟地区，其中韩国是最大出口对象，1982 年以来环渤海港口一直承担着粮食出口的主要职能，占全国的比例长期维持在 80% 以上，2004 年曾达 97.5%；其中大连港一直居于全国首位，成为环渤海的主要粮食出口门户。珠三角及北部湾地区从事粮食出口的港口数量有所增加，但规模较小，均在 10 万吨以下。须提及的是，沿海港口是粮食出口的主要门户，内河港口基本没有粮食出口。

2. 进口格局

粮食进口弥补中国粮食缺口，其规模反映了中国及各地区对粮食的需求状况。1982 年，粮食进口量虽仅有 1548 万吨，占进港量的比例却达 85% 以上，说明中国存在粮食缺口而需要依赖进口。随着中国粮食产量的增长，粮食进口量开始下降，比例迅速降低；1986 ~ 1989 年，进口量再度增长；1990 年后，多数年份均不断下降，占进港量比例最低为 31%；1999 年始进口量不断攀升，年均增长 517 万吨，占进港量的比例稳定在 50% ~ 55%。1982 年后从事粮食进口的海港明显增多，由于各港口进港量较低，在空间上呈点状分布，但以环渤海港口为主。进入 21 世纪，各港口的粮食进口量增长明显。综合看，进口港的分布经历了从环渤海地区集聚到全国分散的过程（图 11-5）。1984 年以前，环渤海港口的进口量占全国港口总进口量的 60% 以上且不断上升，呈现集聚的过程；1985 年后比

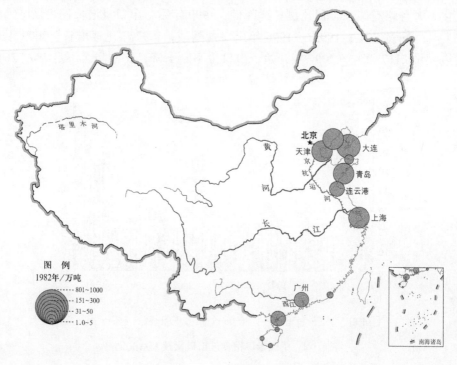

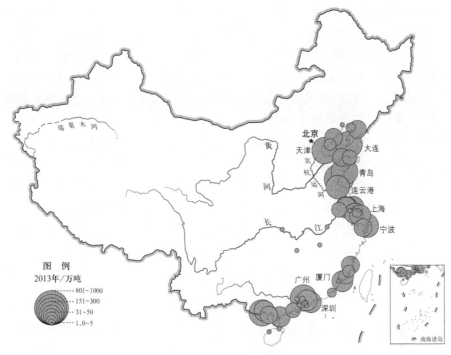

图 11-5　中国港口粮食进口吞吐量的分布格局及变化

例开始下降，1995 年达最低 34.7%；随后又略有波动，大体稳定在 40%。其他沿海港口进口量不断增多，完成了由"北进"模式到"南北同进"模式的转变。21 世纪后，仅有少数内河港开展粮食进口接卸，规模较小。

综合分析，中国港口的粮食进出口量一直呈现上升趋势，但 1982 年以来占港口吞吐量的比例不断下降，1999 年有所回升，2003 年再次呈下降过程，目前稳定在 30% ~ 40%。这反映了中国港口粮食运输以服务国内市场为主。2004 年以来一直以粮食进口为主，是粮食净进口大国，环渤海港口承担着粮食进口与出口的职能，南方港口主要承担粮食进口职能。

四、粮食基地与粮食供需关系

1. 粮食生产分布差异

港口以粮食输出为主还是以粮食输入为主，取决于腹地的粮食供求状况。当腹地粮食处于供大于求，港口倾向于输出；若腹地粮食供小于求，港口则以输入为主。1982 年以来中国粮食连年增产，分别在 1984 年、1995 年、2013 年突破 4 亿吨、5 亿吨和 6 亿吨大关，但中国粮食生产分布具有非均衡性，这是导致粮食存在地域调拨与进出口贸易的基础动因，尤其是南北方粮食产量的差异及变化，影响了粮食进出港格局。1982 年，中国粮食产量达 3.5 亿吨，其中北方占 43%，南方占 53%；2013 年中国粮食产量达 6 亿吨，北方占 61.8%，南方比例降至 38.2%，北方成长为粮食主产区。从南北方粮食产量比例变化可发现，1982 年以来南方一直在下降而北方持续上升。20 世纪 90 年代，北方占比超过南方而成为中国粮食基地。同时中国粮食进口量不断增加，原因在于粮食供求关系紧张；1996 年中国制定粮食自给率须保持在 95% 以上，但 2013 年进口量达 15%，超红线 10 个百分点，仅有 85% 的自给率。近几年来，四大主粮大米、小麦、玉米及大豆的净进口已常态化。

根据全国主体功能区规划，中国重点建设以"七区二十三带"为主体的农产品主产区。东北平原以优质粳稻、玉米、高油大豆为主，黄淮海平原以优质小麦、优质棉花、玉米、高蛋白大豆为主。长江流域以双季稻、优质小麦为主，汾渭平原以优质小麦、型玉米为主，河套灌区以小麦为主，华南以优质籼稻为主，甘肃新疆以小麦为主。其他特色基地包括西南和东北的小麦产业带，西南和东南的玉米产业带，南方的高蛋白及菜用大豆产业带，以及各地区马铃薯产业带。

2. 粮食生产与消费的关系

中国区域性粮食供需矛盾凸出，这决定了粮食运输方向。改革开放以来，国家在东南沿海地区开辟从经济特区到沿海沿江沿边的开放格局，促使工业化和城市化快速推进，经济和人口日益集聚，而且占用大量耕地而导致粮食产量增长缓慢，这促使东南沿海各省市的粮食供应存在缺口。《国家粮食安全中长期规划纲要（2008—2020 年）》提到，2010 年中国居民人均粮食消费量为 389 千克，根据此标准可算出各省粮食消费总量与粮食剩余或缺口。

如表 11-1 所示，粮食缺口最大的省份为广东、浙江、上海和福建，均为南方人口集中地，其中广东缺口达 2769 万吨，是其粮食产量的两倍多，高度依赖外省调拨及进口。南方沿海各省的粮食缺口不断扩大，以广东为例，2010～2015 年粮食缺口以年均 100 万吨的速度不断扩大，2015 年达 4284 万吨。而粮食结余最多的省区分别是黑龙江、河南、吉林及内蒙古，均位于北方地区；其中，黑龙江的粮食结余量最多，达 3521 万吨，是粮食输出大省。巨大的粮食产需差异促使粮食由北到南流动，形成"北粮南运"格局。但中国南北跨度大，从主产区向主销区运输粮食，距离远、成本高，南方作为主销区更倾向于选择就近进口的低价粮食。此外，随着经济发展和居民生活水平的提高，人们对粮食品质尤其是口粮提出了更高的消费要求，缺粮省份如广东、福建等进口国外优质大米来满足需求，推动了港口粮食形成"南进"格局。尤其是外贸体制改革后，北方利用区位优势就近出口过剩粮食，推动了港口粮食形成"北出"格局。

粮食需求结构的变化也是中国粮食运输格局变化的动力之一。1990 年以后，温饱问题已解决，口粮消费下降，饲料用粮持续快速上升，且由于城镇化发展，粮食加工和食品工业迅速发展，拉动了工业用粮的需求增长。2000 年以来，中国工业用粮规模超过种子用粮成为粮食消费的第三大主渠道。粮食消费结构的变化导致了粮食消费品种的变化，饲料用粮及工业用粮的需求增加促使玉米和大豆的消费大幅增加。尤其是，东南沿海地区成为人口 – 产业密集区，对玉米、大豆消费需求的增加尤为迅速，而中国玉米种植集中在东北、华北及部分西北地区，产量占全国 90% 以上。同样，大豆产量也集中于华北及东北地区。这促使"北粮南运"更突出，影响了粮食进出港格局。

表 11-1 2010 年中国各省区市粮食产需差异

省区市	消费量 / 万吨	产量 / 万吨	结余 / 万吨	省区市	消费量 / 万吨	产量 / 万吨	结余 / 万吨
广东	4086	1317	-2770	辽宁	1705	1765	60
浙江	2125	782	-1344	湖北	2240	2316	76
上海	913	122	-791	四川	3131	3223	91
福建	1447	673	-774	宁夏	249	359	110
北京	763	116	-648	河北	2817	2976	159
广西	1807	1430	-377	江苏	3073	3235	162
天津	505	162	-344	江西	1746	1955	209
山西	1398	1085	-313	湖南	2566	2848	282
陕西	1456	1165	-291	新疆	859	1150	291
贵州	1353	1112	-241	山东	3749	4336	587
海南	341	180	-161	安徽	2322	3136	814
云南	1801	1650	-151	内蒙古	965	2158	1193
青海	221	103	-118	吉林	1070	2843	1773
甘肃	997	958	-39	河南	3659	5543	1884
西藏	118	91	-27	黑龙江	1491	5013	3521
重庆	1135	1156	21				

五、粮食 – 港口物流组织模式

粮食的长距离调拨有铁路、公路和水运等多种运输方式，港口是粮食物流网络的重要功能节点，尤其是成为国际粮食贸易网络的重要节点。港口粮食物流通道主要有三条，分别是沿海港口通道、内河港口通道和进出口通道。

1. 沿海粮食物流组织模式

沿海港口粮食运输通道主要是指各省区市生产的粮食经铁路、公路等运抵沿海港口，装船下海，再经海路运往其他沿海港口。典型的沿海港口粮食物流是"北粮南运"，主要是指东北地区的粮食经过铁路、公路等运往环渤海港口，经海路运往长江三角洲、珠江三角洲等地。

东北地区的粮食外运主要采用铁路直接外运和铁水联运两种方式。铁路直接外运是指由铁路运粮经山海关直达销售地，运量占东北地区跨省粮食外运总量的40%。铁水联运方式是指由铁路将玉米、稻谷、大豆等粮食，从东北地区集运至辽宁沿海港口下水装船，运抵华北和东南沿海地区的港口，接卸后再利用铁路或公路销售各地，运量占50%以上。20世纪90年代初，沿海粮食运输全部为麻袋包装形式，船舶为3000～12 000吨级的旧船；90年代后期，粮食与钢材等杂货拼装为主，散装粮食配载开始出现，杂货船进行改造，扩大到1.5万吨～2.5万吨级。2000年以来，沿海粮食运输全部实行散装化，以巴拿马散货船型为主，3.5万吨级灵便型船型作补充，港口起重机械重型化，码头泊位和粮食仓储设施明显增加。同时，部分粮食采用班轮运输，90年代南北航线曾开设过两港一航的杂货班轮，如天津—赤湾的"福连8号"和大连—蛇口的"树德"；2003年以北良、赤湾两港，开辟了北良—赤湾班轮线，使用5万吨级远洋散货船。

港口粮食物流联运主要有以下三种作业方式。

（1）散粮火车或散粮汽车来粮，卸车港口暂存，然后装船外运；

（2）汽车集装箱来粮，卸粮港口暂存，然后装船外运；

（3）水路散粮船来粮，卸粮港口暂存，然后通过汽车或火车发运。

主要粮食下水港口有大连北良、大连、营口、秦皇岛、锦州、丹东、天津、青岛、连云港等港口。主要粮食接卸港口有上海、宁波、厦门、黄埔、新沙、蛇口、湛江、汕头、防城等港口。

2. 内河粮食物流组织模式

主要分布在长江流域。东北地区粮食通过铁路或公路运至大连港并下海，沿海运抵上海港，再经上海港转入长江，在张家港、南通、芜湖秃矶山、九江乌石矶、岳阳城陵矶、武汉青山等粮食专用码头进行接卸，上岸后采用铁路或公路向两岸中转及散货。整个过程形成了"铁路/公路→港口→海运→港口→江运→港口→铁路/公路"的物流组织模式。沿江各地区生产的稻谷，由铁路、公路运抵长江港口，由上述码头装船驶向下游的港口，在港口接卸后通过公路输往粮食主销区，形成"铁路/公路→港口→江运→港口→公路"的物流模式。

3. 进出口粮食物流组织模式

随着国内外粮食市场的加速融合，粮食进口已成为中国确保国内粮食安全、调剂余缺的重要手段。进出港粮食物流主要由进口大豆和玉米组成。大豆进口主要是指从美国、巴西和阿根廷进口大豆，通过船舶经过海运运至中国沿海港口，并通过铁路和公路输入东南沿海、山东、京津唐及辽宁等地区。玉米出口主要是将东北粮食基地的大豆通过铁路运至大连北良、大连、营口、锦州、丹东等港口，利用海运运至韩国、日本、马来西亚、加拿大等国家的港口。上述进出口粮食物流在中国境内，均形成长距离的铁海联运和短距离的公海联运模式。

第二节　林木运输与森林基地、木材加工

一、港口林木吞吐量增长

木材的一般定义是树木被采伐后经过初步加工的材料，其形式有多样，包括原木、锯材、木片等，作为大宗货物，水运是木材长距离运输的理想方式，港口也因此成为木材运输的核重要节点。从总体发展趋势看，尽管在部分年份有所波动，但港口木材吞吐能力整体呈现增强趋势，吞吐量不断上升。依据图 11-6，将

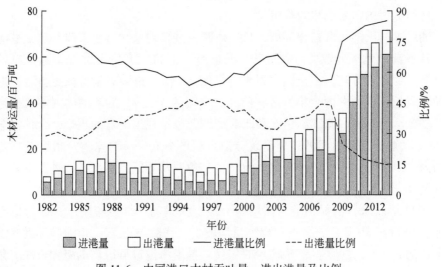

图 11-6　中国港口木材吞吐量、进出港量及比例

1982 年以来木材吞吐量发展分为三个阶段。第一阶段为 1982 ~ 1997 年，木材吞吐量较低，且呈现小范围的波动。1998 ~ 2007 年，木材吞吐量缓慢持续增长，2007 年突破 3000 万吨，年均增长 26.3 万吨。2008 年木材吞吐量突然大幅降低，此后快速增长，2013 年已突破 7000 万吨，年均增长 795 万吨。

木材出港量始终占据优势地位，尤其是 2008 年以来，进港比例突然剧增，而出港量迅速下降，两者形成更大的差距。木材出港量自 1982 年开始，除在 1989 年和 2007 年前后出现波动外，基本保持缓慢增长态势，2005 年突破 1000 万吨，2007 年达最高值 1558 万吨，但仍与进港量存在较大差距。进港量则波动较大，80 年代突破 1000 万吨后，90 年代缓慢降低，2001 年再次回到 1000 万吨以上，之后经过 2008 年短暂低迷后迅速上升，21 世纪以来年均增长 396 万吨，2013 年达 6000 万吨。从进出港比例来看，进港比例一直大于出港比例，中国人均森林资源较低，木材大量依赖进口。1982 ~ 1997 年，进港比例波动减小，从 71% 降至 1997 年 53%，年均下降 1.2 个百分点；1998 ~ 2007 年，进港比例先上升并在 2003 年达到 68%，随后下降并于 2007 年回落到 57%，与出港差距减小，2008 年后进港比例再次上升并回升到 85%，年均上升 5.8 个百分点，占据主导地位。

二、林木进出港格局

木材出港是指将腹地的原木及经过初步加工形成的木材集中在中转港口，装载到船舶通过河运或海运输送到木材加工地或消费地。木材的出港量反映了腹地的木材供给情况，也间接反映了腹地的森林消耗情况。木材进港是指接卸从其他港口经由水路运来的木材，以满足腹地经济发展的需要，进港量的多少反映了腹地木材加工市场的需求和消费情况。

港口木材出港集聚在北部湾、长三角两大港口群及大连、天津和连云港等大港，其余港口呈现分散的点状分布。2013 年，长江三角洲和北部湾港口群的木材出港量为 448 万吨，占全国木材出港量的 42.8%。进港集聚特征更显著，形成环渤海和长江三角洲两个集聚区，前者占全国的 41.9%，后者的内河港口进港量则占多数。闽东南、珠江三角洲和北部湾地区也呈现出一定的集聚，合计占全国的 80% 以上，其余内河港口仍呈现分散点状的分布。综合来看，目前港口木材运输为"南出北进"，"出"主要为长江三角洲及北部湾港口，"进"主要为环渤海及部分长江下游港口（图 11-7）。

1982 年以来，木材出港从"均衡分散"演进为"部分集聚"，数量也有所增加。20 世纪 80 年代，各港口出港量均较少，1982 年长江三角洲和环渤海港口占全国的 81.7%，之后逐渐下降。90 年代，各沿海港口群以环渤海和长江三角洲

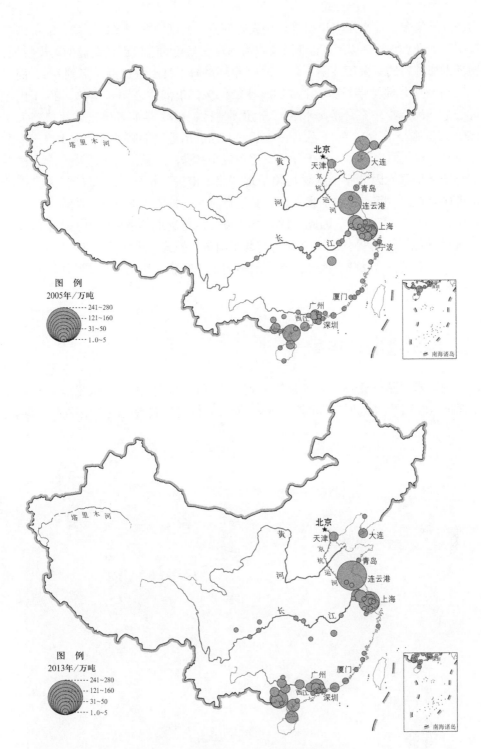

图 11-7　中国港口木材出港格局及演化

为首开始集聚，环渤海港口出港比例先降后升，长江三角洲港口下降，北部湾港口明显上升。2000年以后，北部湾及内河和珠江三角洲港口也呈明显的集聚特征，但环渤海港口的集聚度逐渐下降。2013年环渤海木材出港比例已降到6%，而长江三角洲和北部湾港口分别达21.8%和21.1%，出港重心明显南移。80年代木材进港和出港集中在环渤海和长江三角洲地区，1982年前者出进港比值略大于1:2，后者则小于1:2。90年代，由于长江三角洲出港比例减少，全国木材出港重心向北偏移，而进港部分由于环渤海比例减小和珠江三角洲比例增大，全国进港重心向南偏移，因此中国木材运输呈现"北出南进"格局。21世纪以来，进港量迅速上升，空间上也更加聚集，尤其是在腹地森林资源缺乏的环渤海地区，目前重心位于中国偏北部。因此，1982年以来，木材进出港格局经历了三个阶段：80年代为相对均衡状态，90年代为"北出南进"模式，进而演化为21世纪"南出北进"模式，这反映了南北方港口的不同主导职能及变化，并反映了腹地供需格局的转变（图11-8）。

三、林木进出口格局

中国木制品产量一直处于世界前列，木材产品不仅国内需求量庞大，也远销亚洲、北美洲和欧洲等100多个国家。港口木材出口数量反映了中国木材储备、

港口运输与腹地产业发展

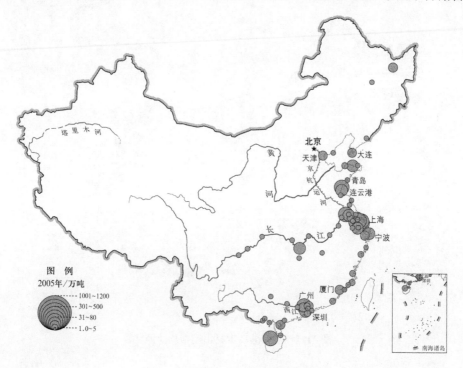

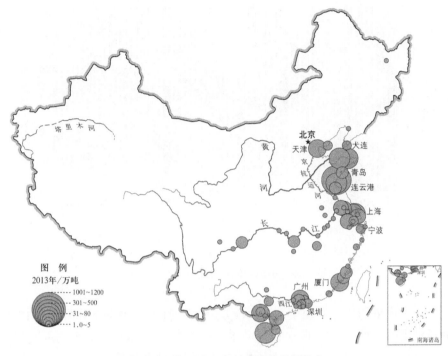

图 11-8　中国港口木材进港格局及演化

国际市场需求及国家林业政策等方面的基本格局。木材出口量一直较少，2007
年规模最高，达到 686.5 万吨。1982 ~ 1987 年，木材出口量一直不足 10 万吨，
1988 年逐渐增加，增量最高达 264 万吨。2007 ~ 2009 年，出口量大幅下降，
年均下降达 242 万吨，2010 年开始趋于稳定。木材出口占出港量的比例变化较大，
80 年代出口量占出港量的比例从 1% 缓慢增加，但始终未超过 10%；90 年代后，
迅速上升并于 1995 年达 49%；之后在 30% ~ 40% 左右波动。这说明木材出港
主要以满足国内市场需求为主。港口木材出口集聚特征不明显，但因连云港港、
长三角港口木材出口量占全国总量的 65.8%，此外天津和上海港也具有较高的
出口量。1982 年，上海是唯一大量出口木材的港口，占全国总出口量的 98%，
但 1983 年主导地位被环渤海港口取代。90 年代开始，有木材出口的港口增多，
环渤海和北部湾港口的出口量提高，后者最高曾占全国的 76.6%。近 10 年来，
长江三角洲港口群再次占据主要地位，2012 年出口量占全国的 76.1%，其余地
区均小于 10%（图 11-9）。

　　木材进口可反映中国木材市场的需求状况，也能间接反映中国森林资源开
发及政策变化。1988 年之前，木材进口量较低且波动较大，最高为 1988 年的
1030.4 万吨；1989 ~ 1996 年进口量一直在减少，1996 年仅有 325 万吨，随后缓
慢增加，2007 达 1420 万吨；2008 年稍有下降后快速增加，年均增长 845 万吨。

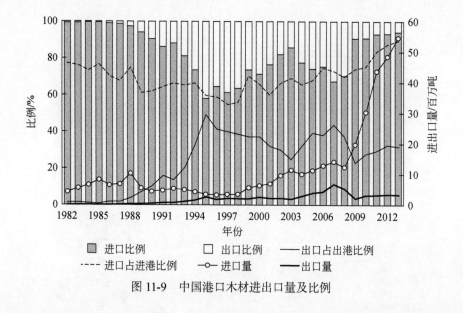

图 11-9 中国港口木材进出口量及比例

木材进口占进港的比例波动较大，大致分为 1997 年之前波动下降阶段和 1998 年之后波动上升阶段，最小值为 1997 年的 55%。2013 年木材进口量占进港量的比例已达 90%。这说明中国木材市场需求量大，木材多依赖国外进口。目前，木材进口最主要的是环渤海港口，2013 年其进口量占全国的 44.9%，此外长江下游的内河港口也形成集聚。从演变来看，1982 ~ 1990 年木材进口主要通过长江三角洲和环渤海港口，1983 年两者曾达 94.1%；珠江三角洲进口比例不断上升，1991 ~ 2001 年一路攀升，1996 年达 44.8%。2002 年开始环渤海港口再次占主要地位，特别是近几年来占比迅速提升，2012 年达 48.7%。其余港口除西南沿海地区外，比例均在 10% 以下。

综合来看，进口比例一直远大于出口，最低也占 60% 左右。1982 ~ 1988 年，港口外贸几乎全部为进口，占比均在 97% 以上；1989 ~ 2008 年，进出口比例大幅变化，1997 年之前进口比例一直在下降，最低为 1995 年的 58%，1998 年开始进出口均呈上升趋势，但进口增速明显快于出口；2009 年后，进口比例再次达 90% 以上并趋于稳定，主要是因为进口量迅速增多而出口量保持较低水平。

四、中国森林基地与市场供需

1. 森林基地

木材是四大工业原材料之一，在生产活动占有重要地位，而森林基地是规模化提供木材的地区。林业基地是拥有丰富的森林资源，以生产和提供大量的商品木材、林副产品为主的大型林区。通常林地面积大，分布集中连片，木材蓄积量大，生产能力强，担负着重要的木材生产任务。由于各地自然条件不同，中国林区大致分为三大林区，即东北林区、西南林区和南方林区。其中，东北林区是东北针叶林及针阔叶混交林区，包括大小兴安岭和长白山林区，木材蓄积量超过全国总量的一半，是中国主要的木材供应基地之一。西南林区是亚高山针叶林和针阔叶混交林，位于横断山区、喜马拉雅山南坡，森林蓄积量占全国的39.7%。还有南方松杉林和常绿阔叶林区、华北落叶阔叶林区、华南热带季雨林区，在西北绿洲境内以及一定高度的山地也有森林分布，如天山、祁连山的云杉林等（表11-2）。

表 11-2　2013 年全国森林资源的省级构成情况

地区	森林 /%	森林蓄积量 /%	地区	森林 /%	森林蓄积量 /%	地区	森林 /%	森林蓄积量 /%
北京	0.3	0.1	安徽	1.8	1.2	重庆	1.5	1.0
天津	0.1	0.0	福建	3.9	4.0	四川	8.2	11.1
河北	2.1	0.7	江西	4.8	2.7	贵州	3.1	2.0
山西	1.4	0.6	山东	1.2	0.6	云南	9.2	11.2
内蒙古	12.0	8.9	河南	1.7	1.1	西藏	7.1	14.9
辽宁	2.7	1.7	湖北	3.4	1.9	陕西	4.1	2.6
吉林	3.7	6.1	湖南	4.9	2.2	甘肃	2.4	1.4
黑龙江	9.4	10.9	广东	4.4	2.4	青海	2.0	0.3
江苏	0.8	0.4	广西	6.5	3.4	宁夏	0.3	0.0
浙江	2.9	1.4	海南	0.9	0.6	新疆	3.4	2.2

2. 市场供需

木材市场的供给分为国内生产和国外进口。1982 年以来中国木材产量由5041 万立方米增加到8367 万立方米，但期间有多次波动；其中，2002 年前后的产量波动较大，从1996 年的6710 万立方米降到2002 年的4436 万立方米，减少约34%。港口木材的进口量也在2002 年达到小高峰。2002 年后木材产量迅速增长，年均增幅超过11%，港口木材进口比例也略有下降。其中，华北、西北地区的木材产量占全国的比例变化最小，西南地区从1998 年开始明显减产，2004 年逐渐恢复；华东地区在2007 年达40%后开始下降，2013 年降至24.9%。变化幅度最大的是东北和中南地区，前者从 1982 年的 44.9% 降至 2013 年的 8.9%，而中南地区从 23.6% 升到 50.1%。因此，木材生产重心从东北地区逐渐转移到中南地区，这促使 1982 ~ 2013 年进出港格局从 20 世纪的"北出南进"演变为 21 世纪的"南出北进"，反映了腹地木材供给对木材进出港格局的影响。由于人均森林资源缺乏，中国木材供给还依赖于进口。2013 年太仓港木材进口量达 498.4 万吨，成为中国木材进口重要港口，仅次于日照和洋浦港。这说明木材进口对港口木材运输格局变化有重要影响。

木材需求也包括国内需求和国外出口。由于中国木材资源紧缺，出口量很低，相关产品主要是国外原木加工后的锯材和部分原木。国内需求主要为家具、造纸、建筑等工业用材，而工业用材需求主要源于木材加工业。改革开放以来，木制品需求迅速增加，木材加工业发展加快。中国已形成五大木材加工业集聚区，包括以家具和刨花板生产为主的东北木材产业集聚区、以家具生产为主的长三角木材加工集聚区、拥有完整家具产业链的珠三角木材产业集聚区、以胶合板生产为主的环渤海木材产业集聚区及生产人造板的中西部木材产业集聚区。其中，东北地区虽然木材产量逐年减少，但良好的森林资源基础及俄罗斯进口木材的输入促使其供需保持平衡；环渤海地区虽不是木材产地，但因胶合板产业发展而对木材原料的需求逐渐增多，并主要通过港口输入，促使木材进港量远超过其他地区。长三角和珠三角木材产业的发展得益于规模较大的家具市场，需要输入大量的木材原料，其中长江下游港口因靠近入海口、河道较深而分担了一部分沿海港口的木材吞吐量，而珠三角则依赖西南林区的原料供应而并未形成规模性的进港运量。改革开放以来，各港口的木材运输都有明显的集聚趋势，与木材加工产业的集聚有密切关系。

五、木材物流运输与港口关系

木材运输成为木材生产消费系统的重要环节。木材生产具有季节性，木制产品却是全年消费品，而中国森林资源分布不均匀，木材产地主要分布在东北和西南地区，同时由于保护森林资源，促使国内木材供应量减少，庞大的木材需求需要依赖进口补充。综合来看，木材运输主要有公路、铁路和水路等三种方式，这决定了木材在各地区之间的流动格局及中国与各国之间的运输格局与路径。其中，港口是木材物流体系中的重要节点，木材接卸也是港口运输职能的重要部分。

从运输方式来看，铁路和水运的运输比例不断变化。1985 ~ 2012 年，铁路与水运的木材运输比率呈现持续下降的趋势，逐步形成铁路主导、铁路与水运并重、水运主导三个阶段。1985 ~ 2015 年，铁路的木材发送量不断下降，从 1985

年的 4714 万吨下降到 2015 年的 1883 万吨，下降了 60.1%，同时铁路运距也日渐缩短，从 1334 公里降至 1131 公里；而水运的木材运量持续增长，从 1166 万吨增长到 8148 万吨，增长了 6 倍，其中沿海港口的木材吞吐量从 1166 万吨增长到 4948 万吨，内河港口从 487 万吨增长到 3200 万吨。从铁路省际流量看，主要发送省份为内蒙古和黑龙江，分别超过 1000 万吨，而主要接收省份为黑龙江、辽宁和山东等地区，运量最大的省份对为黑龙江→黑龙江，规模为 434 万吨，其次是内蒙古→山东（221 万吨）、内蒙古→内蒙古（182 万吨）、黑龙江→辽宁（171 万吨）、内蒙古→河北（162 万吨）、内蒙古→辽宁（146 万吨）；再次，内蒙古→山西（90 万吨）、内蒙古→天津（63 万吨）、福建→江苏（59 万吨）、福建→浙江（55 万吨），主要发生在东北和东南沿海地区（表 11-3）。

表 11-3　中国铁路与水运的木材运输量

年份	铁路货物发送量 / 万吨	水路运输量 / 万吨	沿海港口吞吐量 / 万吨	内河港口吞吐量 / 万吨	铁路与水运比例 /%
1985	4714	1166	1166		4.04
1995	3978	1065	823	242	3.74
2005	3501	2671	1555	1116	1.31
2010	2501	5122	3343	1779	0.49
2015	1883	8148	4948	3200	0.23

2007 年，尤其是 20 世纪 90 年代中期之前，铁路一直是木材运输的主体方式，1985 年铁路发送量是沿海港口吞吐量的 4.04 倍，2000 年仍呈现 2.1 倍关系。2007 ~ 2008 年，铁路和水运的运量相差很小，两者进入并重时期，分别达到 1.06 和 0.92。2007 年之后，由于进口木材的急速增长，水运成为木材运输的主体方式，2015 年铁路与水运的比例为 0.23，铁路比例日益下降。铁路运输主要在内蒙古和东北林区。公路和汽车是木材运输的重要辅助方式，但公路运输主要发生短距离范围内，主要在南方地区。

从进出口来看，海陆方向的木材有不同的运输方式。陆地方向进口俄罗斯的木材由于产区与中国陆地相连，一般以铁路方式通过哈尔滨和满洲里等口岸进入国内，再以铁路或其他方式运往各地；2015 年俄罗斯成为中国第一大木材进口源国，占中国木材进口总量的 29%。从北美、其他热带地区的进口木材则主要通过海运到达各海港，再通过以水运为主的各种方式运往各地，中国港口木材运输受进口影响较大。2015 年，新西兰、加拿大、美国、澳大利亚和欧洲成为中国海向进口木材的主要源国，合计占全国木材进口总量的 51%（表 11-4）。

表 11-4 中国木材进口网络及比例结构

进口源地	2015 年 / 万立方米	2014 年 / 万立方米	2015 年比例 /%
俄罗斯	2400	2260	29
新西兰	1139	1225	14
加拿大	1039	1246	13
美国	801.1	1007	10
澳大利亚	831.3	803	10
亚洲	762.4	790.9	9
欧洲	636.9	729.4	8
非洲	434.3	469.1	5
拉丁美洲	186.7	232.1	2
合计	8230.7	8762.5	100

第三节　临港产业布局与重化企业集聚

一、内陆重化工业转移

1. 重化产业转移政策

由于历史布局与城市化拓展的原因,目前仍有很多大型重化企业布局在城市区,技术改造、原燃料运输与规模扩能都面临较大的约束。这促使许多中心城市的重化企业纷纷向沿海地区转移。《全国老工业基地调整改造规划(2013—2022年)》提出加快城区老工业区搬迁改造,《钢铁产业发展政策》提出城市钢厂搬迁和布局沿海钢铁。近年来,部分省市政府陆续公开了化工企业搬迁的规划,全国约有 1000 多个化工企业搬迁,向沿海地区搬迁是重要方向。"11·22"爆燃事故后,青岛提出黄岛石化产业园整体搬迁到董家口港区。江苏推动中心城市石化、冶金等重化工业向江苏沿海地区转移,推动金陵石化向连云港搬迁;无锡锡兴特钢、南京南钢和梅钢从城区向沿海地区转移,大丰港联鑫钢铁由原来盐城钢铁厂异地改造而来。南京市出台《四大片区工业布局调整三年(2015—2017年)行动计划》,推进 4 家重点石化企业搬迁;《杭州市 2014 年大气污染防治实施计划的通知》提出启动杭州钢铁搬迁工作,关停杭州炼油厂等 7 家企业,全面启动达康化工、巨邦高新等 12 家化工企业关停转迁。

港口运输与腹地产业发展

2. 钢铁石化产业转移

在钢铁企业向沿海转移产能的国家政策鼓励下，中国大型钢铁集团争夺港口布局项目，有限的临港工业基地成了焦点。钢铁产能向沿海转移大势所趋，各港口均扩建矿石码头，重点钢铁企业向沿海布局的局面已形成。武钢在广西防城港，宝钢在广东湛江港东海岛港区，山东钢铁在日照港，河北钢铁和首钢在曹妃甸港，鞍钢在营口港鲅鱼圈港区，都已经进行了钢铁企业布局，规模都在1000万吨以上。

在大连，石化工业园区有双岛湾石化工业区、大孤山半岛石化区、松木岛化工园区、长兴岛精细化工区。

二、重化企业与前港后厂

重化企业向沿海港口转移或布局在港口，这是因为重化企业的生产供应链与港口技术经济属性之间存在着紧密的关联。重化企业原料供应量大、产品输出吨位大，适合港口大规模接卸与装运。企业临港布局，可使企业生产工艺链和物流链衔接紧凑，港口码头成为工艺链条的一个环节，生产装置与码头设施互联，工序间距压缩到最小，原料和成品最大限度地缩减运距，减少设施配置，降低运营成本。

"前港后厂"是工业企业与港口码头之间的物流—生产关系的一种组织模式，具体是指重化企业直接设立在港口码头，原料从海上运来后直接进入生产厂区，而产品直接通过海运运走。该模式适用于"大钢铁、大制造、大化工"等工业企业的生产组织与布局，中石油和中石化在中国港口布局的1000万吨炼化项目均是采用该模式。从港口设施与功能布局来看，主要采用业主码头的方式，包括矿石码头、煤码头、油码头及粮食码头。从产业角度看，主要发展临港工业，成立临港产业园区。这种产业–物流组织模式可降低企业生产成本，实现大规模生产。例如曹妃甸临港产业园区的京唐钢铁，有两个25万吨级深水矿石码头、5个5万吨级泊位，年吞吐能力1222万吨，主要承担成品钢材、废钢和辅料的海上运输，钢材约70%通过港口装船外运，石灰石、废钢等冶金辅料也通过海运到达公司，实现闭合生产工序。

三、临港产业园区

临港产业是在港口区域内布局并利用港口优势而发展起来的产业。临港产业包括：以港口装卸业为主的港口直接产业，以海运、集疏运输、仓储为主的港口关联产业，包括修造船、贸易、钢铁、化工等产业在内的港口依存产业，以及包括金融、保险、房地产、饮食、商业等服务行业在内的港口服务业。

　　临港产业发展有内在的规律，部分学者认为经历了以下阶段。以货物运输为主的海运服务型是初级阶段，临港区域的主要功能是运输的货场和中转站，并有修造船、水产品加工和原料加工等直接与海洋有关的工业。以制造业为主的重工业是第二阶段，部分海运服务型临港产业进行升级而形成重化工业，同时建设临港产业园区，积极发展钢铁、有色金属、石油化工、装备制造等重化企业，尤其是随着船舶大型化，重化工业加速向港口集聚。以重轻工业为主的混合型临港产业是第三阶段，重工业升级的同时发展出口加工业，或兼容其他轻工业。以高科技产业为主的综合型临港产业是第四阶段，技术密集型行业逐渐占据临港产业的主导，集成电路、海洋生物、电子信息、新能源、新材料等高端产业不断壮大，金融、贸易、旅游等服务业不断发展。并不是所有临港产业都遵循上述规律，临港地区多根据实际情况选择发展路径。比利时的安特卫普、根特港，荷兰的鹿特丹港及法国的敦刻尔克港都大力发展临港工业，日韩的崛起也与临港型工业发展有紧密关系，日本以港口为依托在"三湾一海"地带兴建了一批钢铁、石化、汽车造船等工业，韩国将工业布局在釜山、仁川港地区。

四、临港产业园区布局

　　临港产业园区适用于新兴沿海地区的发展初期，像曹妃甸地区、江苏北部沿海地区、福建新港区、粤东粤西沿海地区、广西北部湾地区等。临港产业园区的发展路径既遵循了改革开放以来经济技术开发区的道路，也遵循了近年来重化工业向沿海转移的道路。各临港产业园区的发展重点存在差异，但普遍以重化工业为发展重点，以钢铁冶金、石油化工、船舶制造、能源、造纸、装备制造、化工、农产品加工等产业为主导产业。

　　21世纪以来，中国临港产业园快速发展，每年审批园区数量与新布局企业不断增多。其中，大连港的长兴岛，营口港的鲅鱼圈，葫芦岛港的柳条沟，锦州港的龙栖湾，唐山港的曹妃甸，天津港的南部港区，青岛港的董家口，潍坊港的东港区，烟台港的西港区，威海港的石岛，日照港的岚山，连云港的徐圩与赣榆，南通港的吕四和塘庐，盐城港的大丰与射阳，宁波港的镇海，台州港的头门，温州港的乐清湾，宁德港的三都澳，厦门港的翔安、古雷，茂名港的博贺，惠州港的荃港，湛江港的东海岛，防城港的金沙，钦州港的企沙与北海港的铁山，儋州的洋浦，均为著名的临港产业区，承载了中国沿海重化工业的主体（表11-5）。

表 11-5　中国重点临港产业园区

港口	港区	港口	港区
大连	长兴岛、旅顺、普湾新区、太平湾、庄河	莆田	东吴
营口	仙人岛、鲅鱼圈	厦门	翔安、古雷、东山、云霄、诏安
锦州	龙栖湾	揭阳	南海
唐山	曹妃甸	汕头	海门、广澳
天津	大沽口、高沙岭、大港	深圳	大铲湾
青岛	董家口、鳌山湾	广州	南沙
日照	岚山	珠海	高栏
连云港	赣榆、徐圩	茂名	吉达、博贺
盐城	大丰、滨海、射阳	湛江	东海岛
宁波	穿山、梅山、金塘、六横、衢山	防城	渔㵐、金沙、龙门
福州	平潭	北海	石步岭、铁山港西和东港区
宁德	三都奥、漳湾、白马	钦州	金谷、大榄坪

　　部分临港产业区继续在审批与建设过程中，如丹东港的海洋红、大连港的太平湾、营口港的仙人岛、盘锦港的大洼、沧州港的渤海新区、盐城港的滨海港区、上海港的长兴岛、广州港的南沙、福州港的平潭及罗源湾港区。

　　随着临港产业的发展，部分园区的经济规模日益壮大，并在依托城市或区域中占有重要地位，在全国经济框架中的地位也开始显现。总体上看，临港工业区仍是中国未来产业发展与布局的重点方向，这将进一步增加业主码头，尤其是增加原油、矿石、煤炭等专业化码头。

五、曹妃甸临港产业园区

1. 规划建设历程

　　曹妃甸临港产业园区的发展已有 10 多年的时间。曹妃甸原本是唐山沿海的一座 20 多平方千米的小岛，岛前 500 米是 25 米深的天然深槽，是渤海沿岸唯一不需开挖航道和港池即可建设 30 万吨级大型泊位的天然港址。20 世纪 80 ～ 90

年代，由于曹妃甸离陆地较远，工程大，一直未能开发。但曹妃甸具有"面向大海有深槽，背靠陆地有浅滩，地下储有大油田，腹地广阔有支撑"的条件，具备建设深水大港、发展临港产业的优势。1992年开始，河北省启动曹妃甸工程的谋划论证，首钢到曹妃甸就建设深水码头进行前期勘测。2000年，受国家计委委托，中国国际工程咨询公司对曹妃甸20万吨级进口矿石码头进行立项论证，2002年6月，首钢集团、河北建设投资集团、唐钢、唐山市以股份制的形式组建曹妃甸实业开发有限公司。2003年开工建设通岛路，曹妃甸建设拉开序幕。2004年，曹妃甸的矿石、原油码头被列入《渤海湾区域沿海港口建设规划》。2005年2月，首钢搬迁方案获国家发展和改革委员会批复，首钢落户曹妃甸；同年10月，曹妃甸工业区成立。2008年1月，国务院正式批准了《曹妃甸循环经济示范区产业发展总体规划》，曹妃甸作为国家战略全面启动。随着首钢迁建工程、二十二冶装备制造基地等项目竣工，一批项目陆续入区，曹妃甸港区对外开放也获得国务院批复。2008年10月，河北省委、省政府批准成立曹妃甸新区，2009年曹妃甸新区暨曹妃甸承德临港工业区、曹妃甸秦皇岛临港工业园成立。2012年，国务院颁布《关于同意设立曹妃甸综合保税区的批复》，2013年国务院正式批准设立曹妃甸国家级经济技术开发区。

2. 产业功能布局

曹妃甸工业区分为钢铁电力产业园、化学产业园、高新技术产业园和装备制造园等功能板块。其中，钢铁电力产业园区依托首钢京唐钢铁、华润电力，重点发展钢铁和电力产业，钢铁形成年产970万吨精品钢基地，电力形成2×30万千瓦。化学产业园以石油化工、煤盐化工为主导产业，建设1500万立方米原油储备基地、1000万吨炼油–100万吨乙烯石油炼化一体工程，同步发展煤化工、盐化工，建成大型化工基地。高新技术园区重点发展节能环保、光电子、高新技术等产业。装备制造区重点发展修造船、港口机械、海洋工程、汽车、发电设备、冶金设备、工程机械等重型装备制造，已引进华电临港重工装备、中石油渤海湾生产支持基地、冀东风力发电设备、唐山盾石机械、唐山重型装备制造、锂源电动汽车、中瑞船舶重工、曹妃甸汽车等20多个项目。

3. 主导产业与码头配置

曹妃甸临港产业园区以钢铁、化工、装备制造、高新技术产业为主导，电力、海水淡化、建材、环保等关联产业循环配套。目前，入驻企业包括首钢、京唐钢铁、国投公司、华润电力、冀东水泥等，已拥有12家业主码头，建成生产性泊位57个，包括25万吨矿石码头、30万吨原油码头、北煤南运码头等专业化码头，形成成组大型深水码头，年接卸 1.2 亿吨矿石和 2000 万吨原油，煤炭下水 5000 万吨，形成码头吞吐能力 2.8 亿吨 / 年。2015 年，曹妃甸港货物吞吐量突破 2 亿吨。

曹妃甸疏港铁路可与京山、京秦、大秦三条干线相连，连通京沈、唐津、唐港三条高速公路，有 11 条国道和省道。可向华北钢铁企业供应进口矿石，包括首钢、唐钢、宣钢、包钢、天钢、承钢等，并为燕山石化、天津石化、石家庄炼油、沧州炼油等企业提供进口原油。

第四节　城市功能优化与港口职能拓展

一、港城融合与港口休闲功能

1. 港口休闲文化功能开发

20 世纪 80 年代尤其是 21 世纪以来，港口城市规模不断扩大，城市建设区不断增长，城市覆盖范围、职能结构和城市品质都产生了新的趋势。部分原来处于城市边缘的老港区被逐步纳入中心城区范围。但港口区域与滨水区是城市的重要公共空间，随着高度城市化地区经济结构从传统重化工业向高端制造业和现代服务业转变，日益多元化的消费需求与休闲旅游等产业发展，推动城市区的港口职能转型。居民生活需求、经济发展模式与港口的关系不断调整，发生了"工业化→城镇化"和"重化工业→高端制造业"的转变，促使港口货物结构实现"大宗散货→集装箱"和"单一运输功能→多元功能"的转变。老港区的改造和更新建设成为城市化地区和大城市功能优化的重要途径，老港区逐步从单一的港区改造为多功能的综合区，承担商业贸易、文化教育、休闲娱乐、住宅开发和旅游运输等功能（表 11-6）。

过去一个多世纪里，各国早年兴建的老港区几乎都经历了"成长→繁荣→衰退→改造"的过程。20 世纪 90 年代，中国老港区的城市化改造问题出现，要求老港区装卸功能向外迁移，如上海黄浦江老港区。进入 21 世纪，城市居民对交通、环境、娱乐、景观等方面的要求日益提高，期望更多的城市滨水空间，老港区不适应城市发展的矛盾进一步凸现。2000 年以来，有 8 个沿海港口实施了不同规模的老港区改造，搬迁各类生产性泊位约 400 个，约 1.2 亿吨的码头能力进行了转移，其中广州、上海、大连等港均进行了规模较大的老港区城市化改造。2008 年，老港区的码头泊位约占沿海港口泊位总数的 20%。2008 年 11 月，交通运输部发布了《关于港口老港区改造工作的意见》，对老港区的城市化改造提出了具体要求。

表 11-6　中国部分港口与城市区存在滨水冲突的港区

港口	港区	政区	港口	港区	政区
丹东	浪头	振兴区	上海	黄浦江上游	黄浦区
大连	和尚岛西	金普新区		黄浦江中游	黄浦区
	普湾	金普新区		黄浦江下游	黄浦区
	大港	中山区	宁波	镇海	镇海区
	黑咀子	中山区	台州	海门	椒江区
营口	营口老港区	西市区	温州	瓯江	龙湾区
锦州	锦州	凌海市	泉州	泉州湾	丰泽区
天津	北疆	滨海新区	厦门	东渡	思明区
	南疆	滨海新区	汕头	老港区	金平区
	大沽口	滨海新区	揭阳	榕江	榕城区
	大港	滨海新区	汕尾	汕尾	
	海河	滨海新区	深圳	南山	南山区
秦皇岛	东港区	海港区		大铲湾	南山区
	西港区	海港区	广州	黄埔	黄埔区
	新开河	海港区		内港	黄埔区
烟台	芝罘湾	芝罘区	珠海	斗门	斗门区
青岛	老港区	市北区	湛江	霞海	赤坎区
南京	下关	鼓楼区		霞山	霞山区
	上元门	鼓楼区		调顺岛	坡头区

城市化改造并不需要完全摒弃老港区的港口运输职能，而是要充分利用已有的港口基础设施，调整土地利用，把老港区改造建设成为城市窗口。截止 2015 年，老港区的城市化改造大致分为两类。一类是老港区的整体城市化改造，对港区土地和滨水岸线进行综合开发，调整港区空间功能，发展多元化的城市产业和

城市功能。二类是对港城交汇面进行城市化改造，为老港区的局部改造。以此，将港区用地转变为城市功能用地。

具体包括：

（1）建立专业的商业市场，积极发展城市商务功能。如大连港黑咀子港区、汕头港大洋储运码头、广州港黄沙码头。

（2）进行商业性房地产开发，如广州港港湾广场、上海港高阳和汇山码头的房地产、汕头港龙华码头商住区等。

（3）开发旅游项目、公益项目等，如宁波港博物馆、镇江港老港区滨水景观区等。

（4）调整为城市商业活动功能、城市公共滨水活动地带，建设城市休闲文化广场。

（5）改造为城市客运港区、城市物流配送港，负责城市日常消费物资的配送。

2. 港口社会职能发展

港口不仅是一个运输空间，而且是一个经济系统空间，同时是一个社会系统空间，这决定了港口职能不仅是单纯的物流运输职能，还包括城市社会发展职能，尤其是在沿海港口城市发展水平日益提高的背景下，港口追求综合性职能的趋势日益明显。从人均GDP来看，2015年广东、江苏、浙江、福建、上海、北京、内蒙古、天津等省区市的人均GDP已超过1万美元，主要集中在沿海地区，尤其是长江三角洲。其中，上海、北京、天津三个直辖市的人均GDP最高，均高于1.5万美元/人，而江苏也达1.33万美元/人。收入水平的提高意味着沿海地区有巨大的消费群体，对购物和休闲旅游等活动有很高的消费需求，中国居民在旅游、教育、文化和医疗保健等方面的支出越来越高。这种消费结构的变化，促使部分港口利用适宜的港区，积极组织各类城市休闲与社会功能（图11-10）。

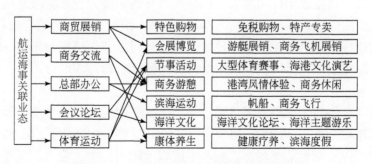

图 11-10　港口滨海旅游与城市休闲产业体系

城市休闲，构建游 - 购 - 娱 - 业于一体的休闲游憩综合体，开拓商务和主题游，加快发展商务休闲游憩，并与商贸展销、总部办公等关联业态复合发展。

免税购物，少数港口城市利用港区的合理空间，建设免税购物区。但目前在中国，免税店主要分布在城市机场区域，港口区域较少。

海洋旅游，利用港口航运设施和客运功能，积极开展海滨观光、海上观光、港口观光等旅游活动。

海上体育，利用港区运输职能搬迁后空置的码头泊位，积极组织海上运动与体育赛事，包括低空飞行、游艇、极限运动、海钓等体育项目，承办海上体育赛事，创建游艇基地与帆船基地。秦皇岛国际游艇俱乐部海上运动场就位于秦皇岛海港区西部汤河入海口西侧海岸。

文化产业，包括艺术品展示、拍卖、交易业及艺术品仓储，常设特色节庆和文化演艺等主题节事活动，例如宁波港已成功组织了五次港口文化节。

3. 港口旅游功能开发

港口作为船舶挂靠的节点，旅客运输也是重要职能。随着陆路交通的发展，港口旅客运输逐步衰弱，但以休闲旅游和远洋旅游的旅客运输兴起。这种港口职能主要体现为国际邮轮和地区游艇的发展。

邮轮是航行于大洋的班轮与邮船客船。邮轮是邮政部门专用的运输邮件的交通工具，但现在的邮轮均为旅游性质。现代邮轮的原型出现于 19 世纪 30 年代，20 世纪 50 ~ 60 年代率先在北美实现转型，演变成以大型豪华游船为运作依托，跨国旅游为核心的新型产业，属于旅游市场的高端产品。1 名旅客在邮轮停靠时消费能力为 30 ~ 40 美元 / 小时，促使邮轮产业由运输、观光与休闲、旅游交叉构成，成为大型国际港口的重要增长极，如迈阿密、伦敦、巴塞罗那、新加坡等均是邮轮公司的母港。

邮轮码头分为母港、停靠港及节点港，其中母港停靠时间最长，对其所在区域的消费、物流拉动作用巨大。母港是指具备多艘大型邮轮停靠及所需综合服务的码头泊位，为邮轮提供补给、废物处理、维护与修理等综合服务。一般，邮轮公司往往在母港所在地设立地区总部或公司总部。皇家加勒比邮轮总部设在"国际邮轮之都"迈阿密，每年接待的邮轮旅客超过 300 万人次，经济效益达百亿美元。

中国港口的邮轮旅游发展虽然较慢，但发展速度快。上海是中国内地最早靠泊国际邮轮的港口。近年来，随着全球邮轮市场重心由欧美地区向亚洲的转移，抵达中国的国际邮轮陆续增多，初步形成以天津、上海、厦门、三亚为中心的邮轮市场。2014 年是中国邮轮旅游的"井喷"年，沿海港口的到港邮轮达 466

艘次，完成旅客吞吐量 171 万人次。2015 年，在中国运营的国际邮轮公司增加到 8 家，运营 13 条船、数十条航线，先后有歌诗达"赛琳娜"号、天海"新世纪"号、皇家加勒比"海洋量子"号等新船投入中国市场进行母港运营。北京和上海等一线城市的邮轮客占全国的 50% 以上，其余 40% 客源遍布于 20 多个省份。未来在中国海岸线上形成"一线三点"邮轮母港格局，北部以天津港为中心，以韩日和西伯利亚东海岸为主组织航线；中部以上海港为代表，以韩日和港澳台为主组织航线；南部以厦门、三亚为核心，以东南亚和海峡两岸为主组织航线（表 11-7）。

表 11-7　2010 ～ 2014 年中国港口接待国际邮轮及出入境旅客统计

港口	接待国际邮轮（艘次）					接待邮轮出入境游客（万人次）				
	2010 年	2011 年	2012 年	2013 年	2014 年	2010 年	2011 年	2012 年	2013 年	2014 年
天津	40	31	35	70	55	10	7.2	11.9	24.9	22.44
大连	11	17	19	18	—	1.98	4.66	2.1	3.03	—
青岛	15	21	10	10	—	—	3.36	1.5	—	—
上海	107	105	121	195	290	26.2	23.7	35.7	75.9	121.7
厦门	58	11	19	13	21	1.97	1.26	3.6	2.49	5.64
三亚	15	35	86	112	71	3.94	6.9	11.7	15.9	15.59

2014 年 9 月，交通运输部发函，将在天津、上海、厦门、三亚四港开展邮轮运输试点示范工作，先行先试开展邮轮产业发展各项工作。2015 年，青岛港也开展了此类工作（表 11-8）。

天津国际邮轮母港，位于天津港东疆港区南端，与东疆保税港区毗邻，有 6 个泊位，能停靠 22.35 万吨的世界最大邮轮，通过能力为 100 万人次，具备通关、特色餐饮、酒店、娱乐休闲、观光、免税购物等特色功能。2010 年 6 月正式开港，意大利歌诗达"浪漫"号、美国皇家加勒比"海洋神话"号以天津作为母港首航。目前，从天津港始发的航线多为短途航线。2015 年天津母港接待国际邮轮 102 艘次，其中母港邮轮 91 艘次，进出境旅客 47 万人次，主要来自欧洲、东南亚和日韩。

上海国际邮轮母港，拥有 2 座邮轮码头，分别位于宝山区的上海吴淞口国际邮轮港和虹口区的上海港国际客运中心，共同形成中国规模最大、功能最全的国际邮轮母港。吴淞口国际邮轮港规划岸线长 1500 米，规划 2 个大型邮轮泊位；目前一期建有 2 个泊位，可靠泊 1 艘 10 万吨级邮轮和 1 艘 25 万吨级邮轮，2011

年 10 月正式运营，2016 年接靠大型邮轮 500 艘次，已成为亚太地区最繁忙的国际邮轮母港。目前，邮轮航线以日韩航线为主。

厦门国际邮轮母港，位于和平码头，涵盖东渡港区岸线，分三期进行建设，可同时靠泊 3～4 艘中型邮轮，规划吞吐量为 80 万人次 / 年。1988 年开始靠泊国际邮轮，目前"蓝宝石公主"号、"海洋神话"号、"天秤星"号三艘邮轮将厦门作为母港。2016 年厦门港共接待国际邮轮 79 艘次，其中母港邮轮 65 艘次，挂靠港邮轮 14 艘次，旅客吞吐量突破 20 万人次。目前，厦门母港以日韩航线为主。

三亚国际邮轮母港，位居国内邮轮港口链的最南端，地处亚洲两大邮轮母港香港和新加坡之间，是国外邮轮必经之地和补给基地。三亚母港是中国首个休闲度假功能配套完整的综合型港区，已成功运营 10 万吨级国际邮轮港，筹建 1 座 5 万吨级及 1 座 20 万吨级码头，能停靠 6 艘 3 万～25 万吨级的国际邮轮。一期于 2006 年 11 月投入运营，岸线长 370 米，年接待游客能力 60 万人次。2013 年，三亚母港接待邮轮 226 艘次，接待游客 15.9 万人次。目前，主要以越南及东南亚等航线为主。

表 11-8　中国国际邮轮母港主要参数比较

港口		岸线长度 / 米	泊位数 / 个	吨级 / 万吨	能力 / 万人次	航线
天津	一期	625	2	25	100	日韩、东亚
	二期	442	2			
上海	北外滩	1200	3	25		日韩
	吴淞口	1500	2			
厦门	和平	463	5	14	150	日韩、东亚
三亚	一期	370	1	25	60	越南、东亚、东南亚
	二期	1600	5		200	
青岛	老港区	1000	3	22.5	150	日韩

青岛国际邮轮母港，位于青岛港老港区 6 号码头，已有 3 个邮轮泊位，岸线总长度 1000 米，年接待能力为 150 万人次。2015 年，青岛母港正式开港，世界最大的 22.5 万吨级邮轮"海洋绿洲号"可全天候自由停靠，开通至韩国和日本每周 5 班的国际邮轮航线。2016 年，运营 90 个母港航次，接待出入境邮轮旅客 8.95 万人次。

2015 年 4 月，交通运输部公布《全国沿海邮轮港口布局规划方案》，发布国内沿海邮轮港口布局方案。其中，辽宁沿海重点发展大连港，服务东北地区，开辟东北亚邮轮航线。津冀沿海以天津为始发港，服务华北及其他地区，积极拓展东北亚等始发邮轮航线和国际挂靠航线。山东沿海以青岛和烟台为始发港，服务山东，开辟东北亚航线。长江三角洲以上海为始发港，发展宁波、舟山港，服务长江三角洲及其他地区，大力拓展东北亚、台湾海峡等始发航线和国际挂靠航线，开辟环球航线。闽东南沿海以厦门为始发港，服务海峡西岸及其他地区，加快发展台湾海峡航线，拓展东北亚始发航线和国际挂靠航线。珠江三角洲近期重点发展深圳港，发展广州港，服务珠江三角洲，开辟南海诸岛、东南亚等航线。北部湾以三亚为始发港，发展海口和北海港，服务西南及其他地区，拓展东南亚始发航线及国际挂靠航线，开辟南海诸岛航线。

　　游艇多为中小型游艇，服务于运动休闲娱乐。现在，烟台、大连、上海、青岛、无锡、深圳、广州、秦皇岛、宁波等港口依托中心城市或城市群，发挥港湾岸线资源，面向休闲需求，加快发展游艇产业，建设游艇基地，打造游艇制造、租赁、赛事、展示、交易等环节组成的产业链。游艇码头包括公共码头和私人码头。

二、港口自由化与商贸功能升级

1. 国际货物分拨贸易

　　转口贸易又称中转贸易，是指进出口货品的国际贸易，不是在生产国与消费国之间直接进行，而是通过第三国易手进行的贸易，这种贸易对中转国来说即是转口贸易。货物能由出口国运往第三国，在第三国不通过加工再销往消费国；也能不通过第三国而直接由生产国运往消费国，但两者间并不发生贸易联系，而是由中转国分别同生产国和消费国发生贸易。具体由再出口、单据处理、纯粹转口、加工转口等贸易形式组成。转口贸易要求港口须深水、吞吐能力强，地理位置优越，位居交通要冲或国际主航线，对中转地采取特殊的关税优惠和贸易政策，如自由港、自由贸易区等。

　　新加坡、香港、伦敦、鹿特丹等港口均是著名的国际贸易中转地，拥有数量大的转口贸易。目前，各种具备特殊海关政策的保税区、保税港、保税物流中心及自由贸易区成为中国主要的开放形式。如表11-9所示，这些特殊开放区域多以港口为依托或与港口之间存在紧密联系，保税港区全部位居港口，超过一半的保税区位居港口或邻近港口，保税物流中心也是如此，自贸区更与港口有紧密的关系。如图11-11所示。

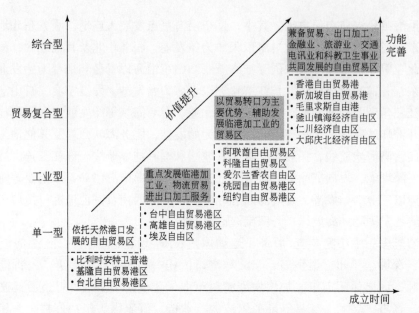

图 11-11　世界主要自贸区的类型与发展演化

表 11-9　中国与港口有关的保税区、保税港、保税物流中心及自由贸易区

类型	保税区	保税港区	保税物流中心	自贸区
全国总数	28	14	46	11
港口类数量	17	14	22	8
名称	南通、天津、上海外高桥、深圳福田、深圳沙头角、深圳盐田、汕头、舟山、宁波、青岛、烟台、大连、成都、武汉、钦州、海口	上海洋山、天津东疆、大连大窑湾、洋浦、宁波梅山、钦州、厦门海沧、青岛前湾、深圳前海湾、广州南沙、重庆寸滩、张家港、烟台、福州	南京龙潭、江阴、太仓、连云港、东莞、中山、广州、汕头、东莞清溪、湛江、青岛、日照、营口港、盘锦、成都、泸州港、长沙金霞、株洲铜塘湾、武汉东西湖、棋盘洲、南宁	上海、广东、天津、福建、辽宁、浙江、湖北、重庆

2. 电子商务

　　跨境电子商务是指分属不同关境的交易主体，通过电子商务平台达成交易、进行支付结算，并通过跨境物流送达商品、完成交易的国际商业活动。跨境电子商务具有全球性、无形性、即时性，使国际贸易走向无国界贸易。中国跨境电子商务分为企业对企业（即 B2B）和企业对消费者（即 B2C）的贸易模式。B2B 模式下，企业运用电子商务以广告和信息发布为主，成交和通关流程在线下完成；B2C 模式下，中国企业直接面对国外消费者，以销售个人消费品为主，物流采用航空小包、邮寄、快递等方式，报关主体是邮政或快递公司。2015 年，中国跨境电商交易为 5.4 万亿元，同比增长 28.6%，其中跨境出口交易额占 93.2%，跨

港口运输与腹地产业发展

境进口交易占 16.8%。国务院出台了《国务院办公厅转发商务部等部门关于实施支持跨境电子商务零售出口有关政策意见的通知》，规范发展跨境电子商务，已开展跨境贸易电子商务通关服务试点的上海、重庆、杭州、宁波、郑州等 5 个城市试行该政策。自 2013 年 10 月起，上述政策在全国有条件的地区实施。

跨境电商主要依靠空运和海运，目前国际航空货物转运中心布局在上海、北京、广州等特大城市，海运则集中在沿海地区。港口基于码头装卸、国际分拨贸易、现代物流等基础，塑造跨境电子商务发展的先天优势。除了第一批跨境电商试点城市上海、重庆等 5 个之外，广州、青岛等也相继获批了跨境电子商务试点城市，或以进口保税为主，或以直购为主，或出口为主。东莞、天津、厦门等港口城市也启动国家跨境电商综合试验区申请。2016 年，国务院印发《关于同意在天津等 12 个城市设立跨境电子商务综合试验区的批复》，同意在天津、上海、重庆、合肥、郑州、广州、成都、大连、宁波、青岛、深圳、苏州等 12 个城市设立跨境电子商务综合试验区，多数为港口城市。

天津市设立三大平台支撑跨境电商综合实验区，商务委、口岸办、天津海关和出入境检验检疫局搭建天津跨境电商公共服务平台、海关监管平台和检验检疫监管平台，并在天津港保税区、东疆保税港区和开发区出口加工区完成测试。北方消费者通过保税进口方式以"企对企"形式，将商品从国外送入海关特殊监管区，然后按照行邮税进行报关，以"商对客"形式送到买家手中。

3. 航运金融

航运金融在国际金融市场中具有重要地位。狭义上，航运金融是航运企业、港口、造船厂、银行、保险公司、证券公司、商品及衍生业务的经销商、金融租赁公司等机构从事融资、保险、资金结算、航运价格衍生产品等。广义上，航运金融是以航运业为平台，航运产业、金融产业、政府等进行融资、投资、金融服务等经济活动而产生的一系列与此相关业务的总称，具体包括船舶融资、船运保险、资金结算和航运价格衍生产品四大类型。

发达国家经过几百年的发展，航运金融已成为金融市场的重要部分。全球航运金融资源聚集度比较高。以船舶融资为例，当前全球船舶贷款规模约 3000 亿美元，船舶租赁交易规模约 700 亿美元，航运运费衍生品市场约 1500 亿美元，海上保险市场约 250 亿美元，航运股权及债券融资约 150 亿美元，这些业务被三大船舶融资中心——伦敦、汉堡和纽约所垄断。随着世界航运中心的东移，航运金融成为各港口竞争的主战场。中国航运金融尚处于起步阶段，但政府提出积极稳妥发展航运金融服务和多种融资方式。中国政府聚焦上海、天津、宁波、大连等港口，有选择地发展各类航运金融业。国务院相继出台了《关于推进上海加快发展现代化服务业和先进制造业建设国际金融中心和国际航运中心的意见》、《天津北方国际航运中心核心功能区建设方案》等政策，揭开了发展航运金融的序幕。各地政府也出台各项扶持政策，如浦东新区的《浦东新区促进航运发展政策扶持意见》、福建的《关于促进航运发展的若干意见》、大连的《东北亚国家航运中心规划》、宁波的《宁波港航运保险发展方案》等，纷纷开通了航运金融发展的绿色通道，吸引航运金融机构落户。

中国不断推进航运金融服务业务的发展，成立了专业的业务功能部门，推动航运保险、船舶融资、资金结算和运价衍生品的发展。推动航运保险发展的政策，使中国航运保险市场迅速发展，根据国际海上保险联合会（IUM）统计，中国已是全球第一大船舶险市场及全球第二大货运险市场，中国航运保险产品新产品相继出现，除了传统的船舶保险、货运保险之外，还包括码头财产与责任保险、保赔保险等产品。2014年，中国仅船货险保费收入就达150.6亿元。船舶融资方面制定了《关于金融租赁公司在境内保税地区设立项目公司开展融资租赁业务有关问题的通知》，为船舶金融租赁服务体系奠定了制度基础。船舶抵押贷款、船舶出口融资等银行新开展的业务，在管理上更为细致和具有针对性。运价衍生品方面，2011年上海航运运价交易有限公司揭牌，正式推行上海航运运价衍生品交易运作，上海航运交易所相继推出了新版上海出口集装箱运价指数（SCFI）、集装箱运价掉期协议（CFSA）、中国沿海煤炭运价指数（CBCFI）、中国新造船价格指数（CNPI）。

港口运输与腹地产业发展

第十二章

港口运输职能分布及演化案例

第一节　天津港运输职能分布

港口运输职能结构是由于港口物质设施与土地利用的差异所决定的职能分异，在空间上由于其设施与技术经济的相对独立性与专用性，导致了部分运输职能具备相对独立的空间，由此形成了港口运输职能的空间结构。这种空间结构在 Anyport 模型中已有充分的体现。以下以天津港和上海港为案例进行分析。

一、港口运输职能结构

1. 港口发展过程

天津港的发展最早可追溯到汉朝，自唐朝开始形成海港，1860 年正式对外开埠。目前天津港也称为天津新港，始建于 1939 年，位于海河入海口，是华北、西北等内陆地区距离最近的港口，是环渤海地区重要的综合性港口和对外贸易口岸及北京的海上门户，也是亚欧大陆桥的起点之一。天津港是在淤泥质浅滩上挖海建港、吹填造陆建成的世界航道等级最高的人工深水港，现有水陆域 336 平方千米，陆域 131 平方千米，主航道水深达 21 米，可满足 30 万吨级原油船舶和最先进的集装箱船进出港；拥有各类泊位总数 159 个，其中万吨级以上泊位 102 个，公共泊位岸线长 21.5 千米，25 万吨级船舶可自由进出港，30 万吨级船舶可乘潮进出港。

长期以来，天津港一直保持着相对稳定的发展。20 世纪 90 年代之前，天津港保持着规模较低的增长，1973 年吞吐量仅为 937 万吨，1980 年突破 1000 万吨，1990 年达 2063 万吨。90 年代初开始进入了快速发展时期，吞吐量急速扩大，1995 年突破 5000 万吨。尤其是 21 世纪以来进入大幅增长阶段，2001 年超过 1 亿吨，2016 年达 5.5 亿吨，成为北方第一个 5 亿吨港口。天津港占全国港口吞吐量的比例呈现不同的变化，90 年代之前不断下降，但此后逐步上升，并在 2008 年左右又开始下降，2014 年达 4.8%（图 12-1）。

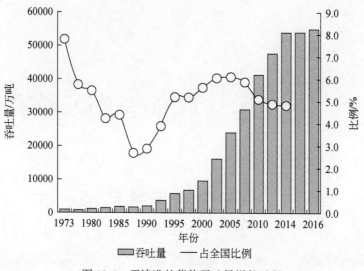

图 12-1　天津港的货物吞吐量增长过程

2. 运输职能结构

天津港是华北、西北地区能源物资和原材料运输的主要中转港，是北方的集装箱干线港，为华北、西北外向经济发展和能源、原材料及外贸物资提供门户作用。目前，天津港具备运输组织、装卸仓储、中转换装、临港工业、现代物流、口岸商贸、保税加工及配送、市场信息、综合服务等综合性功能。

天津港货类齐全，已形成以集装箱、原油及制品、矿石、煤炭为"四大支柱"、以钢材、粮食等为"一群重点"的货物结构。在总吞吐量中，金属矿石比例最高，达21.8%，超过五分之一，而煤炭占19.96%，两类货物合计占41.76%，成为天津港的绝对优势运输职能；石油、机械设备、轻工医药等货物比例较高，均超过8%的份额；钢铁、矿建材料、化工原料占有一定比例，均超过5%。天津港是中国最大的焦炭出口港、第二大铁矿石进口港、北方集装箱干线港，已跻身全国油品大港行列。

天津港出港与进港货物有明显的差异，运输职能呈现进与出两种矢向分异。在出港方面，煤炭运输是具有绝对优势的港口职能，比例为占40.18%；钢铁、石油、机械设备等货类吞吐量较高，比例均超过10%，而轻工医药占9.26%。在进港方面，金属矿石运输成为绝对优势的港口职能，比例达42.76%；矿建材料具有较高的运输职能，比例达12.05%；轻工医药、机械设备、石油具有一定的吞吐量，比例均超过7%。内外贸之间形成了明显的互补性，外贸货物以金属矿石、机械设备为主，其中金属矿石比例最高，达39.53%；机械设备电器达11.65%，钢铁为8.99%；内贸货物以煤炭、矿建材料、石油为主，煤炭比例为39.3%，矿建材料和石油分别为 13.52% 和 13.42%，机械设备和轻工医药为 7.03% 和 8.89%（表 12-1）。

表 12-1　天津港的货物种类结构　　　　　　　　（单位：%）

年份	总体	出港	进港	外贸	内贸
煤炭	19.96	40.18	0.41	3.89	39.30
石油	9.73	11.16	8.36	6.67	13.42
原油	8.25	10.10	6.46	5.20	11.92
金属矿石	21.80	0.11	42.76	39.53	0.46
钢铁	6.96	13.20	0.92	8.99	4.51
矿建材料	6.46	0.68	12.05	0.60	13.52
水泥	0.03		0.05		0.05
木材	0.45	0.12	0.78	0.70	0.16
非金属矿石	0.42	0.58	0.27	0.55	0.27
化肥农药	0.08	0.11	0.05	0.13	0.02
盐	0.20	0.12	0.28	0.34	0.04
粮食	1.66	0.42	2.85	2.52	0.61
机械设备	9.55	11.29	7.87	11.65	7.03
化工制品	5.38	5.71	5.07	6.15	4.46
有色金属	1.06	1.17	0.95	1.77	0.21
轻工医药	8.16	9.26	7.11	7.56	8.89
农产品	1.75	1.51	1.98	1.97	1.48
其他货物	6.34	4.38	8.24	6.98	5.58

二、运输职能地域结构

1. 区域空间结构

城市发展空间战略反映了天津城市发展的总体空间意图，天津作为港口城市，港口在城市空间结构中扮演着重要角色，并成为城市总体框架的重要部分。2009年，天津市提出"双城区，双港区"的发展战略。其中，"双城区"主要是指滨海新区与中心城区，"双港区"指北部港区和南部港区，而北部港区和南部港区均为天津港的核心部分。北部港区包括北塘、东疆、南疆港区，南部港区包括大港、大沽口和高沙岭港区。《天津港总体规划（1987）》提出建设北港池、南疆港区，煤炭运输枢纽港地位确立；《天津港总体规划（2004）》为了适应经济全球化、腹地工业化、港口深水化趋势，提出建设东疆港区、临港工业港区，集装箱干线港、散货中转港地位确立。《天津港总体规划（2011）》提出向"一港八区"拓展。

2. 职能地域结构

天津港主要由北疆、南疆、东疆、大沽口、高沙岭、大港、北塘和海河等8个港区组成，形成"一港八区"的空间布局。其中，临港经济区由南部区域、南港港区东部区域等组成。北部港区重点发展集装箱与城市休闲服务业，南部港区重点发展散货、集装箱和工业码头。

1）北疆港区

北疆港区是天津港的起源港区，也是核心港区。目前，北疆港区以集装箱和件杂货运输为主，货物吞吐量占天津港总吞吐量的46.3%，尤其是集装箱占天津港总量的78.1%，超过四分之三。具体来看，北疆港区承担了天津港90%以上的化肥农药（100%）、盐（100%）、木材（92.5%）、农产品（90.2%）等货物运输，承担了天津港80%以上的钢铁（83.9%）、非金属矿石（84.9%）、粮食（87.5%）、机械设备电器（81.1%）、轻工医药（84.5%）、其他（88.6%）等运输职能；此外，北疆港区还完成了40%以上的金属矿石、化工原料等货物运输。未来，北疆港区重点发展现代物流、保税仓储、金融商贸、航运服务。

2）南疆港区

南疆港区为大宗散货中转港区，以干散货和液体散货运输为主。南疆港区的货物覆盖煤炭、石油、金属矿石、钢铁、矿建材料、机械设备、化工原料等种类，货物吞吐量占天津港总吞吐量的36.3%，超过三分之一。具体来看，南疆港区承担了天津港90%以上的石油（95.3%）[包括原油（99.9%）和成品油（78.7%）]，和80.7%的煤炭运输，还承担着52.4%的金属矿石运输，包括68.1%的铁矿石运输。南疆港区拥有神华煤码头、中煤华能、远航矿石、实华油码头、石化码头、焦炭码头等业主码头，26号泊位可满足30万吨级铁矿石船舶停靠。未来，南疆港区加快发展油气运输，尤其是27号通用码头加快天津港实现"北矿南移"战略。

3）东疆港区

东疆港区是天津港的重要拓展空间，目前处于不断扩建的状态。2013年，东疆港区货物吞吐量仅占天津港总吞吐量的7.3%，比例较低；其中，东疆港区承担了天津港的有色金属运输职能，比例达74.8%，化工原料和集装箱分别占天津港的29.6%和21.9%。未来东疆港区以集装箱装卸为主，积极发展国际航运、国际物流、国际贸易、离岸金融、保税物流等航运服务业。东疆港区分为码头作业区、物流加工区、综合配套服务业区，具有码头装卸、集装箱物流、商务办公、生活居住、休闲旅游等功能。其中，东疆保税港区重点发展国际中转、国际配送、国际采购、转口贸易、保税加工和保税物流等职能（表 12-2）。

表 12-2　天津港及北疆、南疆和东疆港区的货物种类结构

货类	总计		北疆港区		南疆港区		东疆港区	
	合计	出港	合计	出港	合计	出港	合计	出港
总吞吐量 / 万吨	50063	23060	46.34	45.38	36.25	43.39	7.28	8.19
煤炭 / 万吨	8962	8811	17.44	17.74	80.69	80.47	0.27	0.27
石油 / 万吨	5307	2959	3.45	2.77	95.29	96.69	0.04	
金属矿石 / 万吨	10817	39	45.25	66.67	52.35	28.21	0.70	
钢铁 / 万吨	2996	2741	83.88	85.11	0.13		3.17	3.47
矿建材料 / 万吨	4262	155	8.75	72.26	1.76		3.00	26.45
水泥 / 万吨	29	3	10.34	66.67				
木材 / 万吨	254	30	92.52	100.00			5.12	
非金属矿石 / 万吨	252	159	84.92	83.02			10.71	16.98
化肥农药 / 万吨	15	9	100.00	100.00				
盐 / 万吨	64	16	100.00	100.00				
粮食 / 万吨	846	82	87.47	89.02				
机械设备 / 万吨	4325	2412	81.11	80.89	0.02		18.75	18.99
化工原料 / 万吨	2748	1387	50.15	57.68	4.15	2.96	29.55	23.50
有色金属 / 万吨	731	318	25.17	32.08			74.83	68.24
轻工医药 / 万吨	4303	2345	84.52	73.94			15.45	26.06
农产品 / 万吨	905	407	90.17	86.49			8.73	13.27
其他 / 万吨	3247	1185	88.64	96.79			11.27	2.95
集装箱 / 万 TEU	1301.2	663.5	78.09	77.92			21.91	22.08

4）临港港区

临港港区覆盖大沽口和高沙岭港区，以重装备制造、新能源、粮油轻工业为主要发展方向。目前，大沽口和高沙岭港区主要发展业主码头，货物类型由企业类型决定。2012 年，临港港区的货物吞吐量仅占天津港总吞吐量的 8.26%，比例较低；其中，矿建材料是主要运输货物，其吞吐量占天津港矿建材料总量的 75.2%，此外还承担天津港 11.7% 的粮食、15.98% 的化工原料等运输职能。未来，大沽口港区以修造船、装备制造、粮油加工等工业功能为主，兼顾码头装卸，而

高沙岭港区近期服务于装备制造，远期兼顾临港工业和腹地物资运输。

5）南港港区

南港港区主要是指大港港区，目前为工业港区。南港港区以煤炭、矿石等大宗散货运输为主，2012年货物吞吐量仅占天津港总吞吐量的0.43%，覆盖石油、钢铁、矿建材料、水泥、粮食、机械设备电器等货物。大港港区近期服务于南港工业区的石化和冶金产业，远期预留散货运输职能，目标是建成世界级石化和冶金产业基地。

6）海河港区

海河港区主要服务于海河沿岸产业、建筑物资运输和旅游客运。2012年，海河港区的货物吞吐量仅占天津港总吞吐量的1.3%，比例很低。港口运输职能覆盖煤炭、石油、钢铁、矿建材料、粮食和化工原料等货物类型，其中钢铁、矿建材料占天津港同类吞吐量的6.6%和6.1%，其他货物运输职能较弱（表12-3）。

表12-3 天津港临港、海河和南港港区的货物结构 （单位：%）

货类	临港港区		海河港区		南港港区	
	合计	出港	合计	出港	合计	出港
吞吐量	8.26	1.73	1.32	1.28	0.43	0.04
煤炭	0.03	0.01	1.56	1.51		
石油	0.11	0.00	1.09	0.51	0.02	
金属矿石	1.69	5.13				
钢铁	5.64	6.13	6.58	5.18	0.60	0.11
矿建材料	75.20		6.10	0.65	3.80	0.65
水泥					33.3	
木材	1.97					
非金属矿石	4.37					
粮食	11.7	4.88	0.12		0.59	4.88
机械设备	0.09	0.12				
化工原料	15.98	15.86	0.18			
轻工医药	0.02					
农产品	1.22					
其他货物			0.06	0.17		

港口运输与腹地产业发展

7）北塘港区

北塘港区是以客运为主、兼顾滨海旅游的港区，货物运输职能较弱。2012年北塘港区的货物吞吐量仅占天津港总吞吐量的 0.12%，主要是矿建材料，其吞吐量占天津港矿建材料总量的 1.38%。

8）汉沽港区

汉沽港区主要服务于该区域水产品产业的发展，以杂货和冷链货物运输为主。

第二节　上海港运输职能演化

不同的历史时期，政治经济背景与技术水平有明显的差异，这直接影响了港口的区位选择与运输职能结构。如何从长时间序列的角度考察港口的发展规律一直是港口地理的重要研究议题。上海港是世界大港，其研究具有典型性和很强的应用性，同时上海港兼具海洋与内河港口的特征，随着长江口的自然迁移，其演变过程更复杂，尤其是本地化机制与国际化机制相互融合与碰撞，使港口运输职能的关系更加复杂。鉴于此，从长时间序列的角度，以上海港为研究对象，分析其区位与职能结构演变。

一、上海港区位演变

从上海港产生至今，港区区位大致经历以下四个发展阶段。在每个阶段，港区区位都有明显不同的空间特征与模式。

1. 鸦片战争之前

长江口地区由于长江携带泥沙的沉积作用，海岸线逐步东扩，水系网络不断变化，港口区位也随之变迁，呈现向出海口转移的趋势。秦汉时期，吴淞江上已有不成熟的军港、航运及水岸贸易，港口位于今青浦、松江区内。隋初，华亭港形成，位于吴淞江支流顾会浦旁（今松江区内）。唐朝，干流吴淞江上的青龙镇港迅速崛起（今苏州河南岸），由顾会浦相连。宋代，青龙港逐渐取替华亭港成为主要港口。南宋中后期，青龙、华亭两港逐渐衰落，而吴淞江近海口处的江湾和长江口南岸的黄姚等港口形成短期繁荣。宋末，上海港正式产生，位于青龙镇东南的上海浦（今黄浦江沿岸）。元末明初，上海浦航道淤阻，水运由浏河入海口的刘家港承担。明中期，黄浦江新航道形成，港区重新迁至县城东侧的黄浦江下游。同时，南翔、外冈、朱家角、罗店、娄塘、安亭等内河港开始发展。鸦片战争之前，上海港的区位位于上海县城东南大、小南门及大小东门外沿黄浦江的弧形圈内侧，即南起南码头、北及十六铺，形成"华亭→青龙→江湾→黄姚→上海镇→刘家港→南市老港区"演变路径。

2. 鸦片战争至中华人民共和国成立

鸦片战争是上海港发展的转折点。西方的介入使上海港的港区范围自南市老港区向上下游迅速扩展。上海港装卸区域自1843年港界和洋船停泊区划定后，不断延伸，主要得益于洋船停泊区的不断扩展（表12-4）。

表12-4　近代上海港洋船停泊区扩展表

年份	黄浦江段		吴淞口段	备注
	上游	下游		
1843	洋泾浜（今北京东路）	李家庄沿浦（今延安东路）		浦西
1851	洋泾浜	苏州河南岸		扩展至外滩
1859	天后宫（今十六铺）			扩展至虹口
1863		虹口新船坞（今高阳港）新船坞下游的河泊所趸船（今提篮桥附近）		扩展至浦东
1876	龙潭路、新开河沿江			设吴淞洋船泊区
1882			兵营旁白色房屋至吴淞口内小河进口内右岸立牌处至吴淞口灯塔	
1883	十六铺桥口对港	毛家庄盐塘		
1886	东门外	祥生船厂东边		
1896	南码头	上海水道局（民生路码头）		
1900	陆家浜	洋泾港		黄浦江段11千米
1906	白莲泾	东沟		
1913	江南制造局船坞	美孚石油码头，东沟处	吴淞灯塔至外沙	黄浦江段长15千米
1929	龙华张家塘	吴淞		总长41千米

资料来源：①上海港史：古近代部分．人民交通出版社，1990．②上海港志．上海社会科学院出版社，2001．③上海地方志：南市志、闵行志、虹口志、杨浦志等。

1843年上海正式对外开港，1845年装卸区已从南市老港区扩展到外滩区域。随着贸易发展和码头设施增加，港区沿黄浦江中下游和苏州河下游进行延伸。1860年，由于外商船舶增多，装卸区域扩展至虹口区提篮桥沿江地段。1862年后，码头延伸到浦东其昌栈至塘桥一带。1876年吴淞开埠，以满足远洋船舶停泊。1895年后，内河轮船航运兴起，促使内河港区逐渐繁荣，尤其是四川路桥至新闸桥一带，1899年港区扩展至胶州路附近。近代工业开始发展，1856年虹口和浦东逐步发展船舶修造业，包括造船、铁工、机器制造和炼钢等企业，1867年江南造船厂从虹口顺泰码头旁移址于城南高昌庙，港区也随即扩展至此，1913

年江边电站成为远东最大火电厂，周边出现黄浦、杨树浦等煤炭码头。这促生了工业港区。内河港区的发展使苏州河下游成为上海港区的重要部分。至此，上海港区从单一区位演进成不同区位，形成分异的区位系统，港口也形成海港—河港综合体。一战后，黄浦江两岸的港区划为13区15段，南起江南制造局船坞至东沟港，内河港区的码头多分布在河南路桥至北四川路桥的苏州河下游北侧。该格局一直维持到中华人民共和国成立初。

3. 中华人民共和国成立至 20 世纪末

1949 年上海港恢复航运。上海港开展了老港区改扩建和新港区兴建，新港区在黄浦江老港区的基础上双向拓展，上游推进至吴泾河段，下游向河口转移并延伸至杭州湾地区。1951～1952 年，上海港 1～6 装卸作业区及吴淞、南市、日晖港装卸站在黄浦江沿岸设立。1953 年各作业区通过改善集疏运系统使码头沿河成片。为适应工业化发展，港区不断新建，尤其是成为工业企业布局区位，这成为港区扩张的重要动力，包括造船、火电、石化及钢铁企业。1959 年黄浦江下游浦西新建张华浜码头，龙华地段开辟为煤炭装卸区。1973 年新建军工路集装箱码头，1974 年建设上海石油化工厂的陈山原油码头，1984 年杭州湾北岸的金山石化厂石油码头建成，1986 年和 1989 年先后建设宝山港区和关港港区；1990 年石洞口第一电厂投产，1993 年建造罗泾煤码头，形成接卸散杂货为主的罗泾新港区。90 年代开始，兴建集装箱码头成为港口新趋势，外高桥 1～3 期相继建成，位于长江南岸高桥嘴地区。

4. 21 世纪以来

迈入 21 世纪，上海面临城市功能的转型，老港区因城市品质提升与自然条件约束已无进一步扩大的空间，上海港的发展方向是老港区功能调整与深水港区建设。基于此，上海港区逐渐从黄浦江迁至入海口乃至外海，2005 年建成洋山深水港。此外，新港区继续扩张兴建；长江口南岸的外高桥四期至六期港区相连，2007 年罗泾港区二期建成营运。同时，黄浦江老港区和苏州河港区实施综合整治和功能调整，原有码头陆续拆除。2007 年，为了配合世博会建设，黄浦江两桥间的老港区实施搬迁。21 世纪以来，上海港港区大致经历了外迁和深水化的演变过程，以配合船舶大型化和城市功能提升。至此，上海港形成由黄浦江港区、入海口港区、外海深水港区等组成的综合性港区系统。

上海港的区位演变遵循特定规律。第一，从河流等级来看，上海港区遵循了"二级支流港→支流港→干流港→门户港"的演变路径；从港口区位来看，上海港遵循了"内河港→海河港→河口港→深海港"的外拓模式，具体经历了"顾会浦、吴淞江（唐宋）→黄浦江（宋末至今）→长江口南岸（20世纪90年代以来）→洋山岛（21世纪以来）"的变迁，深水化成为其发展规律。第二，中华人民共和国成立前，西方国家很早便在吴淞口增设了洋船停泊区，打乱了港口逐步外迁的自然路径。中华人民共和国成立后，上海港为兼顾城市局部地域发展的需求，在黄浦江上游新建了关港港区，致使港口出现双向拓展。上海港的空间演化轨迹，不仅体现了港区向入海口迁移的自然规律，还体现了独具上海港特色的上下游双向、间接跳跃式发展的路径，这与Anyport模型有较大的差异。第三，从港区系统看，上海港遵循了"单一区位→多区位→多体系"的演变规律。开埠前，上海港基本布局在县城东门外从十六铺到南码头一段江边，为单一区位港。开埠后，苏州河港区兴起，主港区沿黄浦江向上下游拓展，并在吴淞口增设洋船停泊区，这使多区位港口形成。中华人民共和国成立后，上海港陆续开展了老港区改扩建和新港区兴建，形成内河、黄浦江、长江口和深海等多体系布局。

二、上海港运输职能演变

港口不仅是一种空间，更是一种经济系统。从微观角度论述港口运输职能演变，主要指货物结构。

1. 港口运输职能演变

港口是运输大宗货物为主的交通节点，货物类型反映了区域发展的供需情况，但同时反映了港口的运输职能（表12-5）。

表12-5　隋唐以来上海港货物结构及演变

时间	大宗货类	外贸进口货类	外贸出口货类
隋唐	粮食、盐	—	—
元代中后期	漕粮、盐、土货	珠宝、香料、药材	手工品、纺织品及日用品
明清	棉花、棉布、粮食、盐、丝	金属、糖、香料、药材	丝织品
开港初期	粮食、棉花、棉布、丝、茶	鸦片、棉织品	丝、茶
19世纪70年代之后	煤炭、石油	棉纺织品、工业品、杂货（石油）、军火	丝、糖、麻、棉、毛、桐油、农产品
20世纪初	煤炭	棉织品、食品、棉纱、糖、钢铁、煤油	丝、茶、原料、机器零件
抗战时期	煤炭、弹药	化学用品、药品、染料颜料、油脂	棉、丝、农产品
一五时期	煤炭、粮食、金属矿石、木材、钢铁	煤炭、粮食、矿建材料、工业原料	工业品、日用品、建筑器材、百杂货

时间	大宗货类	外贸进口货类	外贸出口货类
改革开放前	煤炭、石油、金属矿石、钢铁、建筑材料	金属矿石、钢铁、粮食、化肥、棉花、非金属矿	工业品、农产品、非金属矿石、水泥
21世纪	煤炭、金属矿石、机械设备、钢铁、石油、化工原料、矿建材料	金属矿石、机械设备、煤炭、石油、钢铁、粮食、木材、化工原料	机械设备、钢铁、石油、化工原料、煤炭

资料来源：①上海港史：古近代部分．人民交通出版社，1990．②上海港志．上海社会科学院出版社，2001．③上海港统计资料汇编，1985。

1）古代时期

明代以前，由于生产力有限，上海港的主要货物为生活必需品，重点是粮食和盐。明清时期，上海及腹地为棉纺业和丝织业中心，棉花、布匹、蚕丝、丝织品等为上海港的大宗货类。在封建社会经济形态下，腹地经济主要为农副业，上海港的货类比较单一，局限于粮食、纺织品及土货。

2）近代时期

上海港开埠后，国际贸易发展迅猛，促使货物种类和数量明显增多，改变了传统的货物结构。进口货物除棉纺织品外，以石油、军火、糖、钢铁、原料及机器零件为主的工业品和杂货迅速增多。出口的土货种类也迅速增加，主要为面粉、花生、棉纱等。一直作为运输主体的棉丝纺织品、生丝和茶叶呈现下降趋势，而煤炭上升为大宗货类，这是上海近代工业兴起所促生的港口新职能。这促使上海港的内贸货类以粮食和煤炭为主。值得注意的是，煤炭、石油主要是船舶动力能源而不是工业能源。20世纪初，随着近代工业的兴起，进出口货物的种类有较大变化，煤炭作为工业燃料上升为首要大宗货类。钢铁、煤油、原料、机器零件等与工业、航运业息息相关的商品进口量不断扩大规模。在抗战和内战时期，上海港的进出口贸易跌入谷底，转向国防战争物资的运输。

3）中华人民共和国成立以来

该时期，中国经济发展以重工业为主，港口货物以与工业息息相关的燃料、原料、产品为主，港口运输化和区域工业化开始紧密结合。"一五"期间，为适应工业化进程，上海港进口货物以煤炭、石油和金属矿石为主，出口货物多为工业制成品。在外贸进出口货物结构与中华人民共和国成立前相比发生很大变化。"大跃进"促使上海港煤炭、矿石、耐火材料等炼钢原燃料的吞吐量急剧上升。1979年开始，长江三角洲轻工业发展超过重工业，件杂货增加，但大型重化企业布局成为专业化码头发展的重要动因，包括造船、火电、石化和钢铁等企业。20世纪90年代中期以来，集装箱运输迅猛发展。

21世纪开始，在原有大宗货类的基础上，机械设备、电器、化工原料、有色金属、轻工医药、农产品不断扩大规模。金属矿石尤其是铁矿石成为上海港的最大货物种类，运输职能最强，比例达15.8%，煤炭占13.3%，煤铁色彩浓厚；其次是机械设备达10.8%，钢铁、石油相对较高，分别达6.2%和3.6%（图12-2）。

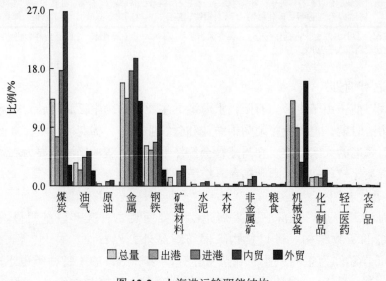

图 12-2　上海港运输职能结构

综合来看，上海港自产生以来，货物种类经历了从单一的农产品向多元化的手工艺品、日用品及与工业发展息息相关的燃料、原料、产品进行演变的路径。

2. 港口功能拓展路径

随着港口运输职能的多元化发展，上海港港口与腹地的互动影响越发深刻，其辐射面不断拓展，港口职能不断深化（表12-6）。

表 12-6　隋唐以来上海港功能演变

港口功能	隋唐	宋朝	明清	民国	中华人民共和国		
					50～70年代	80年代至21世纪	21世纪以来
渔业	▦▦▦	▦▦	▦	▦	▦	▦	▦
军事	▦	▦▦	▦▦	▦▦▦			
贸易		▦	▦▦	▦▦	▦▦	▦▦	▦▦▦
工业					▦▦▦	▦▦▦	▦▦▦

港口功能	隋唐	宋朝	明清	民国	中华人民共和国		
					50～70年代	80年代至21世纪	21世纪以来
中转			■	■	■	■■	■■■
物流基地						■	■■
休闲旅游							■
综合				■	■	■■	■■■

注：表中"综合"与其他功能并非并列关系，而是对以上港口功能的综合性评价。

从用途来看，上海港遵循了"渔港（春秋秦汉）→贸易港（隋唐至19世纪末）→工业港＋贸易港（20世纪）→综合港（21世纪）"的发展过程，港口功能从单一到综合。其中，隋唐至开埠前是内贸运输为主，开埠后外贸运输迅猛增长，快速超越内贸运输。20世纪初，近代工业兴起，工业原材料及制成品上升为主要货类，自此港口功能为工业和贸易双重属性。中华人民共和国成立后，工业化进程加快，工业港性质突出；改革开放后，对外贸易发展迅猛，贸易功能加强。21世纪以来，港口功能内涵更加丰富，自由贸易、临港工业、中转换装、现代物流、休闲旅游等功能发展强劲。

三、上海港演变模式

特殊的自然、历史因素及城市发展妨碍了传统港口模型对上海港的适用性。基于对上海港演变规律的总结，对上海港港区区位、功能及港城关系等要素进行抽象演绎，形成"河流单港区阶段（鸦片战争前）→河流双向延伸阶段（鸦片战争至新中国）→工业化岸线拓展阶段（中华人民共和国成立至20世纪90年代末）→集装箱化离岸外迁阶段（21世纪）"的演变模式（图12-3，表12-7）。

河流单港区阶段。港口形成初期，港口区位和功能较为单一，港区位于河流中游，紧邻中心城区，港口职能单一，主要为渔业与粮食、盐及日用品运输。

河流双向延伸阶段。港区向河流上下游及支流延伸，较早地在河流入海口形成码头，以适应特殊的历史背景和自然条件限制。城市规模随港区延伸而不断扩展，城市重心从老港区边缘向下游新港区转移。依托港口中转功能，城市外向经济逐渐发展，城市商业、加工业和金融业因港口而繁荣，近代工业萌芽。

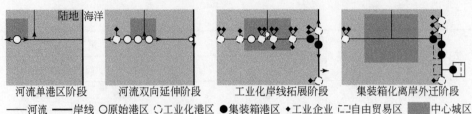

图 12-3　上海港发展模式

表 12-7　上海港空间、功能及港城关系演变特征

	类型	鸦片战争之前	鸦片战争至20世纪50年代	中华人民共和国成立至20世纪90年代末	21世纪以来
阶段		河流单港区	河流双向延伸	工业化岸线拓展	离岸外迁
空间	河流等级	二级支流－一级支流	支流（黄浦江）	干流（长江口）	门户（洋山）
	港口区位	内河港－海河港	海河港（黄浦江）	海河港－河口港（长江口南岸）	深海港
	港区体系	单一区位	多区位	多体系（黄浦江＋长江口）	多体系（黄浦江＋长江口＋深海）
功能	货物种类	农产品、日用品	煤炭、石油、工业品、杂货	工业原燃料及产品、件杂货、集装箱	更加多样化
	腹地	村镇－本地－区域（长三角）	流域（长江流域）	流域	国际区域
	地位	小节点－全国最大内贸港	全国最大贸易口岸	国际贸易大港	国际航运中心
	用途	渔港－贸易港	贸易港	工业港＋贸易港	综合港

工业化岸线拓展阶段。港区向河流下游延伸至河口，并沿海岸线拓展。同时为兼顾城市局部地域发展，在河流上游也新建港区。中心城区范围进一步扩大，城市工业不断发展，促使港区工业化进程加快，煤炭、矿石、石油等运输职能增强，集装箱运输兴起，港口与城市工业联动发展。

集装箱离岸阶段。中心城区进行滨水区改造，废除老港区，迁至远离市中心区的河流上游、河流入海口、海岸线和深海岛屿，港口和中心城区逐渐分离。低端的港口装卸与中心城区分离，但高层次的港口服务例如游艇港区、航运培训、交易和金融等功能仍留在市中心区。港口职能多元化发展，尤其集装箱运输繁荣，增强了港口的国际竞争力。依托集装箱港区，建设物流园区或保税区，发展高附加值物流服务或产业活动，最终形成自由贸易区，其中离岸港区形成岛域和陆域两个自由贸易区，并由跨海大桥相连。

第十三章

港口职能与腹地互动的形成机理

港口与腹地企业关系的形成和发展具有内在机理,并由系列因素共同作用并综合驱动。这些因素从不同角度有不同的划分方法与类型,是一个不断充实丰富的集合并相互促进和制约。这些因素对港口的影响存在一定的时空规律:不同空间尺度和时间期限内,各因子对港口发展的影响程度不同,并存在主导因子。经过筛选,本书认为影响港口与产业关系的因素主要有产业空间组织、资源禀赋、空间规划、产业政策、港口建设条件等五大类。各港口的特征或职能会随着影响因素的变化而改变,这促进了港口体系的职能结构的改变,由此形成时空演化过程。

第一节　经济发展与改革开放

经济始终是港口发展的基本需求源,其货物喂给、类型及规模决定港口发展的基本概率与潜力,决定了港口体系的分布格局和职能结构。经济因素重点包括重工业化与基础原材料产业、产业结构调整、重化企业布局。

一、经济发展与重工业化路径

经济与产业是产生货物运输的基础,贸易往来是货物运输的表现形式。该方面的因素包括经济格局、产业结构、重化企业布局。就中国各区域的资源基础与发展条件,经济格局是难以改变的,但部分地区的产业结构会发生调整,尤其是与港口存在紧密联系的重化企业会加快调整,由此对部分地区的港口发展产生影响。

1. 产业重工业化

经济发展尤其是工业化始终是港口发展的基础动力。腹地工业化与工业结构决定港口的主要货物,从而影响其运输职能。工业结构变化主要发生在两个时期。"一五"和"二五"时期，中国大力发展重化工业而促使其比例增长迅速，1960年达67%，该时期港口吞吐量由1730万吨增至5265万吨。重工业比例自1990年降到谷底以来，转为逐年上升趋势，1998年开始中国进入新一轮重化工业阶段，以石化、钢铁为特征的重化工业迅速扩张，比例急速提高，2011年达72%（图13-1）。该时期，矿石、原油、煤炭、集装箱等专用码头迅速扩大，港口吞吐量呈直线增长，由1998年的10.4亿吨增至2012年的77.7亿吨，年均增长4.8亿吨。

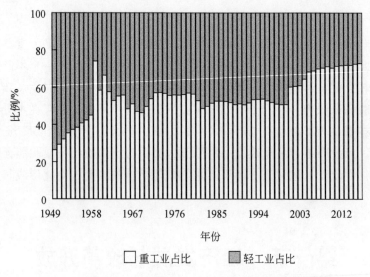

图13-1 中国重工业总产值及占比演化

重工业化发展是港口煤炭、铁矿石、石油等大宗货物运输的根本动力。港口货物结构以煤炭和金属矿石为主，其次是石油和矿建材料，四类货物合计占56%以上，这符合新一轮重化工业发展的特征。其中，煤炭始终以20%以上的比例保持在第一位，金属矿石比例稳步上升，由1998年的11%增至17.6%，石油比例约下降10个百分点，而矿建材料较为稳定。港口重化工产品运输职能的增强与工业化进程密切相关。此外，该阶段沿海港口的货物离散指数呈上升趋势，专业化水平增强，与重化工业比例上升趋势一致。

2. 经济格局与差异

经济格局指在一个国家或区域内部，各地区经济分布的基本空间格局与集聚性或均衡水平。经济格局反映了港口的腹地基础，各区域有不同规模的经济总量，这决定了各区域的港口发展潜力，由此决定了港口分布格局。中国经济发展的区域差异较大，主要集中在东部沿海地区，尤其集中在长江三角洲、珠江三角洲和

港口运输与腹地产业发展

环渤海地区，呈现由沿海向内陆逐步递减的格局，这同中国港口体系的空间格局基本吻合。2015年，广东的GDP占全国总量的比例最高，为10.06%。其次是江苏，占全国的9.69%，山东占8.71%；再次是浙江、河南、四川、河北、湖北和湖南等省，具有较高的比例，均高于4%。辽宁、福建、上海、北京、安徽等省市均超过3%，陕西、内蒙古、广西、江西、天津、重庆、黑龙江等省（自治区、直辖市）均超过2%。从区域来看，长江三角洲的GDP规模约占全国的19.1%，而环渤海地区则占22.3%，而沿海省市共占全国的57.8%，具有很高的集聚度（表13-1）。

表13-1 2015年中国各省（自治区、直辖市）GDP规模和比例

地区	总量/亿元	比例/%	地区	总量/亿元	比例/%	地区	总量/亿元	比例/%
广东	72 812.6	10.06	上海	24 965	3.45	云南	13 717.9	1.90
江苏	70 116.4	9.69	北京	22 968.6	3.17	山西	12 802.6	1.77
山东	63 002.3	8.71	安徽	22 005.6	3.04	贵州	10 502.6	1.45
浙江	42 886.5	5.93	陕西	18 171.9	2.51	新疆	9 324.8	1.29
河南	37 010.3	5.12	内蒙古	18 032.8	2.49	甘肃	6 790.3	0.94
四川	30 103.1	4.16	广西	16 803.1	2.32	海南	3 702.8	0.51
河北	29 806.1	4.12	江西	16 723.8	2.31	宁夏	2 911.8	0.40
湖北	29 550.2	4.08	天津	16 538.2	2.29	青海	2 417.1	0.33
湖南	29 047.2	4.01	重庆	15 719.7	2.17	西藏	1 026.4	0.17
辽宁	28 743	3.97	黑龙江	15 083.7	2.08			
福建	25 979.8	3.59	吉林	14 274.1	1.97			

3. 产业结构

产业结构与港口有紧密的关系，是决定货物结构生产差异的基础，不同产业结构决定了主导产业不同，其原料和产品的运输方式与规模体量也就不同，直接影响着港口的货源规模与结构。重化工业、制造业和轻工业布局的不同对港口航运的需求存在明显不同。2011年，专用设备制造、钢铁、计算机及其他电子设备制造、交通设备制造、化学原料及化学制品制造的比例较高，均高于7%，以上合计占37.9%。其中，专用设备制造的工业产值比例最高，达7.95%；钢铁工业的比例很高，达7.59%，该行业与港口的关系很大。通信计算机及其他电子设备制造也高达7.56%，这与集装箱运输有紧密的关系。电气机械及器材制造为6.1%，电力生产为5.98%。非金属矿物制品、石油加工、有色金属冶炼及压延加工业均高于4%；纺织和煤炭采选均高于3%，金属制品高于2%。从时间角度看，作为主导产业而拥有较高比例但又呈现增长态势的产业有专用设备制造、钢铁、交通设备制造、化学原料及化学制品制造、电气机械及器材制造、电力、农副食

品加工、非金属矿物制品、有色金属冶炼及压延加工。但作为主导产业而拥有较高比例又呈现下降趋势的产业有计算机及电子设备制造、石油加工（表13-2）。

表 13-2　中国工业结构及演变　（单位：%）

行业类型	1990 年	2011 年	行业类型	1990 年	2011 年
煤炭开采和洗选	2.51	3.43	化学原料制造	8.20	7.20
石油天然气开采	2.35	1.53	医药制造	1.96	1.77
黑色金属矿采选	0.20	0.94	化学纤维制造	1.50	0.79
有色金属矿采选	0.57	0.60	橡胶制品	1.57	0.87
非金属矿采选	0.71	0.46	塑料制品	1.92	1.85
农副食品加工	0.68	5.23	非金属矿物制品	4.89	4.76
食品制造	6.96	1.66	黑色金属冶炼加工	7.14	7.59
饮料制造	2.12	1.40	有色金属冶炼加工	2.8	4.25
烟草制品	2.81	0.81	金属制品	2.87	2.77
纺织	12.59	3.87	专用设备制造	9.20	7.95
纺织服装制造	1.09	1.60	交通设备制造	3.92	7.49
皮革毛皮制品	0.00	1.06	电气机械制造	4.38	6.09
木材加工	1.07	1.07	计算机及设备制造	3.21	7.56
家具制造	0.45	0.60	仪器仪表械制造	0.61	0.90
造纸及纸制品	2.14	1.43	工艺品制造	1.05	0.85
印刷媒介复制	0.95	0.46	电力生产	3.72	5.98
文体用品制造	0.50	0.38	水生产供应	0.25	0.14
石油加工	3.15	4.37			

　　经济结构是决定货源生成差异的基础，中国各区域经济结构存在明显差异，对各区域的港口发展产生了重要影响。北方地区以重工业为主，其中东北经济区是著名的重工业基地，以钢铁、机械、石油化工为主导，形成包括煤炭、电力、建材、森工和纺织、造纸等比较完整的工业体系，华北经济区的工业体系部门齐全，轻重工业协调发展。这种经济结构促使港口的大宗散货运输比例较高。长江三角洲及长江流域工业体系门类齐全，以纺织、机械、冶金、化工、轻工、食品为主体，这为港口提供了丰富的货物，尤其是长江三角洲钢铁、石油化工且火电集中，促使该地区的大宗散货运输职能较强。珠江三角洲经济外向性较高，孕育了珠江三角洲港口的发展。

　　改革开放初，两头在外的生产模式促进了南方港口出口贸易的发展，工业生产所需原材料全部或部分购自境外，而加工成品销往境外，上海、宁波、厦门、广州等南方港口成为加工成品销往境外的主要门户，南方港口的出口贸易获得快速发展。1980年南方港口的总出口量为901万吨，1997年增至4780万吨，2012年又进一步增至8983万吨。北方侧重制造业，港口主要从事大宗货物的运输，1980年以来制造业分布呈现"南下东进"的特点，2003年以后部分制造业呈现"北上西进"，资源依赖型制造业更多分布在北部，这促使北方港口主要从事大宗货物的运输。目前积极推动的重化工业向沿海地区转移，促使港口煤炭、铁矿石、原油等运输职能增强；90年代，重化工业集中在东北和华北地区。2000年以来，重化工业向全国扩散，各省区市积极发展本土重化工业，能源消耗急剧增加，钢铁、石化等"大进大出"的重化工业迅速向沿海地区和临河地区集聚，纷纷建设临港工业区，促使港口煤炭、石油、铁矿石等运输职能增强。

沿海地区的火电、冶金、建材等高耗能产业的产能和产量急剧扩大。1997~2012年，火力发电量增长3.1倍，生铁产量增长5.8倍，水泥和玻璃也分别增长2.3倍和3.7倍。由于航运的优势，许多火电企业布局在沿海地区。2011年沿海地区的火电装机容量和发电量、火电企业分别占全国总量的48.7%、50.4%和55.5%，尤其是江苏、山东、广东、浙江合计就近1/3；如果合计邻近的江西、安徽、湖北和湖南，比例则提高到59.1%、61.2%和63.8%。其中，华能、大唐、国电和华电在沿海地区布局了45个电厂。

二、改革开放与外向经济

1. 改革开放

港口是世界航运网络的重要部分，既是经济贸易往来的门户，同时是国家执行各种国际战略的重要依托。港口在改革开放进程中发挥了重要作用，同时开放政策的实行也有力地推动了港口发展。1979年党中央、国务院批准广东、福建在对外经济活动中实行"特殊政策、灵活措施"，决定在深圳、珠海、厦门、汕头试办经济特区。1984年党中央和国务院决定进一步开放大连、秦皇岛、天津、烟台、青岛、连云港、南通、上海、宁波、温州、福州、广州、湛江、北海等14个沿海港口城市和海南省，实行特殊政策。1985年起又相继在长江三角洲、珠江三角洲、闽东南和环渤海地区开辟经济开放区，1988年增辟了海南特区，1990年开发开放上海浦东新区。离散状的开放物流节点在沿海地区及内陆不断涌现，并与港口发生重要联系，包括保税区、保税港、保税物流中心、自由贸易区等。保税区亦称保税仓库区，中国已建有26个综合保税区，多布局在临港地区或港口内部。保税港区是指设立在国家对外开放的口岸港区和与之相连的特定区域内，具有口岸、物流、加工等功能的海关特殊监管区域，与港口共生共长。

保税物流中心是指封闭的海关监管区域并具备口岸功能，截至2016年2月底，国家共批复46家保税物流中心，从沿海地区向中西部和东部进行扩张，推动港口功能向内陆延伸（表13-3）。许多开放性物流节点是依托沿海港口或部分内河港口而建设，港口本身就是承载体，推动港口产业－货物－港口的自组织系统建设，同时向内陆拓展，扩大了沿海港口尤其是大型枢纽港的腹地货源组织。

表 13-3　保税物流中心分布概况

省区市	保税物流中心	保税区	保税港区
江苏	苏州工业园区、苏州高新、南京龙潭、江阴、太仓、连云	南通、苏州	张家港
北京	北京空港、北京亦庄	北京天竺	
天津	天津开发区	天津	东疆
上海	上海西北物流园区	上海外高桥	洋山
广东	东莞、中山、广州、深圳机场、汕头、东莞清溪、湛江	深圳福田、深圳沙头角、深圳盐田港、汕头	广州南沙、深圳前海湾
浙江	杭州、宁波栎社、义乌	舟山港、宁波	宁波梅山
山东	青岛、日照、淄博、鲁中运达、鲁中运达	潍坊、青岛、烟台	烟台、青岛前湾
福建	厦门火炬		福州、厦门海沧
辽宁	营口港、盘锦、铁岭	大连	大连大窑湾
陕西	西安、西咸空港	西安	
四川	成都、泸州港	成都	
湖南	长沙金霞、株洲铜塘湾		
江西	南昌	赣州区	
山西	山西方略	太原武宿	
湖北	武汉东西湖、宜昌三峡、棋盘洲	武汉	
广西	南宁	凭祥、钦州	钦州
河南	河南、焦作、商丘	新郑、焦作孟州德众、南阳卧龙	
新疆	奎屯	新疆	
重庆		重庆西永	两路寸滩
贵州		贵州贵阳	
甘肃	武威		

港口运输与腹地产业发展

省区市	保税物流中心	保税区	保税港区
安徽	蚌埠		
河北	武安		
内蒙古		赤峰	
黑龙江		绥芬河	
海南		海口	洋浦

2. 外向贸易联系

国际贸易是世界航运发展的主要动因。从各省份看，国际贸易额集中在少数地区，广东最高，占 25.8%，超过四分之一；江苏和上海分别占 13.8% 和 11.4%，浙江和北京分别为 8.8% 和 8.1%，山东占 6.1%，福建占 4.3%，整个沿海地区占 78.4%，超过四分之三。出口商品额自 20 世纪 80 年代以来，一直呈现快速增长，从"初级产品和工业制成品并重"向"工业制成品占绝对优势"迅速过渡，1980 年初级产品占 50.3%，2014 年仅为 4.8%，工业制成品从 49.7% 增长到 95.2%，其中机械及运输设备占 45.7%，杂项制品一直占较高比例，达 26.6%，矿物燃料呈快速下降态势，从 23.6% 降到 1.5%，轻纺产品虽占较高比例但也呈现下降过程，化学品出口保持平稳态势，食品与非食用原料一直呈现下降。进口商品结构中，初级产品在 80 年代保持三分之一左右，90 年代和 2000 年降到五分之一，21 世纪开始又不断上升并恢复到三分之一；机械及运输设备、矿物燃料一直保持较高比例，尤其是前者达 37% 但呈逐年下降，后者也占 16.2% 而呈逐年上升；食品等产品逐年下降，非食用原料有较高比例但波动较大，2014 年占有 13.8%，轻纺产品与化学品均呈逐年下降（表 13-4）。

表 13-4　20 世纪 80 年代以来中国出口商品结构

	商品类型	出口				进口			
		2000 年		2014 年		2000 年		2014 年	
		规模 / 亿美元	比例 /%	规模 / 亿美元	比例 /%	规模 / 亿美元	比例 /%	规模 / 亿美元	比例 /%
初级产品	小计	254.6	10.2	1126.9	4.8	467.4	20.8	6469.4	33
	食品及食用动物	122.8	4.9	589.1	2.5	47.6	2.1	468.3	2.4
	饮料及烟类	7.45	0.3	28.8	0.1	3.6	0.2	52.2	0.3
	非食用原料	44.62	1.8	158.3	0.7	200	8.9	2696.4	13.8

商品类型		出口				进口			
		2000 年		2014 年		2000 年		2014 年	
		规模/亿美元	比例/%	规模/亿美元	比例/%	规模/亿美元	比例/%	规模/亿美元	比例/%
初级产品	矿物燃料、润滑油及原料	78.55	3.2	344.5	1.5	206.4	9.2	3167.6	16.2
	动植物油脂及蜡	1.16	0.1	6.23	0.03	9.8	0.4	84.9	0.4
工业制成品	小计	2237.4	89.8	22 296	95.2	1783.6	79.2	13 122.9	67
	化学品及产品	121	4.9	1345.4	5.7	302.1	13.4	1932.6	9.9
	轻纺、橡胶制品矿冶及制品	425.5	17.1	4002.3	17.1	418.1	18.6	1723.7	8.8
	机械及运输设备	826	33.2	10 705	45.7	919.3	40.8	7242	37
	杂项制品	862.8	34.6	6220.6	26.6	127.5	5.7	1397.1	7.1
	未分类商品	2.2	0.1	22.7	0.1	16.5	0.7	827.6	4.2

三、港口管制放松

港口作为大型基础设施，各国家对港口的控制程度不同，中央政府的调控、管制及投融资政策是港口发展的重要因素，决定了港口的运输职能结构及变化。港口管制放松主要表现为港口下放和投资主体两个方面（王成金，2012）。

1. 管制放松

港口管理是指对港口生产、港务监督和港口规划建设及设施的管理。中华人民共和国成立以来，港口主要实行全民所有制和政企合一模式，实行中央政府统一管理，主要港口的规划、建设和生产均由中央政府直接组织和管理，地方政府配合实施具体的港口业务，仅部分小型港口由地方控制，形成高度的中央垄断。20 世纪 50 年代后期，沿海主要港口曾下放到地方，60 年代初又归属中央政府统管。80 年代中期，港口在不改变所属关系的前提下开始港口经营机制的改革，推行承包责任制，以天津港为开端，港口管理权限下放，建设经营权交由地方政府，实行"地方政府和中央政府双重领导，以地方政府为主"的管理体制。2001 年，国务院批复《关于深化中央直属和双重领导港口管理体制改革的意见》，将交通部直接管理的大港口下放地方，实行政企分开、一港一政，废除双重领导，交通部负责行政管理（规划审批、行业政策），重要港口的审批由交通部和省政府共同承担，港口具体管理交由地方政府。2004 年，原由交通部直接管理和经营的上海、秦皇岛、大连、青岛、天津等八大港口均已实行政企分家，将其经营和管理权下放到本地港务局。目前，大部分港口都移交给其所在城市，实行了交通部与地方政府"双重领导，以地方为主"的管理体制，扩大了港口企业的自主权，实行了"以收抵支、以港养港"的财务体制，港务局所属的各专业生产公司实行所有权与经营权分离，成为相对独立的经济实体。

中国对港口的管理体制进行改革，对港口建设与发展格局产生了重大影响。港口管制放松带来码头经营市场化和地方政府的积极性，促使大量"国港"变为"市港"，港口成为地方财政收入的主要来源，地方政府积极发展临港工业，竞相建设大型专业化深水码头泊位，努力扩大港口能力，促进了港口运输职能的转变。

2. 投资主体变化

中央政府对港口投融资政策不断改革，私有资本和外资逐渐进入。改革开放以前，港口投资和建设主要由中央政府和地方政府包办，少数企业专用码头由使用企业承担投资建设，严禁海外资本参与建设与经营。但中央政府及地方政府的财力难以承担资金需求，造成港口能力紧张。1984 年，中国开始改革投融资体制，实行"以收抵支，以港养港"，鼓励港口向国内外金融机构进行政策性或商业性贷款，扩大港口投资多元化。1985 年，中国颁布了《关于中外合资建设码头优惠待遇的暂行规定》，允许外资参与港口建设和经营，可合资经营 30 年，但严格控制外资占 50% 的股权底线。1993 年，原交通部颁布了《关于深化改革、扩大开放、加快交通发展的若干意见》，鼓励中外合资建设经营码头，允许中外合资租赁码头和中外合作经营码头。2002 年，新的《外商投资产业指导目录》出台，对海外资本投资中国码头的建设和经营做了进一步的开放；2004 年，《港口法》确立了多元化投资主体和经营主体，放开外资持股比例，甚至允许控股。对外资和民营资本进入的放开，促使中国港口建设获得了极大的动力，带来港口的快速建设与扩张。

如表 13-5 所示，青岛港最初主要靠山东省和青岛市政府的财政投资，随着港口建设需求的增加，港口企业逐渐成为投融资的主体，同时国外资本、民间资本不断进入港口建设领域，投融资模式不断改善。投资主体对煤炭、原油等专用码头的支持推动了相应货物运输规模的扩大，改变了港口的码头设施配置与运输职能结构。

表 13-5　青岛港主要港口建设项目投资主体构成

建设项目	投资主体	投资比例	投产年份
大湾港区 7 号码头新建项目	企业基金、交通部	130 万元、173 万元	1966
大湾港区 6 号码头改造	国家投资	2194 万元	1973
积米崖港码头建设	农林部、山东省	161 万元、217 万元	1973
黄岛原油输出码头一期工程	国家投资	7600 万元	1974
黄岛木材码头	交通部、省交通厅	165 万元、79 万元	1977
青岛 – 黄岛轮渡一期工程	国家投资	859 万元	1986
前湾港一期工程	国家投资	8.9 亿元	1986
黄岛原油输出码头二期	国家投资	3.2 亿元	1986
黄岛杂货和原煤码头	国家投资	9 亿元	1986
前湾港区二期工程	青岛港务局	1.15 亿元	1995
前湾集装箱码头二期	青岛港集团、铁行	15.7 亿元；51%、49%	2002
前湾集装箱码头的三国四方	马士基、铁行、中远、青岛港	8.9 亿美元；20%、29%、20%、31%	2003
前湾集装箱码头和保税园	招商局国际	5 亿美元	2003
前湾集装箱码头有限公司	铁行、青岛港	1.7 亿美元；49%、51%	
迪拜环球码头	迪拜环球港务	4.27 亿美元	2005
泛亚码头	泛亚国际航运	2.68 亿美元	2005
海丰码头	海丰集团	13 亿元	2005
四方港区北区集装箱码头	青岛市政府、胜利股份、南山集团	100 亿元	
董家口港区鲁能通用码头	山东鲁能集团	4.3 亿元	2005

四、企业区位选择法则变化与路径依赖

1. 区位选择法则

　　区位选择的原则是力图选择总成本最小的区位，通过对运输、劳动力、集聚因素相互作用的综合分析，找出企业成本最低的理想区位。在此基础上，工业区位论形成了原料指向型、燃料指向型、劳动力指向型、运输指向型、市场指向型、劳动力指向型和技术指向型等若干企业的布局模式。在工业化的早期阶段，重化企业形成了牢固的原料指向型和燃料指向型布局模式，但少量企业呈现出市场指向型与运输指向型布局模式。经过长期的发展，经济技术条件与资源禀赋都发生了巨大变化，各种因素的作用水平与强度逐步发生了变化，并形成了新的影响因素，如企业大规模扩能、矿区资源枯竭、交通连通性增强、企业一体化组织经营和原燃料国内外市场比较。这促使重化企业的区位选择法则开始发生变化，企业布局日益倾向于市场消费地，市场指向型模式得到普及扩大，临港型布局模式成为发展趋势（表 13-6）。但矿产资源或自然资源对工业企业的区位选择仍存在巨大的影响，发挥着基础性作用，但这种作用和影响有所弱化，原燃料型企业布局模式仍得到维系。这促使港口不但成为内陆重化企业原燃料的进口门户，而且成为腹地重化企业产品与腹地资源输出的门户，同时港口与重化企业在临港工业区形成生产链 – 物流链、空间功能区的融合共生关系。

表 13-6　中国主要大型石化企业的布局特征

石化企业	投产年份	临原料地	临市场	内陆地区	临海 / 港
抚顺石化	1929	●●	●●●	●	●●●
大连石化	1933	●	●●●●●		●●●●●
独山子石化	1936	●●●●●	●	●●●●●	●
茂名石化	1955	●●	●●●	●●●	●●
吉林石化	1957	●●●●	●●●	●●●●	●
兰州石化	1958	●●●●	●●●	●●●●	●
大庆石化	1962	●●●●●	●●●	●●●●●	●
齐鲁石化	1966	●●●●	●●●	●	●●●
燕山石化	1970	●●	●●●●●	●	●●●
上海石化	1972	●	●●●●	●	●●●●
镇海炼化	1975	●	●●●●		●●●●
广州石化	1978	●	●●●		●●●
高桥石化	1981	●	●●●●		●●●●
金陵石化	1982	●	●●●●	●	●●●
天津石化	1983	●●●	●●●●	●	●●●●
扬子石化	1983	●	●●●	●	●●●
福建炼化	1993	●	●●●	●	●●●●●
泉州石化	2006	●●●	●●●		●●●●●
青岛炼化	2007	●	●●●		●●●●●
惠州石化	2009	●●●	●●●●	●	●●●●●

注：●代表布局模式占比。

2. 企业布局的路径依赖

国内外工业化发展历程表明，在早期的重化企业布局过程中，原燃料地指向型尤其是原料指向型是重化企业的主要区位选择模式。重化企业凭借庞大的体量与产业链龙头作用，成为区域经济发展的主要支撑，并往往具备中央企业和省属企业的身份。在中国第二次和第三次重化工业化热潮中，鉴于对区域经济的强大拉动与引领作用，内陆腹地的重化企业均进行了技术改造，增加了新的生产线，促使企业产能大规模扩张，形成体量更大的大型企业。同时，重化企业因其占地面积大、就业人员多、工业产值高、工业利税多，形成了深固的城市性，城市兴衰与企业效益形成了共荣共衰的关系。大型重化企业往往具有很强的社会责任与城市乃至政府责任，建立和兴办了一些与企业生产、再生产没有直接联系的组织机构和设施，承担了产前产后服务和员工生活、福利、社会保障等社会职能。企业规模化、企业城市性、企业社会性与企业制度的多种锁定，促使许多重化企业在各城市形成了兼有生产、社会保障、社会福利和社会管理的社区单位，形成深刻的社会经济路径依赖性，决定了"不易搬迁"的空间特征。重化企业的布局问题不仅是经济问题，而且是社会问题。社会危机、政治风险与企业问题、经济问题的对比与取舍，则最终往往带来重化企业布局的牢固性，促使企业布局即使在新时期条件发生了变化的背景下，也难以摆脱空间路径依赖性。这促使腹地企业积极通过沿海港口进口海外原燃料，并经过长距离运输至厂区，以保障企业的正常生产运营。

第二节 区域资源禀赋与供需

一、煤炭资源禀赋

1. 煤炭资源分布

煤炭资源储量、生产与社会经济系统的错位分布是决定煤炭运输组织模式与港口煤炭运输职能的基础因素（Todd，1997）。煤炭资源的分布具有非均衡性，"西多东少、北多南少"，而华东和华南地区一直是中国经济增长较快的地区，是煤炭需求最旺盛和煤炭调入量最大的地区（王伟和王成全，2014）。根据全国第三次煤炭资源预测与评估，埋深小于2000米的煤炭资源为5.57万亿吨，集中在昆仑山—秦岭—大别山以北，占全国总量的93.1%。基础储量超过800亿吨的省份有山西和内蒙古，分别为1056.1亿吨和808.4亿吨，占全国的32.4%和24.8%；

储量为 100 亿～300 亿吨的省份有陕西、贵州、新疆、河南，占 20.4%；储量为 50 亿吨～100 亿吨的有山东、安徽、云南、黑龙江、河北、宁夏和甘肃，占 15.7%。尤其是"三西"地区集中了 60% 以上的煤炭储量和 50% 的原煤产量。2007 年，"三西"地区的煤炭调出量占中国总调出量的 73%，是主要的煤炭外运基地；黔西、川南和滇东集中了近 9% 的煤炭资源，成为南方最重要的煤炭基地。华东和华南地区的煤炭储量有限，2010 年广西、浙江、江苏、福建的原煤产量之和不到 6000 万吨，上海、广东、海南的原煤生产量为 0，整个华东和华南地区的原煤产量为 3.25 亿吨，占全国的 13%。各煤种的分布呈明显的非均衡性，动力煤集中在陕、内蒙古、宁、新，炼焦用煤集中在华北，无烟煤多分布在晋、黔。

2. 煤炭基地分布

根据煤炭资源的分布，中国重点发展 14 个煤炭基地，包括晋北、晋中、晋东、神东、陕北、黄陇、宁东、鲁西、两淮、云贵、冀中、河南、蒙东、新疆等亿吨级基地（表 13-7）。建设项目 500 多处，2020 年 14 个基地能力达 27.5 亿吨，全国煤炭产量达 40 亿吨。大型基地建设将以大型煤炭企业为主体，优先建设大型露天煤矿。

表 13-7 中国 14 个亿吨级能源基地概况

基地	储量 / 亿吨	矿区
神东	3 585	神东、神府新民、榆神、榆横、渭北、彬长、宁东、平朔
晋北		大同、平朔、朔南、轩岗、河保偏和岚县
晋中	192	太原西山、东山、汾西、霍州、离柳、乡宁、霍东、石隰
晋东		晋城、潞安、阳泉和武夏
蒙东	909.6	
两淮	300	淮南、淮北
云贵	380	南北盘江、文山、红河、滇东、滇北、滇中
冀中	150	开滦、峰峰和蔚县
鲁西	160	兖州、济宁、新汶、枣滕、龙口、淄博、肥城、巨野、黄河北
河南	1 130	鹤壁、焦作、义马、郑州、平顶山、永夏
陕北		榆神、榆横
宁东	273	鸳鸯湖、灵武、横城
黄陇	150	彬长、黄陵、旬耀、铜川、蒲白、澄合、韩城、华亭
新疆	21 900	

各煤炭基地服务于不同的地区。神东、晋北、晋中、晋东、陕北煤炭基地主要向华东、华北、东北地区供给煤炭，并为"西电东送"北通道电煤基地。冀中、河南、鲁西、两淮基地主要向京津冀、中南、华东供给煤炭。蒙东（东北）基地向东三省和内蒙古东部地区供应煤炭。云贵基地向西南、中南地区供给煤炭，并为"西电东送"南通道电煤基地。黄陇（华亭）、宁东基地主要向西北、华东、中南地区供给煤炭。其中，冀中、鲁西、河南煤炭基地重点稳定煤炭生产规模；神东、蒙东（东北）、两淮、晋北、晋东、云贵、陕北、黄陇、宁东基地适度提高生产能力，晋中基地要对优质炼焦煤资源实行保护性开发。

华东和华南是中国人口、产业最密集的地区，2010 年的煤炭消费量为 10.7亿吨，占总消费量的 32%，即东部需要从其他地区调入 10 亿吨煤炭，是全国煤炭消费的重心。这促使沿海地区依赖交通系统从区外调拨煤炭，西煤东运和北煤南运的铁海联运成为东南沿海解决煤炭需求的主要物流模式。这决定了煤炭下水集中于北方港口，煤炭接卸集中于南方港口，华南省份成为煤炭进口快速增长地区。

二、粮食生产基地

随着沿海地区工业化、城镇化进程的推进，粮食种植面积不断减少，北方地区粮食生产占全国的比例逐年上升，导致粮食流通格局由"南粮北调"变为"北粮南运"，北方港口的粮食出港职能增强，南方港口则进港职能凸显。

1. 粮食生产与港口粮食输出

华东和华南地区的粮食种植面积呈下降趋势，东北地区则呈上升趋势。1980年，华东地区的种植面积为 2198.5 万公顷，2012 年减少至 1837.5 万公顷，减少了 361 万公顷。华南地区减少了 309 万公顷。东北地区的粮食种植面积经历了两个阶段，1980 ~ 2003 年保持稳定，约为 1850 万公顷，随后快速增长至 2010 年的 2672 万公顷，此后虽然出现小幅下降，但目前粮食种植面积仍保持高位，为2494 万公顷。

东北地区的粮食产量稳步增长，由 1980 年的 3940 万吨增加至 2012 年的 1.4亿吨，占全国的比例由 12.3% 增至 23.2%。而华南地区的粮食产量经历了"先增后减"的过程，1980 年为 2988 万吨，此后波动上升至 1999 年的 3921 万吨，随后呈下降趋势，2012 年为 3080 万吨，但全国占比从 1980 年的 9.3% 降至目前的5.2%。华东地区经历"增→减→增"的过程，1980 年为 7537 万吨，1997 年达 1.1亿吨，随后逐渐下降至 2003 年的 7758 万吨，此后波动上升至 2012 年的 1 亿吨。

尽管华东地区产量存在波动，部分年份出现增长，但比例不断下降，从 1980 年的 23.5% 降至 2012 年的 17.5%（图 13-2）。

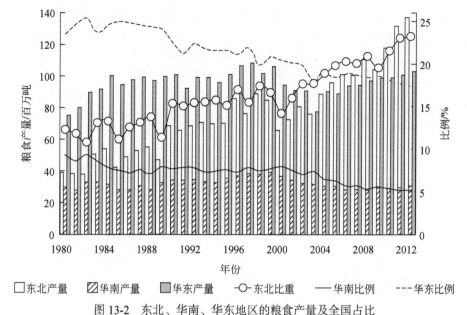

图 13-2   东北、华南、华东地区的粮食产量及全国占比

无论从种植面积还是产量来看，东北地区均呈增长趋势，而华东和华南地区略有下降，即粮食生产重心北移，这与东南沿海工业化、城镇化的推进密切相关。在此影响下，北方港口的粮食输出职能增强，南方港口有所减弱。1980 年粮食输出最多的港口为上海和广州，合计占粮食出港量的 3/4，粮食出港集中于华东和华南地区。1997 年大连、广州、营口、秦皇岛、上海、锦州成为主要的粮食输出港，合计占粮食出港量的 3/4，粮食输出向北方转移。2012 年东北地区的大连、营口、锦州、丹东的粮食出港量约占全国的 1/2，粮食出港职能向北方港口转移。

2. 粮食需求与港口粮食输入

北京、天津、上海、浙江、福建、广东、海南 7 个省市是中国粮食主销区（杨建利和靳文学，2012），其中 5 个省市位于华东和华南。随着城镇化进程的加快，大量农业用地转为工业和城镇建设用地，粮食自给率低。华东和华南粮食种植面积和产量均呈现下降。1980 年以来 5 个粮食主销区的人均粮食产量不断下降，尤其是浙江，1980 年人均粮食产量是全国平均水平的 1.15 倍，2012 年仅为 0.32。这导致华东、华南粮食供需矛盾突出，经由港口输入粮食成为解决粮食供需问题的重要途径。因此粮食输入职能向南方港口转移，由"南粮北调"变为"北粮南运"。1980 年主要粮食输入港是上海、大连、天津和秦皇岛，主要位居北方地区，

"南粮北调"显著。1997年主要粮食输入港为广州、深圳、上海和福州,合计占粮食总进港量的40%,四大港口均位于粮食主销区,"北粮南运"显现。2012年广州、深圳仍位居前两位,防城、厦门、舟山等港口的进港量大幅增长,"北粮南运"更加显著(表13-8)。

表13-8 华东、华南粮食主销区的人均占有量及变化

地区	人均粮食产量/千克			人均产量在全国位次			人均占有量与全国比值		
	1980年	1997年	2012年	1980年	1997年	2012年	1980年	1997年	2012年
上海	164	160	52	31	31	31	0.50	0.40	0.12
浙江	377	339	141	7	16	27	1.15	0.84	0.32
福建	320	294	177	14	23	26	0.98	0.73	0.41
广东	314	271	132	15	27	28	0.96	0.67	0.30
海南	201	309	226	29	21	24	0.64	0.77	0.52

三、林木生产基地

1. 木材生产与港口木材输出

木材生产的分布格局决定了港口的木材输出职能。由于过量采伐使森林资源遭到破坏,1980年以来东北木材产量及比例均处于下降趋势,产量由300万吨降至100万吨,比例也由50%降至10%。与此相对应,东北港口的木材输出职能不断衰弱。以大连港为例,1980年木材出港量为100万吨,约占全国的60%,是最大的木材输出港;1997年出港量约为92万吨,全国占比降至20%以下;2012年木材出港量仅为18万吨,仅占全国的2%。由于东北地区木材产量及比例的下降,港口木材输出职能不断衰弱。而连云港的木材输出职能显著增强,2012年出港量达260万吨,约占全国的1/4,主要源于连云港港口木材物流园的建设,且全为出口木材。广东和广西木材产量的增加促使两省港口木材输出职能增强;1980年木材产量分别是498万立方米和179万立方米,2012年分别增至760万立方米和1668万立方米,合计占全国的30%。与此相对应,钦州、广州、防城、沙田、湛江、汕尾的出港量增长迅速,2012年均超过10万吨,位居沿海港口的前列(图13-3)。

2. 木材市场与港口木材输入

港口木材输入职能与木材市场的分布密切相关,90%以上的木材来自国外进口。2012年木材输入职能最强的港口是日照和岚山,约占木材总进港量的1/3,

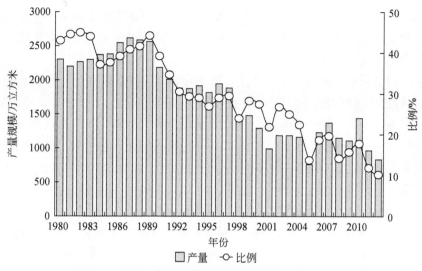

图 13-3　东北三省及内蒙古的木材产量及占全国的比例

服务于岚山木材交易市场。作为"中国新兴木业之都"，岚山已成为沿海最大的木材进口和加工基地，是第二个国家级木材贸易加工示范区。华大木材、中兴森工等一批木材加工企业已纷纷落户，截至 2012 年年底，木材产业集群企业已发展到 286 家，使日照和岚山港木材进港量进一步增长，木材输入职能不断增强。太仓华东国际木材市场是华东地区最大的国际木材产业园，有庞大的木材消费需求，促使太仓港木材进港量大并居全国第四位。张家港、广州、上海港的木材进港量均超过 100 万吨，分别服务于张家港木材交易市场、广东鱼珠国际木材市场和上海福人木材市场，浙江东阳木材市场在张家港设立分部，拥有港口木材基地，因此张家港的木材进港量一部分供应该市场，而厦门、莆田港服务于福建秀屿木材加工区。

第三节　港口规划与区域规划

一、港口体系规划

1. 全国港口体系规划

港口体系规划引导着各港口的发展方向、功能定位与设施配置，决定了全国港口布局格局与运输职能的宏观框架。七届人大四次会议通过了中国十年发展纲要和"八五"计划纲要，明确了交通运输是基础产业，出现了第三次建港高潮。

2006 年交通部颁布了《全国沿海港口布局规划》，2007 年又颁布了《全国内河航道与港口布局规划（2006—2020 年）》，这对中国港口的码头设施建设与运输职能产生了重大影响。

《全国沿海港口布局规划》指出，随着中国对石油、天然气、原材料等重要物资对外依存度的增加，港口设施作为外贸物资进口的接卸点、中转或储备基地，对国家经济安全的作用更显重要，将沿海港口分为环渤海、长江三角洲、东南沿海、珠江三角洲和西南沿海 5 个群体，布局煤炭、石油、铁矿石、集装箱、粮食、商品汽车、陆岛滚装和旅客等 8 个运输系统。其中，北方的秦皇岛、唐山、天津、黄骅、青岛、日照、连云港等 7 大装船港，华东、华南等沿海电企的专用卸船码头和公用卸船设施组成煤炭运输系统。建设专业化的以 20 万～30 万吨级为主导的石油卸船码头和中小型油气中转码头相匹配的石油运输系统，和以 20 万～30 万吨级为主的铁矿石卸船泊位和二程接卸、中转设施匹配的铁矿石运输系统。同时建设与粮食流通、储备配套的粮食运输系统，依托汽车产业布局和汽车进出口口岸，建设商品汽车运输系统。这对 2006～2016 年沿海港口的专业化泊位建设与港口职能结构塑造发挥了决定性作用（表 13-9）。

表 13-9 全国港口体系的专项运输职能规划

港口区域	规划内容
辽宁沿海	以大连、营口港为主布局石油、LNG、铁矿石和粮食等散货的中转储运设施，相应布局锦州等港；以大连港为主布局陆岛滚装、旅客、汽车中转储运等设施
津冀沿海	以秦皇岛、天津、黄骅、唐山等港为主布局煤炭装船港；以秦皇岛、天津、唐山等港口为主布局石油、天然气、铁矿石和粮食等中转储运设施，以天津港为主布局旅客及汽车中转储运等设施
山东沿海	以青岛、日照港为主布局煤炭装船港，相应布局烟台等港口；以青岛、日照、烟台港为主布局石油、天然气、铁矿石和粮食等中转储运设施，相应布局威海等港口，以青岛、烟台、威海港为主布局陆岛滚装、旅客运输设施
长江三角洲	油气接卸中转储运系统以上海、南通、宁波、舟山港为主，相应布局南京等港口；铁矿石中转运输系统以宁波、舟山、连云港为主，相应布局上海、苏州、南通、镇江、南京等港；煤炭接卸转运系统以连云港为主布局装船港和由公用码头、企业码头组成；粮食中转储运系统以上海、南通、连云港、舟山和嘉兴等港口组成；以上海、南京等港口布局汽车运输系统，以宁波、舟山、温州等港口为主布局陆岛滚装系统；以上海港为主布局旅客中转及邮轮设施；连云港适当布局原油接卸设施
福建沿海	煤炭接卸设施以沿海电厂建设为主；进口石油、天然气接卸储存系统以泉州港为主；粮食中转储运设施由福州、厦门和莆田等港口组成；布局宁德、福州、厦门、泉州、莆田、漳州等港口的陆岛滚装运输系统；以厦门港为主布局旅客中转设施
珠江三角洲	煤炭接卸转运系统由广州等港口公用码头和业主码头组成；石油接卸中转储运系统由广州、深圳、珠海、惠州、茂名等港口组成；铁矿石中转系统以广州、珠海港为主；以广州、深圳等港口组成粮食中转储运系统；以广州港为主布局汽车运输系统；以深圳、广州、珠海等港为主布局旅客中转及邮轮设施
西南沿海	油气中转储运系统由湛江、海口、洋浦、广西沿海等港口组成；矿石中转运输系统由湛江、防城和八所等港口组成；由湛江、防城等港口组成的粮食中转储运系统；以湛江、海口、三亚等港口为主布局旅客中转及邮轮设施

内河水运是综合运输体系的重要部分。全国形成以长江、珠江、京杭运河、淮河、黑龙江和松辽水系为主体的体系,《全国内河航道与港口布局规划（2006—2020 年）》指出，依托内河航道和城镇分布，内河港口初步形成了长江干线和珠江三角洲集装箱运输系统、长江干线矿石运输系统，长江、珠江、京杭运河与淮河煤炭运输系统；长江流域建设泸州、重庆、宜昌、岳阳、武汉、九江、长沙、南昌、嘉兴等港口的集装箱、矿石、煤炭等泊位，珠江流域建设南宁、贵港、梧州、肇庆、佛山等港口的煤炭、集装箱等泊位，京杭运河建设徐州、无锡、杭州、蚌埠等港口的煤炭、集装箱等泊位。在该规划的指引下，过去十年港口专业化码头和泊位得到了强化建设，港口职能得到完善。

2. 区域港口体系规划

2004 年，国务院通过了《长三角、珠三角、渤海湾三区域沿海港口建设规划（2004—2010 年）》。该规划为长江三角洲、珠江三角洲和渤海湾的沿海港口发展界定了方向，以煤炭、原油、铁矿石和集装箱运输为主，这促使过去十年沿海港口的专业化运输职能不断强化。

长江三角洲在 2010 年前新增港口能力 7 亿吨以上，包括集装箱 3000 万标准箱、进口铁矿石接卸能力 9000 万吨、进口原油接卸能力 2500 万吨，重点建设集装箱、铁矿石和原油中转系统、煤炭卸船系统。以上海、宁波港为重点，由苏州等长江下游港口共同组成集装箱运输系统；以宁波、舟山港为主，相应发展上海、南通、苏州、镇江等港口，组成矿石中转系统；以宁波、舟山港为主，相应发展南京等港口，构建原油中转系统；以上海、舟山和火电企业码头为主，发展煤炭卸船中转系统。

珠江三角洲在 2010 年前新增能力 4 亿吨，包括集装箱 3100 万 TEU、进口原油接卸能力 2400 万吨，重点建设集装箱、原油中转系统和煤炭卸船系统。以深圳、广州港为主，相应建设珠海、东莞等港，发展集装箱运输系统；以惠州、深圳、珠海等珠江口外港口的原油、成品油、LNG 接卸码头为主，相应建设珠江口内的广州、东莞等港口，形成油气中转系统；以广州和火电企业码头为主，发展煤炭卸船中转系统。

渤海湾地区在 2010 年新增能力 7.4 亿吨，包括集装箱 2400 万 TEU、矿石接卸能力 9000 万吨、原油接卸能力 3000 万吨、煤炭装船能力 2.4 亿吨，重点建设集装箱、铁矿石、原油和煤炭装船中转系统。以大连、天津、青岛港为主，相应发展营口、丹东、锦州、秦皇岛、京唐、黄骅、烟台、日照等港口，构建集装箱运输系统；以大连、青岛、日照和曹妃甸港为主，形成深水专业化铁矿石中转系统；以大连、青岛、天津等港口为主，组成深水专业化原油中转系统；依托秦皇岛、天津、黄骅、京唐、青岛、日照港，发展煤炭装船运输系统。

二、港口总体规划

1. 港口下放与地方积极性

港口规划与区域规划是指导港口建设的依据，引导港口的发展方向。港口管制放松将港口管理权交由地方政府，这促使许多"国家港口"转变为"省区港"，以前的港口机构由港务局和企业实体所替代（Slack et al., 2005），大大调动了各级政府和社会资本投资港口、经营港口的积极性。过去20年，不同层级的地方政府，主要是省级和地市政府，已对港口部门控制了明显增长的权力，提高了对辖区港口事务的干预能力。港口具有各自范围内的垄断性和港口利益的地方性，管制放松促使港口成为地方财政收入的重要来源。各港口城市纷纷实施"以港立市"战略，提出了港口发展的目标与措施。

2. 港口规划与目标放大

港口发展权力的下放和管制放松政策推动了地方政府建设港口和经营港口的热情（Airriess, 2001）。每个沿海地区都制定了大规模的港口拓展计划，沿海地市也热衷于货物和腹地的竞争，许多省级政府和交通机构也制定港口总体规划，制定码头区域和防波堤的建设细节；许多规划致力于装卸设施的扩大以及用来支持港口建设的政策、资金和土地资源（Pallis et al., 2008）。2004年《港口法》施行后，各地政府陆续开展了港口发展布局总体规划的编制，积极实施"以港兴市"战略，将港口作为区域发展的重要依托。这促使港口建设争先恐后、贪大求全，小港口要建设中等港口，中等港口要建设大港口，大港口要建国际航运中心，多功能、综合性、国际性亿吨大港成为众多港口的发展目标。许多建港自然条件并不优越的地区通过填海建设深水港。各地的港口都高调标榜要成为沿海地区的枢纽港、国际商港，积极开展港口建设，积极争取的项目也多集中在能源、石化、冶金、物流等领域。港口建设竞赛加剧，各种大型专业化泊位、航道和配套设施持续建设，沿海港口进入了大型码头泊位建设的高潮时期，各类港口运输职能重复布局。

三、区域规划

20世纪90年代末以来，国土治理面临新的发展条件，促使区域发展战略进入了比较活跃的时期。这深刻影响了地区的发展方向与社会经济布局，由此影响了港口发展，尤其是影响了码头设施建设的类型与规模，并对各港口的运输职能产生了深远影响。

1. 辽宁沿海经济带发展规划

21世纪以来，辽宁省关注沿海地区的发展。2009年，《辽宁沿海经济带发展规划》获批，提升大连核心地位，强化大连—营口—盘锦主轴，壮大渤海翼和黄海翼，建设先进装备制造业基地、造船及海洋工程基地、石化基地、电子信息基地，有力推动了辽宁港口的建设。建设大连大窑湾保税港区、东北亚国际航运中心，尤其是临港工业成为核心，包括长兴岛、鲅鱼圈、盘锦辽滨、锦州滨海、葫芦岛北港、庄河、花园口、登沙河等临港工业区。完善铁路干线尤其是东北西部铁路网和东部铁路通道，改变了葫芦岛、锦州、丹东港的腹地范围与运输职能结构。规划执行以来，辽宁着力强化沿海港口的大宗散货运输职能，提高锦州港的蒙东煤炭下水职能，进口原油以大连港为主、营口和锦州港为辅进行接卸，建设锦州国家石油储备基地和大连液化天然气接收站，铁矿石以大连和营口港为主、锦州和丹东港为辅进行接卸，散粮以大连港为主、营口和锦州港为辅进行装船，重点突破大连鲇鱼湾港区、营口仙人岛港区30万吨级原油码头、营口鲅鱼圈港区30万吨级矿石码头等大型码头航道建设。

2. 河北沿海地区发展规划

在改革开放以来全国沿海地区大发展的热潮中，河北沿海地区一直未形成开发态势。随着曹妃甸的建设，河北开始关注沿海地区的整体开发。2012年，河北印发了《河北沿海地区发展规划》，以"建设大港口、聚集大产业、发展大城市"为核心，以临港外向型经济为方向，建设环渤海新兴增长区域、产业转移的重要承接地、全国重要的新型工业化基地，推动钢铁工业向沿海地区转移，建设沿海大型石化基地。该规划遵循"依托港口的开发模式"，建设临港工业区，业主码头成为重要方向，包括曹妃甸、丰南沿海、黄骅港、乐亭新区和滦南等临港钢铁基地，曹妃甸区、渤海新区实施炼化一体化。建设邯黄铁路，黄骅港为冀中南工业基地提供原料产品进出口职能，通过张唐、承秦、石黄、水曹及唐曹铁路将港口腹地向内陆延伸。该规划促使河北港口在近几年来强化传统专业化职能的同时，积极拓展新专业化职能并发展综合性职能，原本职能单一且腹地狭小的港口走向职能多元化、腹地内陆化。

3. 山东半岛蓝色经济区发展规划

山东半岛包括山东全部海域和青岛、烟台、威海、潍坊、日照、东营6市及滨州市的无棣、沾化2个沿海县所属陆域。2011年，国务院批复《山东半岛蓝色经济区发展规划》。该战略对山东沿海港口的影响较大，青岛港加快建设东北亚国际航运中心，加快发展高端航运服务业；临港工业为重要方向，包括前岛、龙口湾、滨州、董家口、莱州、东营、海州湾等各类重化工业集聚区；加快港口职能优化升级，尤其是青岛港口加快休闲旅游职能建设，建设游艇邮轮基地。该规划在强化传统半岛港口建设的同时，加快了黄河三角洲港口的开发。

4. 黄河三角洲高效生态经济区

黄河三角洲是中国重要的生态功能区，港口建设落后，港点少，规模小。2009 年，国务院通过了《黄河三角洲高效生态经济区发展规划》，重点发展高技术产业、装备制造、轻纺、生物、新材料、汽车及零部件、通用飞机及零部件等产业。依托东营、滨州、潍坊和莱州港"四点"，积极建设临港产业区，建设炼化一体化基地、精细化工基地，形成东营、滨州、潍坊北部和莱州四大临港产业区；加快石油能源设施建设，建设石油能源战略储备基地；港口腹地有所扩大，黄大与德龙烟铁路推动烟台与威海港腹地扩大；加快黄河湾的新港口建设，重点是东营、潍坊及滨州港，成为新生港口。在该规划的指导下，东营、潍坊、滨州等港口起步发展，塑造了临港工业和专业化职能。

5. 江苏沿海地区发展规划

江苏沿海地区由于以生态功能区为主，长期以来，港口除连云港外均尚未发展起步。但 21 世纪以来，江苏关注沿海地区的发展。2009 年，国务院通过《江苏沿海地区发展规划》，将江苏沿海地区定位于新型工业基地，做亮临港工业，重点发展石化、船舶、汽车等临港产业，加快发展新型装备制造、纺织、新能源、新材料、新医药、节能环保等新兴产业。该地区的核心模式是依托港口积极发展临港工业，培育以临港工业为核心的新增长区域，包括连云港徐圩、南通羊口和吕四、盐城大丰与滨海及射阳港区及灌河口港区。苏北铁路网不断完善，如沪通、连盐淮、宿淮、宁启、连青、徐盐、新长铁路复线电气化改造，淮河干支流航道持续建设，如通榆河、盐河、刘大线航道。大型专业化码头得到建设，包括连云港 30 万吨级航道、旗台港区 30 万吨级矿石码头、徐圩港区 30 万吨级原油码头及石油储备基地、石油管道、储煤基地、LNG（如东、连云港、滨海）。江苏沿海港口在近几年迅速发展，各种大型专业化码头迅速建设，新生了部分港口和港区。

6. 浙江海洋经济发展示范区规划

国务院于 2011 年批复《浙江海洋经济发展示范区规划》，积极发展海洋装备制造、清洁能源、海洋生物医药、船舶工业与钢铁工业、海水利用、海洋勘探开发，建设现代海洋产业基地。建设保税功能节点，包括宁波保税区、梅山保税港区，建设宁波—舟山港国际航运发展综合实验区，建设成宁波、舟山和温州等航运金融集聚区。推动旅游与邮轮码头建设，包括朱家尖旅游岛与梅东邮轮码头；加快能源码头设施建设，包括宁波 LNG 码头和煤炭接卸码头。临港工业基地得到建设，包括杭州大江东、宁波杭州湾、宁波梅山、舟山、温州瓯江口、台州湾、绍兴滨海等各类产业集聚区。深水港区得到建设，包括梅山、洋山、金塘、六横、衢山、状元岙、大陈、头门岛、独山等港区。通过铁海联运与内河水水联运，改善港口货物喂给系统。

7. 海峡西岸经济区发展规划

福建由于位居对台前沿，长期以来经济发展迟缓，导致港口建设缓慢，而且港口以服务于福建为主，腹地有限。2011 年，国家发改委颁布了《海峡西岸经济区发展规划》，大力发展临港重化工业，包括电子信息、装备制造、石油化工、光电产业、环保产业、纺织服装和林浆纸等产业，做大湄洲湾和东山湾古雷石化基地。建设向塘—莆田、衢州—长汀、浦城—梅州等铁路，提高厦门、福州与莆田等港口与江西的连通性。积极发展多式联运，加快保税功能节点的新增，包括厦门、福州、泉州等保税港区。形成面向台湾的合作基地，包括福州、松下、宁德、泉州、肖厝、秀屿、厦门、漳州等港口客货运直航。围绕三都澳、罗源湾、兴化湾、泉州湾、厦门湾、东山湾等港湾开发，建设以石化、船舶、冶金、电力等为重点的临港工业区。这促使海峡西岸港口的运输职能日趋多元化，尤其是石油、铁矿石和煤炭等码头泊位增强，并建设了煤炭中转储备基地、石油储备基地和 LNG 接收站。

8. 珠江三角洲地区改革发展规划

珠江三角洲是中国外向经济最为发达的地区。2008 年，国家发改委颁布了《珠江三角洲地区改革发展规划纲要（2008—2020 年）》，建设白云空港、宝安空港、广州港、深圳港等枢纽型物流园区，发展现代装备、汽车、钢铁、石化、船舶制造等先进制造业，形成世界级装备制造基地、国际汽车制造基地、千万吨级湛江钢铁基地，珠江口东岸发展电子信息制造业，建设惠州石化产业基地，加快建设粤东、粤西石化、钢铁、船舶制造、能源基地，形成沿海重化产业带。完善高速公路网，提高了港口的集疏运效率，建设贵州 - 广州、南宁 - 广州等铁路，扩大了枢纽港的腹地；依托港口建设火电企业、油气设施和 LNG 接收站、石油储备基地和煤炭中转基地；整合珠江口港口资源，形成与香港互补的珠江三角洲港口群体。该规划锁定了 21 世纪以来珠江三角洲港口的发展路径与运输职能结构。

9. 广西北部湾经济区发展规划

北部湾地区长期以来是中国区域发展中的欠发达地区，港口建设比较落后，但 21 世纪以来，北部湾地区为国家和地方所关注。2008 年，国家批准实施《广西北部湾经济区发展规划（2006—2020）》，提出建成中国 - 东盟开放合作的物流基地、商贸基地、加工制造基地和信息交流中心，建设南宁、钦防、北海、铁山、东兴等 5 个功能组团。北部湾经济区建设是依托港口码头而推动沿海地区崛起的开发模式，1000 万吨钢铁与 2000 万吨炼油、百万吨级林浆纸及火电项目相继落户，形成以重化工业为核心的临港工业基地，包括钦州石化基地、防城港企沙钢铁基地和北海铁山港工业区；保税物流节点得到普遍发展，包括南宁保税物流中心、北海保税物流功能。这促使北部湾港口从落后状态迅速奔入专业化职能发展阶段，包括能源、石油、铁矿石、集装箱、煤炭等专业化职能。

10. 珠江 - 西江经济带发展规划

西江是珠江三角洲连通西南地区的重要通道。2012 年，广西批复实施《广西西江经济带发展总体规划（2010—2030 年）》，2014 年《珠江—西江经济带发展规划》获得国务院批复，坚持基础设施先行，打造综合交通大通道。广西已实施《关于西江经济带基础设施建设大会战的实施方案》，从 2014 年下半年起 3 年内实施 12 大类共 166 个重大项目。珠江—西江经济带是以珠三角为龙头、以西江流域为腹地的流域综合开发模式，港口建设与航道开发是重点，加大干线航道扩能改造，推动柳黔江、左江、右江、南盘江、北盘江、红水河、北江等支流航道建设；依托港口发展临港工业成为重要模式，包括佛山、肇庆、梧州、贵港与南宁、云浮、柳州、来宾、百色和崇左等港；加快西江港口与珠三角沿海港口的互动发展，为沿海港口尤其枢纽港提供喂给。这带动了西江上游煤炭下水港、集装箱码头、业主码头、下游煤炭接卸码头的建设。

第四节 产业政策与政府调控

一、煤炭产业政策与行业规划

政策调整是煤炭贸易变化的重要原因，深刻影响了中国煤炭码头设施与吞吐量格局。近年来，为了保障资源安全和生产安全，中国不断调整煤炭进出口政策，控制煤炭外流并进口煤炭资源。

1. 出口政策收紧

煤炭出口政策主要体现为煤炭出口配额制度和出口税率调整。1995～2003年，中国采取了若干措施促进煤炭出口。根据《关于对出口外贸煤炭免征大秦等四线铁路建设基金的通知》、《关于对出口外贸煤炭免征港口建设费适当调整港口收费有关问题的通知》，1994年4月1日至2001年3月31日，提高煤炭出口退税率，免征大秦、京原、丰沙大、京秦线的铁路建设基金，调减营口、秦皇岛、天津、青岛、连云港、京唐等外贸煤炭港杂费，免征港口建设费，2001年规定以上政策延长至2003年3月31日。这促使煤炭出口迅速增长，2003年突破9400万吨，中国成为第二大煤炭出口国。优惠政策集中在北方铁路和港口，导致煤炭出口量向环渤海地区，营口、锦州、京唐、青岛等港口逐步成为煤炭出口港。近年来，中国采取部分措施限制煤炭出口。2004年《煤炭出口配额管理办法》标志着出口实行配额管理，2004年为8000万吨，此后不断减少，2006年为6400万吨，2008年降为4800万吨，2010年仅2550万吨，2012年为1800万吨。由于出口配额直接下达给煤炭企业，而多数煤炭企业集中在"三西"地区，经由环渤海港口对外出口，促使环渤海港口出口量大幅降低。

煤炭出口关税也不断调整，1995年实行出口退税制度，根据《关于提高煤炭、钢材、水泥及船舶出口退税率的通知》，1998年6月1日出口退税率从3%上调为9%，1999年7月1日再调为13%；2004年1月1日起，动力煤和无烟煤由13%下调至11%，炼焦煤和焦炭从13%和15%下调到5%，2004年5月24日起焦炭及半焦炭、炼焦煤停止出口退税；2005年5月1日，动力煤和无烟煤下调至8%；2006年9月15日，取消煤炭出口退税政策。10月27日，《关于调整部分商品进出口暂定税率的通知》规定，以暂定税率形式对煤炭、焦炭加征5%的出口关税，11月1日起对炼焦煤征收5%，2008年8月20日起对所有煤种征收10%。在配额和关税双重调节作用下，2004年以来煤炭出口逐年下降，2011年仅为1466万吨，仅为2003年的15.6%，各港口的煤炭出口量锐减。

2. 进口政策放松与国际市场

煤炭进口政策逐渐放松，2005年1月1日起，焦煤进口关税下调为零，动力煤和无烟煤征收6%和3%，4月1日开始动力煤下调至3%；2006年11月1日起，焦煤之外的其他煤种进口关税下调至1%；2007年6月1日起，取消煤炭进口关税。煤炭进口关税逐步下降直至取消，促使煤炭进口成本降低。同时，因2008年世界金融危机，国际煤价大幅下滑。进出口政策调整刺激广东、福建等南方沿海地区，向印度尼西亚、越南、澳大利亚等大量进口煤炭，促使近年来中国煤炭进口迅速增长。但 2013 年 8 月 30 日起，取消褐煤进口零关税，实施 3% 的最惠国税率。

煤炭进口爆发性增长的重要原因是国际煤价相对较低。煤炭资源整合尤其是 2001 年前后中国关停了占煤炭产量 40% 的小煤窑，导致国内煤价上扬。电煤的国家控制价格一直呈现两位数的增长，2002 年为 137 元 / 吨，目前为 537 元 / 吨，而市场煤价则增长更快，从 168 元 / 吨增加到 837 元 / 吨；在华东地区，4800 大卡烟煤由 2001 年初 200 元 / 吨涨至 320 元 / 吨。而国际市场上，煤炭需求乏力，煤价平稳，澳大利亚产 4800 大卡烟煤在产地仅 20 美元 / 吨，加上各种费用，进口煤炭约 270 ~ 300 元 / 吨。2004 ~ 2005 年，电力、冶金业的发展使国内煤价继续走高甚至高出国际价格，2004 年国家调整焦煤和烟煤进口关税，烟煤进口成本下降 12 元 / 吨。2008 年以来受金融危机的影响，发达国家的煤炭需求下滑导致国际煤价大幅下降，同期中国煤价持续上涨，造成进口煤炭成本低于国内煤炭，促使部分用户转向国际市场。澳大利亚纽卡斯尔港动力煤价格在 2008 年 7 月 4 日达到 194.79 美元 / 吨后持续下跌，2009 年 1 月落至 80 美元 / 吨；2009 年 6 月国际煤炭 479 元 / 吨，秦皇岛港为 580 元 / 吨，扣除航运成本后，国内煤价比进口煤到岸价高出 70 ~ 80 元 / 吨。进入 2013 年，国内煤价下滑并在下半年陡然下降，2014 年 2 月份澳大利亚纽卡斯尔港动力煤为 459 元 / 吨，比秦皇岛港价格（540 元 / 吨）仍低 80 元 / 吨。这促使中国企业加大煤炭进口，导致中国进入煤炭净进口时代（图 13-4）。

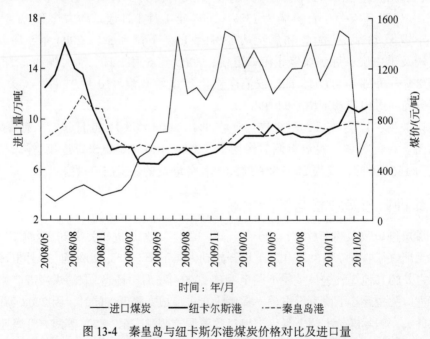

图 13-4　秦皇岛与纽卡斯尔港煤炭价格对比及进口量

3. 煤矿整合与淘汰落后产能

随着经济环境的变化，中国政府调整煤炭产业政策。2002 年开始，中国进入煤炭行业整合阶段（Shen et al.，2012）。2007 年，煤炭行业"十一五"规划决定推进煤炭企业重组，整顿关闭小型煤矿。山西开始进行整合，随后拓展到河南、陕西、山东、贵州和内蒙古。整顿关闭小煤矿 9000 多处，煤炭产能减少 4.5 亿吨，尤其是山西和河南减少了 1 亿吨产能，煤炭行业兼并重组导致煤炭供应减少。广东在 2005 年兴宁矿难后退出煤炭业。2010 年，国务院出台政策推动 1 万煤矿企业进行重组。这为进口煤炭提供了空间，尤其是东南沿海地区在煤炭供应短缺的情况下大量进口煤炭。

价格是决定煤炭进出口变化的重要因素。2005 年之前，中国能源供应和价格一直由中央政府来控制（Todd et al.，1994）。煤炭和火电是典型的上下游产业，其交易关系是一种长期的固定合同。2005 年国家发展和改革委员会放开电煤价格管制，赋予煤炭企业、火电企业更多的自主定价权利。但煤炭企业力图提高价格，而火电企业则力图降低价格。这导致电煤合同不断陷入僵局和订货会的失败，迫使沿海地区的电力企业主动走出去，大举海外购煤。在这种情况下，沿海省份大量进口煤炭资源。

二、钢铁产业政策与企业重组

1. 产业政策

产业政策是引导钢铁企业行为和发展方向的重要因素，深刻影响了钢铁企业的原料供应与区位选择，从而影响港口的铁矿石运输职能及码头设施建设。钢铁产业政策演进大致分为三个阶段。① 1978 ～ 1990 年，政策目标为发展钢铁产业，稳定经济增长。"六五"时期，推行钢铁产业结构调整，纠正内部比例关系，把燃料、动力、原材料放在突出位置，调整钢铁产业布局，从"均衡布局"战略向"非均衡布局"战略转变。"七五"时期提出要加快能源、原材料等钢铁关联产业发展，积极发展钢铁产业集团，将能源和原材料产业重点放在中部。上述政策有利于沿海和沿江的钢铁产业发展，实施以资源布局的产业政策，但投资过热、钢铁供过于求。② 1991 ～ 2000 年，目标是抑制钢铁产业过度投资、限制快速增长。1993 年国家压缩钢铁产业过度投资，1994 年颁布《90 年代国家产业政策纲要》，鼓励和引导各方面资金对钢铁产业进行合理投资。随后提出了系列措施控制钢铁产量，年产钢量 50 万吨及以上的国有大中型企业带头限产、限期淘汰落后产能，控制新增产能。2000 年，原国家经贸委出台《关于清理整顿小钢铁厂的意见》，清理整顿小钢厂。③2001年至今，政策的目标为优化钢铁产业布局。"十五"时期，出台了一系列遏制钢铁产业过热发展的整改措施，2003年出台了《关于禁止钢铁电解铝水泥行业盲目投资若干意见的通知》，抑制过快投资增长。2005年出台了《钢铁产业发展政策》，优化钢铁产业布局，合理确定发展规模，提高技术准入水平。宝钢通过收购重组八一钢铁、宁波钢铁、广东钢铁等，扩大企业规模，部分集中采购进口原材料，从而影响港口的铁矿石运输格局，提升了上海港和宁波港的进口铁矿石职能。"十一五"期间陆续出台了一系列针对钢铁产业整改的措施，如几个部委联合出台了《关于钢铁工业控制总量、淘汰落后、加快结构调整的通知》。通过淘汰落后产能和整合重组，中国钢铁工业重心逐渐向沿海、沿江地区转移，武钢与柳钢合并在防城港建设千万吨级钢铁基地；宝钢与广州钢铁联合重组广东钢铁，并在湛江建设钢铁基地；山东钢铁集团联合重组，通过收购日照钢铁实现了山东钢铁向沿海转移，这促使港口的铁矿石职能不断强化。

2. 产业规划

政府通过区域政策和产业政策引导资源密集型产业的空间布局。2005年《钢铁产业发展政策》指出，调整钢铁工业布局，综合考虑矿产、能源、水资源、交通、环境容量、市场分布和利用国外资源等条件。2008年《钢铁行业调整与振兴规划》指出，促进沿海沿江钢铁企业产能占全国的比例达40%以上，建设沿海钢铁基地。2011年《钢铁产业"十二五"规划》提出，淘汰落后产能，优化产业布局，环渤海和长三角地区不再新建钢铁基地，河北、山东、江苏、辽宁、山西等规模较大的地区通过兼并重组、淘汰落后产能，湖南、湖北、河南、安徽、江西等中部省份在不增加产能的条件下，推进钢铁产业升级；市场相对独立的西部要立足资源优势，承接产业转移，适度发展钢铁产业。河北2014年发布的《化解产能严重过剩矛盾实施方案》提出，引导钢铁产能向沿海临港转移，使沿海临港和资源富集地区的产能达全省的70%以上。可见，国家政策意在引导钢铁工业向沿海和长江沿岸布局。近年来，在产业政策与规划的引导下，东南沿海钢铁基地建设继续推进，宁德、湛江、防城港钢铁精品基地建设加快，带动沿海港口专业化设施和航道的建设（田山川，2009）。

三、石油化工政策与行业规划

1. 行业政策

中华人民共和国成立初，受国防因素影响，国家建设了吉林石化和兰州石化，东北和西部成为石化企业布局重点。随后，国家指出将工业布局在原料区及消费区，作为调整生产力布局的原则，一批内陆石化企业陆续建成。同时，受"三线建设"及"大而全、小而全"的影响，济南、浙江、清江、安庆、长岭、九江等一批不具备区位优势的炼油企业也纷纷建成。改革开放后，石化产业被认为是"推动区域发展"的重要抓手，财务管理体制由"统收统支"转变为"划分收支、分级包干"，国家出台了税收等优惠政策，促使石化企业纷纷扩能改造。20 世纪90 年代末，国家以"企业化"方式对石化工业组织进行改革，在全国整顿小炼厂，1999 年关闭 111 家产能低于 100 万吨的石化企业。

21 世纪初，为确保原油进口安全，国家出台由"水路进口"转变为"水陆并进"的政策，建设四大原油进口通道，包括中哈、中俄、中缅三大原油管道及马六甲海峡通道。近年来，对中国原油港口与石化企业间关系影响较大的政策是"开放地炼原油进口权"。2015 年，国家发布《关于进口原油使用管理有关问题的通知》，初步允许符合条件的地方炼厂在淘汰一定规模落后产能或建设储气设施前提下使用进口原油；商务部、海关总署联合下发《关于原油加工企业申请非国营贸易进口资格有关工作的通知》，指出符合原油加工能力、存储能力、技术设备条件等一系列前置条件的石化企业可获得原油进口配额。这促使多家地方炼厂的小型闲置装置及 150 万吨以下常减压装卸陆续被拆除，并获得原油进口配额，带来原料供应链及市场格局发生改变。截至 2016 年，有 21 家地方炼厂获得原油进口资质，集中分布在山东，总进口配额达 7983 万吨，占全国原油进口量的 25%。这促进了鲁西北进口原油的增加，摆脱以往对青岛、日照港进口原油的依赖，促使原油运输模式发生改变（表 13-10）。

表 13-10　2016 年中国拥有原油进口权的地方炼厂

获批时间	石化企业	指标 / 万吨	获批时间	石化企业	指标 / 万吨
2015 年 5 月	山东东明石化	750	2015 年 11 月	东营齐润化工	220
2015 年 6 月	盘锦北方沥青	700	2015 年 11 月	山东海右石化	320
2015 年 7 月	中化弘润石化	530	2016 年 1 月	陕西延长石油	360
2015 年 7 月	山东垦利石化	252	2016 年 4 月	无棣鑫岳燃化	240
2015 年 7 月	山东利津石化	350	2016 年 5 月	山东恒源石化	350
2015 年 7 月	东营亚通石化	336	2016 年 5 月	河北鑫海化工	372
2015 年 8 月	宝塔石化	616	2016 年 6 月	山东清源集团	404
2015 年 10 月	山东汇丰石化	416	2016 年 8 月	山东神驰化工	252
2015 年 10 月	山东天弘化学	440	2016 年 9 月	山东中海化工	186
2015 年 10 月	寿光鲁清石化	258	2016 年 10 月	山东金诚石化	300
2015 年 10 月	山东京博石化	331			

2. 行业规划

2009 ~ 2010 年国家出台的《石化产业调整振兴规划》和《石油和化学工业十二五规划》，均提出要按照一体化、园区化、产业联合的模式，优化石化产业布局，建设一批原料多元化、上下游一体化的基地，炼油企业要靠近资源、市场布局，鼓励管道建设。随后，《石油和化工产业结构调整指导意见》提出，依托海港进口原油，将炼油产能集中到沿海地区，并依托长江河港发展以武汉、成都、昆明等为核心的内陆石化产业集中区，重点发展长江三角洲、珠江三角洲石化产业群，优化发展东北石化工业，积极发展海峡西岸及西南石化产业。随后，国家陆续出台《石化产业规划布局方案》和《关于石化产业调结构促转型增效益的指导意见》，加快原油码头、原油战略储备基地建设，打造长兴岛、曹妃甸、连云港、漕泾、宁波、惠州和古雷七个世界一流炼化产业基地，2025 年炼油产能达 8.5 亿吨，约占全国 40%（表 13-11）。

表 13-11　中国七大石化产业基地规划定位及重点项目

石化基地	规划定位	重点项目
上海漕泾基地	炼化一体化，发展以烯烃和芳烃为原料的中下游石化装置及精细化工深加工	2000 万吨/年炼油、100 万吨/年一次及下游配套加工装置
惠州大亚湾基地	以炼油和乙烯项目为龙头，发展石化深加工、新材料和精细化工	中海油惠州炼化二期：新建 1000 万吨/年炼油、100 万吨/年乙烯装置
宁波基地	初期进口初级原料深加工，中期以镇海炼化为龙头，多种化工产品并重；远期建设大中型炼油化工一体化项目	中石化镇海炼化一体化项目（年产 1500 万吨炼油）、中海油大榭石化 1400 万吨炼化改扩建项目
漳州古雷基地	面向海峡两岸市场，利用进口原油、凝析油，构建炼化一体化产业链，以炼油为基础，重点发展乙烯、芳烃及化工新材料等高端石化产品，形成系列产品	福建炼化一体化项目：1600 万吨/年炼油、120 万吨/年乙烯及下游化工装置；腾龙炼化一体化项目：1500 万吨/年炼油、150 万吨乙烯和下游一体化项目
大连长兴岛基地	以炼化一体化为龙头、碳—化工、氯碱化工为支撑的石化产业体系	一期 1500 万吨/年俄油炼油装置，二期达 2500 万吨/年
曹妃甸基地	大型临港石化基地、环渤海油气储运中心和北方化工品贸易集散中心	1200 万吨/年炼油及 100 万吨/年 PX
连云港基地	以炼油、乙烯、芳烃一体化为基础，形成多产品链、多产品集群的大型炼化一体化基地	一期炼化一体化达 3500 万吨/年炼油、220 万吨/年乙烯；二期建设 1500 万吨/年炼油；500 万立方米原油储备

石化产业规划的出台实施，促使石化企业加速向沿海地区集聚，园区化、集约化、炼化一体化趋势明显。一方面，原油港口的建设为石化产业的持续快速发展奠定了基础，促使原油供应路径发生转变，推动其向港布局、临港布局阶段演

进。另一方面，相关规划不仅改变石化企业布局倾向，促使依托港口的石化工业基地发展，对原油运输系统提出更高要求。

四、森林保护政策

国家政策是影响木材流动的原因之一，不同的政策影响各地木材的供需情况，从而影响港口的木材运输。由于中国市场受政府调控力度较大，政策变化对木材运输有很大影响，主要表现为影响国内木材产量的采伐限额政策和影响木材进出口的关税政策。

中国森林资源分布不均，木材产量受宏观政策影响。森林采伐制度主要有采伐限额制度、凭证运输制度和年度采伐计划制度，分别从最大限度、限定资格和执行计划方面保证林木采伐始终在可控范围内。中华人民共和国成立初至1985年，国家实行木材生产计划制度，但缺乏采伐数量的控制，导致森林资源急剧下降，促使中国开始进口木材，进口占进港量的70%以上。1985～1998年，《森林法》补充了采伐限额管理政策，促使森林资源迅速增长，这促使港口木材进口比例上升。1998～2005年，中国实施天然林保护工程，大力发展人工商品林，对天然林实施严格保护，促使木材产量大幅下降而进口比例再次提高。2006年至今为集体林权制度改革阶段，将家庭联产承包责任制引入到林业生产，木材产量有明显提高，但由于中国经济迅猛发展而木材需求增速过大，港口木材进口量仍处于上升状态。

木材进出口是调节市场的重要途径。木材出口量主要受林产品出口退税政策的影响。2006年中国取消了林产品出口退税政策，对木材出口影响显著，港口木材出口比例逐年下降。中国海关进口关税政策和木材出口国关税政策均对中国港口木材进口有重要影响。为了保证国内木材供给，中国鼓励木材进口，平均进口税在1996年从15%降到5%，1999年起原木、锯材、纸浆的关税从2%～8%逐渐降至零关税。这促进了港口木材进口量的增长，带来木材专业码头的建设。

五、粮食进出口政策

为了保障粮食安全，中国粮食贸易从新中国成立以来一直由国家指定的国有粮食进出口公司垄断经营，进出口数量由国家计划严格控制。进出口政策的调整直接影响了港口粮食的进出口格局与专业设施配置。

20世纪80～90年代中期，粮食贸易政策为"鼓励出口，限制进口"，采取进口配额、进出口许可证等非关税措施控制进出口。1993年起，改变由国家制定进出口价格的做法，由企业在配额内统一制定，进口配额内的粮价由企业收取代理费，国内企业制定售价。1997 年 10 月降低关税税率，降至 17%，其中农产品税率下降 25 个百分点，降至 21.2%。1997 年起对小麦、大米、玉米等商品实行进口关税配额管理，配额内执行零关税或低关税，配额外征收普通关税或优惠关税。1997 年 7 月起，重要粮食的出口退税率为 5%，1993 年起各粮食品种实行出口配额管理。这些措施鼓励了粮食进口，推动港口粮食进口与设施配置。

加入世界贸易组织后，中国对粮食贸易政策进行调整。对粮食出口不实行出口补贴，对粮食进口实行关税配额制度，对小麦、玉米和大米规定了配额数量和配额内外的关税，对于大豆和大麦等进口实行自由贸易，只征收 3% 的关税。中国执行另外两项政策。一是取消铁路建设基金，2002 年 4 月起对铁路运输的稻谷、小麦、大米、小麦粉、玉米、大豆等征收的铁路建设基金实行全额免征。二是出口退税，2002 年 4 月起对大米、小麦和玉米实行零增值税政策且出口免征销项税。这鼓励了大豆、大麦的进口，对出口虽有一定限制但影响不明显。2007 年 12 月起国家取消小麦、稻谷、大米、玉米、大豆等 84 类产品的出口退税，2008 年对小麦、玉米、稻谷、大米、大豆等粮食产品征收 5% ~ 25% 的出口暂定关税，这限制了粮食出口。2009 年 7 月起中国调整了部分产品的出口关税，小麦、大米、大豆 3% ~ 8% 的暂定关税被取消。这些政策变化导致港口进口量和进港量的分布格局发生变化。

第五节　港口条件与集疏运系统

一、港口航运自然条件

1. 自然条件与港口建设

建设条件主要是针对港口设施本身建设的资源条件而言，是港口产生和发展的最基础性条件，对港口发展和港口运输职能具有基础性的塑造作用。港口资源条件主要是指港口建设的自然本底，包括地形地貌、水域条件（水深与水文）、航道、岸线地质环境、气象条件、避风条件。各区域往往具有不同的自然条件，对港口建设具有基本的约束性，决定了港口建设的可行性、工程成本及技术要求，由此决定了港口建设与发展的基本适用性，同时也决定了港口建设的基本格局。这些条件只能在自然地理方面决定是否适合建设港口。

2. 自然条件与物流组织

自然条件不仅决定了满载船舶的吨位大小和航行时间，也决定了企业的原料来源路径，影响其运输成本和运输模式。复杂的水系网络促使"一程接卸港、二程中转港及内河接卸港"组成的二程、三程甚至多程水水中转模式的形成，尤其长江中上游港口因其航道条件只能接卸下游港口减载、中转或江海直达船运输的原油、矿石、煤炭。长江航道水深有限，阻碍了进口铁矿砂船的通航，致使长江航道形成了独特的三程水水联运模式，中上游港口只能接卸下游港口或海港减载的大船和转载的小船。新余、娄底等钢铁企业因最近港口的自然条件与技术水平有限，无法满足原料接卸需求，所以选择距离较远但条件优良的大港作为接卸门户。长江口、珠江口海域宽阔、径流量大、含沙量低，凭借深水港区优势成为原油核心接卸港，但中上游水系复杂，水深有限且深浅不一，阻碍了进口油轮的通航。2014年上海和岳阳港的进港量全部源于内贸，主要是因为受航道水深限制，大型油轮无法直接进入，因此高桥石化、金山石化和岳阳石化主要承接来自宁波港中转的进口原油。江苏港口99.7%的原油进港量由内贸贡献，主要是来自宁波-舟山港通过江海联运方式中转至江苏炼厂的进口原油。

二、港口建设与造船技术进步

技术进步一直深刻影响着港口的建设与运输职能。在过去30年代，港口发展与空间格局深受技术的影响，尤其是过去十年深受船舶大型化和围海造陆技术的影响。

1. 港口建设技术

海岸线的自然属性决定了港口建设与发展的自然本底。中国不少地区的河口海岸及岛屿周围滩涂面积较大，多为沉积淤泥，土质颗粒细粘，不适宜建设港口。但技术进步改变了部分地质基础较差或岸线较差地区的建港条件，部分岸线经过改造也可以建设港口，如京唐港。几十年来，借助吹填造地、新型防波堤等系列技术和疏浚设备，港口建设改变了自然基础。其中，吹沙填海是对港口建设影响较大的技术，是填海造陆的一种技术手段但不同于传统的挖土搬运、挖沙搬运，首先用沙袋将一定面积的海面圈起来，然后再用泵将圈外海底的沙连带海水一起"吹"进圈内，海水流出圈外而沙被沙袋滤留在圈内，圈内海面被"吹"进的沙"填"成了陆地，再用强夯机压实松土。

中国吹填技术发展快，插入式箱筒型基础防波堤结构优势很强，"天鲸号"挖泥船亚洲第一，打桩船的钻深发展快。吹沙填海在中国港口建设与海上基础设施建设中发挥了巨大作用，如南堡油田、曹妃甸、天津滨海新区。其中，南堡人工岛达 410 亩[*]，成为国家级石油战略储备基地备选地；吹沙填海使曹妃甸从 4 平方公里的小沙岛变成了 40 多平方公里的大岛，目标是 380 平方公里，建设国家商业能源储备基地和大型工业港区。1984 ~ 2010 年，仅黄渤海地区的陆地面积增长 1614 平方公里，其中人工造地 1404 平方公里。

2. 船舶大型化

随着造船技术的快速提高，技术愈加明显地影响港口的发展概率，重点表现为船舶大型化。船舶与码头装卸设施不断趋于大型化，尤其进口原油、集装箱、铁矿石等依靠远洋运输的大宗货类，主流船型呈现"超大型"趋势。船舶规模越大，满载吃水越深，船身长度和宽度不断增大，对岸线长度、码头与航道水域深度、码头装卸能力等要求越高。中国进口油轮主流 VLCC 散货船，吃水深度为 21.3m，ULCC 超大型油轮吃水深度达 23.7m。中国平均水深超过 22m 的原油港口有大连、天津、营口、曹妃甸、青岛、宁波和舟山港。一般而言，水深越深，泊位越长，码头靠泊能力越大，船舶大型化直接关系到港口的重化企业原料接卸能力和集疏运组织模式，影响重化企业的布局和原料供应路径，甚至成为大型重化企业布局的区位。首钢把主要产能转移到岸前水深 25 米、靠泊能力达 25 兼 30 万吨级的曹妃甸港，很多钢铁企业的进口原料从岸前水深 24.2 米、靠泊能力达 30 万吨级的舟山马迹山港进行中转。

三、港口集疏运条件

1. 集疏运系统

集疏运条件主要是指港口后方的集疏运系统与连通交通干线的便捷条件，包括铁路、公路、管道及内河航道等方式。集疏运越便捷、网络密度越大、连通度越高，港口的腹地越大，辐射能力越强。铁路和公路布局及纵横交错，决定了各区域具有不同的通达性，这对港口的发展有重要影响。交通网络区位与后方集疏运系统的完善水平决定了港口的发展潜力，尤其是否有铁路联络线或直接连通铁路干线对港口发展至关重要。2005 年城际铁路流中，大同→秦皇岛最高，高于 0.7 亿吨，朔州→秦皇岛高于 0.5 亿吨，沧州→天津、包头→天津、大同→天津、济宁→日照、平顶山→武汉等为 0.1 亿 ~ 0.2 亿吨，主要发生在煤炭基地和港口、工业基地间，连接港口的铁路成为重要的物流通道。大型港口往往具有较好的交通网络条件，是交通干线和高速公路主干线及国道的交汇点，中小型港口主要位居地方铁路及高速公路和国道的交汇点，具有运输走廊而连通广阔腹地的港口成为门户港。

---

*1 亩≈ 666.7 平方米。

集疏运系统也随重化企业原料来源路径的改变而不断完善，如沙鲅线、曹妃甸南线、坪岚线等港口铁路专线和疏港公路、皮带长廊等集疏运通道不断新建，有利于钢铁企业形成"临港传送带"、"近港公水联运"、"远港铁水联运"和"水水联运"等模式。天津港的集疏运铁路有京沈、丰沙大、津霸、津浦、京津、京包等路线，高速公路有荣乌、连霍、京藏、京新、京昆等路线，公路成为集疏运的主要方式，但煤炭、矿石、集装箱等更适合于铁路运输；目前天津港的煤炭约90%源于山西、内蒙古，但没有专用铁路，铁路运输比例为58%；矿石60%以上供给天津、河北，铁路运输比例为28%；集装箱不足2%；钢厂主要分布在500千米左右，适合公路运输。黎湛线、黎钦线是贵港的主要铁水联运线，黎湛线西段为主要集疏运路线，柳钢等西江上游企业的原料原从湛江港登陆后通过黎湛线再转湘桂线到柳州，2008年后改为防城港登陆经钦防线、黎钦线再转运湘桂线。

2. 内河港口集疏运

内河运输通道是以内河航运通道为核心的流域开发，围绕航运通道构建通达的集疏运系统是内河港口实现集群式发展的重要路径。如图13-5所示，在宏观尺度上，大运能的陆路交通线是拓展港口腹地的主要途径，重点是通过铁路干线连通深远腹地，直接联系远距离的经济中心。在中观尺度上，快速连通中远程腹地的大中城市是实现港口持续发展的关键，高速公路是主要交通方式，积极发展公水联运；同时建设支流航运设施，通过支流拓展腹地。在微观尺度上，邻近的中小城市、城镇或大型工业园区是港口发展的基本保障，通过重要公路干线，包括国道、省道等高等级公路，连接港口与中小城镇或工业园区。除了考虑空间尺

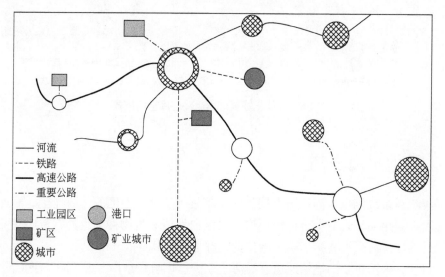

图例：
— 河流
---- 铁路
— 高速公路
-·- 重要公路

■ 工业园区　　● 港口
■ 矿区　　　　● 矿业城市
⊞ 城市

图 13-5　港口、航道与集疏运系统的关系图式

度设计港口的集疏运系统外，还需要考虑特色的腹地连接，尤其是大型矿区或矿业城市，服务于特色大宗货物的直接运输，这种腹地需要建设铁路联络线。

港口为沿岸地区的资源开发与利用提供了强大运输支撑，包括煤炭、铁矿石、石油等矿产资源，围绕这些原材料与资源，形成钢铁、汽车、石化等产业类型，沿江布局的工业园区不断壮大。内河集疏运系统是纵横交错的区域运输网络，有更复杂的交通方式构成、功能结构，如图 13-6 所示。集疏运系统拥有水运、铁路和公路及管道等各种类型，相互间存在替代性和互补性，发挥技术经济属性而承担各自职能的同时，相互补充和喂给，与纵向通道或线路形成集散中转，"纵向交汇喂给中转与横向平行分流并存"。拥有更广的辐射范围，不但拥有沿江干线形成 10 ~ 50 千米的直接腹地范围，而且通过铁路和高速公路等干线交通，辐射更远的地区；受部分战略物资的空间组织影响，腹地深入到其他地区。从上游向下游，港口等级逐步提高、功能逐步综合化，腹地范围更加广阔并依次囊括，支流成为干流的腹地，上游成为中游、中上游成为下游、整个流域成为河口枢纽港的腹地。

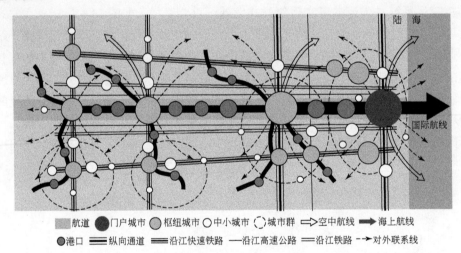

图 13-6　立体化综合交通运输走廊空间模式

港口运输与腹地产业发展

四、腹地出海通道

集疏运系统侧重于港口与直接腹地尤其是港口邻近地区的交通连接，而连通深远腹地而距离较长的综合运输通道，对港口发展和货物种类也具有重要意义，尤其是内陆出海通道直接影响了港口的运输职能结构。

目前，中国重要的运输通道有沿海、京沪、京哈—京广、大（同）湛（江）、包钦防、沿江、陇海—兰新、沪昆、青卫、昆厦等通道。其中，京沪通道连通了南京、上海等港口，京哈通道连通着营口、大连、锦州等港口，大湛和包钦防通道的门户港分别是湛江和防城港、钦州港，沿江通道是以港口为主体组成的综合运输通道，陇海—兰新、沪昆、青卫、昆厦通道的门户港分别是连云港、上海、青岛和厦门港。

积极寻求出海通道、加快发展外向性经济是内陆各省区的重要战略。长期以来的交通设施建设与空间网络，促使部分内陆省区形成了明显的出海通道，而位居出海通道的门户港则深受内陆工业发展的影响。长期以来，若干规划及建设都将云贵地区的出海通道锁定在南昆与黔桂铁路，将北部湾港口作为西南地区的出海门户，昆明—北部湾港"快速直达货运班列"加快云南与北部湾港的"门户—腹地"组织。成渝地区通过黄金水道连通长江三角洲，以上海为门户港，这是长期以来的出海模式。由于南岭的阻碍，湖南通过黄金水道联系长江三角洲是重要的运输模式，但湘南地区利用京广通道而以广州港为出海门户。江西一直是福建港口拓展腹地的重点，随着向莆、鹰厦和龙赣—龙厦等铁路建设，以莆田、厦门为门户港的格局形成。依托陇海铁路、以连云港为门户港是河南的主要出海模式。河北南北跨度较大，不同地区有不同的出海方向，冀东地区分别通过唐山和秦皇岛港出海，冀中北甚至包括部分冀南地区依托既有铁路，维持以天津港为出海口的格局，形成张家口—北京—天津和保定—霸州—天津的出海通道。西北腹地在各港口间形成分化，内蒙古西部和宁夏沿黄地区以京包线为通道、以天津港为出海口，晋中、陕北和宁夏南部乃至部分甘肃地区以中卫—太原—青岛铁路为通道、以青岛港为出海口，晋东南以新日菏铁路为通道、以日照港为门户出海。东北地区主要依托哈大铁路，以大连为门户港，但增加了营口出海口。

参考文献

白寿彝 . 1927. 中国交通史 . 上海：商务印书馆 .

曹卫东，曹有挥，梁双波 . 2007. 安徽长江沿岸港口物流发展评价与空间博弈研究，华东师范大学学报，41(3):464-468.

曹小曙，彭灵灵 . 2006. 中国交通运输地理学近十年研究进展 . 20(3):104-109.

曹有挥，毛汉英，许刚 . 2001. 长江下游港口体系的职能结构 . 地理学报，56(5):590-599.

曹有挥 . 1999. 集装箱港口体系的演化模式研究 . 地理科学，19(6):485-490.

曹有挥 . 1995. 安徽省长江沿岸港口体系的初步研究，15(2):154-163.

曹有挥，曹卫东，金世胜，等 . 2003. 中国沿海集装箱港口体系的形成演化机理 . 地理学报，58(3): 424-432.

陈超，李霏 . 2011. 我国原油进口海运网络优化模型 . 油气储运，30(2):97-100.

陈栋生 . 1987. 我国钢铁工业布局研究 . 财经问题研究，(12):1-7.

陈汉欣 . 2006. 新世纪我国钢铁工业的发展与布局及其愿景 . 经济地理，(1): 6-10.

陈航 . 1991. 海港地域组合及其区划的初步研究 . 地理学报，46(4):480-487.

陈航 . 1984. 海港形成发展与布局的经济地理基础 . 地理科学，4(2):125-131.

陈航 . 1996. 论海港地域组合的形成机制与发展过程 . 地理学报，51(6):501-507.

陈澜，伍世代，陈培健 . 2007. 福建港口体系结构研究 . 热带地理，27(3):249-253, 283.

陈宁，胡良德 . 2005. 我国沿海港口城市临港工业发展分析 . 武汉理工大学学报，18(4):546-549.

陈臻 . 2006. 湛江港进口铁矿石物流系统的优化研究 . 大连：大连海事大学硕士学位论文 .

丛薪雨 . 2011. 中国原油进口运输船队发展规划研究 . 大连：大连海事大学硕士学位论文 .

董科国 . 2008. 经济全球化背景下中国石化工业区位演化及机制研究 . 上海：华东师范大学硕士学位论文 .

杜麒栋 . 2008. 中国原油港口现状及其发展趋势 . 中国石油和化工，(19):28-32.

高鹏，王培鸿，杨耀辉，等 . 2016. 2015 年中国油气管道建设新进展 . 国际石油经济，24(3): 60-65, 77.

郭建科，韩增林 . 2013. 中国海港城市"港 - 城空间系统"演化理论与实证 . 地理科学，32(11):1285-1292.

韩时琳，慈庆玲，韩理安 . 2007. 港口体系职能结构的定量分析方法和实证研究 . 港工技术，(2):19-21.

贺灿飞，朱彦刚 . 2010. 中国资源密集型产业地理分布研究——以石油加工业和黑色金属产业为例 . 自然资源学报，25(3):488-501.

洪昌仕，袁锋，刘衍庆 . 1998. 长江三角洲地区港口功能定位的研究 . 江苏交通，(6):7-12.

黄光炯 . 2007. 中国石油战略储备项目建设研究 . 成都：西南石油大学硕士学位论文 .

姜英杰 . 2005. 我国进口铁矿石运输的港口布局规划研究 . 大连：大连海事大学硕士学位论文 .

晋安岑 . 2007. 长江流域原油需求预测及运输系统方案研究 . 上海：上海海事大学硕士学位论文 .

勒施 . 2010. 经济空间秩序 . 王守礼译 . 北京：商务印书馆 .

李国平 . 1999. 日本钢铁工业发展与空间格局演化的机制研究 . 地理研究 18(3):282-288.

李敏敏 . 2009. 基于需求分布的中国原油进口海运运输网络优化研究 . 大连：大连海事大学硕士

　　学位论文.

李南.2008.临港产业集聚的基本影响因素.水运管理,30(2):11-13.

李南.2007.临港产业集群的内涵与边界.港口经济,(11):40-42.

梁仁彩.1982.化学工业布局概论.北京:科学出版社.

梁仁彩.1989.世界能源地.北京:科学出版社.

梁双波,曹有挥,曹卫东,等.2009.港城关联发展的生命周期模式研究——以南京港城关联发展为例.人文地理,(5):66-70.

梁双波,曹有挥,吴威,等.2007.全球化背景下的南京港城关联发展效应分析.地理研究,26(3):599-608.

梁双波.2011.港口后勤区域形成演化机理.地理研究,30(12):2150-2162.

刘刚,张长令.2012.中国重化工业发展的空间组织形态演化.经济问题,4(4):40-45.

刘鹤,金凤君,刘毅.2012.中国石化产业空间组织的演进历程与机制.地理研究,31(11):2031-2043.

刘鹤,刘洋,金凤君.2012.全球石化产业的演进历程、机制及模式研究.世界地理研究,21(1):72-85.

刘莉.2007.长江流域水路铁矿石运输系统研究.上海:上海海事大学硕士学位论文.

刘铭.2010.港口集疏运问题研究.现代商贸工业,22(13):126-127.

刘勇.2003.我国煤炭海运现状分析及发展研究.大连:大连海事大学硕士学位论文.

戚畅.2011.我国沿海油港发展现状分析.大连:大连海事大学硕士学位论文.

邱研,郭谦,吴殿廷.2012.我国石油进口海陆统筹战略研究.世界地理研究,21(3):77-83.

盛叙功.1931.交通地理.上海:商务印书馆.

时力.2006.江苏沿江港口原油运输路径优化分析.中国水运(学术版),(11):006.

田汝耕,张振克,朱大奎.2004.海岸带临港工业、海运物流与全球化大生产的探讨.世界地理研究,13(2):1-8.

田山川,张文忠.2009.中国钢铁工业空间格局的演化及影响机制.地理科学进展,28(4):537-545.

田瑛,甄建超,孙春良,等.2011.我国油气管道建设历程及发展趋势.石油规划设计,22(4):4-8.

汪玲玲.2015.我国进口石油资源流动特征研究.南京:南京师范大学硕士学位论文.

王成金,莫辉辉,王姣娥.2009.中国煤炭资源的流动格局及流场规律研究.自然资源学报,24(8):1402-1411.

王成金.2012.集装箱港口网络形成演化与发展机制.北京:科学出版社.

王海军,张国华.2013.我国铁矿资源勘查现状及供需潜力分析.中国国土资源经济,(11):35-39.

王建红.2008.日本东京湾港口群的主要港口职能分工及启示.中国港湾建设,(1):63-70.

王列辉.2010.国外港口城市空间结构综述.城市规划,34(11):55-62.

王蕊.2008.港口功能优化模型及其在镇江港的应用.大连:大连海事大学硕士学位论文.

王圣云,沈玉芳.2008.国外学者对港口体系空间结构的研究综述.物流技术,27(8):230-232.

王伟,王成金.2014.环渤海地区港口煤炭运输格局演变和动力机制.自然资源学报,29(11):1916-1929.

魏心镇.1982.工业地理学.北京:北京大学出版社.

参考文献

邬珊华,杨忠振,董夏丹.2014.重要临港产业的空间分布特征及其临港偏好程度的差异性比较.
热带地理,(2):199-208.

吴传钧,高小真.1989.海港城市的成长模式.地理研究.(4):9-15.

吴旗韬,张虹鸥,叶玉瑶,等.2012.欧洲北部港口体系结构波动特征.世界地理研究,21(4):23-
30.

吴威,曹有挥,曹卫东,等.2009.区域综合运输成本的空间格局研究.地理科学,29(4):485-
492.

夏丽丽,闫小培.2009.基于重化工业发展的珠江三角洲工业空间结构演变研究.人文地理,
24(6):68-72.

徐刚.1990.江苏省长江沿岸港口群体的功能、格局与发展研究.地理学报,45(2):275-183.

徐永健,阎小培,许学强.2001.现代港口多功能发展研究——以广州为例.经济地理,21(2):
235-239,243.

雪连萍.2001.铁路与管道运输相结合的我国油品运输.综合运输,(9):33-35.

杨建利,靳文学.2012.粮食主产区和主销区利益平衡机制探析.农业现代化研究,33(2):129-
134.

杨足膺,赵媛,姜国刚,等.2014.长江中下游地区原油运输网络空间优化研究.经济地理,
34(3):114-120.

杨足膺.2013.中国石油资源流动空间格局演化与形成机制——基于节点与通道的研究.南京:
南京师范大学博士学位论文.

姚育胜.2012.长江沿江城市港口发展现状解析.综合运输,(2):43-48.

于良,金凤君,张兵.2006.中国煤炭运输的现状、发展趋势与对策研究.铁道经济研究,(5):38-
41.

于鹏.2008.世界石油格局演变与我国石油进口安全对策.南京:南京师范大学硕士学位论文.

张莉,陆玉麒,赵元正.2009.基于时间可达性的城市吸引范围的划分.地理研究,28(3):803-
816.

张文忠,董科国,田山川.2009.中国石化工业发展和区位变迁轨迹.地理研究,28(5):1378-
1388.

张文忠.2000.经济区位论.北京:经济科学出版社.

赵冰,王诺.2010.21世纪初期世界石油流动的空间格局与流场特征研究.经济地理,(6):886-
892.

赵媛,杨足膺,郝丽莎,等.2012.中国石油资源流动源-汇系统空间格局特征.地理学报,
67(4):455-466.

赵咨.2007.长江流域铁矿石进口物流一体化研究.上海:上海海事大学硕士学位论文.

周晓波.2013.石油安全视角下中国原油进口地空间格局研究.南京:南京师范大学硕士学位
论文.

朱丽丽.2008.长江中下游进口铁矿石运输模式的比较分析.武汉船舶职业技术学院学报,
(5):7-10.

Abbey D S, Kolstad C D. 1983. The structure of international steam coal markets. Natural Resources
Journal, (23):859-892.

Airriess C A. 2001. The regionalization of Hutchison Port Holdings in Mainland China. Journal of

港口运输与腹地产业发展

Transport Geography, 9(4):267-278.

Ash L, Waters S D. 1991. Simulating the transport of coal across Canada—strategic route planning. Journal of the Operational Research Society, 42(3):195-203.

Baird A J.1997. Rejoinder: extending the lifecycle of container mainports in upstream urban locations. Maritime Policy & management, (24): 299-301.

Bichou K, Gray R A. 2005. Critical Review of Conventional Terminology for Classifying Seaports. Transportation Research Part A, 39(1): 75-92.

Bird J. 1971. Seaports and seaport terminals. London: Hutchinson University Library.

Bird J H. 1963.The major seaports of the United Kingdom . London: Hutchinson.

Carter R E. 1962. A comparative analysis of United States ports and their traffic characteristics. Economic Geography, 38(2):162-175.

Charlier J. 1992. The regeneration of old port areas for new port uses. // Hoyle B S, Hilling D.2012. Seaport Systems and Spatial Change, Chichester, Sussex : JohnWiley.

Comtois C. 1999. Integration of China' s port system into global container shipping. GeoJournal, 48: 35-42.

Deng P, Lu S Q, Xiao H B. 2013. Evaluation of the relevance measure between ports and regional economy using structural equation modeling. Transport Policy, 27(5): 123-133.

Ducruet C, Ito H, Joly O.2012. Material flows and local economic structure port-region linkages in Europe, Japan and the United States.World Conference on TransportResearch (WCTR) SIG-2, Antwerp, Belgium.

Ducruet C, Ito H, Joly O. 2013. Port-region linkages in a global perspective. MoLos Conference" Modeling Logistics Systems" .Le Havre, France.

Ducruet C, Ito H, Joly O. 2014. Ports and the local embedding of commodity flows. Papers in Regional Science,94(3): 607-627.

Ducruet C, Koster H R A, Beek D J V.2010. Commodity variety and seaport performance. Regional Studies, 44(9): 1221-1240.

Duranton G, Puga D. 2003. Micro-foundations of urban agglomeration economies. NBER Working Paper: 9931, DOl: 10.1016/S1574-0080(04)80005-1.

Ferrari F C, Parola E G. 2011. Measuring the quality of port hinterland accessibility: the Ligurlancase. Transport Policy, 18(2): 382-391.

Haaland J I, Kind H J. 1999. What determines the economic geography of Europe. CEPR Discussion Paper, Doi: 10.1016/S0263-7863(97)00040-9.

Hayuth Y. 1981. Containerization and the load center concept. Ixonomic Gcography, 7(2): 160-176.

Hayuth Y. 1988. Rationalization and deconcentration of the US container port system, The Professional Geographer, 40(3): 279-288.

Heaver T D. 2002. The evolving roles of shipping lines in international logistics, International Journal of Maritime Economics, (4): 210-230.

Heaver T D. 1995. The implications of increased competition among ports for port policy and management. Maritime Policy and Management, 22(2): 125-133.

Hilling D. 1977. The evolution of a port system - the case of Ghana, Geogruphy, 62(2): 97-105.

Hoyle B S, Hilling D. 1984. Seaport system and spatial change: technology, industry, and development strategies . New York: Beekman Books Inc.

Hoyle B S. 1989. The port-city interface: trends, problems and examples. Geoforum, 20: 429-435.

Hoyle B S, Pinder D A. 1981. City port industrialization and regional development. London: Belhaven.

Irma P, Michael R. 2001. The politics of oil in Lithuania: strategies after transition. Energy Policy, 29(5): 383-397.

Ito H. 2013. Market area analysis of ports in Japan. The Iame Annual Conference, Marseille, France.

Jacobs W, Ducruet C, De Langen P. 2010. Integrating world cities into production networks: The case of port cities. Global Networks, 10 (1):92-113.

Jun B M. 2011. Economic contribution of ports to the local economies in Korea . The Asian Journal of Shipping and Logistics, 27(1): 1-30.

Kenyon J. 1970. Elements in interport competition in the United Sates . Economic Geography, 1970, 46(1): 1-24.

Kolstad C D, Abbey David S. 1984. The effect of market conduct on international steam coal trade. European Economic Review, (24): 39-59.

Lee S W, Song D W, Ducruet C. 2008. A tale of Asia's world ports: the spatial evolution in global hub port cities. Geoforum, 39: 372-385.

Lee T, Yeo G T, Thai V V. 2014.Changing concentration ratios and geographical patterns of bulk ports: The case of the Korean west coast. The Asian journal of shipping and logistics, 30(2):155-173.

Mayer H M. 1957.The port of Chicago and the St. Lawrence Seaway . Development of Geography Research Papers, 49(1): 30-34.

Mayer H M. 1978. Current trend in Great Lakes shipping, GeoJournal, 2: 117-122.

Morgan F W. 1952. Ports and Harbours. London: Hutchinson.

Ng A K Y. 2012. Container liner shipping, port development and competition. // Song D W, Panayides P M. 2012. Maritime Logistics: Contemporary Issues. Bingley: Emerald.

Ng A K Y, Ducruet C. 2014. The changing tides of port geography (1950-2012) . Progress in Human Geography, (3): 1-39.

Notteboom T E. 2001. Spatial and functional integration of container port systems and hinterland networks in Europe. LAND ACCESS TO SEA PORTS. ECMT REPORT 113: 5-55.

Notteboom T E. 2002. Consolidation and contestability in the European container handling industry. Maritime Policy & Management, 29(3): 257-269.

Notteboom T E. 2005. Port regionalization: towards a new phase in port development. Maritime Policy & Management, 32(3): 297-313.

Notteboom T E, Rodrigue J P. 2005. Port regionalization: towards a new phase in port development. Maritime Policy and Management, 32(3):297-313.

Notteboom T E, Winkelmans W. 2001. Structural changes in logistics: how will port authorities face the challenge? Maritime Policy and Management, (28): 71-89.

Ogundana B. 1970. Patterns and problems of seaport evolution in Nigeria. //Hoyle B S, Hilling D. (eds), Seaports and development in tropical Africa (London: Macmillan), 167-182.

港口运输与腹地产业发展

Ohlin B. 1957. Interregional and International Trade. Cambridge, Massachusetts: Harvard University Press.

Olivier D, Slack B. 2006. Rethinking the port. Environment and Planning A, (38): 1409-1427.

Pallis A A, Notteboom T E, De Langen P W. 2008. Concession agreements and market entry in the container terminal industry. Maritime Economics & Logistics, 10(3): 209-228.

Rimmer P J. 1977. A conceptual framework for examining urban and regional transport needs in Southeast Asia, Pacific Viewpoint, 18: 133-147.

Rimmer P J. 1966. The problem of comparing and classifying seaports. The Professional Geographer, 18(2): 83-91.

Rimmer P J. 1967. The search for spatial regularities in the development of Australian seaports 1861-1961/2. Geografiska Annaler. Series B, Human Geography, 49(1):42-54.

Rimmer P J. 1999. The Asia-Pacific Rim's transport and telecommunications systems: spatial structure and corporate control since the mid-1980s. GeoJournal, 48: 43-65.

Robinson R. 1976. Modeling the port as an operational system; A perspective for research. Economic geography, (52): 71-84.

Robinson R. 2002. Ports as elements in value-driven chain systems: the new paradigm: Maritime Policy and Management, (29): 241-255.

Shen L, Gao T M, Xin C. 2012. China's coal policy since 1979: A brief overview. Energy Policy, (40): 274-281.

Slack B. 1990. Intermodal transportation in North America and the development of inland load centers. The Professional Geographer, 42(1): 72-83.

Slack B, Fr´emont A. 2005. Transformation of port terminal operations: From the local to the global. Transport Reviews, 25(1): 117-130.

Slack B, Wang J J. 2002. The challenge of peripheral ports: an Asian perspective. Geojournal, 65(2): 159-166.

Taaffe E J, Gauthier H L. 1996. Geography of Transportation, US: Prentice Hall Inc.

Taaffe E J, Morrill R L, Gould P R. 1963. Transport expansion in underdeveloped countries: a comparative analysis. Geographical Review, 53(4):503-529.

Thunen J W.1826. The Isolated State.London: PergamonPress.

Todd D. 1997. China's energy needs, coal transfers and the ports sector. Geoforum, 28(1):39-53.

Todd D, Zhang L.1994. Ports and coal transfer:hug of China' s energy supply policy, Energy Policy, 22(7):609-621.

Von Schirach-Szmigiel C. 1973. Trading areas of the United Kingdom ports . Geografiska Annaler, Series B, Human Geography: 55 (1): 71-82.

Wang J J. 1998. A container load center with a developing hinterland: A case study of Hong Kong, Journal of Transport Geography, 6(3): 187-201.

Wang J J, Olivier T D, Notteboom H, Slack B. 2007.Ports, cities and global supply chains. Aldershot: Ashgate.

Wang J J, Slack B. 2000. The evolution of a regional container port system: The Pearl River Delta. Journal of Transport Geography, 8(4): 263-275.

425

参考文献

Weber A. 1909. Theory of the Location of Industries. Chicago: University of Chicago Press.

Weigend G. 1958. Some Elements in the Study of Port Geography. Geographical Review, 48(2): 185-200.

Yip T L.2010. Port Economics. Maritime Policy and Management, 37(6): 661-662.

Yochum G R. 1989. The economic impact and rate of return of Virginia's ports on the commonwealth. Norfolk: The National Academies of Sciences, Engineering, and Medicine.

港口运输与腹地产业发展

后　记

　　港口作为大型基础设施，是贸易活动开展和各区域发展的门户。不同历史时期，港口地理形成了不同的研究主题或焦点。近年来，交通地理学者再度关注港口的大宗货物运输，重视煤炭、铁矿石、石油等专业化运输职能，探讨港口综合性或专业化水平及多元化运输职能与腹地工业结构的关系机制，虽然关注点有所不同，但港口地理的研究焦点形成了回归。尤其是随着部分发达国家的制造业回归与再工业化的战略实施，以及中国新型工业化的快速推动，港口地理的研究重点再度转移到港口与工业化的关系模式。

　　在长期的研究工作过程中，作者有幸参与或主持了一系列与港口、区域发展的相关课题，在这些研究过程中强化笔者对港口与腹地关系的科学认知。在做博士后期间，作者参与了陆大道院士、金凤君研究员、樊杰研究员、陈田研究员、刘卫东研究员、张文尝研究员、张文忠研究员等所主持的多项课题，在研究过程中，作者主要参与交通部分的专题研究，这些科研工作强化了作者对港口地理研究的进一步认识和学术积累。

　　作为已经迈入中年的经济地理学者，作者感觉精力与精神已经大大下降，日益感觉到更大的工作与家庭压力。工作上，既要忙于学术论文的写作、硕博士生的指导，而且要忙于各类课题的研究与汇报验收。同时面临着家庭上的压力，不但要赡养年迈的父母双亲，而且要接送孩子上学、指导孩子学习、陪孩子上辅导班。在如此的工作与家庭任务下，只能努力给自己积累一点一滴的时间，完成著作中的一章一节内容。

　　本著作的设计、装卸与成稿经历了大约五年的时间。2012年春季，在第一本著作《集装箱港口网络形成演化与发展机制》出版之时，作者开始策划该著作的总体设计与研究任务分工，先后布局了三篇硕士毕业论文和三篇本科毕业论文进行各专题的系统化研究，同时对既有研究成果进行集成和丰富，并开展新的研究内容。2017年春季，作者正式按照著作的框架对各研究成果进行集成汇总。在此著作撰写过程中，作者对港口研究进行了梳理和凝练，建立更为系统化的研究理论体系，深化了港口发展的空间认知，同时对工业地理学进行了涉足，拓展了笔者的研究视野。

　　在本著作的研究与撰写过程中，得到了学生们的大力支持。2015届硕士生王伟承担了沿海港口职能识别的重点研究，2016届硕士生张梦天承担了港口铁矿石运输与腹地钢铁企业关系模式的重点研究，2017届硕士生程佳佳承担了港口石油运输与腹地石化企业关系模式的研究，2017 届北师大地遥学院本科生苟倩、任塑飞和陈晓征分别承担了港口粮食运输、港口林木运输、沿海火电企业的相关研究。对这些学生的基础研究，表示谢意。

虽然这本书已经完成，作者也努力在港口研究上拓展深化，但仍感觉有众多的缺陷和不足。作者希望本书能够对中国港口地理学的理论构建有所丰富，对中国港口的建设与中国重化企业布局的优化调整指导与借鉴，实现科学研究的应用价值。

王成金

2019 年 12 月

港口运输与腹地产业发展